U0807575

“区域轨道交通协同运输与服务”丛书

区域轨道交通协同运输关键技术及系统装备

刘 岭 王 平 李 擎
韦 伟 张 波 董 炜 等 著

科 学 出 版 社
北 京

内 容 简 介

本书重点从应用角度出发，研究区域轨道交通协同运输关键技术与系统装备。全书共9章，主要分析区域轨道交通协同运输与服务需求，剖析区域轨道交通协同机理，研究区域轨道交通协同运输与服务关键应用技术及系统装备，提出区域轨道交通协同运输与服务系统装备解决方案及仿真测试验证平台，打造安全、高效、绿色、智能、便捷的区域轨道交通协同运输与服务新模式，达到区域轨道交通总体运输能力和服务质量双重提升的目的。

本书可供大专院校相关专业本科生、硕士研究生、博士研究生及教师，以及轨道交通运营管理部门、设计单位及研究机构的管理人员和科研人员参考使用。

图书在版编目（CIP）数据

区域轨道交通协同运输关键技术及系统装备/刘岭等著. —北京：科学出版社，2021.12

（“区域轨道交通协同运输与服务”丛书）

ISBN 978-7-03-069238-2

Ⅰ. ①区… Ⅱ. ①刘… Ⅲ. ①城市铁路-轨道交通-研究-中国 Ⅳ. ①U239.5

中国版本图书馆CIP数据核字（2021）第117089号

责任编辑：朱小刚 华宗琪 / 责任校对：任苗苗

责任印制：罗 科 / 封面设计：义和文创

科学出版社 出版

北京东黄城根北街16号

邮政编码：100717

http://www.sciencep.com

四川煤田地质制图印刷厂 印刷

科学出版社发行 各地新华书店经销

*

2021年12月第 一 版 开本：787×1092 1/16

2021年12月第一次印刷 印张：21

字数：490 000

定价：198.00元

（如有印装质量问题，我社负责调换）

序

我国轨道交通发展取得了举世瞩目的成就，高速铁路与城市轨道交通运营里程均居世界首位，大批技术装备达到世界先进水平，交通运输规模总量进入世界前列。轨道交通作为国民经济大动脉、关键基础设施、大众化交通工具和现代综合交通运输体系骨干，无论是在居民出行方面还是社会经济活动方面均将扮演越来越重要的角色。

早在20世纪80年代初，中国就已开始编制城市群的发展规划。2006年，中华人民共和国国民经济和社会发展第十一个五年规划纲要(简称国家“十一五”规划)首次提出“把城市群作为推进城镇化的主体形态”，到2016年中华人民共和国国民经济和社会发展第十三个五年规划纲要(简称国家“十三五”规划)要求优化城镇化布局和形态，加快城市群建设发展，明确提出建设19个城市群，轨道上的京津冀、轨道上的长三角等逐渐进入人们的视野。中华人民共和国国民经济和社会发展第十四个五年规划纲要(简称国家“十四五”规划)中更是明确要求加快城市群和都市圈轨道交通网络化。这里的城市群、都市圈等都是典型的区域。区域通常定义为由一个及以上的中心城市与周边城市(镇)组成的地理范围，其内部存在频繁的、密切的经济社会联系，通常形成一小时交通圈。区域轨道交通的不同线路因运营主体、信号技术等不同带来运输组织和管控方式方面的差异，称为多制式轨道交通线路，因此需要通过协同运营来提高总体运输能力和服务水平。

当前，区域轨道交通呈制式多样化和网络化发展趋势，逐步形成多层次、多主体共同存在的轨道交通网络，而不同主体的运营相对独立，跨主体、跨线路的网络化水平还不高，各制式间缺乏实际意义上的协同运营，不同轨道交通制式的组合效益难以充分显现，对城市群空间布局优化和功能拓展的引导作用发挥得还不够充分。2019年《交通强国建设纲要》提出了“建设城市群一体化交通网，推进干线铁路、城际铁路、市域(郊)铁路、城市轨道交通融合发展”要求。2021年《国家综合立体交通网规划纲要》进一步强调加快建设交通强国，构建现代化高质量国家综合立体交通网，支撑现代化经济体系和社会主义现代化强国建设。面对区域轨道交通协同发展的需要和国家建设交通强国的要求，构建区域内覆盖多种轨道交通制式的综合立体交通网络、充分发挥轨道交通总体运输能力并提高服务质量、满足区域经济发展和人民出行需要成为迫切需要解决的问题。

2017年，北京全路通信信号研究设计院集团有限公司联合西南交通大学、北京大学、清华大学、重庆市轨道交通(集团)有限公司、成渝铁路客运专线有限责任公司、成都市交通发展研究院、北京航天测控技术有限公司、通号城市轨道交通技术有限公司等产学研用单位共同承接了国家重点研发计划先进轨道交通专项“区域轨道交通协同运输与服务系统”项目。同时，在中国城市轨道交通协会的大力支持下，与重庆市铁路(集团)有限公司、重庆交通开投科技发展有限公司等单位开展协同运输与服务应用体系研究；在中国交通运输协会、中国铁道学会等的支持下开展了轨道交通大数据、协同运输相关标准规范研究；依托雄安新区轨道交通系统创新项目开展了综合智能轨道运输动态运行控制系统及服务生态模式研究。项目团队以多制式轨道交通出行需求为出发点，运用系统论、协同论及先进信息技术，研究协同机理并首次建立了“多网-四域-多功能”区域轨道交通协同运输与服务理论体系。项目团队不仅研究了区域运输总体效能提升路径并攻克协同运输组织、综合安全保障、智能信息服务关键技术，还研制了区域轨道交通协同运输与服务系统装备，已经在重庆都市圈进行了应用示范。通过研究工作，形成需求引领、理论指导、技术支持、装备承载、示范验证的完整研究与实践链条。项目研究成果使多层次、多制式的轨道交通系统复合形成一个有机整体，既提高了旅客完整出行链的出行效率，又提升了区域总体运输能力，同时增强了区域路网安全保障水平，也拓宽了区域轨道交通复合网络的服务时空范围。

项目在研制过程中得到了国家重点研发计划“先进轨道交通”重点专项科技部总体专家组和本项目咨询指导专家组的悉心指导，并得到了中国城市轨道交通协会、中国交通运输协会、中国铁道学会、相关轨道交通业主单位、设计研发单位以及项目参研单位的大力支持。这些指导和支持极大地帮助了项目研究成果产出和项目团队成长，在此一并表示衷心的感谢。

为了更好地推动区域多制式轨道交通协同运输，满足综合立体交通发展要求，并支撑交通强国建设落地，项目团队将研究成果进行归纳总结，形成“区域轨道交通协同运输与服务”丛书。丛书围绕多制式轨道交通运输，从理论、技术、系统及装备等多个角度进行深入浅出的阐述，形成《区域轨道交通协同运输组织理论创新与发展》《区域轨道交通运输组织决策理论及关键技术》《区域轨道交通协同运输关键技术及系统装备》等系列专著。后续，项目团队还将结合项目在规划设计、仿真测试和工程示范等方面的成果，进一步丰富丛书内容，以飨读者。

国家重点研发计划

“区域轨道交通协同运输与服务系统”项目组

2021 年 5 月

前　言

城市群是我国人口和经济的主要聚集地，已成为推进我国城镇化格局的主体形态。目前，京津冀、长三角、珠三角等经济发达地区已逐步形成覆盖城市轨道交通、市域(郊)铁路、城际铁路、干线铁路等多种轨道交通制式的多层次、多主体轨道交通网络同步运营的局面，但受多方面因素制约，多制式轨道交通网络化运营水平还不高，缺乏关键技术和系统装备支撑，不同轨道交通制式的组合效益难以充分显现，对城市群空间布局优化和功能拓展的引导作用发挥得还不够充分。

本书针对区域轨道交通各制式成网条件下在运输组织、安全管理和信息服务方面的运作过程，并在深入分析区域多制式轨道交通协同的基本原则及等级划分的基础上，从信息协同、资源协同、决策协同和服务协同四个方面研究多制式协同机理，并提出区域轨道交通信息协同关键技术、资源协同关键技术、决策协同关键技术和服务协同关键技术。最后，基于所提出的关键技术，设计开发了区域轨道交通协同运输与服务系统装备及仿真测试验证平台。

区域轨道交通技术发展及系统装备应用，将有力地带动产业发展进步，推动区域经济提升，增强绿色低碳出行并形成生态效益，从而有效地提高运营管理水平、提升安全保障能力和信息服务程度，满足公众安全、便捷、舒适、高效、绿色、经济的出行需求，对先进轨道交通产业发展具有十分重要的带动作用，为我国城市群和都市圈的快速发展提供强劲引擎。区域轨道交通协同运输能够显著提升区域民众出行环境和生活水平，不仅是造福人民群众的民生工程，也是国家“区域协调发展战略”与“交通强国战略”的重要支撑。

研究团队梳理和凝练了上述成果形成本书。本书共 9 章，参与撰写工作的有刘岭、王平、彭其渊、张波、李擎、韦伟、马萌、董炜、王琦等。其中，第 1 章和第 2 章由刘岭、彭其渊、刘军、韦伟、鲁工圆、赵军、王琦撰写，第 3 章由马萌、韦伟、刘结平、刘博、董炜撰写，第 4 章由鲁工圆、何必胜、董炜、刘博撰写，第 5 章由王莹、李擎、董炜、王琦、秦小虎撰写，第 6 章由王平、韩冰、王紫薇、孙新亚、李达明、黄志伟、李飞、张蓝芳、康政阳撰写，第 7 章由张波、韩程、魏峰、李达明、王舟帆、张晚秋撰写，第 8 章由韦伟、李子白、白光禹撰写，第 9 章由李擎、张杰撰写。全书由刘岭、王平、彭其渊统稿。

特别感谢中国城市轨道交通协会仲建华、中国中车集团有限公司孙帮成、国家铁路局王启铭、中国交通运输协会宋朝义、中铁第一勘察设计院集团有限公司王争鸣、中国铁路通信信号股份有限公司张苑、京津冀城际铁路投资有限公司王宝杰、中国铁路设计集团有限公司聂英杰、重庆市铁路(集团)有限公司官波、重庆市铁路(集团)有限公司王猛、中南大学史峰、东南大学李文权、北京交通大学毛保华、重庆市轨道交通(集团)有限公司王峙、重庆市轨道交通(集团)有限公司张军等在项目研究和书稿撰写过程中给予的大力支持和帮助。

感谢项目牵头单位北京全路通信信号研究设计院集团有限公司及项目参与单位西南交通大学、北京大学、清华大学、重庆市轨道交通(集团)有限公司、成渝铁路客运专线有限责任公司、成都市交通发展研究院、北京航天测控技术有限公司、通号城市轨道交通技术有限公司等相关单位团队成员及专家领导，感谢重庆市铁路(集团)有限公司、中铁二院重庆勘察设计研究院有限责任公司、成都轨道交通集团有限公司、京津冀铁路投资有限公司、北京轨道交通路网管理有限公司、上海申通地铁股份有限公司、上海金山铁路有限责任公司、广州地铁集团有限公司、陕西城际有限公司、温州市铁路与轨道交通投资集团有限公司等单位有关领导和专家的大力支持和热忱帮助。特别感谢重庆市轨道交通(集团)有限公司为项目研究提供了运输需求、运营数据和应用示范场景方面的大力支持。在此，谨向他们表示诚挚的谢意。

感谢项目团队在本书撰写过程中的通力协作与配合。特别感谢项目团队成员文超、殷勇、吕红霞、倪少权、刘澜、马驷、李宗平、陈钉均、张杰、代守双、熊志平、邓雷、刘永娟、敬亭婷、金力、李小兵、蓝玉林、史慧、房红征、樊焕贞、任帅、卢金、焦凤霞等在数据收集、课题研究和文稿整理过程中所做的大量工作。

书中参阅了大量的国内外著作、教材、学术论文和有关文献，在此谨向这些文献的作者表示深深的谢意。

由于本书涵盖内容较多，加之我国区域轨道交通运输组织相关理论和技术的快速发展，同时限于作者水平，在全书内容的组织与撰写方面，难免存在诸多不当和疏漏之处，诚请国内外同行、专家及各位读者批评指正。

目　录

序
前言
第1章　引言…………1
1.1　研究背景与意义…………1
1.1.1　研究背景…………1
1.1.2　国内外现状…………3
1.1.3　研究意义…………8
1.2　区域轨道交通协同运输需求…………9
1.2.1　不同主体需求特征…………9
1.2.2　旅客出行服务需求…………11
1.2.3　运营单位协同运营需求…………11
1.2.4　政府宏观协同需求…………13
1.3　主要研究内容及基本定义…………13
1.3.1　主要研究内容…………13
1.3.2　区域轨道交通系统内涵…………14
1.3.3　区域轨道交通功能定位与服务范围…………15
第2章　区域轨道交通协同机理…………18
2.1　协同原则…………18
2.1.1　逐层次协同原则…………18
2.1.2　主次协同原则…………18
2.1.3　自组织协同原则…………19
2.1.4　效能提升协同原则…………19
2.2　协同等级…………20
2.2.1　独立运营…………21
2.2.2　信息共享…………21
2.2.3　互联互通…………21
2.2.4　智能联动…………22
2.3　协同机理…………22
2.3.1　信息协同机理…………23
2.3.2　资源协同机理…………24
2.3.3　决策协同机理…………30
2.3.4　服务协同机理…………33
2.3.5　管理模式优化…………37

第 3 章 区域轨道交通信息协同关键技术 ······ 40
3.1 区域轨道交通大数据平台技术 ······ 40
3.1.1 区域轨道交通的大数据规范标准 ······ 40
3.1.2 大数据架构功能设计及其优化 ······ 53
3.2 区域轨道交通安全状态信息采集与传输技术 ······ 60
3.2.1 现状与需求分析 ······ 61
3.2.2 安全状态信息采集方案 ······ 62
3.2.3 安全状态信息传输网络方案 ······ 63
3.3 区域轨道交通信息分析与应用 ······ 66
3.3.1 复合网络客流需求协同预测技术 ······ 66
3.3.2 复合网络安全态势分析与优化技术 ······ 81
第 4 章 区域轨道交通资源协同关键技术 ······ 102
4.1 区域多制式轨道交通线网衔接布局技术 ······ 102
4.1.1 区域多制式轨道交通线网合理规模分析 ······ 102
4.1.2 区域多制式轨道交通线网衔接布局理论与方法 ······ 111
4.2 区域多制式轨道交通枢纽协同布局技术 ······ 118
4.2.1 区域多制式轨道交通枢纽特征分析及分类 ······ 118
4.2.2 区域多制式轨道交通枢纽协同布局模型与算法 ······ 121
4.3 区域轨道交通应急运维资源协同调配技术 ······ 130
4.3.1 区域轨道交通应急运维资源配置现状与问题 ······ 130
4.3.2 基于资源共享的区域轨道交通应急资源配置方法 ······ 132
4.3.3 基于 AnyLogic 的应急资源配置优化方法仿真验证 ······ 135
第 5 章 区域轨道交通决策协同关键技术 ······ 143
5.1 复合网络运输组织模式决策技术 ······ 143
5.1.1 复合网络运输组织模式现状分析与问题提出 ······ 143
5.1.2 区域轨道交通客流输送路径选择模型的构建 ······ 144
5.1.3 案例研究分析 ······ 150
5.2 复合网络开行方案编制决策技术 ······ 153
5.2.1 复合网络开行方案现状分析与问题提出 ······ 153
5.2.2 区域轨道交通网络化开行方案备选集的制定 ······ 154
5.2.3 基于拥挤感知的区域多制式轨道交通开行方案的编制 ······ 158
5.2.4 案例研究分析 ······ 166
5.3 复合网络运营维护计划决策技术 ······ 168
5.3.1 基于 LMDP 的网格化维修规划编制模型 ······ 168
5.3.2 区域轨道交通系统运维模型 ······ 177
5.4 区域轨道交通应急维修协同决策技术 ······ 181
5.4.1 区域轨道交通应急维修现状分析 ······ 181
5.4.2 区域轨道交通应急响应与维修效率评价及提升途径 ······ 183

5.5 复合网络全局运输效能评估技术……189
5.5.1 指标选取的原则及功能……189
5.5.2 指标体系的构成……190
5.5.3 指标定义及量化方法……192
第 6 章 区域轨道交通服务协同关键技术……201
6.1 多制式出行最优路径规划技术……201
6.1.1 区域轨道交通多制式出行规划模型……201
6.1.2 区域轨道交通多制式出行规划算法……206
6.1.3 区域轨道交通多制式出行规划体系结构……212
6.2 复合网络虚拟票务与信用登乘技术……217
6.2.1 基于人脸识别和信用登乘的跨制式虚拟票务……217
6.2.2 虚拟票务技术优化……221
6.3 基于自然语言的服务信息交互技术……222
6.3.1 自然语言对话系统……223
6.3.2 端到端的方法……226
6.4 基于增强现实的出行辅助导航技术……233
6.4.1 基于增强现实的出行辅助导航技术方案……233
6.4.2 基于增强现实的出行辅助导航系统……238
第 7 章 区域轨道交通协同运输与服务系统装备……240
7.1 系统定义与定位……240
7.1.1 系统定义……241
7.1.2 系统定位……241
7.1.3 系统目标……241
7.1.4 类似系统研究情况……242
7.2 业务应用场景分析……243
7.2.1 协同运输场景……243
7.2.2 综合安全保障场景……245
7.2.3 智能信息服务场景……248
7.3 系统架构设计……249
7.3.1 系统分层架构……249
7.3.2 一体化系统……250
7.4 系统功能设计……251
7.4.1 系统总体功能设计……251
7.4.2 区域协同运输功能设计……251
7.4.3 综合安全保障功能设计……255
7.4.4 智能信息服务功能设计……257
7.4.5 一体化平台功能设计……259
7.4.6 系统功能分层设计……261

7.5 数据接口设计 262
7.5.1 内部数据接口 262
7.5.2 对外采集接口 264
7.5.3 对外输出接口 267
7.6 界面设计 267
7.6.1 主要界面设计要求 267
7.6.2 界面信息显示要求 268
7.6.3 PC 端界面设计 268
7.6.4 移动端界面设计 269
7.6.5 感知端界面设计 270
7.7 性能要求 270
7.7.1 系统总体性能要求 270
7.7.2 协同运输业务处理性能 270
7.7.3 综合安全保障业务处理性能 270
7.7.4 智能信息服务业务处理性能 270
7.7.5 大数据服务平台性能 271
7.8 关键算法分析及组件设计 271
7.8.1 客流预测模型设计 271
7.8.2 全局安全风险分析方法 272
7.8.3 协同运输计划编制模块设计 273
7.8.4 系统健康状态评定方法 274
7.8.5 对象状态预测方法 275
7.8.6 跨制式行程规划模块设计 276
7.8.7 计算机网络设计 277
7.8.8 系统信息安全性设计 279
第 8 章 区域轨道交通仿真测试验证平台 280
8.1 仿真系统综述 280
8.1.1 仿真系统简介 280
8.1.2 仿真系统需求分析 280
8.2 现有相关仿真软件对比 286
8.2.1 AnyLogic 286
8.2.2 VISSIM 288
8.2.3 MassMotion 288
8.2.4 RailSys 289
8.2.5 仿真软件比选分析结论 290
8.3 仿真系统功能设计 291
8.3.1 运输系统运行仿真 291
8.3.2 设施设备演化仿真 293

8.3.3 区域轨道交通协同运输与服务系统仿真/接入……294
8.4 仿真系统数据设计……298
8.4.1 运输系统运行数据……298
8.4.2 设施设备属性数据……299
8.4.3 区域轨道交通协同运输与服务业务数据……300
8.5 仿真系统架构设计……302
8.5.1 设计思路……302
8.5.2 总体架构设计方案……303
8.5.3 接口方案设计……307
第9章 结语及展望……309
9.1 主要研究成果……309
9.2 主要应用场景……310
9.2.1 服务对象……310
9.2.2 功能应用效果……311
9.2.3 用户收益……313
9.3 未来展望……313
参考文献……314

第1章 引　　言

交通运输业是我国经济社会发展的基础性、先导性、战略性产业，轨道交通则是交通运输中的骨干。随着我国城市群的快速发展，区域交通一体化融合已经成为未来交通系统建设的重要方向。我国在党的十九大报告及《交通强国建设纲要》中提出“区域交通运输一体化发展”和“构建便捷顺畅的城市(群)交通网”要求[1]。2021 年 2 月，中共中央、国务院印发的《国家综合立体交通网规划纲要》提出构建现代化高质量国家综合立体交通网[2]。同时，大数据和互联网+等也为打破区域轨道交通多制式间的封闭运输体系奠定了技术基础。突破区域轨道交通协同运输与综合服务关键应用技术、研制大数据驱动的区域轨道交通协同运输与服务系统及装备，已成为提升区域总体运输效能和促进城市群快速发展的重要手段。

1.1 研究背景与意义

1.1.1 研究背景

近年来，我国轨道交通迅猛发展，高速铁路(简称高铁)与城市轨道交通运营里程均居世界第一，交通运输规模总量进入世界前列。随着我国经济的快速发展与城市群进程加快，轨道交通建设呈多制式和网络化发展趋势，迫切需要构建区域交通一体化运输模式[3]。2018 年 11 月 18 日，中共中央、国务院发布的《中共中央国务院关于建立更加有效的区域协调发展新机制的意见》明确指出，以京津冀城市群、长三角城市群、粤港澳大湾区城市群、成渝城市群、长江中游城市群、中原城市群、关中平原城市群等城市群推动国家重大区域战略融合发展，建立以中心城市引领城市群发展、城市群带动区域发展的新模式，推动区域板块之间融合互动发展[4]。

目前，我国城市群发展中存在一些典型问题。例如，较为严重的“简单均衡”或“一城独大”现象、优质人口资源配置不均问题日益严重、资源与环境压力逐年加大，可见城市群可持续发展的前景不容乐观。针对城市群常出现的大城市病，优先发展公共交通是解决城市交通问题的出路。完善公共交通网络，提升可达性，力争实现“出行方便、换乘便捷、指示清晰、停车有序、乘车文明”的目标。轨道交通因运量大、速度快、污染小等优势成为解决城市群问题最为重要的公共交通方式。实现区域轨道交通协同运输是促进城市群发展的关键举措，也是缓解城市拥堵、提升交通运行效率的重要措施。

1) 区域轨道交通体系发展迅猛

据统计，目前世界上已有 40 多个国家和地区的 120 余座城市建有轨道交通系统。近年来我国发展很迅速，截至 2020 年末，全国铁路营业里程达到 14.63 万公里，其中，高速铁路营业里程达到 3.79 万公里，高速铁路运量已占全国铁路客运量的 60%以上，占世界高速铁路总里程的 2/3 以上。2008～2020 年，我国轨道交通运营城市由 13 座增至 45 座，运营里程由 1125.2 公里增至 7978.19 公里，国内众多二三线城市正跑步进入轨道交通时代[5]。同时，北京、上海、广州的日均客运量均超过 800 万人次，且单日最高客流量皆突破 1000 万人次，城市轨道交通已成为保障一线城市有序运行的主要公共交通工具。截至 2019 年底，城市轨道交通运营线路中有 7 种制式同时运营(图 1-1)，上海有 5 种制式在运营，北京有 4 种制式在运营。应用新技术、新车型的创新产品不断涌现，如北京大兴国际机场线、温州市域快轨 S1 线、佛山高明加氢新能源有轨电车。

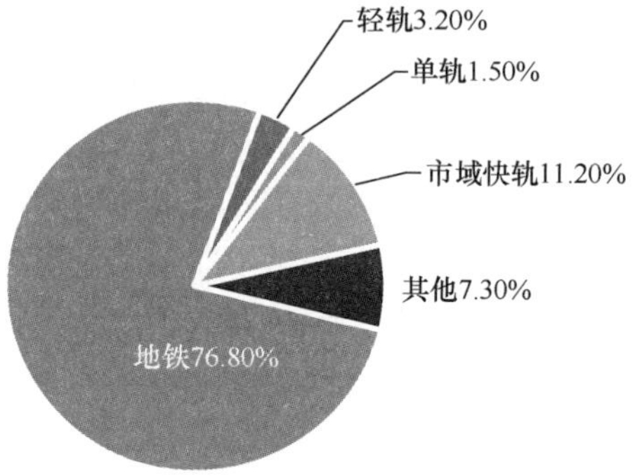

图 1-1　2019 年城市轨道交通运营线路制式结构

注：其他 7.30%中包括磁浮交通 0.90%、自动旅客捷运系统(APM)0.20%、现代有轨电车 6.20%

轨道交通网络规模的不断扩大、轨道交通运输服务的不断完善，不仅大幅缩短了区域内的时空距离，有力地促进了区域产业转型升级，还加速了城市群的培育、发展与壮大。轨道交通制式呈现多元化发展趋势，多层次、多制式轨道交通的快速发展，在路网达到一定规模、多种轨道交通制式并存的发展态势下提出了区域轨道交通运输协同理念，以期在更大范围内发挥区域轨道交通复合网络的优势，充分挖掘运能、提升服务水平，有力支撑“以人为本”的城市群建设[6]。

2) 区域跨制式出行需求不断增加

随着轨道交通的快速发展和同城化程度的加大，城市群内经济社会结构、城镇空间结构、人民生活方式及思想观念正在发生一系列深刻变革，特别是人们逐渐开始接受跨城市居住工作和生活休闲的出行方式，出现越来越多跨城市的通勤族，城际旅游客流和探亲客流也随之增加，城市群内客运需求多样、出行频繁、公交化特征明显。我国轨道交通也从单一制式、独立线路逐渐发展为多层次、多制式的复合网络，一次跨城市出行通常涉及区域内多种制式的轨道交通系统。

3) 区域轨道交通协同运输问题有待解决

既有运输组织技术与区域多样化出行需求匹配度较低。针对区域轨道交通出行需求的产生和变化的协同运输组织方法的研究与实践经验都较缺乏，既有运输组织模式与技术对区域多样化的出行需求适用性差。区域协同运输组织技术的优势特征挖掘不够，国外主要通过分级铁路换乘运输、直通列车开行等方式组织区域内的协同运输，但是我国区域内轨道交通制式多样，运营维护主体、服务定位存在较大差异，因此运输组织与国外存在较大差别。我国区域轨道交通还需根据跨制式出行需求特征深入协同运输组织关键技术研究，进一步挖掘区域轨道交通网络运输优势、提高区域内网络化运营效率。

1.1.2 国内外现状

本书针对国内外典型的城市群如日本东京都市圈、德国莱茵-鲁尔区域、法国法兰西岛、美国纽约都市圈以及我国京津冀区域、长三角区域、粤港澳大湾区、成渝城市群等区域的轨道交通的规划建设、设施设备运用、运输组织、安全保障、信息服务等方面的现状进行分析与总结，从而更有针对性地提出区域轨道交通协同运输关键技术，支撑应用系统装备研制。

1. 国外发展现状

(1) 通过路网及枢纽的协同规划布局，构造多层次、多制式、便捷换乘的轨道交通复合网络，实现城市功能和交通功能的高度融合。

随着轨道交通线网规模的不断扩大、区域一体化理念的不断深入，国外典型的区域轨道交通主要通过路网和枢纽的协同规划布局来引导区域轨道交通的建设和发展。各制式轨道交通根据其运输距离和服务范围，形成了多层次、多制式的轨道交通复合路网，同时通过枢纽的合理布局创造良好的换乘条件。例如，德国莱茵-鲁尔区域将其轨道交通网络分为三层，不同制式的轨道交通承担着不同层级的主要运输任务[7,8]，同时不同制式的轨道交通又互为补充，促进多种轨道交通制式协同发展。通过换乘站的合理设置将不同层级轨道交通网络高效、紧密地结合起来，实现复合网络的互联互通。

在轨道交通路网和枢纽的规划建设中，还紧密结合城市的发展以及功能定位，通过优化轨道交通网络结构支撑，引导城市的发展形态。借助轨道交通枢纽的多功能一体化设计促进城市功能和交通功能的高度融合。例如，日本东京都市圈的轨道交通形成了“环形+放射形”的路网结构，促进了东京都市圈多中心格局的形成；东京都市圈的轨道交通枢纽也根据客流走行规律、地面设施和环境、不同运输方式的特性以及商业需求等进行一体化综合开发，节约城市空间的同时满足了旅客便捷换乘、购物用餐等需求[9]。

(2) 为旅客提供多样化、人性化、便捷优质的出行服务，尽可能缩短旅客中转换乘时间。实行票制一体化，实现旅客信息服务覆盖出行全过程。

国外典型的区域轨道交通系统十分注重为旅客提供优质的运输服务，部分轨道交通设备设施虽然因投入使用年代较早而未实现智能化，如纽约都市圈轨道交通系统，但依然可以为旅客提供良好的出行服务，不同人群可以享受到不同的个性化服务。

在旅客换乘方面，换乘枢纽的规划设计充分考虑了多制式轨道交通在枢纽内的高效衔接，能合理引导旅客换乘走行、缩短旅客中转换乘时间，例如，东京都市圈轨道交通换乘枢纽综合多种交通方式进行一体化设计；莱茵-鲁尔区域轨道交通实现同站台或跨站台换乘，旅客无须出站，从而避免了进出站等环节的重复。

在票务方面，多数区域实现了票制一体化，旅客通常只需购买一张车票或使用多制式轨道交通联合发行的票卡，即可完成全部旅程。同时，很多典型的区域轨道交通系统，根据不同的出行周期、不同种类的出行人群和不同的运营时间推出了多种常规及优惠票卡，以满足旅客多样化的出行需求，吸引旅客选择轨道交通方式出行。

在信息服务方面，旅客可以随时通过站内标识、信息显示设备以及智能终端获取大量的运输服务信息，包括行程规划、列车时刻表、车站及列车实时运营状况、换乘指引、晚点及故障情况等，基本贯穿着旅客出行的全过程，信息服务的智能终端覆盖率较高。

(3) 通过直通运营、快慢车运营和组合运营等灵活的运输组织手段提高旅客运输效率和服务质量，实现综合性枢纽运力资源的合理分配与运用，以旅客需求为导向逐步实现不同层级、不同制式轨道交通系统间的互联互通。

国外典型的区域轨道交通系统大多在中长运输距离的线路上实现贯通运营，对于较短运输距离的城市轨道交通，一般仍使用自身的独立线路。随着轨道交通服务范围、线路数量和线网密度的不断增大，跨制式出行客流以及同制式内部不同线路之间的换乘客流急剧增加，在高峰期易发生换乘组织困难、换乘枢纽极度拥挤的情况。

早期的东京都市圈轨道交通就面临着这样的难题，市郊通勤旅客要进入市中心商业圈必须要在山手环线上的大量中转站点进行换乘，多条线路拥挤率高达200%以上。迫于换乘压力，东京都市圈轨道交通采取了灵活多变的运输组织模式，通过线路改造实现了跨制式的直通运输，大大缩短了旅客的候车时间和换乘时间，也降低了综合性枢纽的换乘压力，同时为区域轨道交通系统的互联互通打下良好的基础[9]。

为了更加合理地分配和使用运力资源，纽约都市圈轨道交通对于列车运行技术条件相同的轨道交通制式同样组织开行了跨线列车，同时采用停站方案不同、同向不共线的快慢车运输组织模式，延长服务时间，几乎达到全日不间断运营。部分大型的综合性枢纽如宾夕法尼亚车站还实现了不同运营单位对车站轨道的共用，极大地提高了旅客运输效率，方便了旅客的出行和跨制式的换乘，体现了“互联互通”“以人为本”的理念[9]。

(4) 运营主体构成多样、各司其职，并由统一的机构对参与运营的各主体进行监督管理和协调运营。政策措施的制定和协调管理机制的建立，促进了区域轨道交通的互联互通和一体化协同运输。

国外典型的区域轨道交通按制式或运行范围的不同进行划分，实现了各自经营，但各运营主体都由统一的机构进行监督管理和协调运营，例如，巴黎都市圈的法兰西岛运输联合会和纽约都市圈的大都会运输署，通过建立行之有效的协同管理机制，提高了行车调度、信息共享和换乘衔接等方面的运营组织效率，使得各运营主体通过良好的分工与协作为旅客提供更加优质的一体化出行服务。

除协同管理机制外，相关政策措施的制定对运输组织的开展、各主体的经营以及区域轨道交通的互联互通尤为重要。例如，在解决东京都市圈轨道交通换乘压力难题的过程中，日本政府通过颁布《增进都市铁道等利便法施行规则》构建实现直通运营的相关补助制度，协调涉及直通运营各主体间的关系，同时对路网风险的承担做了明确划分，极大地促进了直通运营的开展。

2. 国内发展现状

1) 线网布局与规划方面

在线网布局与规划方面，各层级、多制式的轨道交通复合路网逐步完善，城市内部、城际以及跨区域的旅客出行更加便捷，出行方式的选择更加多样化。不同轨道交通线路之间通过换乘节点衔接，换乘组织水平有待提高，各层级轨道线路的规划和建设尚未考虑技术层面的互联互通，且规划与建设分离、协同程度较低。

目前，我国干线路网已基本成型，高速铁路网也初具规模，主要城市群内部的城际轨道线路也相继开通，城市轨道交通更是迎来了发展的“黄金时代”。我国已建立了“八纵八横”的铁路网，铁路网密度为152.40公里/万平方公里，预计到2035年我国铁路运营里程将达到20万公里左右，其中，高速铁路达到7万公里左右。而城市轨道交通线网规划已获批的城市更是多达63个，正在实施的建设规划线路总长达7611公里。我国主要城市群如长三角、京津冀、粤港澳大湾区等区域已开通运营多种制式的轨道交通(包含地铁、轻轨、有轨电车、市域(郊)铁路、城际铁路、干线铁路等)，各层级轨道交通线网也在不断地进行规划、调整与完善。

此外，各层级、各制式轨道线路功能定位明确。其中，国家干线铁路主要承担跨区域中长距离的客货运输任务，加强城市群与全国各主体功能区之间的联系；城际轨道交通主要承担区域内部中短距离的旅客运输任务，促进城市群内部联系，引导城镇集群发展和产业布局；市域(郊)铁路主要承担中心城区与卫星城市短距离的通勤旅客运输任务，疏解城市中心交通压力，促进城市群可持续发展；而城市轨道交通主要承担城市内部居民的日常出行运输任务，提供高效、快速、大运量的旅客运输供给，从而缓解道路交通压力。

在区域多制式轨道交通迅猛发展的同时，不同层级、不同制式间的轨道交通规划与建设只初步考虑了换乘节点的合理选择与布置，以及在相同服务范围内避免线路功能的重复，仍未从根本的技术条件上考虑多制式系统间的互联互通，各运行线路彼此相互独立，在枢纽节点通过车站设施进行衔接，旅客需要下车后进行站内或站外换乘，无法组织跨线以及直通运输。各层级轨道线路的规划与建设大多相互分离，建设时序不一致，未能实现区域跨制式轨道交通的一体化协同发展。

2) 旅客出行服务方面

在旅客出行服务方面，我国区域轨道交通的票制日益多样化；旅客进站方式智能化，且新增多项人性化服务；换乘标识清晰多样；枢纽车站、轨道交通车辆内部环境干净明亮，旅客乘车舒适度大幅提升。但旅客出行全过程中信息获取较为分散，缺乏智能化的行程规划与引导，跨制式出行环节重复度高，换乘时间较长，跨制式旅客协同运输服务仍处于初级水平。

目前我国典型的城市群或都市圈(如长三角、粤港澳、京津冀等)的轨道交通制式较为多样，基本涵盖干线铁路、城际铁路、市域(郊)铁路和城市轨道交通。其中，北京、上海、广州等中心城市的轨道交通客运服务相对较好。例如，在票制方面，上海市轨道交通运营单位推出了多种票制，如单程票、一日票和多日票等。在购票和进出站的方式上也日益多样化和智能化，旅客可在手机终端购票、现场取票进站，也可直接刷手机二维码或利用NFC功能直接进站，省去了排队购票的时间，例如，广州和深圳的城市轨道交通出行旅客可以直接通过智能手机官方APP或腾讯乘车码扫码过闸乘车。铁路出行的旅客在部分线路乘车也不必取票，直接刷身份证或中铁银通卡便能乘车，这在很大程度上方便了旅客出行。铁路公司也推出多种优惠票卡，为多次往返两地的旅客简化出行流程、节省出行时间，如市域一卡通、京津城际同城优惠卡等。

随着科技的进步，更多的人性化设计融入了轨道交通，车站换乘导向标识更加清晰，并新增多种服务信息发布设施，如北京部分地铁车辆可实时发布车厢拥挤程度，上海在换乘车站屏幕实时显示换乘所需时间等，帮助旅客合理进行乘车规划、选择出行路线，实现便捷出行。此外，随着车辆和车站设施设备的完善与性能的提升，旅客的出行舒适度也逐渐提高。

与此同时，区域各制式轨道交通旅客出行服务之间的协同程度不高，仍处于探索阶段。在轨道交通跨制式出行时，旅客需要分段购买不同轨道交通方式的车票，缺乏实时、准确的信息引导旅客合理规划衔接换乘方案、预估换乘时间，未实现跨制式的票制一体化和出行全过程的智能规划[10]。在跨制式出行的过程中，旅客乘坐每一种制式轨道交通都需要经历购票、取票和安检等环节，出行环节重复率高，换乘时间较长。目前，仅有少数车站实现了跨制式换乘的安检互信，典型代表如成都犀浦站，站内铁路与地铁出行旅客可以无缝同台换乘；部分车站可以实现单向的跨制式换乘安检互信，例如，在成都东站铁路出行的旅客出站后可直接换乘地铁无须安检，但乘坐地铁到达成都东站换乘铁路的旅客仍需从地面站厅层验票、安检进站乘车。总体来说，跨制式旅客协同运输服务仍处于初级阶段，还有待发展。

3) 协同运输组织方面

在协同运输组织方面，我国区域内城市轨道交通与其他制式系统间普遍未实现运输计划的协同编制，运营调度指挥独立进行，跨制式系统间缺乏运输组织信息的共享以及应急运输协调组织，旅客跨制式换乘已体现出协同运输组织理念但管理水平仍需提高，快慢车运输组织、直通运输组织等尚处于起步阶段。

一方面，我国区域轨道交通系统中市域(郊)铁路大多采用干线铁路的制式、利用既有国家铁路线路开行公交化市域列车，政府购买服务后委托铁路局代为管理运营，因此市域(郊)铁路与高速铁路、城际铁路在运输计划的编制和调整、调度指挥与信息共享等方面协同程度较高，例如，国内首条公交化运营的市郊铁路——上海金山线，根据全国铁路列车运行图的变更对日常方案运行图进行协同调整，取消或增开车次、调整停站方案等。

另一方面，区域内部的城市轨道交通运输组织相对独立，与市域(郊)铁路、高速铁路等制式的轨道交通在运输计划、运行图的编制和调整等环节协同程度较低，调度指挥、应急保障等信息交流与共享匮乏，少有的协同组织大多体现在首末班车时刻的编制上，例如，成渝地区的成灌市域铁路末班车到达成都犀浦站时，与其换乘的城市轨道交通地铁2号线已停止运营6min,为此地铁2号线从犀浦站出发的末班车常态化延迟运营15min以满足该部分旅客的换乘接驳需求。

随着我国区域轨道交通跨制式出行需求的增多，不同制式间运输组织的协同与衔接极大地影响着跨制式出行效率与运输服务质量。目前我国区域轨道交通跨制式出行基本都通过路网节点、综合枢纽来组织换乘，快慢车运输、直通运输等组织模式尚在研究起步阶段。在跨制式出行旅客换乘组织、综合枢纽设备设施布局中已体现出协同运输组织的理念，三铁融合、站城融合等区域轨道交通一体化趋势也逐步显现，但总体来说，协同运输组织和运营管理水平仍有待加强。

4) 安全保障与应急管理

在安全保障与应急管理方面，我国区域轨道交通已初步建立了安全保障和应急响应流程，在相关部门指导下实现应急联动，但缺乏统一完善的应急管理联动机制，应急响应中心仅在部分大型综合枢纽内设立，响应效率有待提高。

随着运营里程的逐年增加、线网规模的不断扩大，区域轨道交通安全保障的机制体制正在不断完善，各制式轨道交通的运营主体都设有独立的应急指挥中心。应急指挥中心同相关的应急联动单位共同建立了监测预警-事件分级-应急启动-应急响应-应急联动-后期处置的管理流程，为保障区域轨道交通安全运行、保护人民群众生命财产安全、维持社会安全稳定初步建立起了衔接高效、运行顺畅的管理体制和运行机制。例如，上海市轨道交通站点在应对大客流时，通过上海市应急管理局的协调与指导，建立了“四长联动”的应急处置机制，各街道、派出所和属地轨道交通站点紧密合作，对各项应急资源进行有效整合，以轨道交通站点为单位合力提升应急处置能力，实现突发事件、应急疏散、综治难点的共同处置和有序联动。

尽管如此，我国区域多制式轨道交通“信息互通、会商决策、资源调度”的应急联动管理机制还有待进一步发展。跨制式轨道交通出行的应急管理尚缺乏高效、统一的联动机制，在应对各类突发事件如大客流情况时，区域复合路网的替代效用也难以得到发挥。目前已建有跨制式的应急响应中心，例如，上海虹桥枢纽的应急响应中心可以实时监控枢纽内各交通方式的运行状态，一旦发生突发事件，应急响应中心就开始汇总各方信息及时采取联动应对措施，但此类机构仅设立在部分大型的综合交通枢纽中，应急响应与管理的范围较为局限。

5) 智能化信息服务方面

在智能化信息服务方面，我国区域轨道交通各制式系统内部已得到了较大的提升，跨制式间的智能化信息服务亟待开展，未能实时、高效地为旅客集中提供信息服务，综合性轨道交通信息共享平台尚未建立。

智能化信息服务是区域轨道交通旅客出行服务中的重要环节，便捷地为旅客提供及时、准确的运营信息才能保证旅客出行的高服务质量。我国区域轨道交通各制式的运营主体已充分认识到智能信息服务的重要性，并在智能化信息服务的建设上取得了一定的成就，主要体现在以下两个方面。

(1) 针对城市轨道交通出行的旅客，在获取运营信息方面，旅客可以通过地铁官网、官方 APP、微博等多个渠道实时获取列车运行时刻、晚点情况、突发事件等信息。在购票方面，大部分城市轨道交通都支持 APP 购买、多卡支付购买、多平台支付购买等多种购买方式，部分城市在进站过程中支持手机二维码乘车功能。在候车及乘车过程中，城市轨道交通运营主体均通过车站站台、列车上的显示屏等智能信息服务终端为旅客提供列车到达、运行状态、前方到站、换乘通道等信息。在换乘过程中，换乘枢纽设置的引导标识为旅客提供了清晰的换乘引导。

(2) 针对市郊和干线铁路出行的旅客，在获取运营信息方面，旅客可通过铁路官网 12306 获取相关列车时刻表、票价等信息。在购票过程中，旅客可通过铁路官网 12306 或其他网上平台购取车票。在进站过程中，已经实现了免取票、直接刷身份证进站。在候车过程中，旅客可通过车站显示屏实时获取列车到站信息。在乘车过程中，普速铁路旅客只能通过列车广播获取列车运行信息，乘坐高铁、动车组的旅客可以通过列车上的车载显示屏获取列车运行状态信息。

虽然我国区域轨道交通各制式内部的智能化信息服务已经得到了较大提升，但跨制式间的综合智能信息服务还亟待开展，尚未建立区域轨道交通信息共享平台，从而导致区域轨道交通旅客获取跨制式出行信息分散、不及时、难以辅助出行决策等问题。具体来说，主要在以下几个方面还亟待完善：在综合服务信息发布方面，不同轨道交通制式所对应的运营主体均有各自独立的信息发布平台，使得多类信息发布分散、难以综合，旅客需要从不同平台获取，再辅助规划自己的行程，过程烦琐而复杂。在信息共享方面，各制式轨道交通运营主体相互独立，与运营相关的信息基本不能实现共享和协同，使得旅客无法集中获取针对全出行链的智能化出行信息服务，运营单位也难以实现多制式间的协同运输和应急联动。在智能换乘引导方面，旅客跨制式换乘需要下车后通过标识牌等指示步行进行站内或站外换乘，旅客往往对于较为复杂的换乘系统难以理清头绪而大大增加了换乘难度和走行时间，缺少智能化的换乘指引系统。在完整出行路径规划方面，区域轨道交通尚未能实现为旅客完整规划出行路径的功能，旅客在规划出行路径时，需通过查询不同交通方式的列车信息和换乘站的信息自行完成出行路径选择。由此可见，跨制式出行路径规划还处于初级发展阶段，智能化程度较低，缺少专业的出行路径规划平台。

6) 协同管理体制

在协同管理体制方面，我国区域轨道交通实现了部分层级之间规划建设、运营管理、应急保障的一体化运作，针对整体区域轨道交通系统尚未实现监督管理主体的统一，也缺乏权威性较强和约束力较大的政策保障措施以及协同管理体制。

区域轨道交通的协同管理体制不仅对区域轨道交通的规划建设、运营管理、应急保障具有重要意义，同时也是实现区域轨道交通一体化过程中的重要环节。目前我国区域轨道交通实现了部分层级、制式间的规划建设、运营管理、应急保障的一体化运作，但在整体层面尚未建立起权威性较强和约束力较大的跨制式统筹管理部门及相应管理体制机制，也未出台相关政策措施促进或保障区域轨道交通的一体化协同发展。既有的各制式轨道交通大多各自为政、管理部门分散，导致区域轨道交通在规划、建设等方面难以形成高效的衔接配合。例如，上海市城市轨道交通由上海申通地铁集团有限公司运营管理，而上海市郊铁路金山线则由上海金山铁路有限责任公司管理，城际铁路和干线铁路则是由中国铁路上海局集团有限公司管理，不同轨道交通制式的运营管理、计划编制等方面均相对独立、协同程度较低，需要联合三家运营管理机构协商构建统一的协同管理体制，实现跨制式信息的交互、共享和各部门之间的职能协作，促进和保障区域轨道交通一体化协同发展。

1.1.3 研究意义

本书借鉴国外先进地区区域轨道交通协同运输发展经验，立足我国发展现状及特色需求，研究形成区域轨道交通协同运输与综合服务关键应用技术、研制大数据驱动的区域轨道交通协同运输与服务系统及装备，预计将带来显著的经济效益和社会效益。

1. 经济效益

(1) 提升运输效率，节约企业成本。突破不同轨道交通制式在运营管理和应急维护上的刚性分割，可使得各制式间的衔接更加紧密，不仅能提升多制式轨道交通网络运输能力利用率，还能提高运营组织的智能化水平，从而显著提升区域轨道交通网络总体运输效能，降低企业运营成本。

(2) 推动产业发展，带动就业水平。当前我国轨道交通体系正处于单制式独立运营向一体化协同发展的关键阶段，以理论和技术支撑系统装备研制，将进一步增强自主创新水平、引领技术创新突破、促进区域轨道交通产业发展，带动研发制造、工程施工等多个板块的就业水平。

(3) 增强区域凝聚，提振区域经济。通过区域轨道交通协同水平和运输效率的提升，从而降低区域内各组团、各城市之间的出行阻抗，增强区域凝聚力，加速区域商贸交流和人员流动，提升区域整体经济水平。当前，我国已形成 12 个国家级城市群，正在建设 9 个区域性城市群。区域轨道交通协同运输与服务技术及系统在提振区域经济方面的潜在价值不可估量。

2. 社会效益

(1) 保障公共安全，优化出行环境。通过构建涵盖多轨道交通制式、多业务功能模块的区域轨道交通协同运输与综合安全保障体系，不同制式与不同业务之间、运输供给与需求之间在时空上能够更加协调，从而降低事故发生率并提高运输管理水平和旅客出行体验，优化城市出行环境。

(2) 引领技术进步，推动人才培养。区域轨道交通体系涉及多种制式和多个专业领域，系统的设计、研发与集成存在一定的复杂性和难度，开展本试点有助于提升相关领域的技术水平，同时也可带动多专业复合型人才的培养，形成一批具有综合创新能力的研发人才。

(3) 构建绿色交通，形成生态效益。依托实时智能联动的区域轨道交通协同运输与安全保障，将有效提升区域运力资源匹配度，提高区域整体运输能力，减少旅客跨方式旅行时间和旅客换乘时间，提高公共交通分担率，从而降低碳排放量，促进生态环境保护，实现经济社会的可持续发展。

1.2 区域轨道交通协同运输需求

1.2.1 不同主体需求特征

针对本书所研究的区域轨道交通系统，区域轨道交通协同运输与服务主要包含以下三方面的内容：

(1) 基于旅客全出行链规划构建区域轨道交通复合网络，提升换乘衔接设计水平，优化网络线网和设施设备资源配置，充分调用、整合轨道交通网络资源，促进运输和旅客服务设施设备交互共享，满足轨道交通旅客全出行链多样化、差异化的出行需求；

(2) 通过技术手段在运输组织、安全保障、信息共享、旅客服务等方面实现协同，推进多制式运输计划编制和调度指挥协同、安全保障与应急处置联动、旅程服务信息全方位覆盖、全出行链路径智能规划、多制式票制安检互通互信等工作，以提升系统整体效能，创造更加便捷舒适、安全可靠的轨道交通运输环境；

(3) 构建贯穿轨道交通规划建设、跨制式运营与管理协调等阶段的适应区域轨道交通协同发展的体制机制，加大政府宏观层面对区域轨道交通协同发展的调控力度，发挥政府部门的监管和协调能力，为区域轨道交通总体运能和服务质量的提升提供政策和制度支撑。

以上三方面多维度具体内容的实施涉及政府部门、运营单位、旅客等三个参与主体，只有在其三者的协同配合下才能最终形成“多网-四域-多功能”的区域轨道交通协同运输与服务体系(图 1-2)。

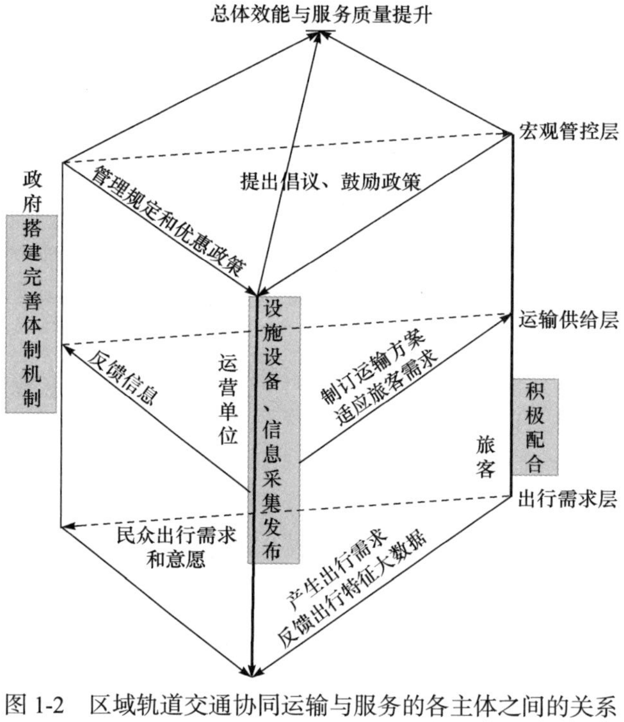

图 1-2　区域轨道交通协同运输与服务的各主体之间的关系

因此，城市轨道交通-市域/城际铁路-高速铁路/普速铁路等“多网”、“时间-空间-资源-信息”四域、“运输组织-安全保障-智能服务”多功能的区域轨道交通协同运输与综合服务的内涵应该包含以下三个层面。

(1) 旅客是轨道交通出行的提出者和感受者，新型城镇化的核心也在人，实现高质量发展首先要紧扣旅客的需求及其呈现出的新特征。随着城镇化率和城乡居民生活水平的不断提高，旅客出行需求更加突出，客流层次多样、向心性强，呈放射状、潮汐明显，要求提供大运量、高密度、网络化的运输服务供给。我国城镇化在今后较长一段时期内仍处于快速发展阶段，以城市群为主体形态的城际客流仍将保持快速增长。随着同城化程度的加大，以及城市群内经济社会结构、城镇空间结构、人民生活方式及思想观念一系列深刻变革，将出现越来越多跨城市的通勤族，旅客一次完整的出行将会涉及区域内多种制式的轨道交通系统。

(2) 运营单位作为运输供给方，以总体效能和服务质量提升为目的，直接为旅客提供运输服务，需要通过提升设施设备的跨制式协同运输能力和多制式之间的信息交互支撑协同需求的实现，适应旅客的协同运输服务需求，并运用大数据手段采集旅客出行行为习惯和特征，制订精细、准确的运输组织方案，促进轨道交通物理网络与信息网、服务网的深度融合，为旅客提供智慧便捷、实时响应的指尖上的服务。同时，要加强与地方政府的协调沟通，增强项目规划和实施的科学性、经济性、实用性，实现路网效益的最大化，并协调多种交通方式推出更加便捷、贴心的运输服务，最大限度地便民利民。

(3) 政府作为宏观调控方，为区域轨道交通协同工作的推进提供了政策和制度保障，应当着眼全局和长远发展，适度超前和经济适用地引导与推进综合交通运输体系的构建以及轨道交通网络、枢纽节点的规划建设，合理把握不同层次类别的轨道交通线路的功能定位、建设标准和建设规模，统筹规划利用各类轨道交通资源。同时，积极采纳民众的出行需求和出行意愿，并制定相关鼓励政策，向运营单位提出公共服务需求，制定相关管理规定，接纳运营单位的反馈信息、建立区域跨制式轨道交通复合网络协同运输与服务体系，通过优质的旅客出行服务方案和稳定的运输组织管理措施为旅客提供安全、经济、舒适、便捷的运输服务。

1.2.2 旅客出行服务需求

旅客是运输需求的提出方，也是运输服务的受用方。对旅客来说，跨制式出行会增加不同制式之间换乘衔接的环节和时间成本，较单一制式出行而言出行便捷程度有所降低，因此考虑旅客对区域轨道交通协同运输与服务的需求为出行的时效性、舒适性、便捷性、经济性、安全性等[11]，需要调研并梳理旅客全出行链涉及的各个环节中的出行时间、出行成本、出行舒适度、换乘步行距离、换乘时间、换乘费用等因素，明确旅客对区域轨道交通协同运输的综合服务需求。

在该需求上，要进行区域轨道交通多制式复合网络旅客出行行为理论研究，重点分析区域轨道交通旅客出行链定义及构建，在旅客出行行为的影响因素研究基础上，提出区域轨道交通旅客出行链的定义，并详细分析出行链中所有环节和各环节出行时间。在此基础上研究区域轨道交通网络中旅客出行路径规划方法，并进行基于出行链和大数据的客流预测及灵敏度分析。最后，从区域轨道交通网络的角度，分析区域轨道交通旅客出行输送模式。

1.2.3 运营单位协同运营需求

运营单位是运输服务的供给方。为提升运输能力和服务水平，可通过设施设备互联互通、运输计划协同编制等运输组织手段进行优化。对运营单位来说，同其他制式联系起来实现协调势必会增加运营管理的难度，但高效协同的运输组织方法可以提高系统整体效能，在保证安全运营的条件下尽可能地提高系统整体效能，降低资源空费率和能源消耗，为旅客提供高质量的出行服务，因此要围绕区域内各制式轨道交通运营单位运作过程和特征，从单一系统线网到轨道交通复合网络整体的运营，研究运营单位在布局规划、运输组织、安全保障和信息服务等方面的协同运输需求。基于以上，需要从布局规划、运输组织、安全保障和信息服务方面进行理论研究。

1. 区域轨道交通协同运输与综合服务布局规划理论

区域轨道交通协同运输与综合服务布局规划是区域轨道交通发展的基础，首先从布局规划内涵及影响因素出发，从枢纽和线路的角度，在区域轨道交通旅客出行链研究的基础上，分别构建协同运输与综合服务枢纽布局规划理论和协同运输与综合服务线路布局规划理论。

2. 区域轨道交通协同运输与综合服务运输组织理论

以多制式轨道交通复合系统有效承载力评估为切入点，梳理协同运输组织与系统总体运能提升、运力资源优化配置、旅客出行服务质量提升等之间的耦合关系，构建多制式复合路网运能匹配理论；研究基于 RAMSI 的区域轨道交通系统总体运能提升技术，分析多制式协同组织指挥关键技术，以此完善区域轨道交通应急运输协同组织理论与方法。其中，RAMSI 是指区域轨道交通协同运输与服务系统的可靠性(reliability)、可用性(availability)、可维护性(maintainability)、安全性(safety)和互操作性(interoperability)。

3. 区域轨道交通协同运输与综合服务安全保障理论

通过分析目前单一制式轨道交通安全保障的薄弱环节，延伸出更复杂的含多种制式的区域轨道交通安全保障需要面临的问题，构建系统整体风险评估和风险瓶颈分析手段，并实现风险瓶颈的动态监测和及时有效的风险预警，以提升区域轨道交通协同安全保障整体水平和综合运能为目标，提出 RAMSI 综合保障技术，研究基于协同优化的风险控制和应急处置以及基于协同优化的维护维修资源全局优化配置，最后实现基于状态修的轨道交通关键设备智能维护技术，从理论、技术和装备研发支撑运营需求的角度出发提出区域轨道交通协同安全保障需求。

4. 区域轨道交通协同运输与综合服务信息服务理论

首先从区域轨道交通大数据基础关键技术研究出发，从数据获取、数据处理、数据挖掘和数据发布的角度，构建多制式系统信息高效收集和发布机制、高纬时空大数据交叉验证及融合技术、基于语义关联的多源数据协同查询技术和知识驱动的交通态势感知和决策技术，并以此构建自适应自组装的大数据服务体系架构；然后从信息服务的角度，研究区域轨道交通出行信息服务技术、多情景需求感知的个性化服务技术、多制式交通系统出行最优规划技术、基于增强现实的出行辅助导航技术、跨制式虚拟票务和信用登乘服务技术、基于视频的态势感知分析技术，满足旅客出行、政府监管、运营企业需求角度以及信息服务技术发展、信息安全等方面在区域轨道交通协同运输与服务系统中的信息服务需求点。

1.2.4 政府宏观协同需求

政府部门拥有轨道交通网络规划和资源配置的宏观调控权，是运输监管方和制度保障方。高效的交通运输系统有效支撑着城市群(都市圈、经济区)的快速、可持续发展，对资源的有效利用不仅可以提高整个交通运输系统的效益，还在一定程度上降低了投资压力，所以对政府来说，迫切需要一个安全可靠、高效便捷的区域轨道交通协同运输与服务体系促进经济社会发展、引领城市群建设。同时，综合政府在社会福利、公共安全、城市规划、环境保护、轨道交通效率等方面相关的考虑因素，既要明确政府对区域轨道交通协同运输与服务的宏观需求，也需要充分发挥政府部门的宏观调控和协调能力，构建一套推动区域轨道交通协同发展的保障机制。

因此，针对政府部门需求，要进行区域轨道交通协同运输与服务综合管理理论研究。从政府运输监管与综合协调、政府安全监督与应急处置、政府路网布局与资源配置协调等方面论述政府对于区域轨道交通协同运输与服务的主观需求，提出协同运输与综合服务的政府协调体制机制，然后分析区域轨道交通复合网络跨制式运营管理，从企业间、政府、多方式的维度，分析区域轨道交通复合网络客运枢纽综合管理。

1.3 主要研究内容及基本定义

1.3.1 主要研究内容

本书针对区域轨道交通各制式(城市轨道交通、市域(郊)铁路、城际铁路、干线铁路等)成网条件下在运输组织、安全管理和信息服务方面的运作过程，在深入分析区域多制式轨道交通协同的基本原则及等级划分的基础上，从信息协同、资源协同、决策协同和服务协同四个方面研究多制式协同机理，并提出区域轨道交通信息协同关键技术、资源协同关键技术、决策协同关键技术以及服务协同关键技术。最后，基于所提出的关键技术，设计开发区域轨道交通协同运输与服务系统装备及仿真测试验证平台。主要研究内容如图 1-3 所示。

第 1 章详细阐述本书的研究背景和意义，分析区域轨道交通协同运输国内外发展现状和我国多制式协同运输发展需求。

第 2 章从协同运输需求出发，深入剖析区域轨道交通协同运输的基本原则和协同等级划分，提出信息协同机理、资源协同机理、决策协同机理和服务协同机理。

第 3～6 章提出区域轨道交通信息协同、资源协同、决策协同和服务协同关键技术，详细阐述相关的数学模型和算法，并采用典型案例展示技术的可行性和适用性。

第 7 章提出区域轨道交通协同运输与服务系统装备方案，明确系统的总体架构、主要功能、接口设计及性能要求等。

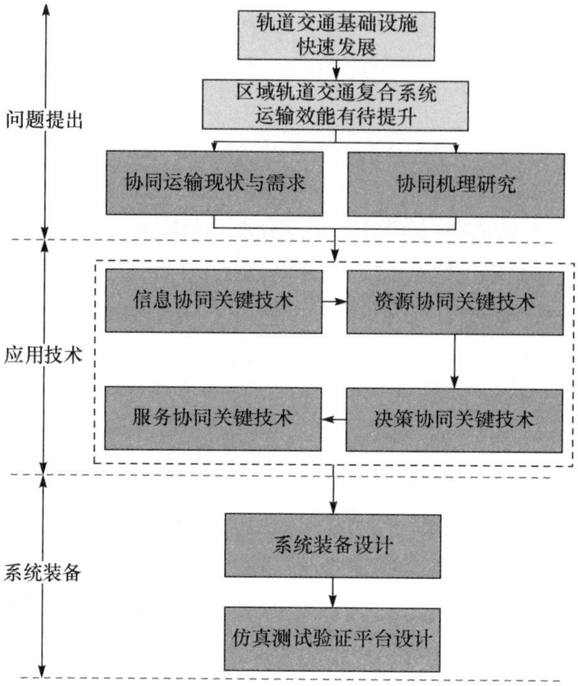

图 1-3　本书主要研究内容

第 8 章提出区域轨道交通仿真测试验证平台设计方案，明确仿真测试验证平台总体结构、主要功能及交互验证接口等。

第 9 章总结全书的主要研究内容，提出本书的主要创新点，并对区域轨道交通协同运输系统未来的发展趋势做出预测和展望。

1.3.2　区域轨道交通系统内涵

城市群是我国新型城镇化发展的主体形态，是支撑全国经济增长、促进区域协调发展、参与国际竞争合作的重要平台。得益于轨道交通的快速发展，城市群内的经济社会结构、城镇空间结构、人们的生活方式以及思想观念正在发生一系列的深刻变革，尤其是人们逐渐开始接受跨城市、跨区域的居住、工作、休闲和娱乐的生活方式，大大增加了人们日常出行的空间范围，衍生出越来越多城际通勤客流、旅游客流和探亲客流等，使得城市群内的客运需求逐渐多样化，出行频率逐步提高，公交化出行需求明显提升。与之相应地，为人们提供出行服务的轨道交通也从单一制式变为多种制式配合、从独立线路变为多层次的复合网络，轨道交通系统逐步实现区域化。

都市圈是城市群内部以超大、特大城市或辐射带动功能强的大城市为中心，以 1 小时通勤圈为基本范围的城镇化空间形态，近年来一直呈现出快速发展的态势[11]。然而，不同城市间的轨道交通一体化水平不高，分工协作不够，低水平、同质化竞争严重，协同发展体制机制尚不健全，这些都极大地影响了现代化都市圈的建设与发展[12]。2017 年 6 月，国家多部委联合发布《关于促进市域(郊)铁路发展的指导意见》，通过系统全面的顶层设计来有序推进市域(郊)铁路的发展，以此来补足都市圈的交通短板；2019 年 2 月，国家发展和改革委员会又出台了《关于培育发展现代化都市圈的指导意见》，明确提出要打造轨道上的现代化都市圈，统筹考虑都市圈轨道交通网络布局，构建以轨道交通为骨干的通勤圈，并在有条件的地区编制都市圈轨道交通规划，推动干线铁路、城际铁路、市域(郊)铁路、城市轨道交通“四网融合”。《关于培育发展现代化都市圈的指导意见》中提到，要探索都市圈中心城市轨道交通适当向周边城市(镇)延伸；统筹布局都市圈城际铁路线路和站点，完善城际铁路网络规划，有序推进城际铁路建设，充分利用普速铁路和高速铁路等提供城际列车服务；创新运输服务方式，提升城际铁路运输效率；大力发展都市圈市域(郊)铁路，通过既有铁路补强、局部线路改扩建、站房站台改造等方式，优先利用既有资源开行市域(郊)列车；有序新建市域(郊)铁路，将市域(郊)铁路运营纳入城市公共交通系统；探索都市圈轨道交通运营管理“一张网”，推动中心城市、周边城市(镇)、新城新区等轨道交通有效衔接，加快实现便捷换乘，更好适应通勤需求。

因此，为了更好地契合国家对城市群轨道交通或都市圈轨道交通的发展要求，本书所研究的区域轨道交通系统应明确为在城市群内部或都市圈范围内，由多种制式轨道交通衔接配合组成，主要服务于旅客日常区域出行的复合网络系统。区域轨道交通系统的内涵可进一步从以下两个方面进行阐述。

(1) 在系统构成方面，区域轨道交通系统包含铁路、地铁、单轨、磁悬浮、有轨电车等多种制式的轨道交通子系统，且各子系统间功能互补，构成了多元化的复合网络结构。

(2) 在服务范围方面，区域轨道交通系统可划分为城市轨道交通、市域(郊)铁路、城际铁路及干线铁路等多种轨道交通方式。其中，城市轨道交通主要覆盖都市圈中心城市主城区，并适当向周边城市(镇)延伸；市域(郊)铁路主要承担都市圈中心城市主城区与周边城市(镇)、新城新区的有效衔接；城际铁路及干线铁路主要覆盖城市群内部城市间的客流走廊及区域对外通道。

区域轨道交通系统共同服务区域内部及对外的旅客出行，形成区域范围内轨道交通复合网络的一体化运营管理，以更好地适应旅客通勤及日常出行需求。依照都市圈轨道交通的概念，区域轨道交通的服务范围可进一步划分为三个具有明显同城效应的服务圈层：第一圈层是特大城市内城区与城区间形成以城市轨道交通为主导的半小时城区生活圈；第二圈层是城市群(都市圈)内中心城市与周边城市、卫星城镇及小城镇间形成以市域(郊)铁路为主导的半小时到一小时城郊通勤圈；第三圈层是城市群内部中心城市与群内其他主要城市间形成以高速铁路、城际铁路为主导的1～2小时的城际交通圈。

从网络形态上来看，城市群或都市圈的中心城市内部轨道交通密集成网并向外辐射，通向周边城镇、新城新区等的客流走廊以轨道交通为骨干相互连通，部分城镇间辅以轨道交通支线作补充，共同形成一个层次分明、相互衔接的开放型复合网络。

1.3.3 区域轨道交通功能定位与服务范围

1. 多制式轨道交通功能定位与服务范围划分

区域范围内的轨道交通出行通常涉及干线铁路、城际铁路、市域(郊)铁路、城市轨道交通。根据线路制式和技术标准，又可细分为高速铁路、普速铁路、磁悬浮、地铁、轻轨、单轨、APM、有轨电车等。其中，中国国家铁路集团有限公司负责干线铁路、城际铁路以及部分市域(郊)铁路，通常也称为国家铁路或国家铁路线路。不同区域跨度、不同制式的轨道交通根据各自的技术经济特征，有着不同的功能定位和提供服务的业务领域，其功能定位与服务范围总结如表 1-1 所示。

表 1-1　多制式轨道交通功能定位与服务范围

层次划分	构成	功能定位	服务范围	运输服务特点
区域(城际)线路	干线铁路	承担跨区域、城市间的“站到站”中长途客货运输	全国	覆盖全国 重要节点设站 多种停站方案 考虑乘客中长途出行需要
	城际铁路		城市群内	
市域(郊)线路	市域(郊)铁路、市域快轨、都市快轨等	承担都市圈中心城市郊区和周边新城、城镇与中心城区的“站到站”乘客运输	都市圈或大城市市域范围内	全面覆盖沿线城镇 公交化运行 多种停站方案 早晚高峰明显 快速乘降
中心城区(市区)线路	地铁、轻轨、单轨、磁悬浮、有轨电车等	承担中心城区内部的乘客出行需求，衔接多个城市功能中心或组团，与区域、市域线路衔接提供客流集散服务	中心城区及相邻外围组团	全城覆盖 高密度发车 高密度设站 快速乘降 乘客集散

综合区域轨道交通系统内涵以及协同运输与综合服务内涵，分析并总结区域轨道交通功能定位及服务范围如下。

(1) 区域(城际)线路功能定位及服务范围。干线铁路及城际铁路线路主要服务于跨区域、城市间的中长距离出行乘客，组织开行有多种停站方案的列车，为乘客提供“站到站”运输服务。通常采取计划票额分配、预售车票的售票模式，提供退改签服务，同时需要考虑乘客长距离出行需求，设有餐吧车、卧铺车、行李车、卫生间等设施。

(2) 市域(郊)线路功能定位及服务范围。市域(郊)轨道交通(含市域(郊)铁路、市域快轨、都市快轨等，部分制式相近但名称尚未统一)主要服务于城市郊区和周边新城(镇)与中心城区联系，并具有通勤出行服务功能，介于城市轨道交通与城际铁路、干线铁路之间，全面覆盖沿线城镇，是城市轨道交通的延伸、城际铁路与干线铁路网络的补充。

(3) 中心城区(市区)线路功能定位及服务范围。都市圈中心城市或大城市中心城区的轨道交通(地铁、轻轨、单轨、磁悬浮、有轨电车等)衔接多种类型的城市功能中心或相邻外围组团，主要服务于中心城区内部居民日常生活出行，同时为区域、市域轨道交通提供客流衔接和集散服务，通常是全城覆盖、高密度发车、高密度设站、公交化运营。

2. 各制式轨道交通服务范围和功能定位的关系

为最大限度地发挥轨道交通的优势，区域、市域(郊)轨道交通线路与车站通常深入城市，所以区域轨道交通系统中的服务范围都是向下兼容的，即干线铁路还能承担部分城际、市域，甚至城市内部的客流运输，依次向下兼容，轨道交通的层次越高，兼容性越大。同时，不同层次的轨道交通之间的功能又相互补充，共同延伸旅客的出行链，提供多元化的运输供给。旅客乘坐干线铁路到达区域中心城市的铁路站后，可换乘城际、市域线路前往干线铁路没有通达的城镇，或者换乘城市轨道交通前往中心城区的目的地；同理，市域线路和城市轨道交通可以将城际铁路的乘客输送至目的地。此外，市域轨道交通在城市外围作为城市轨道交通的延伸，也可以深入城市中心为旅客提供大站间的快速直达运输服务。

3. 区域轨道交通复合系统的多层次优势

区域轨道交通的层次越多，也就意味着轨道交通服务的弹性越高，不同层次的轨道交通在完成各自的主要职能的同时，还可以互为补充，使得运输服务的范围更加多元化。为充分利用资源，避免重复建设、重复投资，在兼容性较大的轨道交通系统运能尚未饱和的前提下，遵循向下兼容的原则，跨区域的国家铁路列车也可以通过带流输送的模式为部分城际、市域乃至城市内部的客流提供运输服务；铁路部门也可以利用干线铁路的富余能力开行城际列车，抑或改建既有线，盘活闲置资源，组织开行公交化的、多种停站方案的市域(郊)列车。

第 2 章　区域轨道交通协同机理

本章在深入分析区域轨道交通各制式在开展协同运输与服务方面的不足及其原因的基础上，从明确多制式轨道交通系统协同的基本原则、确定协同等级划分标准入手，围绕信息协同、资源协同、决策协同和服务协同四个方面揭示区域轨道交通协同机理，为区域轨道交通协同运输与服务关键应用技术及系统装备研制提供指导。

2.1　协 同 原 则

2.1.1　逐层次协同原则

根据区域内各组分轨道交通的相互衔接关系、业务交互的不同，按从高到低的协同层次可以分为跨区域合作协同、跨制式计划协同和同制式内部协同。

(1) 跨区域主要是指涉及两个及以上不同区域轨道交通的关系，一般情况下为主要干线铁路之间的相互联系，包括高速铁路与高速铁路之间、高速铁路与普速铁路之间、干线铁路与市域(郊)铁路之间，各运营主体的地位相当。要实现跨区域轨道交通的协同，要求各干线线路、不同制式之间相互合作，称为合作协同，如高速铁路与普速铁路合作协同、不同高速线路间的合作协同。跨区域合作协同的关键是不同线路(制式)运营主体要协同列车的运行，尤其是跨线列车的开行，重点控制衔接点(列车跨线点)的列车交接和调度指挥权限划分。

(2) 同一区域内不同制式的轨道交通，其相互联系是以乘客换乘或列车互通运营为纽带联系起来的，其协同的关键是计划协同，包括乘客运输计划和列车运行计划。乘客运输计划是以换乘客流的换乘需求为基础的，是不同制式列车开行计划的基础。列车运行计划主要包括换乘模式下不同制式轨道交通的乘客换乘列车接续计划、贯通运营模式下不同制式轨道交通列车互通运营计划和共用设备的运用计划，以及不同制式轨道交通的应急组织和救援计划。

(3) 同制式轨道交通依然遵照内部协同的原则，在保障跨区域和跨制式协同的前提下，保证同一制式轨道交通运输组织、应急救援、安全保障、信息服务、设施设备运用的内部协同。

2.1.2　主次协同原则

当今我国城市发展与区域轨道交通多制式交通水平的提升密切相关，提高交通出行效率和城市综合交通枢纽换乘衔接效率十分重要。然而，不同制式轨道交通各成体系，各制式受到不同空间尺度要素的影响，并且互相之间存在内在类型及特征差异，形成稳定的协同状态难度相对较大。因此，提出多制式协同的主次协同原则。

区域轨道交通的各协同主体存在不同的优先级别，多制式协同往往由最高优先级的协同主体所主导。多制式协同的主次协同应遵循以下原则。

(1) 各制式车站换乘节点选址规划应尽可能紧凑，以形成一体化交通枢纽为佳。因国家干线铁路负责全国范围内的乘客中长途运输，运量大，且城市群内车站数量相对较少，位置基本成型。而城市轨道交通为地方政府主导，主要服务城市内部乘客出行，选址建设灵活度较高。因此，国家干线铁路在协同地址位置上具有绝对优先级，以国家干线铁路车站为主体，同时接入其他制式轨道交通，共同构成多层次的一体化交通枢纽，是多层次、多主体协同的重要基础[13]。

(2) 应尽量减少换乘过程环节、缩短换乘等待时间、节约旅行时间。国家干线铁路运输计划较为固定，列车运行线可调整度较低。而城市轨道交通作为服务城市内部乘客的出行方式，运营调度较为灵活，列车运行线可调整度较高。因此，多制式运输计划协同应以国家铁路运输计划为主体导向，以城市轨道交通为配合，进一步降低协同成本，提高协同运输效果。

2.1.3　自组织协同原则

不同于建立高度分工的传统管理理论，自组织协同强调要素间协同、配合的思想，重视内部资源的优化配置和合理利用。由于轨道交通的产品为乘客的位移，而乘客全出行链产生的客流将各种轨道交通制式的运输计划、运营调度管理等有机结合，从而产生一定联系，因此提出多制式协同的自组织协同原则。

将区域轨道交通视为一个系统，区域轨道交通的跨制式协同可以存在于不同的制式范围和业务场景，因此需要具备灵活的自组织性。

区域轨道交通自组织协同原则，指在系统处于变革或临界状态，以协同思想为指导，在一定现实条件件制约下综合运用管理办法、手段促使系统内部维保资源、运输资源按照不同的组合协同方式进行整合，相互作用、相互合作和相互协调而实现一致性和互补性，进而产生支配整个系统发展的序参量，使系统产生整体作用大于各要素作用之和的系统管理办法。自组织协同可显著提高区域轨道交通系统应对突发大客流、设备设施故障、列车开行计划临时调整等情景下的自我完善和自我优化能力。

2.1.4　效能提升协同原则

线路规模化、网络化是轨道交通发展的必然趋势，即实现不同线路和车辆之间的协同运输，使整个线路网络成为一个真正意义上的整体。轨道交通复合网络协同运输组织[14]的关键是运输子系统的衔接，使两种交通制式密切配合，充分发挥交通总体运输能力，并且在竞争与协作中共同发展。在运输过程中应遵循以下原则。

(1) 运输系统间衔接合理高效：选择合理的衔接方式，使城市轨道交通与国家铁路之间列车接续过程省时、便捷，充分发挥各种交通制式的优势，通过各种交通之间的有效衔接，原本独立的线路可逐渐形成线网。

(2) 换乘过程连续顺畅：应当使客流换乘过程完整连续，即客流在换乘的过程中消耗时间尽可能少，换乘设施空间尽可能充足，客流导向信息尽可能及时和明确。

(3) 衔接方案经济可行：以城市规划及环境状况为首要依据，充分考虑衔接地区的工程地质状况，选择合理的施工方法，并确定各条线路的修建顺序，力求对城市干扰最小，使衔接方案容易实施、经济可行。

(4) 运输能力协调提升：城市轨道交通与相互衔接的国家铁路线路组成动态大系统，该系统的能力具有整体性，以及能力利用的时效性和在不同子系统间的相互转化性等特性。因此，系统的整体能力提升不仅取决于每个子系统的能力，而且取决于各子系统间的相互协调与配合。

(5) 尽量避免客流交叉：建立合理、有效的乘客换乘系统，利用标识引导、通道引导、设施引导等方式，使客流具有明显的方向性，尽量避免不同方向客流的交叉，提高换乘效率。

(6) 协调运营管理差异：充分考虑城市轨道交通和国家铁路在运营、管理方面存在的差异，各轨道交通系统都有各自的运营管理方式，应结合相应的政策，编制可以相互协调的管理体制方案。

(7) 充分利用既有设施：在对既有设备进行改建、扩建时，应对枢纽内的既有设备的现状进行详细研究，充分利用既有设施、设备，以节省投资、节约资源、降低换乘设施的建设成本。

(8) 场地规划留有余地：在规划设计换乘车站时，不仅要满足目前的客流换乘需求，还要充分考虑未来各种交通制式客流量的变化，留有足够的余地，以保证能够满足远期的客流增长需求。

(9) 保证运输组织安全：轨道交通具有运量大的特性，安全运输是保证其良好运转的前提和保障。因此，在实现协同运输组织的问题上，必须确保各种运输方式在线路上的运行安全以及在换乘车站的客流安全。

2.2 协 同 等 级

根据区域轨道交通在运输组织、安全保障、信息交互等方面的协同程度，可以将多制式轨道交通协同分为四个等级：独立运营、信息共享、互联互通、智能联动。四个决策等级在区域轨道交通复合网络的点(枢纽/车站)、线(线路)、网(网络)三个方面的特征如表 2-1 所示[15]。

表 2-1 区域轨道交通多制式协同等级特征

等级	点(枢纽/车站)	线(线路)	网(网络)
第 1 级(独立运营)	换乘枢纽通过简单物理设施相通	—	—
第 2 级(信息共享)	不同线路站台换乘客流与运输组织信息共享	跨线路资源、运维、运输及乘客服务等信息实现共享	跨制式复合网络资源、运维、运输及乘客服务等信息实现共享

续表

等级	点(枢纽/车站)	线(线路)	网(网络)
第 3 级(互联互通)	枢纽资源共享、时刻表衔接、运维、换乘组织及乘客服务决策支撑	跨线路资源调配、协同运输方案、安全保障与信息发布决策建议	跨制式资源调配、协同运输方案、安全保障与信息发布决策建议
第 4 级(智能联动)	枢纽资源共享、时刻表衔接、运维、换乘组织及乘客服务实时联动	跨线路实时资源调配、运输、安全与信息服务协同决策与智能调整	复合网络级别实时资源调配、运输组织、安全与信息服务智能联动

2.2.1　独立运营

独立运营是多制式轨道交通协同的初始状态(第 1 级)，各制式轨道交通维持原有的运营模式，彼此之间呈信息孤岛的形式独立运转。这表现在以下方面：

(1) 固定设备和移动设备的使用均为各制式轨道交通独有；

(2) 各制式轨道交通的运营相互之间独立；

(3) 只有当乘客在两制式之间发生换乘时才涉及客流的协同输送问题，其协同的关键仅在于换乘站的客运组织，如售票、检票、安保等。

2.2.2　信息共享

信息共享是多制式轨道交通协同的低级水平(第 2 级)，不同制式的轨道交通系统物理上互联，可进行基本客流信息和基本列车运行信息的简单共享，但在运输组织和运营管理上仍维持独立运营模式，不同制式信息通过人工分析后实现简单的静态方案层协同。这表现在以下方面：

(1) 固定设备和移动设备的使用均为各制式轨道交通独有；

(2) 各制式轨道交通的运营相互之间独立；

(3) 不同制式轨道交通间客流换乘信息交互与共享、互通；

(4) 列车到发等正晚点信息的交互与共享、互通。

2.2.3　互联互通

多制式轨道交通列车的贯通式互联互通是协同的中级水平(第 3 级)，各制式轨道交通实现物理设备和移动设备的共享，以及列车相关信息共享与互通。在信息深度共享的基础上，综合调配运输和运营维护资源，初步具备根据实时数据动态生成推荐方案的功能，为运营管理人员提供决策支撑。这表现在以下方面：

(1) 不同制式间固定设备共享，如车站线路、折返设备等；

(2) 不同制式间移动设备共享，如列车互通跨线运营；

(3) 应急救援设备共享，如应急救援车辆；

(4) 调度过程的衔接，跨制式互通运营列车运行信息的无缝传输；

(5) 不同制式轨道交通信息共享，如客流信息、调度指挥信息；

(6) 初步形成不同制式在运输计划、安全保障和信息服务三个方面的协同决策方案建议。

2.2.4 智能联动

多制式轨道交通智能联动是协同的最高级别(第 4 级)，各制式轨道交通通过信息共享、深度融合和智能互联，实现调度决策、组织指挥以及应急救援等智能联动控制，为乘客提供一体化运输服务。这表现在以下方面：

(1) 不同制式间固定设备智能化共享，如设备运用的智能化决策优化、最优化运用等；

(2) 不同制式间移动设备智能化共享，如跨制式列车设备的智能化决策优化、最优化运用等；

(3) 应急救援设备智能化共享，救援组织过程的智能化多制式联动，多制式轨道交通应急救援的智能化决策；

(4) 多制式轨道交通调度指挥、组织指挥决策智能化；

(5) 不同制式轨道交通信息智能化共享，信息自动传输、分析与共享。

2.3 协同机理

根据前面所述的区域轨道交通协同等级划分，区域轨道交通协同的实现首先需要解决跨制式信息融合问题，在此基础上实现资源协同优化配置，从而支撑运输组织与安全保障层面的决策协同，最后为旅客提供多制式一体化的运输与出行服务。信息协同、资源协同、决策协同与服务协同四个层次逐层递进，四者关系如图 2-1 所示。本章从信息协同、资源协同、决策协同与服务协同四个层面对区域轨道交通协同运输机理进行详细阐述。

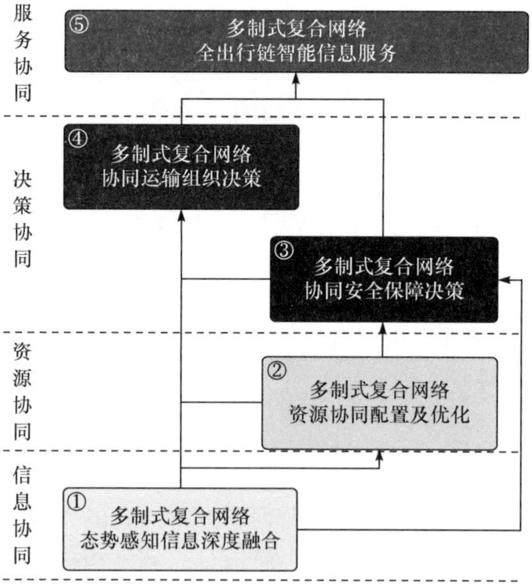

图 2-1　四个层次的协同机理

2.3.1 信息协同机理

信息共享是区域轨道交通协同运输实现的关键保障。信息实时共享不仅能为乘客出行提供信息保障，也能为不同制式轨道交通每一阶段工作的提前安排和良好组织提供保障，做到有的放矢，同时也能提高作业效率、减轻劳动强度。因此，轨道交通运营单位必须根据实际情况共同建设信息共享平台，在确保安全的前提下，将换乘站设备运用情况、换乘站的列车运行计划、运行实时信息等相关信息实现互联互通，实现乘客信息、列车信息、设备信息等的预报，加强运输、生产协调配合。

在不同交通制式间开展区域轨道交通协同运输与服务的过程中，存在信息需求。本书以国家铁路与城市轨道交通的信息需求为例，说明各制式之间的信息协同共享需求。

国家铁路对城市轨道交通企业的信息需求如表 2-2 所示。

表 2-2 国家铁路对城市轨道交通企业的信息需求

序号	需求信息
1	国家铁路与城市轨道交通换乘站的客流实时情况、换乘需求情况、换乘站的列车运行计划、换乘站设备运用情况等
2	国家铁路与城市轨道交通直通线路的列车开行计划、设备运用情况、列车编组信息、实时乘客及波动情况等

城市轨道交通企业对国家铁路的信息需求如表 2-3 所示。

表 2-3 城市轨道交通企业对国家铁路的信息需求

序号	需求信息
1	机车车辆运用信息、列车开行计划、列车定员及上座率情况
2	列车运行正晚点情况
3	直通运营线路设备运用情况、列车运行情况
4	换乘站设施设备运用情况及客流波动情况

以上信息在国家铁路和城市轨道交通企业中分别由不同系统进行采集、处理和操控，对于城市轨道交通企业，其生产管理信息系统和调度指挥系统能够为国家铁路部门提供相应的需求信息，铁路运输管理信息系统(transportation management information system，TMIS)、列车运行调度指挥系统(train dispatching command system，TDCS)、调度集中系统(centralized traffic control system，CTC)、客票管理系统可以为城市轨道交通提供相关的信息需求。

建立信息共享平台，即建立国家铁路、城市轨道交通协同运输工作平台，连接上述各系统，对相关信息进行筛选，并在该平台上进行互通，实现信息共享，同时各系统与协同工作平台间通过防火墙隔开，保证各系统的独立性和安全性。拟构建的信息系统结构如图 2-2 所示。

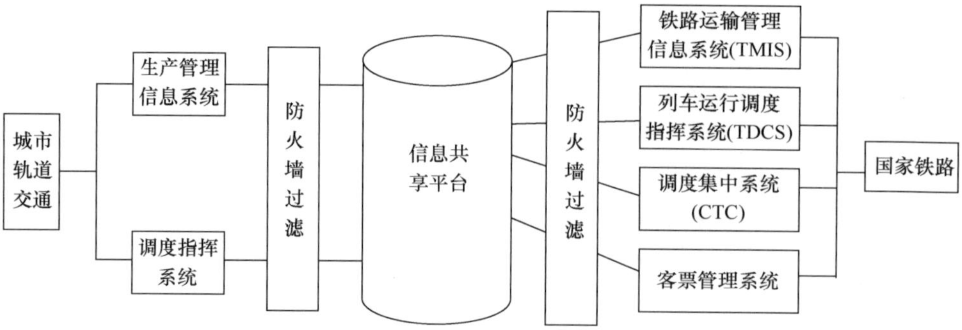

图 2-2　信息共享平台结构图

表 2-4 为各系统提供的信息。

表 2-4　各系统提供的信息

系统名称		提供信息
企业	生产管理信息系统	企业生产经营计划、客流信息、换乘站设备运用情况、实时乘客及波动情况等
	调度指挥系统	列车编组信息、列车定员信息、国家铁路与城市轨道交通换乘站的客流实时情况、换乘需求情况、换乘站的列车运行计划、国家铁路与城市轨道交通直通线路的列车开行计划等
国家铁路	铁路运输管理信息系统	直通运营线路设备运用情况、机车车辆设备运用信息、换乘站设施设备运用情况等
	列车运行调度指挥系统	列车开行计划、列车定员及上座率情况、列车运行正晚点情况
	调度集中系统	列车运行计划、行车计划等信息、客票、电力调度、灾害等告警信息
	客票管理系统	客票发售情况、客流波动情况

区域轨道交通信息协同工作平台不仅仅是简单地将城市轨道交通和国家铁路各系统进行连接，其还必须能对双方提供的信息进行相应的处理和转换，生成对方系统能识别的数据信息，以供信息交换后能直接进行应用，减少信息手工录入的环节，同时保证数据的准确性。

2.3.2　资源协同机理

1. 线路规划协同

1) 协同网络布局形态

交通系统与城市发展是相辅相成的关系，线网形态的采用不能脱离城市形态和发展规划。纵观我国各城市发展轨道交通的历程，初期兴建地铁的初衷无外乎是解决城市内部交通拥堵问题、引导居民向城市外围疏解。为减小建设风险，地铁线路一般沿城市道路铺设，早期的地铁线路走向与城市主干道基本重合，如北京形成的“棋盘+环”状网络形态。然后，城市轨道交通的规划目标逐渐转变为推动新城、新区发展建设，实现新城和老城的快速连接，如上海地铁延至浦东、广州地铁拓至珠江新城。此外，对于环线的修建，日本东京的山手线是一个非常典型的案例，其沿线分布有诸多高强度开发的城市功能中心，以接入型换乘连接众多放射形线路。但也不是每一个城市都适合修建一个独立成环的线路，如果主要以加强中心区边缘各客流集散点的联系并对外围放射线进行截流为出发点，特别是对于城市功能中心与几何中心并不重合的城市，修建 L 形、U 形、“之”字形等线路，使其组合成环可能比修建闭合成环的独立线路性价比更高。通常，环线的修建需要满足以下两个条件：一是沿线分布有诸多客流集散点提供足够的客流支撑，或有足够的放射线客流以体现环线的作用；二是环线需要与城市规模和空间形态相契合。

2) 协同网络节点控制

控制节点是轨道交通线网的基本要素，决定着规划线网的覆盖范围。而线网的布局选择本质上是对控制节点间的高质量连通，在目前研究中，针对线网节点的选取方法主要有以下两种。

(1) 通过社会经济指标进行区域内的节点重要度排序，通过规划年限的国内生产总值、常住人口、就业人口、产业布局等指标的量化和排序，判定各节点在区域内的等级。此类方法的优点是数据易得、资料相对完整、计算方便，缺点是赋值主观性对结果影响较大，更适用于通过数值类比其他规划或者已建设区域的城市节点情况进行衡量和判断。

(2) 着眼区域客运通道，结合区位线在地理位置上拟选线网的主要走廊，弱化各个节点的选取而更注重整体线网的架构和布局。此类方法的优点是便于线网布局铺画阶段的工作，数据支撑以客流需求为重点，契合整体规划工作的主要目标；缺点是在规模控制上不能提供较好的参考，受区域范围内的自然条件、资源分布、产业布局和城市群整体规划影响较大，其判断以定性方法为主，缺乏对区域综合交通现状的定量考察，对单一制式的线网规划的意义相对较弱。

3) 协同网络规模确定

狭义上，区域轨道交通线网布局规模是指规划区域轨道交通线网的总里程数，其实质表征为选定的区域轨道交通网络控制节点间，规划通过轨道交通线路直接相连的情况，计算方式为网络中邻接边(连接线路)的物理长度的加和。广义上，区域轨道交通线网布局规模的含义还包括与上述绝对指标相关的各类相对性指标，包括线网设施的网络密度、网络连通度、网络可达性和网络覆盖率等。所以，区域轨道交通线网布局规模不仅仅划定了规划区域内的线路里程建设目标，它在区域轨道交通线网初始布局形态、线网结构的明确上同样具有重要意义。作为交通基础设施网络的宏观工作量，区域轨道交通线网布局规模是一项重要的规划建设依据，其规模控制可以为线网规划提供有效的决策依据，避免盲目扩充线网造成不必要的债务风险。

2. 设施设备协同

不同轨道交通方式，由于其服务功能定位、服务对象和服务范围等因素的不同，在设施设备上有较大差异。拥有多种制式轨道交通的运营商，需要对线路、供电、列控、信息等设备的差异进行分析，从而进行管理提升。

1) 轨道标准

根据《高速铁路设计规范》[16]和《城际铁路设计规范》[17]，对城市轨道交通[18]、市域铁路[19,20]和国家铁路在轨道方面的设计标准进行对比，如表 2-5 所示。

表 2-5　轨道设计标准对比

项目	市域铁路	城市轨道交通	国家铁路	
			城际铁路	普速铁路
速度标准	100～160km/h	50～120km/h	≤200km/h	≤160km/h
轨距	1435mm			
钢轨类型	60kg/m	60kg/m 或 50kg/m	60kg/m	60kg/m 或 50kg/m
道岔	一般采用 12 号道岔，困难条件下可采用 9 号道岔	一般采用 12 号道岔，困难条件下可采用 9 号道岔	主要采用 18 号高速道岔和 12 号道岔，部分地段采用 9 号道岔	一般采用 12 号道岔和 9 号道岔
线间距	≥5m			
轨道结构	正线轨道宜按一次铺设跨区间无缝线路设计	正线及到发线轨道应按一次铺设跨区间无缝线路设计	正线及到发线轨道应按一次铺设跨区间无缝线路设计	根据车辆运行条件确定

市域铁路与国家铁路轨道交通系统的轨距以及线间距设计标准相同，并在轨道结构等要求方面高度相似，在均为 60kg/m 的轨道线路区域符合贯通运营的技术要求。城市轨道交通和市域铁路一般采用 12 号道岔，城际铁路主要采用 18 号高速道岔，城际铁路贯通运输至城市轨道交通和市域铁路时需要降低运行速度。在实现贯通运输时，需要考虑对相关线路进行线路改造实现双向贯通运营。

2) 牵引供电

由于采用相似的机车车辆，市域铁路和国家铁路采用相同的供电制式，均为单相工频 25kV 交流供电制，长期最高电压均为 27.5kV，短时(5min)最高电压为 29kV。单相工频 25kV 交流供电制一般适用于运量大、负荷重、速度高、运输距离长的干线电气化铁路，且一般采用架空接触网的供电方式。

城市轨道牵引供电系统由牵引变电所和牵引网构成。城市轨道牵引供电系统采用的是直流供电制式，目前我国城市轨道的牵引网普遍采用两种，一种是 DC750V 接触轨受电，另一种是 DC1500V 架空接触网受电。

通过对不同制式轨道交通供电方式进行对比可知，干线铁路、城际铁路、市域铁路与城市轨道交通采用了不同的牵引供电制式。在进行协同组织时，需采用双制式供电方式的列车。为了实现对具备双制式受电功能的同一车辆进行供电，需要对现有供电系统进行改造，在不同供电制式的供电系统之间设置实现转换的过渡段或系统分离区，并重新配置供电设备及供电能力。

3) 列车运行控制系统

随着我国高速铁路的发展，列车运行控制系统已由以地面信号为主的机车信号、列车运行监控记录装置发展为以车载信号为主的具有超速防护功能的 CTCS-2 级和 CTCS-3 级列车运行控制。

其中，CTCS-3 级的列车运行控制系统包括地面设备和车载设备，如图 2-3 所示。CTCS-3 级列车运行控制的地面设备主要由 ZPW-2000 轨道电路、应答器(包含地面电子单元(lineside electronic unit，LEU))、无线闭塞中心(raid block center，RBC)、铁路综合数字移动通信系统(global system for mobile communications-railway，GSM-R)通信接口相关设备、列控中心(train control center，TCC)等组成；列车运行控制系统的车载设备主要由轨道电路信息接收单元、车载安全计算机、记录单元、应答器信息接收模块、GSM-R 无线通信单元、列车接口单元、人机界面等组成。

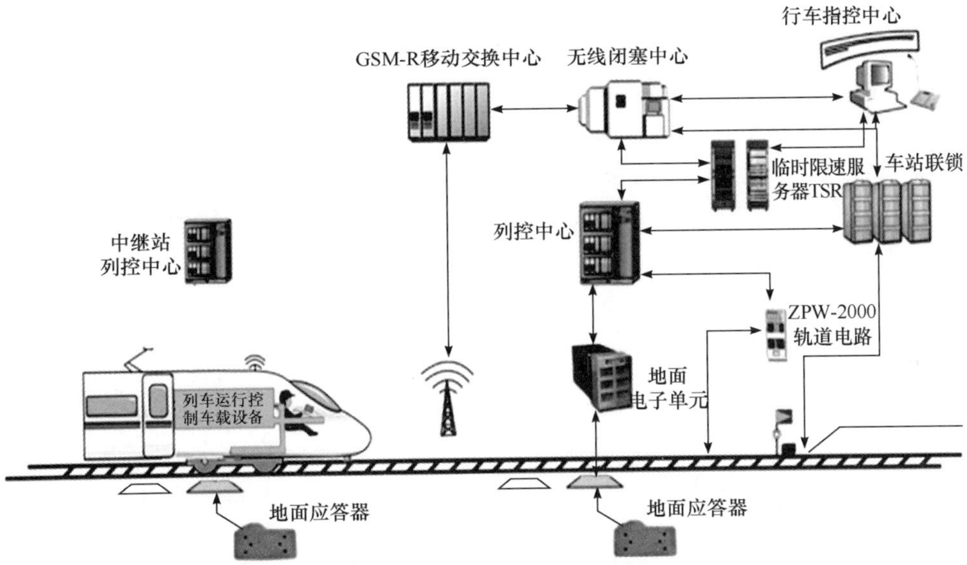

图 2-3　CTCS-3 级列车运行控制系统配置图

地面设备中 RBC 的主要作用是通过 ZPW-2000 轨道电路和车站联锁给予的进路等信息生成列车的行车许可，然后通过 GSM-R 将行车许可、线路参数信息以及临时限速信息等传输给 CTCS-3 级列车运行控制系统的车载设备；同时通过 GSM-R 接收车载设备所发送的列车数据和位置等相关信息。

列控中心用于接收轨道电路的相关信息，然后通过联锁系统传送给无线闭塞中心；同时，列控中心具有应答器报文储存和调用、轨道电路编码、站间安全信息传输、临时限速等功能，用于支持后备系统。

地面应答器向车载设备传输定位和级间转换等信息；同时，向车载设备传送临时限速和线路参数等信息。

车载安全计算机依据地面设备提供的动车组参数和线路参数、临时限速、行车许可等信息，为列车安全运行提供保障。

城市轨道交通主要采取基于通信的列车自动控制系统——CBTC 系统。CBTC 系统是新一代列车自动控制(automatic train control，ATC)系统，它的特点是用通信网络来实现列车和地面设备的双向通信，用实时汇报的列车位置和计算移动授权的移动闭塞来代替固定的轨道区段闭塞实现列车运行控制。CBTC 系统的突出优点是：可以实现车-地之间的双向通信，传输信息量大，传输速度快；很容易实现移动自动闭塞系统；能大量减少区间敷设电缆，减少一次性投资及日常维护工作；可以大幅度提高区间通过能力，灵活组织双向运行和单向连续发车，容易适应不同车速、不同运量和不同类型牵引的列车运行控制等。在 CBTC 系统中不仅可以实现列车运行控制，而且可以综合成为运行管理，因为双向通信系统既可以双向传输安全类信息，也可以双向传输非安全类信息，如车次号、乘务员班组号、车辆号、运转时分、机车状态、油耗参数等大量机车、工务、电务等有关信息。在 CBTC 系统应用中的关键技术是双向无线通信系统、列车定位技术和列车完整性检测等。

CBTC 系统是为新建或改建的城市轨道交通项目所推出的高安全、高可靠、先进的移动闭塞解决方案，是一个安全可靠、功能完备、技术先进的列车自动控制系统，它由列车自动监控(automatic train supervision，ATS)子系统、列车自动防护(automatic train protection，ATP)子系统、计算机联锁(CI)子系统、列车自动运行(automatic train operation，ATO)子系统和数据传输(date communication system，DCS)子系统组成。CBTC 系统结构框图如图 2-4 所示。

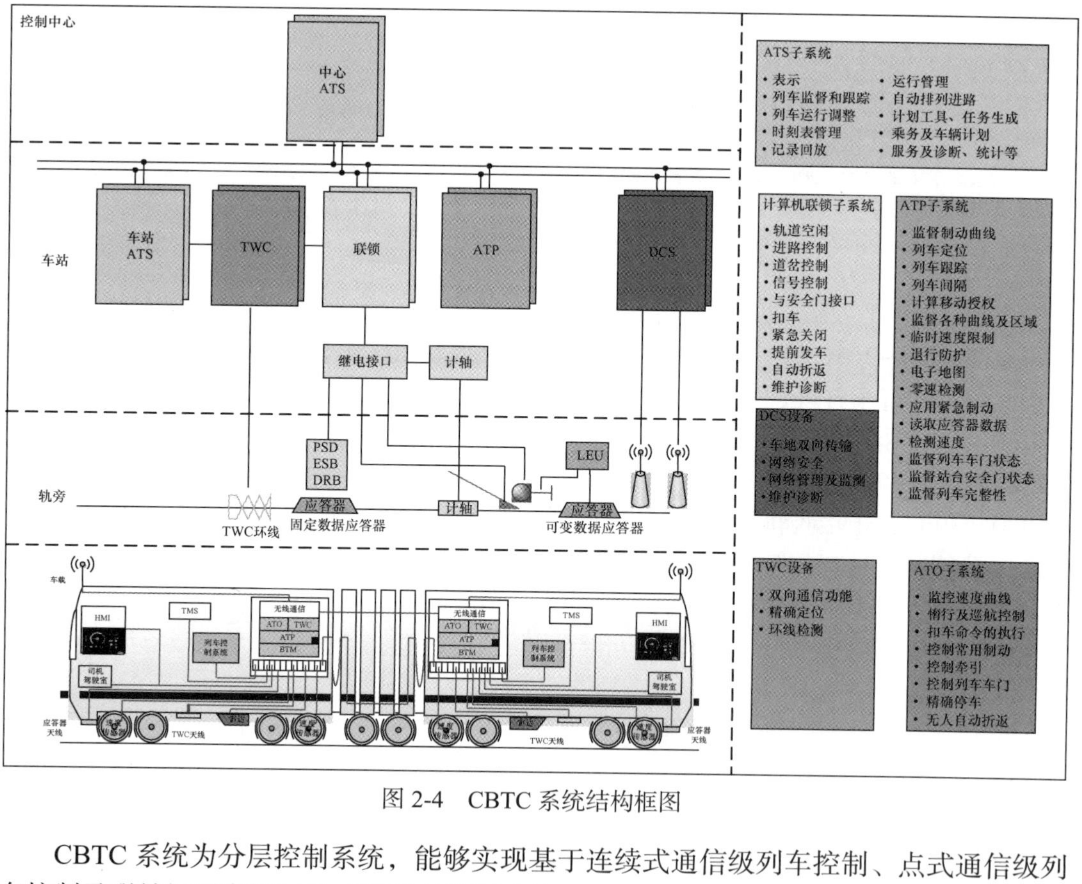

图 2-4　CBTC 系统结构框图

CBTC 系统为分层控制系统，能够实现基于连续式通信级列车控制、点式通信级列车控制及联锁级列车控制的三级列车控制功能。

第一层：联锁级列车控制。联锁级列车控制为连续式通信级或点式通信级列车控制设备故障的底层后备，由地面信号系统为列车运行提供全面的联锁防护。

第二层：点式通信级列车控制。点式通信级列车控制为 CBTC 系统的降级系统。在轨旁 ATP 设备、车地无线通信设备出现故障等状况下，能够为运营提供一种降级运营的手段，保证全线运营不受大的影响。点式 ATC 系统也可以独立成为一套完整的系统，为开通初期提供独立点式 ATC 系统的解决方案。

第三层：连续式通信级列车控制。在连续式通信级，CBTC 系统通过车地双向通信，使地面信号设备可以得到每一列车连续的位置信息和列车其他运行信息，并据此计算出每一列车的移动授权，且动态更新，实时发送给列车，这样后行列车追踪目标点就可以是前行列车的尾部，从而可以实现移动闭塞，使系统能够获得更小的列车运行间隔。

4) 综合客运枢纽

综合客运枢纽是集多种交通方式于一体的换乘中心，也是不同轨道交通方式之间协同运输的重要节点。换乘设施是指为实现乘客在枢纽内不同交通方式间进行转换活动，而设立的建筑、设施及信息设备实体的总称。综合客运枢纽区别于单一客运站传统交通功能的重要特征是换乘功能，换乘设施作为枢纽的重要组成部分，是影响枢纽内部衔接与整体功能发挥的重要因素，与枢纽进行衔接换乘的交通方式不同，对应的设施构成、规模与布局也有差异。在跨制式协同运输的情况下，换乘设施作为换乘功能实现的硬件基础，其布局对乘客在枢纽内的换乘起着指向性作用，进而决定着换乘系统的效率。

对于综合客运枢纽设施，根据不同的分类标准有不同的分类结果。按照功能不同，可以将客运枢纽设施分为四类，分别为场站类设施、连接类设施、服务类设施和信息类设施。

(1) 场站类设施。场站类设施是指为乘客集散换乘提供服务的各交通方式运载工具设置的供其行驶与停放的场地和设施，主要包括营运班车、常规公交、出租车停车区、社会车辆停车场及乘客上客区与下客区，以及铁路与城市轨道站台等提供乘客上、下车及疏散出站的站台。场站类设施各部分规模面积的确定及设施之间交通流线组织的设计优化是提升整个枢纽功能的重点。

(2) 连接类设施。连接类设施是枢纽内不同功能空间的连接缓冲地带，枢纽通过这一类设施有效地将客流分散至相应的目标功能空间中，是组织引导乘客换乘流线的基础。综合客运枢纽中主要连接类设施包括以下种类。

① 换乘广场：乘客进入枢纽内部的重要缓冲地带，也是乘客能够进行集散换乘与短暂休息的重要场所。

② 换乘大厅：枢纽内乘客进行集散中转换乘的重要场所，乘客在这一空间通过与其相连的楼梯、电梯等连接设施通往目标区域。

③ 换乘通道：为实现综合客运枢纽乘客在不同交通方式间进行有效换乘而建造的通道。换乘通道的服务水平受其形状、长度及宽度的限制，主要包括地下通道、天桥、地面换乘走廊等。

④ 楼梯与自动扶梯：综合客运枢纽立体化的发展，使得乘客换乘出现垂直方向的流线组织。楼梯与自动扶梯是实现楼层间交通联系的换乘设施，二者在实践过程中常常是配合使用以满足不同乘客的走行需求。

(3) 服务类设施。综合客运枢纽内的服务类设施主要包括售票设施(包括人工售票窗口与自动售票机)、检票设施(包括人工检票与检票闸机)以及安检设施等。对于服务设施的布局与配置，应本着“以人为本”的原则，考虑各种客流的需求，使得设施运转高效，避免设施布置与流线设计不合理等问题导致进出站瓶颈，影响枢纽整体换乘与集散。

① 休息设施：包括宾馆、休息室和休息厅等，为候车乘客提供休息场所。

② 娱乐设施：包括运动馆、网吧等，为候车乘客提供休闲放松的环境。

③ 餐饮设施：包括餐饮店、快餐店、咖啡店等，为乘客提供饮食和服务。

④ 购物设施：包括商场、超市等，为乘客提供购买商品或纪念品的服务。

⑤ 文化设施：包括报刊、杂志等各种读物，满足乘客在旅行中的文化需求。

(4) 信息类设施。信息类设施是乘客出行过程中的重要辅助设施，可以及时有效地为乘客提供关于枢纽内外道路状况、换乘线路、车辆到发等相关动态信息，将不同的流线引至相应的区域，减少枢纽内流线交织、节约换乘时间，提高枢纽整体换乘效率。信息类设施可以分为动态导向设施和静态导向设施两类。动态导向设施主要包括动态信息显示器、广播、电话查询系统等，静态导向设施按性能不同又可分为方向性、警告性和服务性三类。

2.3.3 决策协同机理

1. 运输组织决策

基础设施的布局是乘客换乘组织及流线设计方法形成的前提，特别地，换乘枢纽功能定位与运营特征的改变，会引起乘客换乘组织及流线设计需求的变化，对其在实践工作中提出新的要求。根据轨道交通枢纽发展过程，区域轨道交通跨制式乘客组织的演化过程分为跨制式乘客组织设施导向阶段和跨制式乘客组织需求导向阶段。

跨制式乘客组织设施导向阶段，区域轨道交通跨制式乘客组织的演化呈现基础设施导向的特性，跨制式乘客组织初生阶段的演化往往是由于新的运输方式的产生，在原有轨道交通站点的基础上建设新的轨道交通场站，且一般呈现为在铁路枢纽车站基础上建设城市轨道交通场站的特点，但由于规划的不统一，各运输方式的场站建设自成体系，各运输方式的场站之间协调性差、衔接不紧密。在换乘组织模式上表现为从无到有的过程，如站外换乘等换乘组织模式的出现；在流线设计上表现为由单一方式流线设计向多方式流线协调设计演化的过程(图 2-5)。

跨制式乘客组织需求导向阶段，跨制式换乘组织的演化主要体现在两方面：一方面，对于非同期规划的多方式轨道交通站点，换乘组织模式由站外换乘向通道换乘转变；另一方面，对于同期规划的立体化综合枢纽内的多方式轨道交通间的换乘组织，站台换乘、站厅换乘及组合换乘模式已被广泛地应用于各大现代化综合换乘枢纽内。跨制式流线设计则主要表征为由“等候受控型”流线设计理念向“交互自主型”流线设计理念的转变。

随着我国区域轨道交通基础设施初具雏形，对跨制式行车组织才开始探索，少有实践案例。目前，区域轨道交通跨制式行车组织仅体现在不同制式轨道交通列车首末班车时刻表的衔接及高速铁路/城际铁路与既有铁路跨线运行等方面，少有其他关于区域轨道

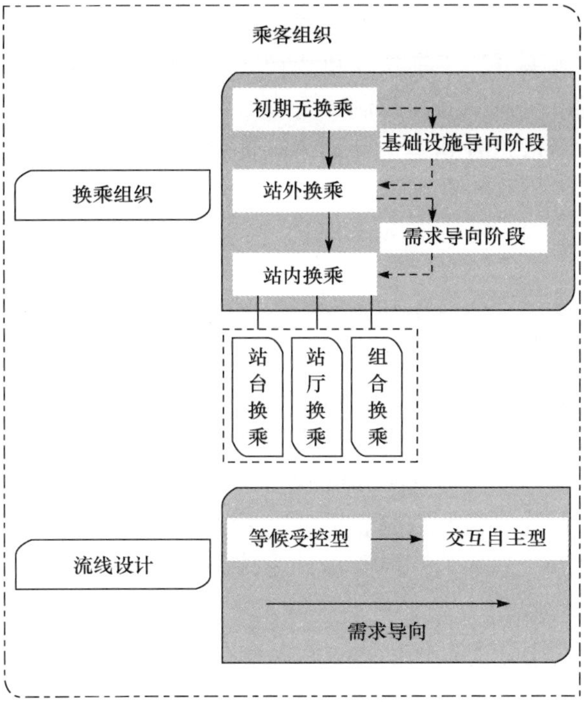

图 2-5　区域轨道交通跨制式乘客组织协同过程

交通系统跨制式行车组织的实践。因此，通过区域轨道交通系统跨制式行车组织实践来提取演化特征显然是不合理的。虽然种种因素限制了区域轨道交通系统跨制式行车组织在现实中的应用，但是区域轨道交通系统跨制式行车组织理论与方法被广泛地研究，其在理论研究层面领先于实际运用层面，这也为区域轨道交通跨制式行车组织的发展方向指明了道路。鉴于此，本节首先提炼区域轨道交通系统跨制式行车组织在理论研究层面的演化特征，并总结区域轨道交通系统跨制式行车组织在实践层面的演化趋势。

在区域轨道交通跨制式行车组织研究层面，其演化过程可总结如下(图 2-6)：对于铁路系统，高速铁路的出现使得铁路行车组织从以往单一的既有线行车组织向多制式铁路行车组织演化。从高速铁路与既有线协作的角度来看，其主要研究方向为高速铁路与既

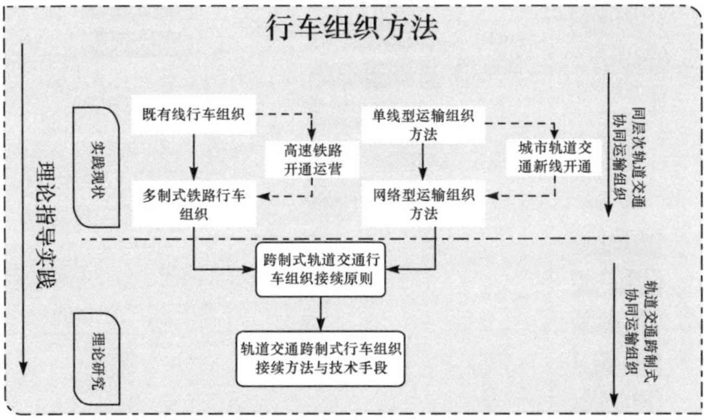

图 2-6　区域轨道交通跨制式行车组织演化过程

有线的分工方案、运输组织模式的研究。对于城市轨道交通，随着城市轨道交通新线的加入，城市轨道行车组织方法逐渐从“单线型”模式向“网络型”模式演化。同时，已有少量针对铁路与城市轨道交通在跨制式行车组织接续方法及技术手段的研究，但都只限于接续原则角度，尚未上升到运输计划衔接优化的层面，显然这也是下一阶段区域轨道交通跨制式行车组织研究的重点。

2. 安全保障决策

区域轨道交通一体化系统层次结构鲜明，由多种制式组成，其覆盖范围广泛，客运量巨大，多制式耦合使得局部风险对整个系统的影响更加突出，风险进一步增大，从而对系统造成更加突出的影响。同时，区域轨道交通系统是一个动态系统，其安全水平受到设备运行状态、客流量、乘客不安全行为等诸多动态因素的影响，因此区域轨道交通系统的安全保障决策具有重要的意义和价值。

以区域轨道交通系统内高速铁路、地铁、单轨、市域等多制式的全专业基础设施为研究对象，以区域轨道交通的关键风险事件为核心，根据人、机、环、管四方面对风险因素进行细分，利用 RAMSI 指标体系对风险发生的可能性进行评价与预测，以运输系统全方位安全性与高度可用性为目标，进行安全保障决策，总体流程如图 2-7 所示。其安全保障决策的主要特征如下。

(1) 以高速铁路、地铁、单轨、市域等多制式轨道交通为研究对象，形成大规模复杂环境下的轨道交通系统，将涵盖多层次下基础设施、乘客、环境等多维度的管理对象。目前基于既有关键监测对象对全局安全态势进行分析与推演，虽不能涵盖所有设备，但可通过后期融入新的监测对象，不断提高管理精度，形成一个不断生长的系统。

(2) 以运输系统全方位安全性与高度可用性为目标，从系统各层次安全状态出发，以数据为基础，以关键风险事件的防控为核心，实现复杂环境下轨道交通系统的全面监测、故障预警、主动运维与协同应急。

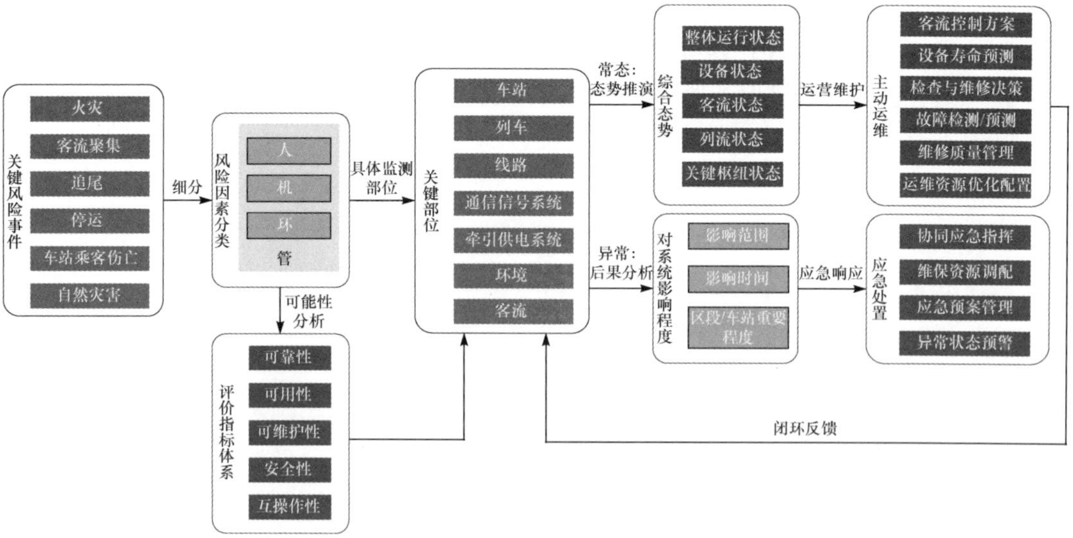

图 2-7　区域轨道交通安全保障总体流程图

(3) 实现大规模复杂环境下多制式全专业轨道交通系统的综合安全保障，既能针对单独的设备进行全息感知、实时分析、科学决策与精准执行，又能针对多制式全专业轨道交通系统进行全面综合的安全业务智能联动与资源智慧配置。

为了更好地描述大规模区域轨道交通跨制式全专业下的安全保障协同决策内容，应从以下六个方面进行表述。

(1) 深度集成的多制式全专业轨道交通系统全息感知。利用多种状态感知手段与接口，对区域轨道交通系统中的多制式全专业设备、客流、环境等状态进行全方位采集。例如，利用无人机、北斗卫星对设备状态与运营环境进行实时感知采集。

(2) 多源异构数据融合的多制式全专业轨道交通系统实时 RAMSI 状态分析。基于构建的多制式全专业轨道交通系统 RAMSI 指标体系，针对关键风险事件，基于监测的关键部位，利用采集的海量数据对区域轨道交通系统进行多层次的实时状态分析，由单个关键设备向专业、线网、区域综合状态评价层层递进，对乘客个体与群体状态评价由点-线-网层层递进。对区域轨道交通系统全局与重点关注的状态信息进行一体化展示，支持对系统实时 RAMSI 状态的全貌监视。

(3) 多源异构数据融合的多制式全专业轨道交通系统智能故障检测与预警。深度挖掘积累的经验数据，利用全息感知的状态数据，对区域轨道交通系统中的设备故障进行智能检测与预警，提供面向个体的精准研判，并不断积累经验数据，自动完善智能化模型，实现故障管理的主动进化。

(4) 多源异构数据融合的多制式全专业轨道交通系统综合态势推演。通过实时计算的 RAMSI 状态指标，结合历史大数据对交通系统综合态势进行推演，构建基础设施的性能劣化机理与乘客个体和群体行为演化规律，对系统整体与个体的风险和异常情况进行分析并预警。

(5) 多源异构数据融合的多制式全专业轨道交通系统主动维保决策。预防为主，综合整治，形成差异化、个性化维保策略，主动触发维保响应，实现设备在复杂环境下的高效运行，建立真正意义上的跨系统综合维修体系，实现精准定位。自适应维修模式，可为运营提供高可靠性保障，促进降本增效。

(6) 多制式全专业轨道交通系统全局应急协同联动。轨道交通系统中某一点发生异常，轨道交通系统全网知悉异常情况，同时启动分级应急响应，协同调配应急资源(即一点异常、全网知悉、分级响应、协同调配)，实现应急救援业务的智能协同联动与最优化应急资源配置。

2.3.4　服务协同机理

1. 出行前协同服务

1) 路径规划

(1) 出行方式选择。区域轨道交通智能信息服务系统需要结合乘客的需求，及时为乘客提供合理的、可操作的出行方案，充分利用铁路、航空、客车等公共交通网络，满足多样化出行的需求。

(2) 优化目标选择。出行规划中优化目标主要包含以下几个方面。

① 时间：针对出发时间、到达时间及路程时间进行优化，可以为乘客提供特定时段出发或者到达的出行方案、出行时间较短的方案以及较早到达的方案。

② 舒适度：针对换乘方案进行优化，可以为乘客提供换乘次数较少的出行方案，同时乘客可以指定出行方案中的换乘点或者指定不愿意换乘的城市，以提升出行中的舒适度。

③ 经济：针对出行价格进行优化，为乘客提供票价较低的出行方式。

区域轨道交通智能信息服务系统需要针对以上单目标以及多目标进行优化，综合平衡乘客出行过程中的各种需求及偏好，给出多种出行方案供乘客选择。

2) 票程规划

(1) 跨制式票程规划。针对乘客出行规划中关于时间、舒适度、经济性等要素的考虑，票程规划系统将面向换乘较少、总行程较短、到达时间较早、票价较低、特定经停站以及综合平衡乘客出行偏好等乘客行程、票程规划需求，研究适合我国复杂交通网的优化计算模型，同时基于该计算模型提出多种票程、行程规划算法，满足乘客多制式出行的需求，以提供多样化的出行方案。

考虑到我国人口众多、交通运输网络繁忙的情况，票程规划系统将面对海量用户并发查询的应用需求，为了通过有限的硬件资源达到尽可能高的系统性能，同时保障票程规划系统的可拓展性，需要开发相应的高性能系统框架，并针对数据存储访问优化机制和算法运行结构等问题进行研究，为票程规划系统提供技术支撑。

(2) 订票。在结合乘客特定需求与当前公共交通网络的情况为乘客提供多样化出行方案的同时，系统将显示每种方式的票价、余票等信息，提供便捷的购票通道，乘客在系统中即可完成所需的火车票、机票等的购买，而不需要跳转到不同的平台进行分别购票。通过这种方式可以使乘客的出行更加方便，极大地提升了信息服务的用户体验。除此之外，区域轨道交通智能信息服务系统将提供更加多样化的订票方式，包括互联网、多种智能终端等，使乘客能够通过多渠道完成订票。

(3) 支付。区域轨道交通智能信息服务系统将提供多样化的客票载体，支持实体票、身份证、二维码等方式，发挥虚拟客票的优势，节约乘客的时间。多样化的客票载体也将简化乘客出行的步骤，乘客在平台购票获得实体票或者虚拟票后，即可凭借此票完成整个旅程，即使换乘或者换用不同的交通方式，也无须再次取票。

3) 信息服务

(1) 天气信息。为乘客显示出发时刻的出发地和到达时刻的目的地的相应天气状况，尤其是关系到航班延误、推迟的天气信息，可扩展为在到达目的地后几日的天气情况。

(2) 列车时刻信息。为乘客提供全出行链上的所有列车的时刻信息，方便乘客乘车。

(3) 客流信息。为乘客提供在地铁上、候车厅和列车上的客流信息、拥挤程度，帮助乘客规划路线和候车位置。

(4) 市内交通信息。为乘客提供市内交通的相关信息，包括接驳公交车的站点、车次，以及出租车的站点位置和共享汽车、共享单车的相应信息，帮助乘客进行接驳。

(5) 目的地周边出行信息。提供目的地及周边的相关出行信息，包括租车、旅游、长途客车等信息。

(6) 细分出行人群。将乘客按照不同的年龄、出行目的、出行规律进行细分，统计相应的出行规律，对不同的出行人群提供相应的信息服务。

2. 出行中协同服务

1) 出行引导

(1) 室内定位。系统通过 WiFi、蓝牙等技术，进行乘客手持终端信号采集，实现乘客的室内三维立体定位，并根据乘客的运动轨迹，对乘客的位置进行动态跟踪。结合车站立体地图，对乘客当前位置及周边通道、扶梯和闸机等公共设施位置进行展示。乘客可通过手持终端选择站内目的地，系统根据乘客当前位置和选择的站内目的地进行实时三维寻路，生成立体路线图及图文引导信息，在乘客运动过程中通过手持终端对乘客进行实时引导。

(2) 增强现实出行导航。系统采用基于室内定位的增强现实技术，将图形化的指引信息与室内场景合成渲染，给予乘客更加直观的精确导航。当乘客选择目的地后，系统能够根据乘客当前位置及手持终端摄像头中拍摄的室内场景进行实时路径规划，并以箭头方式对乘客进行导航指引。在乘客行进过程中，系统能够根据行进方向、拍摄场景等因素实时调整路线，保证箭头指向正确方向。

(3) 换乘引导。系统根据乘客既有出行路径规划及票程规划，获取乘客换乘点信息，为乘客生成个性化的换乘引导方案，并提供换乘信息推送。结合室内定位和增强现实技术，通过手持终端为乘客提供实时精确的换乘引导。系统可在换乘点提供查询设备，通过人机交互获取乘客换乘目的地，为乘客提供行进方向引导。另外，系统可在换乘点设置引导大屏，向乘客发布换乘路线引导公告。

2) 出行服务

(1) 态势感知。

① 提供基于视频监控画面的人数估计功能，在监控画面正常显示的情况下，能够自动并实时对画面中所包含的人数值进行估计。

② 提供人数情况统计功能，可以将实时产生的人数估计情况进行保存，操作人员可以查看某监控区域任意时间段内人数的最大值、最小值、平均值等统计结果。

③ 提供密度图显示功能，可以显示监控画面中的人群密度分布图，操作人员可以将其以图片的方式进行存储。

④ 提供通过视频截图或保存到本地的录像获取人群数量估计值和密度分布图的功能。

⑤ 操作人员可以预先设定某监控区域允许的人数最大值，当基于监控画面的人数估计值超过设定值时可以自动报警。

(2) 登乘。

① 实体卡。

(a) 一卡通、轨道交通专用票：乘客可通过刷一卡通和轨道交通专用票进出站。

(b) 银行卡：乘客使用银行卡在支持银联“闪付”(quickpass)功能的前端设备上，轻轻一靠，400ms 内即可完成支付，刷卡过程无需密码和签名。乘客可以通过这种方式购票、进出站等。

② 模拟卡。

(a) 二维码：乘客可通过微信公众号、支付宝、APP 等多种方式获取二维码，使用二维码取票或直接扫二维码进出站。

(b) 手机：乘客不仅可以通过手机 APP 进行充值并购买地铁储值票卡，还可以通过手机 NFC 射频通道实现与前端设备通信，实现“不带钱包出门，只用一部手机搞定”的出行方式。

③ 生物识别。前端信息采集设备通过捕捉人脸、虹膜等获取乘客信息，与已知的乘客信息进行对比，从而识别每个乘客的身份，乘客通过此种方式可直接进出站。这种方式无须在车站内设置实体闸机，在相应区域设置信息采集设备即可。

(3) 自然语言信息查询交互。

① 查询内容：列车时刻表信息、车次到发信息、售票处分布、剩余票额、票价、站内环境说明、站内服务设施说明、市内交通、天气情况、客运常识、旅行安全常识、通知公告等；轨道交通车站出口及周边地理环境和交通指南、面向轨道交通乘客潜在需求的各种广告信息查询等；主要用于乘客自助式查询车票内记录的历史交易信息，查询服务可以回溯车票内记录的历史信息(所显示的历史交易数据的个数可通过参数设置)，这种信息包括票种、购票时间、进站时间、出站时间、进站地点、出站地点、扣费金额、剩余金额和有效期等。

② 基于自然语言交互的用户服务。系统提供基于自然语言交互的智能化用户服务终端或接口；系统能够将以用户语音为载体的需求转换成系统内部信息查询；系统提供用户个性化定制的语言交互和信息展示；系统提供列车时刻表信息、车次到发信息、售票处分布、剩余票额、票价、站内环境说明、站内服务设施说明、市内交通、天气情况、客运常识、旅行安全常识、通知公告等相关信息。

3) 信息服务

(1) 车上信息服务。列车运行信息，包括中途停靠站时间、停车时间、列车当前运行区段、列车正晚点时间；列车餐饮提供信息；沿途旅游风光信息，以及停靠站城市介绍、地方特产、人文地理信息等；旅途中途经地的气象信息及目的地的气象信息；中转换乘信息，如换乘车站、车次、换乘列车时刻信息等；多媒体娱乐服务信息。

(2) 地面信息服务。乘客在出行过程中，根据乘客处在不同的位置，决定了所需要的信息。

① 进站大厅：不同车次的到发信息及在哪个候车室候车；

② 候车室外：显示该候车室候乘的所有车次信息；

③ 候车室内：列车发车时间、检票时间、站台信息等；

④ 天桥或地道：站台位置信息、各车次所在站台信息；

⑤ 站台：出站地下通道的位置信息、各停靠车次信息；

⑥ 出站口：出站信息、市内交通信息。

2.3.5 管理模式优化

由中国国家铁路集团有限公司(也称国家铁路集团或国铁集团)运营的线路包括既有线、普速铁路、高速铁路、城际铁路和部分市域(郊)铁路等，通常称为国家铁路，简称为国铁或铁路，实行“国家铁路集团—铁路局集团—站段”三级管理模式，各地方铁路局集团在国家铁路集团的指导下参与整个铁路网络运输。城市轨道交通(地铁、轻轨、磁悬浮、有轨电车等)和部分市域(郊)铁路一般归属于各地方，均采用独立的运营管理模式。

对城市而言，其可能拥有地铁、轻轨、磁悬浮、有轨电车中的一种或几种轨道交通方式，或者多条线路，如果由一家公司运营管理，其调度指挥易于统一，各条线路间能够良好地协调；如果由多家公司建设和运营，将导致恶性竞争，相互间也很难做到协调统一，其与铁路间要做到一体化管理就存在更大的障碍。对于一体化客运轨道交通运营管理机制主要应该从运营管理协调机构设置、票制设置、安检互信等几个方面实现。

1) 运营管理协调机构设置

要避免城市中各种轨道交通方式间的恶性竞争，使其资源共享，分工协作，保证乘客运送的顺畅，各种轨道方式间需要建立运营管理的协调机构。铁路与城市轨道交通公司之间，由于其传统的运输组织模式，各自承担不同的客流任务(铁路承担城市间或区域间的乘客运输，城市轨道交通承担城市内部的客流输送)，相互间缺乏运营管理的协调者，尤其是在铁路列车密集到发时段内，城市轨道交通应该开行与之相适应的列车，保证乘客列车出行顺畅。这个运营管理协调机构应该具备以下特征：由双方管理部门和业务部门共同组成，由既熟悉铁路运输又熟悉城市轨道交通运营管理的人员担当，并具有一定的决策权，在铁路和城市轨道交通的列车开行方案与列车运行图上能够起到良好的协调作用，保证列车的开行符合客流规律，同时还应对乘客换乘、进出站、购检票等环节以及紧急情况下的应急疏散等进行科学的规划和组织。

2) 票制设置

构建一体化轨道交通运输系统，旨在增加乘客出行的便捷性，减少其出行时间消耗，同时减小对城市交通的压力。但由于涉及不同的运营主体，其运营收入和安全应该进行一体化设计，以保证乘客出行顺畅。

票制是不同轨道交通方式换乘时(或铁路替代城市轨道交通功能时)需要重点考虑的问题，由于在乘客出行过程中，干线铁路、城际铁路、市域(郊)铁路和城市轨道交通分别担当不同线路长度的运输，乘客需要对其分别支付一定的费用，如果对于不同线路分段购票，将影响运输的效率，在这种情况下为了保障乘客出行的便捷必须采用相应的技术手段支撑(如刷卡付费、自动购票机等方式)，这样会在相关设备上增加投入资金。另外，效仿多家轨道交通公司运营的城市轨道交通实行统一票制，即在现行条件下可以根据乘客出行规律分析，按照乘客出行 OD(“O”来源于英文 origin，指出行的出发地点；“D”来源于英文 destination，指出行的目的地；OD 代表起终点间的交通出行量)采用统计的方法将其费用进行均分，直接计入铁路车票价格，乘客出行只需购买一张车票，不同轨道交通部门根据乘客出行进出站点位置进行效益核算。乘客进出轨道交通系统及在其中各线路间换乘，可以通过自动检票匝道进行检票，以提高其出行速度，同时减少检票人员的设置。

从运营属性来讲，轨道交通票制是指计费方法即票价变化的结构，目前国内外轨道交通运用较为普遍的票制包括固定票制、浮动票制和复合票制。固定票制主要是一票制，即无论乘客乘车距离和乘坐时间，全网均采用单一票价的票制；浮动票制主要是计程票制和计时票制。计程票制指按照乘客实际路径累积乘车里程计算票价的计费方法，分为里程计程票制和分段计程票制。里程计程的票价率以每公里为单位累积计算；分段计程是将运输里程分为若干区段，对同一里程区段核收同一票价。计程票制的票价随乘距的增加而增加，而运输成本随运距的增加而相应降低，因此票价率一般采用递远递减的原则，甚至可能存在最高票价限制。计时票制是指按照乘客在轨道交通系统中停留的时间或者车票有效时间计费的票制，计时票制也可以在不同的时间段(如客流高峰时段和非高峰时段)实行不同的收费价格。

复合票制是指考虑多种因素综合计算票价的计费方法，主要有计程计时票制和计次计时票制。计程计时票制和计次计时票制对乘客在轨道交通付费区内的停留时间加以限制，针对每一张特定区间的车票，设定合理的有效时间段，如果超过该时间段，乘客需额外付费或重新购票；或者在计程计次收费的基础上，对客流高峰时段与非高峰时段实行差异定价。

轨道交通票种是指轨道交通运营企业发行的适用于乘客不同出行需求的车票类别，一般从乘客群体特征和运输产品两个角度进行描述。我国干线铁路是以运输产品为主进行票种设计的代表，其发行的票种是以企业提供具有差别的运输产品来加以区分的，主要包括列车等级(高速列车“G”、动车组列车“D”、城际列车“C”、直达列车“Z”、特快列车“T”、快速列车“K”等)和座席等级(二等座、一等座、商务座、硬座、硬卧、软卧、高级软卧等)。同时，我国干线铁路还发售三种半价票，分别为儿童半价票、学生半价票和伤残军人半价票，部分线路还发售中铁银通卡。

传统的国家铁路与其他轨道交通系统各自为政、分段购票，信息不共享的服务已经难以满足人民群众的需求。“一票到底”、“无缝衔接”和“全程服务”的出行需求正不断增长，为开展乘客一体化联运提供了坚实的基础。随着新一代互联网、移动通信、云平台、云计算等技术的发展，交通运输行业为乘客提供服务的手段将越来越丰富，科技手段的信息处理、信息服务、信息分析服务越来越强，为大范围的互联互通票务服务系统和乘客出行信息服务系统提供了有力的技术保障[21]。

建议采用相同的车票制式及技术标准，设置乘客一体化协同运输电子客票，实现“一站购票”、“一票出行”，对客票的退改签时限、费用等给予一定便利和优惠。可参照高速铁路，实行刷身份证进站上车；共同设置清分中心对票务系统进行统一管理，实现轨道交通快线及不受干线列车影响的铁路线的财务收益清分、统计；受干线列车影响较大的铁路宜沿用原铁路票务系统。

3) 安检互信

由于轨道交通高密度、大运量的特点，乘客运输安全就至关重要。轨道交通的安全防范、市民教育、应急预案、平时演练、处置应对等都需要未雨绸缪，做好各类轨道交通突发事件的应急管理和安全防范工作。不同于国外普遍未实施安检，一方面，我国铁路以及城市地铁普遍实施了常态安检。国务院于 2013 年颁布《铁路安全管理条例》，明确指出铁路运输企业应当依照法律、行政法规和国务院铁路行业监督管理部门的规定，对乘客及其随身携带、托运的行李物品进行安全检查。同时，为了使地铁实施安检合法化，在 2008 年奥运会之前北京市在全国率先出台了《北京市城市轨道交通安全运营管理办法》。目前国内主要城市都已实施常态化地铁安检。另一方面，特殊时期，特别是举办重大国际体育赛事和重要国际会议等时期，所在城市普遍采取强化轨道交通安检措施，采取强化安检措施已经成为承办城市安全保障系统的重要组成部分之一。

为了实现多种交通方式快捷、便利地换乘，2018 年 1 月交通运输部、国家发展改革委、国家旅游局、国家铁路局、中国民用航空局、国家邮政局、中国铁路总公司等七部门联合印发了《关于加快推进旅客联程运输发展的指导意见》，提出在封闭、连续的联运乘客换乘通道，可通过跨制式安检标准互认，在保证运输安全的前提下，减少乘客换乘过程中的重复安检。实现跨制式的安检标准互认，可以提高乘客运输效率，减少乘客排队等待时间，继而减少乘客在途旅行时间，同时避免客流在安检区域的积压，保证车站运输安全。

不同轨道交通采用互联互通的运输组织方案时，可以采取与国家铁路相同或相近的安全检查标准，确保乘客在两种运输方式之间无须二次安检，保证运输效率及运营组织安全。

第 3 章　区域轨道交通信息协同关键技术

本章针对区域轨道交通系统多制式、多维度和多种类的数据信息样式，研究区域轨道交通大数据平台技术及多源信息融合技术。本章通过制定相应的大数据技术规范和服务体系架构，有效支撑系统的数据协同融合和主导信息协同决策。本章针对区域轨道交通系统数据高维时空及多源数据特征，研究其数据的融合和协同查询技术，提高数据耦合度和交叉性。另外，本章提出基于物联网的区域轨道交通系统的安全状态信息采集技术，以及与之相适配的传输网络方案，加强区域轨道交通系统的安全状态数据监测。最后，本章在系统数据充分采集、监测和融合处理的基础上，分析网络客流和安全态势的信息，加深系统数据的综合分析和应用，同时提升系统协同决策能力。

3.1　区域轨道交通大数据平台技术

大数据架构是智能轨道交通信息系统建设的基础，随着大数据技术的快速发展，大数据正在各类型行业落地和应用，对大数据架构的标准化需求日益迫切，大数据体系结构的各领域之间都存在着相互依存、相互衔接、相互补充和相互制约的内在联系，共同形成大数据规范体系[22,23]。因此，构建完善的区域轨道交通大数据架构标准对区域轨道未来安全运营、质量提升和管理模式改善均有重要意义[24]。

3.1.1　区域轨道交通的大数据规范标准

我国大数据标准体系研究工作起步较晚，但在工业和信息化部(简称工信部)和国家标准化管理委员会的支持下，近年来得以快速发展。2014 年 12 月，全国信息技术标准化技术委员会成立大数据标准工作组，2016 年 4 月，全国信息安全标准化技术委员会大数据安全标准特别工作组成立。全国信息技术标准化技术委员会大数据标准工作组主要负责制定和完善我国大数据领域标准体系，组织开展大数据相关技术和标准的研究，申报国家标准和行业标准，承担国家标准、行业标准的制订和修订计划任务，宣传、推广标准实施，组织推动国际标准化活动，对口 ISO/IEC 国际标准化组织大数据工作组(ISO/IEC JTC 1/SC 42/WG2，原 ISO/IEC JTC 1/WG 9)工作[25,26]。2019 年 7 月重新调整组织架构后，由原来的 7 个专题组重组为 10 个专题组：总体专题组、国际专题组、技术专题组、产品和平台专题组、工业大数据专题组、政务大数据专题组、服务大数据专题组、生态环境大数据专题组、电力大数据专题组、大数据治理专题组，负责大数据领域不同方向的标准化工作。目前工作组已发布国家标准 24 项。

此外，工作组积极研究和参与大数据领域国际标准化工作，全面对口 ISO/IEC 大数据工作组，包括数据管理和交换技术、人工智能、信息安全、网络空间安全和隐私保护等分委员会工作。工作组还重点关注 NIST NBD-PWG 大数据公共工作组，并对 ITU 的动态进行研究和跟踪。2016 年，全国信息技术标准化技术委员会大数据标准工作组结合 NIST 的《大数据互操作框架第 6 卷：参考架构》(*NIST Big Data Interoperability Framework: Volume 6 Reference Architecture*)，提出了我国大数据参考架构，以方便人们对大数据复杂性操作的认识[26]，其中立于供应商，并在技术和基础设施方面独立，不仅为大数据标准化提供基本参考点，还为大数据系统的基本概念和原理提供一个总体框架，同时为各种利益相关者提供一种交流大数据技术的通用语言，鼓励大数据实践者遵守通用标准、规范和模式[26]。

全国信息安全标准化技术委员会大数据安全标准特别工作组侧重于大数据信息安全领域相关标准研制，目前已发布 6 项国家标准，包括《信息安全技术 个人信息安全规范》《信息安全技术 大数据安全管理指南》《信息安全技术 数据交易服务安全要求》等，现已陆续启动了《大数据基础软件安全技术要求》《大数据业务安全风险控制实施指南》《数据安全分类分级实施指南》《区块链安全技术标准研究》等研究工作，并在 2018 年撰写了《大数据安全标准化白皮书(2018 版)》。

信息化和软件服务业司(现已更名为信息技术发展司)组织开展了 29 项大数据领域的国家标准研制，发布了《信息技术 大数据 技术参考模型》《数据管理能力成熟度评估模型》等 9 项国家标准，并指导发布了《大数据标准化白皮书》《工业大数据白皮书》等研究成果。

综观我国现状，一方面大数据标准自身相对不成熟，另一方面标准制定和产业发展之间的关联性较弱，因为总体上大数据标准对产业发展的支撑力不强[27]。人工智能分委会/数据工作组(ISO/IEC JTC 1/SC 42/WG2)编制的基础性国际标准对于各国大数据标准和行业标准都有重要的参考和借鉴意义[28-32]。随着中国大数据产业的高速发展以及中国大数据标准化工作的全面展开，向 ISO 国际标准学习和借鉴有助于快速吸收国际标准的成功经验，并在术语和参考架构等基础性标准上和国际标准、规范保持一致。

截至目前，全国信息技术标准化技术委员会大数据标准工作组已自主研制形成一批大数据领域国家标准，已发布的重点标准有《信息技术 大数据 技术参考模型》《数据管理能力成熟度评估模型》《信息技术 大数据 大数据系统基本要求》《信息技术 大数据 政务数据开放共享》系列标准。《大数据标准化白皮书(2020 版)》(以下简称《白皮书》)中提出了我国大数据标准体系，该标准体系由 7 个类别标准组成，分别为基础标准、数据标准、技术标准、平台/工具标准、治理与管理标准、安全和隐私标准、行业应用标准。

1. 我国轨道交通大数据标准建设

目前区域轨道交通系统内的各子线路大多仍采用“线型控制”方式运营，各条线路自成体系，形成“信息孤岛”。随着区域轨道交通系统规模的不断增加和区域轨道联动性要求的提高，区域轨道交通的网状建设需求日益凸显，线网管理需要配套发展，以促进实现综合管理、协作调配、资源共享、应急处理乃至信息增值。现行的相对独立的部分标准在实施时存在一定的难度，各线路存在数据名称、数据类型、存储格式等多种异构现象，部分标准远未达到制定和发布时期望的效果，且由于长时间未更新，存在与产业脱节的现象。例如，城市轨道交通目前相关的硬件和系统相关标准较多，但大数据标准较少，已发布的《城市轨道交通标准汇编》、《城市轨道交通运营技术规范》(GB/T 38707—2020)和《城市轨道交通技术规范》(GB 50490—2009)内容较为全面，对城市轨道相关术语和定义进行了描述，并对建筑、线路、路基、轨道、结构、供电系统、通信系统、信号系统、综合监控系统、运营管理系统等进行了规定，但部分内容已多年未更新。可见，制定适宜的区域轨道交通规范或标准体系是对现有标准的补充和完善，能有效地弥补目前标准的不足。

在铁路方面，近年来也已先后发布不同专业信息化相关标准及规范等，城市轨道方面也发布了相关术语和标准。相较于城市轨道运营方较多，标准制定困难，铁路标准化情况较好。2015 年，中国铁路总公司开展了铁路信息化标准体系研究，制定了铁路信息化标准体系框架，由信息技术通用基础标准、基础设施标准、信息资源标准、业务应用标准、信息安全标准、管理与服务标准、新技术应用标准等七大类构成[33]。在公用基础信息标准方面，有通信、线路、钢轨损伤、货运事故分类、行车事故统计、货车车种车型车号、货物运输品名等标准[34]；在业务应用系统标准化方面，涉及列车超速防护、调度集中和调度监督系统以及调度指挥管理信息系统(dispatch management information system，DMIS)、调度集中和调度监督系统间的数据通信标准；在数据接口方面，制定铁路运输管理信息系统(TMIS)与 DMIS 间的数据接口规范、铁路电子支付平台数据接口规范和中俄铁路电子数据交换接口规范等[35]。以上这些大数据相关的标准规范工作进展虽然推动了各领域大数据研发的统一性，但现有标准在信息化程度和完备性方面仍有不足。一方面，目前的标准过于零散、不成体系，无法将区域轨道交通大数据进行统一，尽管区域轨道交通在城际和市域两级存在诸多相似；另一方面，现有标准更侧重于可量化的基础设置建设标准，在软件和数据方面略显不足。

2. 轨道交通大数据应用参考架构

结合我国在大数据领域的最新标准化情况，以及我国轨道交通大数据标准规范体系的建设情况，本节将展示一种轨道交通大数据应用参考架构(rail transit big data application reference architecture，RBDRA)，以下内容向上承接工业大数据标准体系[36]，也向下涵盖城市轨道交通(地铁、轻轨、有轨电车、市域快速轨道)标准体系及铁路大数据标准体系的相关要求。RBDRA 规定了各组成部分(构件)的基本功能，适用于轨道交通大数据开发、管理和应用，图 3-1 展示了轨道交通大数据应用参考架构图，包括系统协调者、应用提供者、数据提供者、数据消费者和大数据计算框架提供者五个逻辑模块，以及各个应用之间的分工和合作[37]。

其中，系统协调者的主要功能是规范和集成各类所需的数据应用活动，具体功能包括四个方面：①配置和管理 RBDRA 中其他组件执行一个或多个工作负载，以确保各工作组件能正常运行；②为其他组件分配对应的物理节点或虚拟节点；③对各组件的运行情况进行监控；④通过动态调配资源等方式来确保各组件的服务质量水平达到所需要求。具体实现层面，系统协调者的功能可由管理员、软件或两者的组合以集中式或分布式的形式实现。

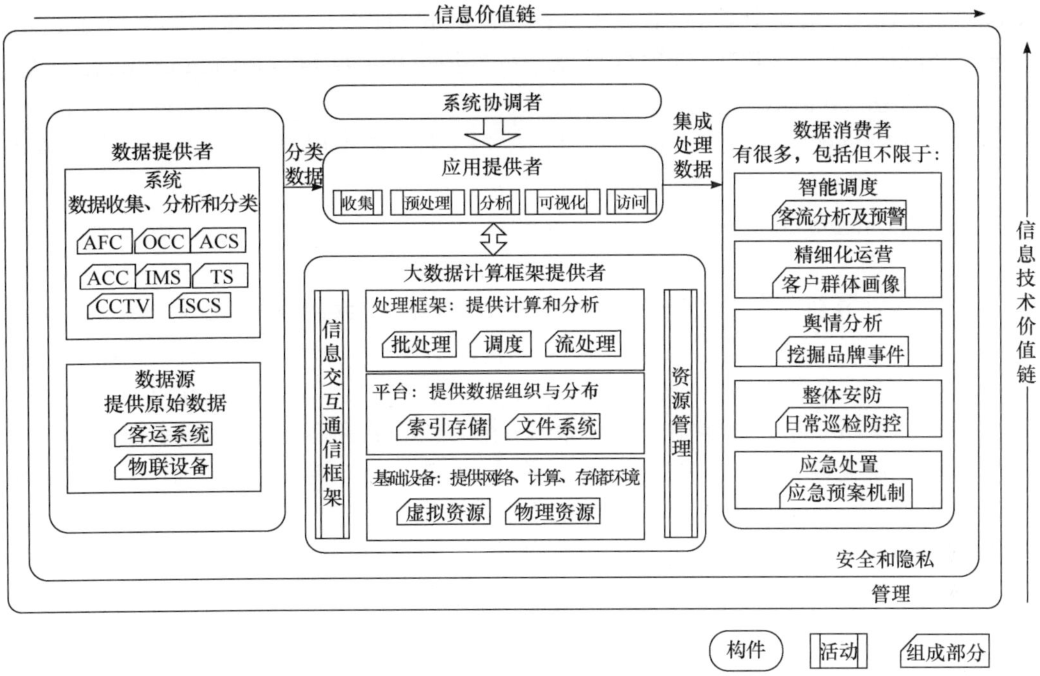

图 3-1　基于大数据国家标准的轨道交通大数据应用参考架构图

数据提供者的主要功能是将原始数据收集起来，经过预处理提供给轨道交通大数据应用提供者。此构件主要包括数据源和系统两部分。数据源产生原始数据，之后通过各种信息系统的收集、分析和分类，提供给轨道交通大数据应用提供者。

(1) 数据源：主要功能是提供原始数据。任何实体以及实体的活动都可能是数据源，如各类人员、轨道交通相关软件、列车及车站设备、信息网络、其他软件等各类实体，以及企业活动、人员行为、装备设备运行、运营环境、信息网络运行等各类活动都可能产生数据。图 3-1 以示例形式列出了两大类数据源。①客运系统：轨道交通的核心数据源。以轨道交通乘客出行为主线，出行链上的所有时空数据。一次出行交易涉及票卡号、交易日期、交易时间、票卡种类、交易事件、交易车站、交易前余额、交易后余额、联程交易、设备编号、设备状态等。出行链信息构成轨道交通大数据的主体，并且以秒为单位快速增长。除传统的轨道交通设备，新兴互联网与物联网设备等第三方机构也在快速产生格式复杂的客运信息，具体表现形式取决于运营活动的需求。②物联设备：与轨道交通相关的物联设备。列车与车站相关运营信息，由轨道交通的运营设备在物联网运行模式下，产生、收集涵盖操作、运行情况、工况状态、环境参数等数据。物联设备产生的数据表现形式很多，如列车上或车站内监控和传感器产生的非结构化数据、列车异常或故障数据、列车运行环境参数等评估列车及车站内设备运行状态的数据，具体表现形式取决于设备的功能和使用者的需求。

(2) 系统：主要功能是对数据源产生的数据进行收集、分析与分类，然后提供给轨道交通大数据应用提供者。轨道交通常用系统/服务有安全生产网(safety production network，SPN)、内部管理网(internal management network，IMN)、外部服务网(external service

network，ESN)、网络安全域(network security domain，NSD)、自动售检票系统(automatic fare collection system，AFC)、自动售检票系统的清分中心(AFC clearing center，ACC)、闭路电视监控系统(closed circuit television，CCTV)、传输系统(transmission system，TS)、视频监视系统(image monitoring system，IMS)、列车自动控制(ATC)、列车自动监控(ATS)、列车自动防护(ATP)、列车自动运行(ATO)、运营控制中心(operation control center，OCC)、综合监控系统(integrated supervisory and control system，ISCS)、门禁系统(access control system，ACS)等，可提供轨道交通运营过程中产生的各类数据，以 AFC 和 OCC 为核心。AFC 基于计算机、通信、网络、自动控制等技术，能够实现轨道交通售票、检票、计费、收费、统计、清分、管理等系列操作的自动化[38]。其中，各层按照全封闭的方式运行，以下各层都可能涉及数据实体：①车票；②车站终端设备；③车站计算机系统；④线路中央计算机系统；⑤清分系统。OCC 作为核心的拥有监控和控制功能的环境，部署着各种可视化设备和集中控制设备。通过 OCC 的高性能综合信息显示系统与各系统的专门管理、控制软件相结合，在网络通信系统实施总控中心实现业务管理、系统管理、网络管理、环境管理的目标。OCC 集合了主要物联设备的信息，其主要设备包括：①运行监控设备；②声光报警设备；③有线及无线通信设施；④控制台。OCC 管理运作过程中以下环节均有可能涉及数据实体：①业务管理；②系统管理；③网络管理；④环境管理。

应用提供者的主要功能是围绕数据消费者需求，将来自数据提供者的数据进行处理和提取，提供给数据消费者，主要包括收集、预处理、分析、可视化和访问五个活动[26]。

(1) 收集：负责处理与数据提供者的接口和数据引入。除收集常规轨道交通系统运营数据外，还整合了天气数据、社会事件、舆情数据等，收集为业务支持的所有数据来源，为 RBDRA 提供基础支撑。此外，由于数据种类、格式很多，且开放程度差异很大，缺少统一标准，需要根据数据格式、类型，通过引用对应的构建完成数据的识别和导入。

(2) 预处理：包括数据清洗、数据归约、数据标准化、数据格式化和数据存储。数据清洗和数据归约是为避免噪声或干扰项给后期分析带来困难，针对首次采集获得的多维异构数据执行的同构化预处理。数据标准化、数据格式化处理，如元数据处理和标识管理。数据存储主要采用大数据分布式云存储的技术，将预处理后的数据有效存储在性能和容量都能线性扩展的分布式数据库中，典型如 HBase 和 Hive。

(3) 分析：基于数据科学家的需求或垂直应用的需求，利用数据建模、处理数据的算法，以及轨道交通领域专用算法实现从数据中提取知识的技术。

(4) 可视化：对经处理、分析运算后的数据，通过合适的显示技术，如大数据可视化技术、二维或三维场景可视化技术等，呈现给最终的数据消费者。

(5) 访问：与可视化和分析功能交互，响应数据消费者和应用程序的请求。

3. 基于国家标准的区域轨道交通大数据分类方法

在轨道交通大数据应用参考架构的指导下，本节进一步论述轨道交通领域大数据分类过程及其分类视角、分类维度和分类示例。本节是在《信息技术 大数据 数据分类指南》(GB/T 38667—2020)定义的数据分类指南的基础上，针对轨道交通领域应用，进一步细化了业务场景和分类视角，明确了轨道交通大数据的分类视角、分类维度和分类示例。根据 GB/T 38667—2020，轨道交通大数据分类过程可划分为分类规划、分类准备、分类实施、结果评估和维护改进五个阶段。

1) 轨道交通大数据分类视角

大数据分类视角分为技术选型视角、业务应用视角和安全隐私保护视角[39]。

(1) 技术选型视角，包括但不限于：

① 理清数据产生频率，明确数据产生规律，确定数据更新周期和存储策略，以及数据存储平台配型等存储资源分配方案；

② 理清数据产生方式，分析数据的来源和质量，确定在整个数据处理流程中数据所处的位置及数据处理和存储技术；

③ 分析数据的结构化特征，确定数据存储与处理方案；

④ 明确数据的存储方式，确定数据建模模型与数据的访问方式，支撑各类数据应用场景；

⑤ 理清数据稀疏稠密程度，明确数据稀疏稠密规律，确定数据存储策略和分析方法，选择数据存储方案和分析方案；

⑥ 明确数据处理时效性要求和时机，确定数据处理策略，选择包括计算平台和资源匹配等的数据处理方案；

⑦ 理清数据交换方式，确定数据共享方式及策略，支撑构建信息交换体系。

(2) 业务应用视角，包括但不限于：

① 理清数据产生来源，明确数据权属和访问权限，便于数据追踪溯源；

② 明确数据应用场景，确定数据业务主题，判断数据应用价值，选择数据分析方案；

③ 明确数据分发场景，确定数据应用行业，明确可用数据的种类和范围；

④ 理清数据质量情况，明确数据应用需求，确定数据质量管理方案。

(3) 安全隐私保护视角，包括但不限于：

① 明确不同敏感程度的大数据在存储、传输、访问和分发时的安全要求；

② 明确不同敏感程度的大数据的隐私保护要求；

③ 指导分类主体制订隐私保护方案；

④ 指导分类主体制订安全管理方案。

2) 轨道交通大数据分类维度

在技术选型视角下，分类维度包括产生频率、产生方式、结构化特征、存储方式、稀疏程度、处理时效性和交换方式几类分类维度，以下详细总结了每种分类维度的内涵、分类要素、分类结果和适用场景。

(1) 按产生频率分类，即根据数据产生的频率(单位时间内产生的数据量或达到指定数据量的频率)对数据进行分类。

按产生频率分类的要素包括以下方面。

① 数据产生周期，如秒、分、时、天、周、月、季度、半年、年等；

② 单位周期中数据的产生量，可以用记录条数表示或者用数据占用空间表示，如百

万条记录、千万条记录、GB 级数据和 TB 级数据等。

按产生频率可分为每年更新数据、每月更新数据、每周更新数据、每日更新数据、每小时更新数据、每分钟更新数据、每秒更新数据、无更新数据等。

按产生频率分类的适用场景：根据数据产生频率判断资源分配合理性和数据分析价值等。

(2) 按产生方式分类，即按照数据的产生方式对数据进行分类。

按产生方式分类的要素包括以下方面。

① 数据被获取或被采集的方式，如人工采集和通过信息系统采集等；

② 数据被加工的程度，如原始数据和二次加工数据等。

按产生方式分类可包括人工采集数据、信息系统产生数据、感知设备产生数据、原始数据、二次加工数据等。

按产生方式分类的适用场景：确定数据采集方案、数据保护方案和数据处理方案等。

(3) 按结构化特征分类，即根据数据的结构化程度对数据进行分类。

按结构化特征分类的要素包括以下方面。

① 是否有预定义的数据模型；

② 数据结构是否规则；

③ 数据长度是否规范；

④ 数据类型是否固定。

按结构化特征分类可划分为结构化数据，如零售、财务、生物信息学、地理数据等；非结构化数据，如图像、视频、传感器数据、网页等；半结构化数据，如应用系统日志、电子邮件等。

按结构化特征分类的适用场景：根据数据结构规划数据处理和存储架构。

(4) 按存储方式分类，即根据数据适合采用的数据存储方式对数据进行分类。

按存储方式分类的要素包括以下方面。

① 数据建模适合采用的数据模型，如关系模型、文档模型和图模型等；

② 数据访问使用的查询语言，如 SQL、类 SQL 和图查询语言等。

按存储方式可划分为关系数据库存储数据、键值数据库存储数据、列式数据库存储数据、图数据库存储数据、文档数据库存储数据等。

按存储方式分类的适用场景：选择数据存储采用的数据库系统、确定应用系统与数据存储系统之间的数据访问方式等。

(5) 按稀疏程度分类，即根据数据的稀疏稠密程度对数据进行分类。

按稀疏程度分类的要素主要包括数据稀疏程度评价标准，即数据集中数值缺失或者为零的数据所占的比例。例如，空值或零值小于 50%的数据为稠密数据，空值或零值大于或等于 50%的数据为稀疏数据。

按稀疏程度可划分为稠密数据和稀疏数据。

按稀疏程度分类的适用场景：根据单位时间内数据的量级进行数据价值密度分析判断等。

(6) 按处理时效性分类，即根据数据处理的时间延迟要求对数据进行分类。

按处理时效性分类的要素包括以下方面。

① 数据处理延迟时间要求，即应用场景是否对处理延迟时间有明确的上限要求；

② 数据价值时效性，即数据应用价值随时间推移的有效性；

③ 数据处理量，即延迟上限时间内需处理多少量级的数据。

按处理时效性可划分为实时处理数据、准实时处理数据和批量处理数据。

按处理时效性分类的适用场景：根据数据时效要求安排业务顺序和资源投入等。

(7) 按交换方式分类，即根据数据在提供方和接收方之间交换的方式对数据进行分类。

按交换方式分类的要素包括以下方面。

① 数据交换双方之间的网络状况，即交换双方之间的网络是否互通；

② 数据在交换双方之间的同步实时性要求；

③ 单次交换的数据量；

④ 数据交换的频次，如固定频率交换、固定时间交换或按需交换等。

按交换方式可划分为 ETL(extract-transform-load，抽取、转换、加载)方式、系统接口方式、FTP(file transfer protocal，网络文件传输)方式和移动介质复制方式等。

按交换方式分类的适用场景：根据不同交换方式对大数据共享便利程度的影响，规划信息交换系统架构等。

在业务应用视角下，分类维度包括产生来源、业务归属、流通类型和数据质量几类分类维度，以下详细总结了每种维度的内涵、分类要素、分类结果以及适用场景。

(1) 按产生来源分类，即根据数据产生的实际情景对数据进行分类。

按产生来源分类的要素包括以下方面。

① 数据产生主体，如人工、机器、传感器、应用软件和信息系统等；

② 数据权属，即数据所有权的归属。

按产生来源可划分为人为社交数据、电子商务平台交易数据、移动通信数据、物联网感知数据和系统运行日志数据等。

按产生来源分类的适用场景：根据数据来源确定数据归集策略、预测服务提供和数据交易定价等。

(2) 按业务归属分类，即根据数据所属的业务类型对数据进行分类。

按业务归属分类的要素包括以下方面。

① 分类主体的业务类型划分，如生产类业务、管理类业务和经营分析类业务；

② 生成数据的业务所属的职能，如产品研发、市场营销、财务管理和人力管理等；

③ 生产数据的具体业务，如商品交易、会员注册和人才招聘等。

按业务归属可划分为生产类业务数据、管理类业务数据和经营分析类业务数据等。

按业务归属分类的适用场景：按业务属性评价数据应用价值等。

(3) 按流通类型分类，即根据数据在流通交易过程中的交易类型进行分类。

按流通类型分类的要素包括以下方面。

① 数据权责，即数据需求方可获取的数据权益，如所有权、经销权、使用权和可复制权等；

② 计费方式，即数据供应方和数据需求方之间计算数据交易费用的方式，如按使用量计费和按使用时长计费等；

③ 交付内容，即数据供应方向数据需求方提供的数据内容，如原始数据集和数据分析报告等；

④ 行业主题，即流通数据所属的行业领域，如农业、林业、医疗、交通和科研等领域；

⑤ 敏感程度，即流通数据是否涉及国家秘密、行业秘密、企业秘密或个人隐私等，如公开数据、脱敏数据和涉密数据等。

按流通类型可划分为可直接交易数据、可间接交易数据和不可交易数据等。

按流通类型分类的适用场景：以大数据分析和大数据交易为经营内容的企业进行产品规划等。

(4) 按数据质量分类，即根据数据的质量差异对数据进行分类。

按数据质量分类的要素包括以下方面。

① 数据的准确性，即数据是否存在异常、错误或过时；

② 数据的完整性，即数据是否存在缺失及缺失程度；

③ 数据的一致性，即数据内容是否遵循统一规范；

④ 数据的及时性，即所需数据是否及时到达目标应用；

⑤ 数据的重复性，即是否存在大量重复数据。

按数据质量可划分为高质量数据、普通质量数据和低质量数据等。

按数据质量分类的适用场景：根据不同数据质量的比例确定数据利用的价值和数据质量管理工作的难易程度等。

在安全隐私保护视角下，主要根据数据内容敏感程度对数据进行分类。其分类的要素包括以下方面。

① 数据的敏感性，即数据本身或其衍生数据是否涉及国家秘密、行业秘密、企业秘密或个人隐私；

② 数据的保密性，即数据可被知悉的范围；

③ 数据的重要性，即数据未经授权披露、丢失、滥用、篡改或销毁后对国家安全、企业利益或公民权益的危害程度。

按数据安全隐私保护维度可划分为高敏感数据、低敏感数据、不敏感数据等。

按安全隐私保护维度分类的适用场景：根据数据内容敏感程度确定大数据应用边界、数据保护策略和数据脱敏方案等。

3) 轨道交通大数据分类示例

本节将采用线分类法对轨道交通大数据进行分类示例。根据《信息技术 大数据 数据分类指南》(GB/T 38667—2020)所述，线分类法旨在将分类对象(即本文件界定的轨道交通数据)按选定的若干个属性或特征，逐次分为若干层级，每个层级又分为若干类别。同一分支的同层级类别之间构成并列关系，不同层级类别之间构成隶属关系。同层级类别互不重复，互不交叉。线分类法适用于针对一个类别只选取单一分类维度进行分类的场景。采用线分类法对轨道交通领域的数据进行具体分类的过程如图 3-2 所示。

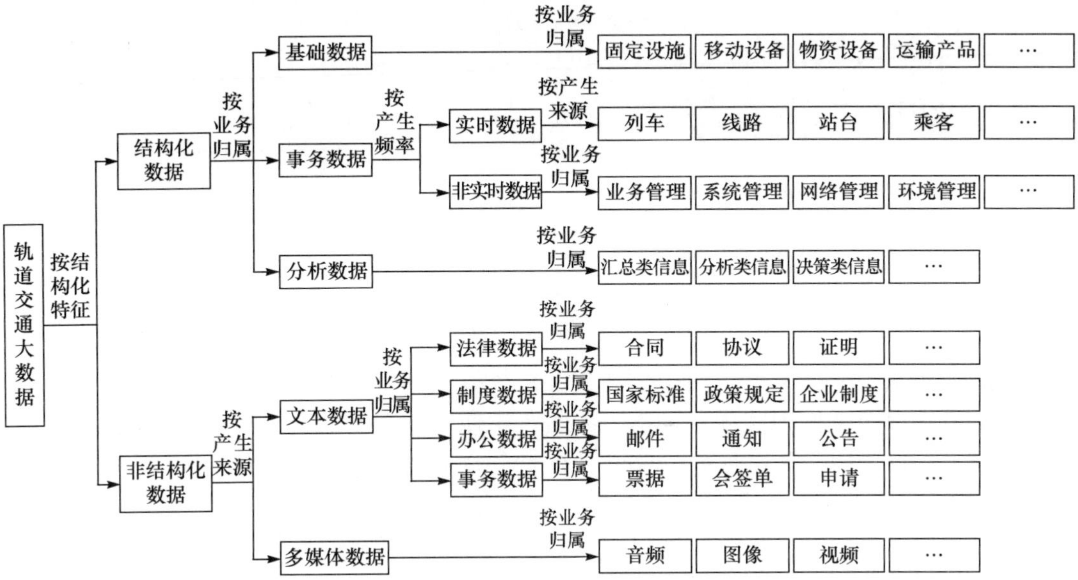

图 3-2　轨道交通大数据的线分类示例

(1) 第一级分类：按结构化特征分类，将轨道交通大数据分为结构化数据和非结构化数据两大类。

(2) 第二级分类：①针对结构化数据，按业务归属分类，分为基础数据、事务数据和分析数据；②针对非结构化数据，按产生来源分类，分为文本数据和多媒体数据。

(3) 第三级分类：①针对事务数据，按产生频率分类，分为实时数据和非实时数据；②针对文本数据，按业务归属分类，分为法律数据、制度数据、办公数据和事务数据。

(4) 第四级分类：针对第三级分类结果和部分第二级分类结果，进一步按业务归属分类，形成第四级分类。

经过四级线分类法已将轨道交通大数据划分到具体业务层面，而根据实际应用需求，需采用混合分类法将数据进行进一步的细分，分解出来的不同数据类型宜采用对应适用的采集、转换、存储和分析策略。

4. 基于国家标准的区域轨道交通大数据存储规范

大数据平台框架提供了逻辑型数据的组织和分布，并与相关的访问应用程序编程接口(APIs)或方法相结合。大数据平台框架还可能包含数据注册和元数据服务，以及如正式本体或分类法等语义数据描述。逻辑数据组织可以从简单的文件存储到完全分布的关系型或列式数据存储等，存储介质包括高延迟的机械磁带驱动器、旋转磁性介质、闪存/固态硬盘和随机存取存储器等。相应地，访问方法包含从文件访问 API 到查询语言(如 SQL 等结构化查询语言)等。典型的大数据框架的实现将支持基本的文件系统样式存储或内存存储，以及一个或多个索引存储的方法。图 3-3 简要概述了大数据的数据存储模型。

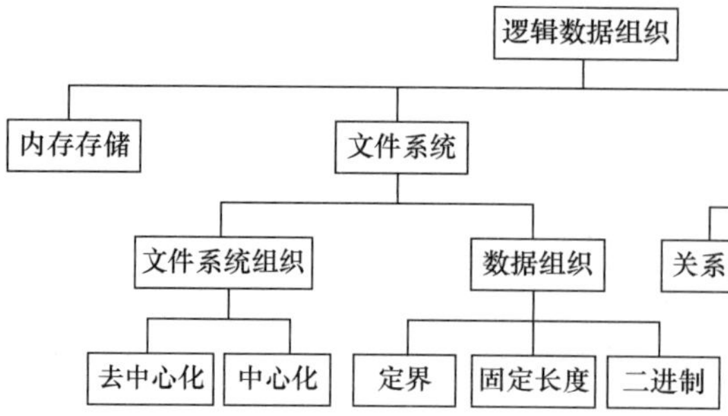

图 3-3　数据的存储模型

许多大数据逻辑存储组织利用公共文件系统概念，将数据块组织成目录的层次名称空间，然后在单个文件中实现各种索引方法。这使得许多方法既可以在简单的本地存储文件系统上运行，用于测试目的，也可以在完全分布式的文件系统上运行。

1) 内存

对时间要求严格的分析需要针对大数据速度特性的基础设施进行优化。速度意味着需要进行极快的分析，并有能够支撑它的基础设施，即需要低延迟的内存分析。然而，面向速度的基础结构的内存单元需要的不仅仅是大量的随机存取存储器(RAM)，还需要优化数据结构和内存访问算法来充分利用 RAM 的性能。高性能计算(HPC)环境中常见的共享内存解决方案通常用于解决节点间通信和同步需求。实际的内存存储系统通常会避免文件系统语义的开销，并优化数据存储结构，以最小化内存占用并最大化数据访问速率。这些内存系统可以实现通用关系和其他(或非)结构化查询语言(NoSQL)风格的组织和接口，或者完全针对特定的问题和数据结构进行优化。与传统的基于磁盘的大数据系统一样，这些实现通常支持数据的横向分布和跨多个独立节点的处理——尽管共享内存技术在一些系统实现中仍然相当普遍。内存系统特别适合分析实时数据，如复杂事件处理(CEP)所需的流式数据。

2) 关系型存储平台

在关系模型中，数据存储为行，每个字段基于逻辑数据来组织，并组织成表的列。数据的实际存储可以是(分隔的或固定长度的)平面文件，其中文件中的每条记录/行表示表中的一行。然而，一些实现越来越多地采用为分布式文件系统优化的二进制存储格式。这些格式通常采用块级索引和面向列的数据组织以允许在不读取整个记录的情况下访问记录中的单个字段。尽管如此，大部分大数据关系型存储模型仍然是面向批处理的系统，用于非常复杂的查询。虽然大多数现代标准关系数据库管理系统(relational database management system，RDBMS)的查询规划器/优化器都非常成熟，并且通过数据统计实现了基于成本的优化，但许多大数据实现中的查询规划器/优化器仍然相当简单，在本质上是基于规则的。对于面向批处理的系统，这通常是可接受的(数据处理规模可能比这些影响大几个数量级)，任何提供交互式响应的尝试都需要进一步优化，以提高数据检索的针对性。分布式处理和存储对于实现可扩展性是必不可少的，且需满足 CAP[一致性(consistency)、可用性(availability)和分区容错性(partition tolerance)]约束。同时，面向事务的数据库通常需要遵从一定程度的 ACID(原子性(atomicity)、一致性(consistency)、隔离性(isolation)和持久性(durability))，以确保所有事务都能可靠地处理，并且以一致的方式解决冲突。

3) 键值存储平台

键值存储是较古老和较成熟的数据索引模型之一。实际上，键值存储的原则是所有其他存储和索引模型的基础。虽然值中存储的数据在结构上可能非常复杂，但应用程序必须提供所有对这种复杂性的处理，而存储实现通常只提供一个指向数据块的指针。键值存储对于 1-1 关系(例如，每个键都有一个值与之相关)也很有效，而对于映射到同构值列表的键也很有效。当一个键映射不同类型/结构的多个值时，或者当一个键需要与不同的或相同的值连接时，则需要自定义应用程序逻辑。这种自定义逻辑的需求通常会阻碍键值存储的可扩展性。但是，根据问题的不同，某些处理体系结构可以有效地利用分布式键值存储。当映射为一对一时，键值存储通常可以很好地处理更新，并且值数据的大小/长度不会改变。键值存储方式的数据存储效率一般取决于底层实现，且需要大量的工作(手动或计算)来处理对值的底层数据结构的更改。

4) 列式存储平台

像 BigTable 这样基于列的存储模型对大数据来说并不新鲜，而且多年来一直是数据仓库领域的中坚力量。不像传统的关系数据按相关值的行来存储数据，列式存储以类似值的组来组织数据。这里的区别很微妙，在关系数据库中，整个列组都绑定到某些主键(通常是一个或多个列)来创建记录。在列式存储中，每个列的值都是一个键，并且类似的列值指向相关联的行。在许多方面，列式数据存储看起来与关系数据库中的索引非常相似。图 3-4 展示了基于行的存储和基于列的存储之间的基本区别。

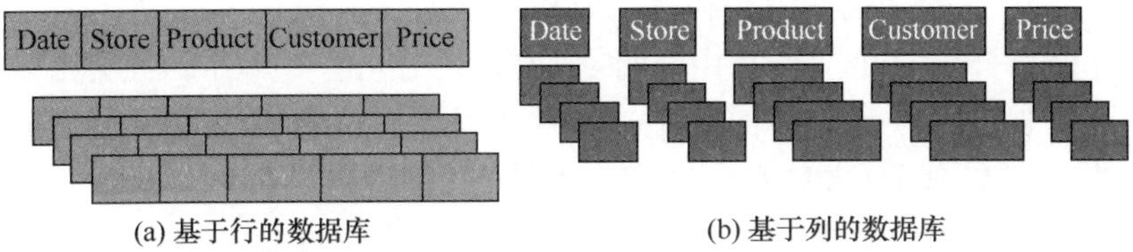

图 3-4　基于行的数据库和基于列的数据库

此外，遵循 BigTable 模型的列式存储的实现引入了除关系模型中表、行和列模型之外的分割级别，称为列族。在这些实现中，行有一组固定的列族，但在列族中，每一行可以有一组可变的列，如图 3-5 所示。

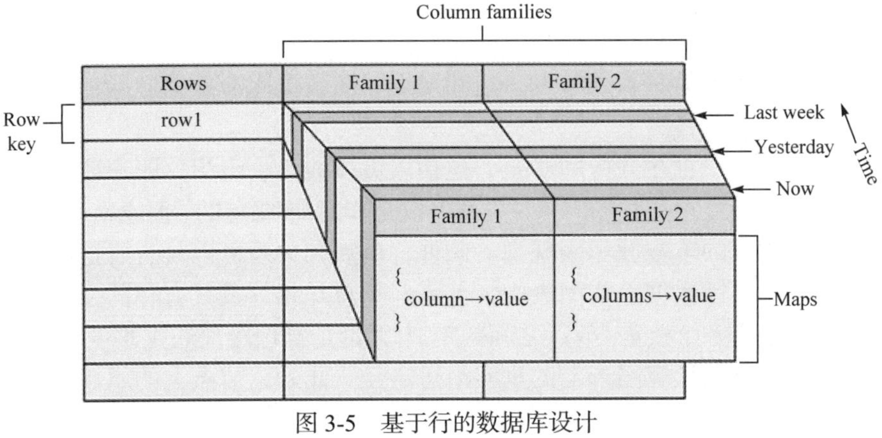

图 3-5　基于行的数据库设计

在实现上，列式存储和关系型存储的关键区别在于对于列式存储，数据高度规范化。对于关系型存储，每一个记录对于每一列都具有某个值(可能为空值 NULL)，而在列式存储中，只有存在一行或多行的数据时才会显示该列。每个列族的数据都被物理地存储在磁盘上，并按行、列的名称和时间戳排序。最后一项数据(时间戳)存在是因为 BigTable 模型还包含版本控制的概念。每个行键、列族、列三元组都与系统生成或用户提供的时间戳共同存储，这使得用户能够快速检索列的最新值(默认值)、列的特定值(按时间戳)或列的所有值。由于给定列的数据被存储在一起，所以这种方式具备两种优势：①对一列中的数据进行聚合只需要读取该列的值；②对单个列的更新不需要读取/写入行剩余部分的数据。此外，列中的所有数据都是统一的，所以数据可以被更有效地压缩。通常面向列的存储被应用于在线分析处理(on-line analytic processing，OLAP)风格的应用程序中，而关系存储被应用于在线事务处理(on-line transaction processing，OLTP)需求中。

5) 文件存储平台

文档存储方法已经存在一段时间，并因需要快速搜索大量非结构化数据而流行起来。现代文档存储已经发展到具有对结构化数据和元数据的广泛搜索索引功能。在面向文档的数据存储中，每个文档封装并编码该记录的元数据、字段和任何其他表示。虽然类似于关系表中的行，但在大多数情况下，其实现并没有强制执行固定的或不变的模式。实践认为，文档组应该具有逻辑上的相关性，并包含类似的数据。这就是文档存储在具有稀疏填充字段的数据集中非常流行的原因之一，因为与实际存储记录中包含空值列的传统 RDBMS 相比，它的开销通常小得多。在这些类型的存储中，文档组通常称为集合，并且像键值存储一样，每个文档都由某种类型的唯一的键来引用。在现代文档存储的实现中，文档可以由任意嵌套的结构构建，并且可以包含可变长度数组，在某些情况下还可以包含可执行脚本/代码(这对安全性和隐私性有很大的影响)。大多数文档存储的实现还支持对每个文档中其他字段或属性的附加索引，其中有许多文档存储实现了针对稀疏数据、地理空间数据和文本的专用索引类型。当把数据建模到文档存储时，首选的方法是尽可能地规范(de-normalize)数据，并在单个文档中嵌入所有一对一关系和大多数一对多关系，这使得文档更新为原子操作，以保持文档之间的引用完整性。对于文档存储实现，没有标准的查询语言，大多数都使用从内部文档表示中派生出来的语言(如 JSON、XML)。

6) 图存储

图存储将数据表示为一系列节点、边和属性。图数据库通常存储两种类型的对象节点和关系，如图 3-6 所示。

节点表示问题域中正在分析的对象，包括人员、地点、组织、账户或其他对象。关系用来描述问题域中互相关联的对象。关系可以是非定向/双向的，但通常表示为单向的，以便为关系提供更多的丰富性和表现力。此外，节点和关系可以具有属性或特征，这通常是关于元素的描述性数据。在图表中，关系并不总是相等或具有相同强度的。因此，关系通常具有一个或多个权重。节点之间的距离(无论是物理距离还是难度)通常表示为关系上的成本属性，以便计算图形上的真实最短路径。此外，节点上的属性也可能具有与它们相关联的置信因子。分析图形数据的最重要元素之一是在图形中定位要开始分析的

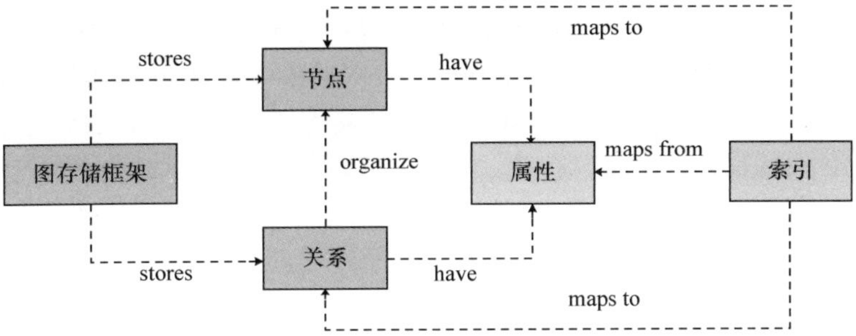

图 3-6　图数据的对象节点和关系

节点或边。因此，图形数据库应在节点或边属性上实现索引。与关系数据存储方法和其他数据存储方法不同，大多数图形数据库倾向于使用人工/伪密钥或指南来唯一标识节点和边。

3.1.2　大数据架构功能设计及其优化

随着区域轨道交通规模的扩展，海量数据的存储逐渐成为平台运行和管理的瓶颈，业界针对各类型数据的存储规范提出了多种成熟技术方案，如针对文本数据类型的分布式文件系统 HDFS、针对非关系型数据的 NoSQL 数据库 HBase、针对键值数据类型的内存数据库 Redis、针对关系型数据的 MySQL Cluster 和针对图存储的 Neo4j 等。

其中，HDFS 作为 Hadoop 项目的核心子项目，负责文件的存储、管理和错误处理，存储的数据规模可以达到 TB 级甚至 PB 级。其主要优势包括：①可以部署在廉价的硬件之上，具有高容错性和高可扩展性；②采用流式访问数据，提供高吞吐量的数据访问，有效避免了网络拥塞；③采用简单的一致性模型，实现了一次写多次读；④扩展性强，适合部署在大规模的集群上，具有很好的可移植性。

HBase 是基于 HDFS 的分布式非关系型数据库，它采用列式存储，直接部署在 HDFS 节点上，用来存储区域轨道交通系统中所有的非关系型数据，如传感器数据等。

由于自身高检索效率、低成本和高可靠性的特性，MySQL 逐渐成为最流行的开源数据库之一，已广泛应用于关系型数据的存储。在区域轨道交通系统中，普遍仍保留 MySQL 作为关系型历史数据存储的选择之一，并进一步设计将 MySQL 数据库迁移至 Hive 中的有效机制。

1. Hadoop 的架构及功能

由于区域轨道交通大数据平台超大的用户访问量，我们需要采用分布式系统架构实现各项资料文件的存储和计算。当前主流的大数据系统框架主要围绕 Hadoop 和 Spark 的生态系统，衍生出了大量配套服务。本平台将把数据分布式地存储在各个节点上，利用分布式计算框架对目标需求做分布式的计算服务，同时采用分布式存储系统将文件内容进行存储。

Hadoop 是 Google 集群系统的一个开源实现，主要由 HDFS、MapReduce 和 HBase 三部分组成。其中，HDFS 是 Google File System 的开源实现；MapReduce 是 Google

MapReduce 的开源实现；HBase 是 Google BigTable 的开源实现。另外，Hadoop 采用 Java 语言开发，因此可以部署于低廉的硬件平台上，同时不受异构操作系统的限制。

如图 3-7 所示，首先，Hadoop 采用分布式存储方式，大大提高了数据的读写速度和存储容量。其次，Hadoop 采用了 MapReduce 来整合分布式文件系统上的数据，保证了数据分析和处理的效率。同时，Hadoop 可以通过数据副本提高数据存储的安全性和可靠性。其主要优势包括以下方面。

(1) 高可靠性。Hadoop 通过数据副本和检查点机制保障了数据存储的可靠性。

(2) 高扩展性。Hadoop 通过在计算机簇间分配数据来完成具体的计算任务，这些计算机簇可以方便地扩展到数以千计的节点中。

(3) 高效性。Hadoop 能够在节点之间动态地迁移数据，并保证各个节点的计算平衡，因此具有较高的数据处理效率。

(4) 高容错性。Hadoop 能够自动备份数据副本，同时可以自动地为执行失败的计算任务重新分配节点。

(5) 低成本。与一体机、商用数据仓库以及 QlikView、Yonghong Z-Suite 等数据集相比，Hadoop 是开源的，大大降低了项目的软件成本。

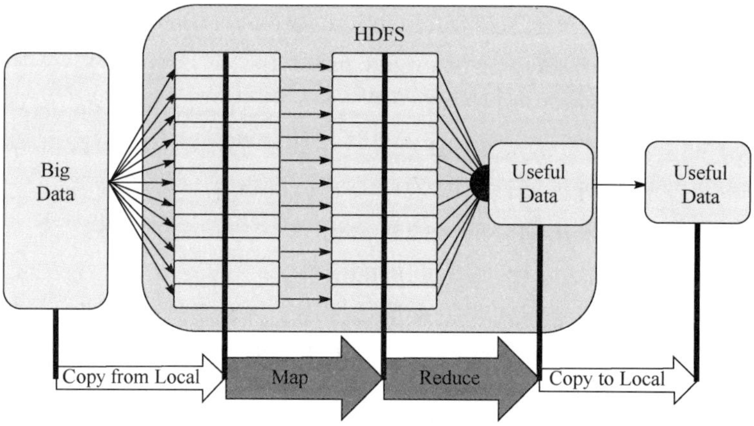

图 3-7　Hadoop 系统结构

选择 Hadoop 作为大数据计算的支撑系统，主要取决于其在数据提取、变形和加载方面上的天然优势。Hadoop 的分布式架构，使数据处理尽可能地靠近存储，可以更好地执行如数据加载等大规模的批处理操作。此外，MapReduce 功能可以将单个任务打碎，并将碎片化的任务发送(Map)到多个节点上，之后再以单个数据集的形式加载(Reduce)到数据仓库里，从而显著提高数据处理的并发性和执行效率。

2. HDFS 的架构及功能

在区域轨道交通大数据平台中，文件系统需要对海量文件进行管理，单纯通过增加硬盘个数来扩展计算机文件系统的存储容量的方式，在容量大小、容量增长速度、数据备份和数据安全等方面的表现都差强人意。因此，分布式文件系统成为平台必不可少的组成部分，可以有效解决交通数据的存储和管理难题：将固定于某个主机的文件系统扩展到任意多个节点/文件系统，组成一个文件系统网络。此外，区域轨道交通大数据平台需将分布式存储的底层实现在用户接口部分透明化，使得用户在查询和存储文件时，无须关心其实际存储位置，只需要像使用本地文件系统一样存储和管理文件。

分布式文件系统是大数据平台必不可少的组成部分，能有效解决区域轨道交通数据的存储和管理难题。HDFS 是 Hadoop 分布式计算的存储基石，其架构如图 3-8 所示，主要由 NameNode、DataNodes 和 Client 三部分组成。HDFS 采用 Master/Slave 架构，一个 HDFS 集群是由一个 NameNode 和一定数目的 DataNodes 组成的，NameNode 可以看作分布式文件系统中的管理者，为中心服务器，主要负责管理文件系统的命名空间、集群配置信息和存储块的复制以及客户端对文件的访问等。NameNode 将文件系统的元信息存储在内存中，这些信息主要包括文件信息、文件对应的文件块信息和文件块所属的 DataNodes 信息等。集群中的 DataNodes 是文件存储的基本单元，负责管理其所在节点上的文件存储。在 HDFS 中，文件被统一分成一个或多个 Block，并分别存储在一组 DataNodes 中。这些 DataNodes 将 Block 存储在其本地文件系统中，并保存相应的元信息，同时周期性地将这些信息发送至 NameNode。NameNode 执行文件系统的名字空间操作，如打开、关闭、重命名文件或目录，也负责确定 Block 到具体 DataNodes 节点的映射。DataNodes 负责处理文件系统客户端的读写请求，在 NameNode 的统一调度下进行 Block 的创建、删除和复制。

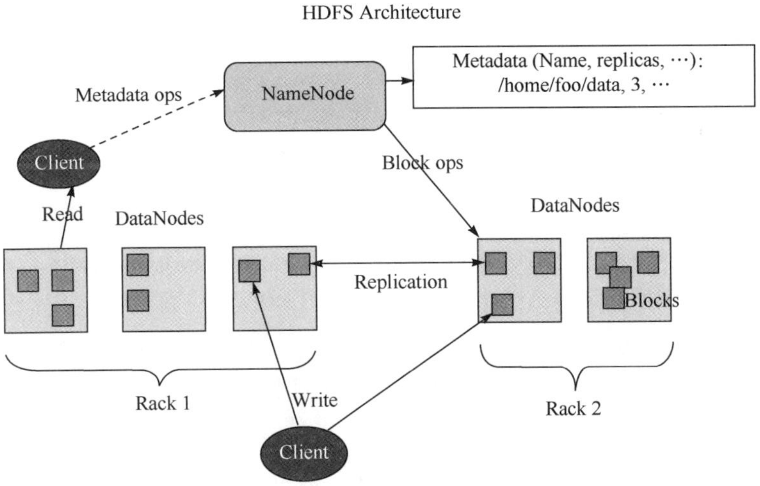

图 3-8 HDFS 存储结构

综上所述，HDFS 数据存储的特点可以归纳为如下几个方面。

(1) HDFS 被设计成能够在一个大集群中跨机器可靠地存储超大文件。

(2) 文件被分割成多个数据块，每个数据块被分配存储到多个节点上。

(3) HDFS 适合一次写入、多次读取的存储模式，在文件没有被成功创建之前客户端无法看到文件，因此一定程度上保证了文件存取的一致性。此外，HDFS 中的文件都是一次性写入的，并且严格要求在任何时候只能有一个写入者。

(4) HDFS 采用心跳机制维护和监控节点状态。

副本的存放是HDFS可靠性和性能的关键。HDFS采用一种称为机架感知(rack-aware)的策略来保障数据存储的可靠性和可用性，同时提高网络带宽的利用率。如图3-9所示，该策略具体表现为：为了降低整体的带宽消耗和读取延时，HDFS尽量让读取程序读取离它最近的副本。如果在读取程序的同一个机架上有一个副本，那么就读取该副本。如果一个HDFS集群跨越多个数据中心，那么客户端也将首先读取本地数据中心的副本。NameNode启动后会进入一个称为安全模式的特殊状态。此外，在NameNode主节点启动时，HDFS首先进入一个安全模式的特殊状态，DataNode在启动时会向NameNode发送心跳信号并汇报可用的Block状态，当整个系统达到安全标准时，HDFS将自动离开安全模式。如果HDFS处于安全模式，那么不能对Block进行任何的副本复制操作。

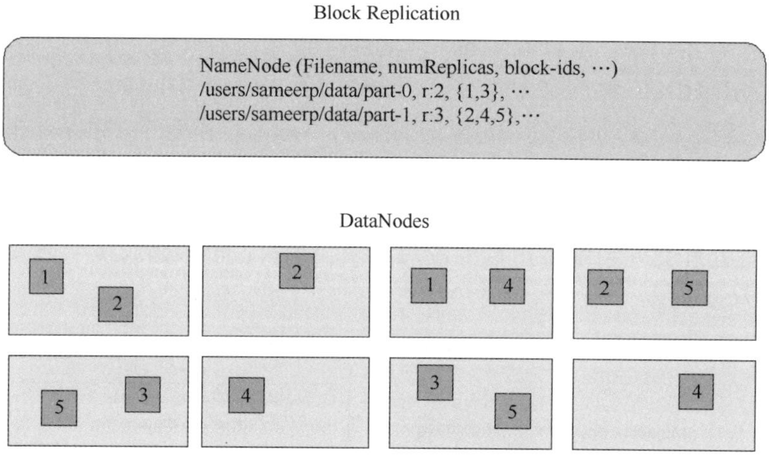

图3-9　HDFS副本存放结构

3. HBase的架构及功能细节

除了分布式文件系统，分布式数据存储也是区域轨道交通大数据平台的一项重要组成部分。基于分布式数据存储系统的实时数据调用和检索，海量数据得以结构化地存储在分布式数据库中，供分布式计算系统进行调用和处理。在探索海量数据和半结构化数据相关问题的过程中，业界诞生了一系列新型数据库产品，包括列族数据库(column-oriented data store)、键/值数据库和文档数据库，这些数据库统称为NoSQL数据库。设计上，NoSQL数据库不遵循关系型数据库的设计原理，与关系型数据库相比，它们在架构和数据模型方面做了“减法”，而在扩展和并发性等方面做了“加法”。

HBase是一个开源的、分布式的、版本化的非关系型分布式数据库，它利用HDFS提供分布式数据存储。HBase采用Master/Slave架构搭建数据存储集群，属于Hadoop生态系统，并由以下类型节点组成：HMaster节点、HRegionServer节点、ZooKeeper集群。它将数据存储于HDFS中，因此涉及HDFS的NameNode、DataNodes等，总体结构如图3-10所示。

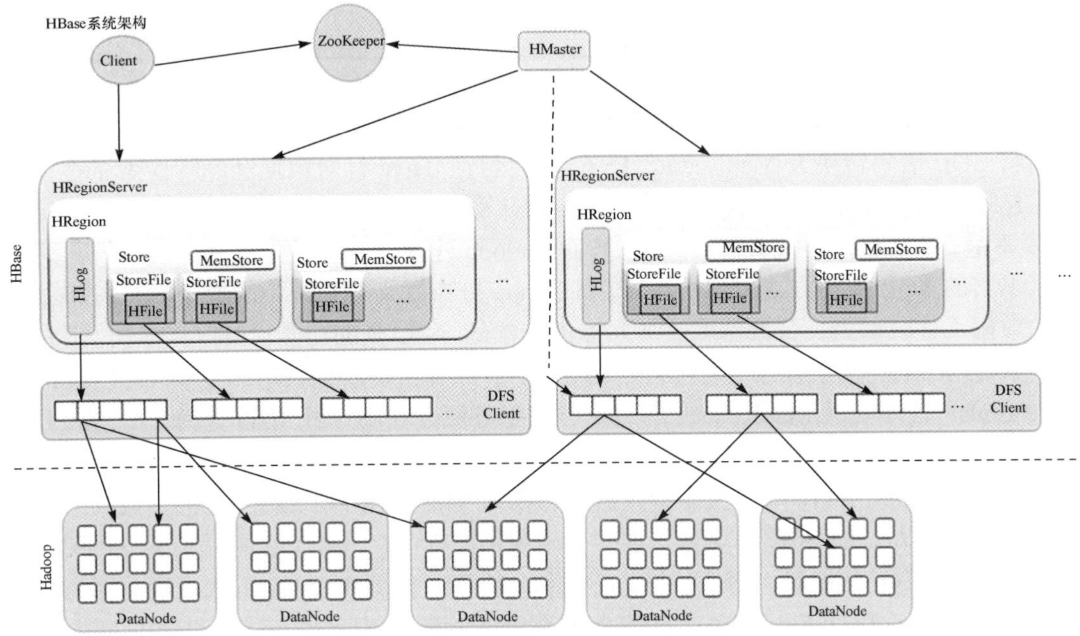

图 3-10　分布式数据库 HBase 架构

其中，ZooKeeper 集群是协调系统，用于存放整个 HBase 集群的元数据以及集群的状态信息、实现 HMaster 主从节点的故障转移、维持通信和实现数据的本地化等。

HMaster 节点用于管理用户对 Table 的增删改查操作；管理 HRegionServer，实现其负载均衡，管理和分配 Region；负责失效 HRegionServer 上 Region 的迁移工作；处理 Schema 请求(表的创建、删除、修改和列族的增加等)；权限控制等。

HRegionServer 节点用于存放和管理本地 HRegion；读写 HDFS，管理 Table 中的数据。HRegionServer 一般和 HDFS 的 DataNodes 在同一台机器上运行，实现数据的本地化。

HRegion 是一个 Table 中的一个 Region 在一个 HRegionServer 中的表达。HRegion 由多个 HStore 构成，每个 HStore 对应一个 Table 在这个 HRegion 中的一个 Column Family，即每个 Column Family 是一个集中的存储单元，因而最好将具有相近 IO 特性的 Column 存储在一个 Column Family 中，以实现高效读取(数据局部性原理，可以提高缓存的命中率)。HStore 是 HBase 中存储的核心，它实现了读写 HDFS 功能，一个 HStore 由一个 MemStore 和 0 个或多个 StoreFile 组成。

BlockCache 是一个读缓存，即“引用局部性”原理，包括空间局部性和时间局部性。其中，空间局部性是指 CPU 在某一时刻需要某个数据，那么有很大的概率在下一时刻它需要的数据在其附近。而时间局部性是指某个数据在被访问过一次后，它有很大的概率在不久的将来会被再次访问，将数据预读取到内存中，以提升读的性能。

MemStore 是一个写缓存(in memory sorted buffer)，所有数据在完成 WAL 日志后，会写入 MemStore 中，由 MemStore 根据一定的算法将数据 Flush 到底层 HDFS 文件(HFile)，通常每个 HRegion 中的每个 Column Family 有一个自己的 MemStore。

4. Hive 组件的架构及功能细节

Hive 是一种用类 SQL 语句来协助读写、管理存储在分布式存储系统中大数据集的数据仓库软件。它架构在 Hadoop 之上使得查询和分析方便，能提供简单的 SQL 查询功能，可以将 SQL 语句转换为 MapReduce 任务进行运行。Hive 针对数据仓库特性做了很多改进，包括数据的存储、HIVEQL 语法和 HIVEQL 解析。同时，由于 Map/Reduce 等限制，Hive 不适合在 OLTP 中使用。Hive 是基于 Hadoop 构建的一套数据仓库分析系统，它提供了丰富的 SQL 查询方式来分析存储在 Hadoop 分布式文件系统中的数据：可以将结构化的数据文件映射为一张数据库表，并提供完整的 SQL 查询功能；可以将 SQL 语句转换为 MapReduce 任务运行，通过自己的 SQL 查询分析需要的内容，这套 SQL 简称为 Hive SQL，使不熟悉 MapReduce 的用户可以很方便地利用 SQL 语言查询、汇总和分析数据。而 MapReduce 开发人员可以把自己写的 Mapper 和 Reducer 作为插件来支持 Hive 进行更复杂的数据分析。它与关系型数据库的 SQL 略有不同，但支持了绝大多数的语句如 DDL、DML 以及常见的聚合函数、连接查询和条件查询。另外，它还提供了一系列的工具进行数据提取转化加载，用来存储、查询和分析存储在 Hadoop 中的大规模数据集，并支持 UDF(user-defined function)、UDAF(user-defnes aggregate function)和 UDTF(user-defined table-generating function)，也可以实现对 Map 和 Reduce 函数的定制，为数据操作提供了良好的伸缩性和可扩展性。

Hive 具有以下特点。

(1) Hive 最大的特点是通过类 SQL 来分析大数据，而避免了编写 MapReduce 程序来分析数据，这样使得分析数据更容易。

(2) 数据是存储在 HDFS 上的，Hive 本身并不提供数据的存储功能。

(3) Hive 将数据映射成数据库和一张张的表格，数据库和表格的元数据信息一般存储在关系型数据库中(如 MySQL)。

(4) 数据存储方面：它能够存储很大的数据集，并且对数据的完整性、格式要求并不严格。

(5) 数据处理方面：因为 Hive 语句最终会生成 MapReduce 任务去计算，所以不适合用于实时计算的场景，而适用于离线分析。

Hive 架构图如图 3-11 所示。Hive 的 MetaStore 组件是 Hive 元数据集中存放地。MetaStore 组件包括两部分：MetaStore 服务和后台数据的存储。后台数据存储的介质就是关系数据库，如 Hive 默认的嵌入式磁盘数据库 Derby 和 MySQL 数据库。MetaStore 服务是建立在后台数据存储介质之上，并且可以和 Hive 服务进行交互的服务组件，默认情况下，MetaStore 服务和 Hive 服务是安装在一起的，运行在同一个进程当中。

Hive 的底层存储：Hive 的数据是存储在 HDFS 上的。Hive 中的库和表可以看作对 HDFS 上数据做的一个映射。所以，Hive 必须是运行在一个 Hadoop 集群上的。

Hive 语句的执行过程：Hive 中的执行器是将最终要执行的 MapReduce 程序放到 YARN 上以一系列 Job 的方式执行。

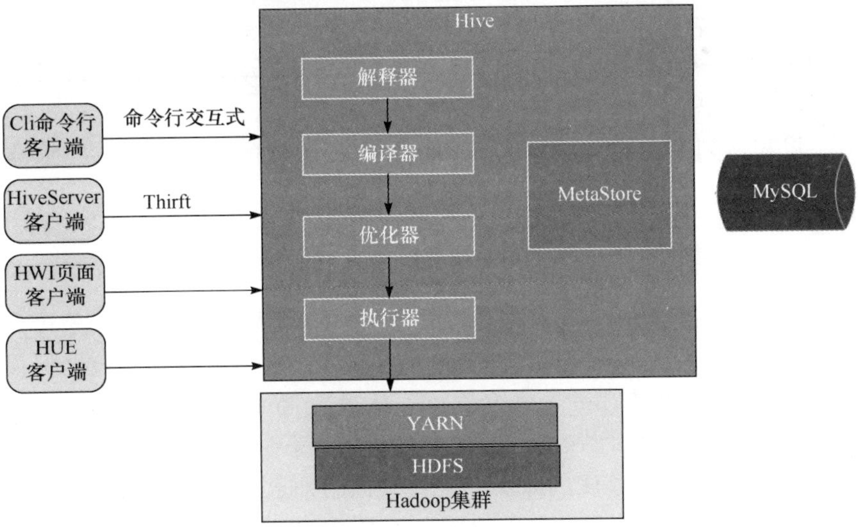

图 3-11　Hive 架构图

Hive 的元数据存储：Hive 的元数据一般是存储在 MySQL 这种关系型数据库上的，Hive 和 MySQL 之间通过 MetaStore 服务交互。

Hive 构建在 Hadoop 之上，其执行原理如下：

(1) HQL 中对查询语句的解释、优化、生成查询计划是由 Hive 完成的；

(2) 所有的数据都存储在 Hadoop 中；

(3) 查询计划被转化为 MapReduce 任务，并在 Hadoop 中执行(有些查询没有 MR 任务，如 select * from table)；

(4) Hadoop 和 Hive 都是用 UTF-8 编码的。

查询编译器(query complier)用云存储中的元数据来生成执行计划，步骤如下：

(1) 解析(parse)-anlr 解析其生成语法树 AST(Hibernate 也是这个)：将 HQL 转化为抽象语法树 AST；

(2) 类型检查和语法分析(type checking and semantic analysis)：将抽象语法树转换成查询块(query block tree)，并将查询块转换成逻辑查询计划(logic plan generator)；

(3) 优化(optimization)：查询计划(logical optimizer)→将逻辑查询计划转成物理计划(physical plan generator)→选择最佳的 Join 策略(physical optimizer)。

对于数据存储，Hive 没有专门的数据存储格式，也没有为数据建立索引，用户可以自由地组织 Hive 中的表，只需要在创建表时告诉 Hive 数据中的列分隔符和行分隔符，Hive 就可以解析数据。Hive 中所有的数据都存储在 HDFS 中，存储结构主要包括数据库、文件、表和视图。Hive 中包含内部表、外部表、分区和桶等数据模型。

(1) 内部表：Hive 的内部表与数据库中的 Table 在概念上是类似的。每一个 Table 在 Hive 中都有一个相应的目录存储数据。删除表时，元数据与数据都会被删除。

(2) 外部表：外部表指向已经在 HDFS 中存在的数据，可以创建 Partition。它和内部表在元数据的组织上是相同的，而实际数据的存储则有较大的差异。内部表的创建过程和数据加载过程可以分别独立完成，也可以在同一个语句中完成，在加载数据的过程中，实际数据会被移动到数据仓库目录中；而外部表只有一个过程，加载数据和创建表同时完成，实际数据是存储在指定的 HDFS 路径中，并不会移动到数据仓库目录中。

(3) 分区：对应于数据库中的 Partition 列的密集索引。

(4) 桶：将表的列通过 Hash 算法进一步分解成不同的文件存储，以提高检索的并行度。

5. 其他类型的数据库

MySQL 是最流行的关系数据库管理系统之一，由瑞典 MySQL AB 公司开发，目前属于 Oracle 公司。MySQL 是一种关系数据库管理系统，关系数据库将数据保存在不同的表中，而不是将所有数据放在一个大仓库内，因此提高了检索速度和灵活性。MySQL Cluster 是一种技术，该技术允许在无共享的系统中部署“内存中”数据库的 Cluster。通过无共享体系结构，系统能够使用廉价的硬件，而且对软硬件无特殊要求。此外，每个组件有自己的内存和磁盘，不存在单点故障。MySQL Cluster 由一组计算机构成，每台计算机上均运行着多种进程，包括 MySQL 服务器、NDB Cluster 的数据节点、管理服务器，以及(可能)专门的数据访问程序。

Redis 是完全开源的高性能内存数据库，它采用键值存储格式，遵守 BSD 协议，同时也可以用作缓存和消息中间件。它可以存储键(key)与 5 种不同类型的值(value)之间的映射(mapping)，既可以将存储在内存的键值对数据持久化到硬盘，又可以使用复制特性来扩展读性能，还可以使用客户端分片来扩展写性能。

Neo4j 是一个高性能的 NoSQL 图数据库，它将结构化数据存储在网络上而不是表中。它是一个嵌入式的、基于磁盘的、具备完全事务特性的 Java 持久化引擎，但是它将结构化数据存储在图上而不是表中。Neo4j 也可以看作一个高性能的图引擎，该引擎具有成熟数据库的所有特性。程序员工作在一个面向对象的、灵活的网络结构下，而不是严格的、静态的表中，但是他们可以享受到具备完全的事务特性、企业级的数据库的所有好处。

3.2　区域轨道交通安全状态信息采集与传输技术

本节根据区域轨道交通中列车状态信息、线路状态信息、自然环境信息、客流信息等状态信息的特点，研究采用不同的传感器、网络监控系统、视频分析和数据融合等技术采集相应的状态信息，并搭建基于物联网的安全信息传输网络，利用有线网络和 NB-IoT 基站，对车站内和区间线路上的信息采集数据进行上传，形成安全状态信息感知与传输方案。该方案采用在控制端对采集数据进行设定阈值、简单算术统计和多点数据整合等方法，能够减少上传数据量和传输频次，降低信息采集耦合损耗，优化网络传输带宽，延长感知层前端设备的电池续航时间。此外，该方案利用不同类型的传感器采集轨道交通安全信息，可减少信息数据收集的人力工作和误采集率，并可做到实时采集，提高信息采集效率。

3.2.1　现状与需求分析

1. 区域轨道交通安全状态信息感知现状

区域轨道交通系统具有综合性、多维度和协同性等特点，其系统的安全运营将直接影响区域内轨道交通系统的运输能力，其中间环节发生故障将会导致连锁反应或造成大面积的交通瘫痪。同时，区域轨道交通线路长、站点多、易受自然和社会环境影响，所以其综合安全保障显得尤为重要。为保障系统的安全性，系统的安全状态需要尽可能被准确、高效地采集和分析，使系统能够及时发现风险源并监控故障发展趋势。

安全状态信息感知源于态势感知的研究，有学者将态势感知定义为：在一定的时空条件下，对环境因素的获取、理解以及对未来状态的预测。态势感知技术是应对动态复杂环境中系统整体状态的辅助决策手段，决策者可了解系统实时连续状态、环境变化、危险事故发生与发展，以做出明确的判断。

目前安全状态信息感知技术均是面向计算机网络的，利用传感器终端、通信网络等技术实现状态信息的采集和传输。轨道交通系统中，传感网络大量运用在安全监控领域，使得轨道交通安全状态信息感知与网络安全态势感知技术相结合，对轨道交通安全状态信息感知的研究具有重要意义。轨道交通安全态势感知是对影响轨道交通安全的诸多要素进行信息获取、数据分析、知识理解、状态评估以及趋势预测，是对轨道交通安全定量分析的一种方法，对预防安全事故、减少人民生命财产损失和保障运营安全具有重要意义，可以产生巨大的社会效益和经济效益。

2. 区域轨道交通安全状态信息感知需求

区域轨道交通的综合安全保障是系统性的，不同于单一的城市轨道交通系统或铁路系统的安全状态。在区域轨道交通的协同运输下，客流状态、列车运行状态等因素对多制式轨道交通造成的交叉影响是复杂的。

为完成区域轨道交通的安全运营保障工作，需尽量保证各环节安全状态信息采集的时效性，来作为风险态势感知与风险评估的数据信息，因此需要通过建立专用的安全状态信息传输网络将状态信息传递给安全信息分析平台和应急处置管理平台，以保证安全状态信息及时采集。基于安全状态的信息采集与分析，决策层对故障风险进行预警诊断，并提供相应的协同处置措施，从而有效控制风险发展和故障事故的发生(图 3-12)。

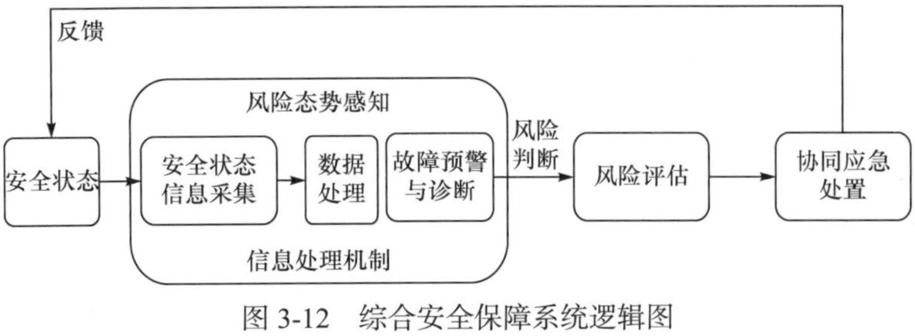

图 3-12　综合安全保障系统逻辑图

安全状态信息采集需针对不同的信息采集装备和所处环境条件，逐步建立和完善安全状态信息感知的基础设备和系统体系架构。安全状态信息采集需做到重点信息全覆盖、辅助信息可获取，装备不同环境、不同设施、不同专业、不同信息类型的采集设备，提高信息采集覆盖率，有效支撑风险评估和协同决策。目前物联网信息感知技术包括二维码标签和识读器、无线射频识别(radio frequency identification devices，RFID)标签和读写器、摄像头、全球定位系统(global position system，GPS)、传感器、机器对机器(machine-to-machine，M2M)通信终端、传感器网关等多种感知手段，可灵活布置，并可采集多种类状态信息。

3.2.2 安全状态信息采集方案

在区域轨道交通系统中，需要对关乎安全运营的各种信息进行感知和采集，主要采集列车状态信息、线路状态信息、设备设施信息、牵引供电信息、环境信息与客流状态信息，这些信息直接影响区域轨道的运营安全。

针对上述安全感知需求，本节研究基于物联网的信息感知技术。由于部分轨道交通设备现已逐步实现网际互连协议(internet protocol，IP)化，在设备中可将自身运行状态数据通过网络传输至管理信息系统或是综合监控系统。此类设备的安全状态信息，可直接通过传输通道传给信息综合平台进行存储和综合分析，无须额外设备进行感知。

本书主要对列车状态信息、线路状态信息、环境信息、客流状态信息，通过基于物联网技术的感知层进行信息感知和采集[40]。

本书将采集对象结合传感器、控制器、执行器形成感知单元，利用标识机制(RFID)标识每一个感知单元，实现安全状态的实时感知。

1. 列车状态信息

列车机械部分信息包括车体状态、走行部状态、制动系统状态和牵引动力系统状态。车体均衡系需采集列车平衡状态信息，走行系需采集转向架及轴箱的相应状态信息，制动系需采集制动系统的温度及湿度信息，牵引动力系需采集电动机等牵引部件状态信息。

所部署的传感器主要有走行系的转向架传感器，它主要对转向架的扭动方向及角度进行采集；轴箱复合传感器和轴温传感器，它主要用于检测车辆轮轴速度及温度；车体均衡系的车体均衡性检测传感器，它主要对车体倾斜角度进行采集，简称车体传感器；振动监测传感器，它主要对列车的振动幅度进行监测和采集；制动系的温度传感器和车厢内的烟雾报警传感器。

上述传感器设备满足列车在途状态检测与安全预警需求，可检测列车走行系、牵引系、辅助系、制动系等各车载设备状态和车厢环境信息，并利用网络传输技术将设备状态和环境监测的传感器组网，实现整车装备安全状态信息的采集、处理和传输。

2. 线路状态信息

区域轨道交通系统中，针对路基纵向、斜向裂缝，以及渗水、衬砌开裂、错台、钢轨变形和轨道下沉等病害，本书应用变形监控值和力学监控值进行控制，线路的沉降、差异沉降、倾斜、裂缝、应力及应变等为目前工程建设的主要监测项目。

线路信息通过距离传感器和应力传感器进行定期监测与信息采集，综合分析线路上的病害。

3. 环境信息

列车运行环境信息主要包括风力信息、雨量信息、雪深信息和地震信息。本书采用不同的传感器配合物联网控制器形成感知单元，每一处感知单元配置特定的 RFID 标签，将信息标定通过读取标签信息，实现信息的收集。

1) 风力监测

区域轨道交通长期处于室外区间线路状态，列车的高速运行会对风力的感知变得敏感。大风可能使线路周围的异物侵入，影响高大铁塔、综合监控摄像机和接触网等设备的稳定性，从而影响行车。

针对轨道交通线路的特点，可采用机械式风力传感器、超声波式风力传感器及热场式风力传感器对区间环境的风力进行采集和感知。

风力监测设备主要有机械式风力传感器、超声波式风力传感器和热场式风力传感器。

2) 雨量监测

环境雨量过大会使轨道面湿滑，影响列车行驶稳定性，进而造成安全隐患。雨量监测设备主要有压电式雨量传感器和微波式雨量传感器。

3) 雪深监测

雨雪对列车安全的影响基本一致，但大雪更易结冰，严重影响列车安全。在本书中雪深采集设备均采用激光式雪深计，测量方法是通过其发射的红外激光，对探头至测量平面的传播时间进行计算，进而推算积雪深度。

4) 地震监测

地震对轨道交通列车的运行会造成极大的安全隐患，地震预警设备与列车控制系统相连。本书采用力平衡式地震加速度计进行地震信息采集，将信息同时传递给中心分析安全状态。

4. 客流状态信息

客流量监测技术主要是以运动目标智能跟踪与识别核心技术为基础的数据处理技术，利用基于多传感器的数据融合技术和智能视频分析技术[7]，进行客流量监测数据网络化采集，智能化精确采集客流量、客流方向、客流速度和客流密度等客流状态信息。

在车站站厅、站台、换乘通道、出入口各主要人流密集区域部署视频摄像头和相应红外传感器，实现分区域客流数据采集功能，可实时准确检测和获取大客流冲击站点出入口客流状态、换乘通道客流量、站台乘客状态及密度等实时监测数据。

3.2.3　安全状态信息传输网络方案

针对区域轨道交通安全状态信息的采集问题，由于采集信息众多而繁杂，本书利用窄带物联网(NB-IoT)技术采集不同专业的安全状态信息。

为了满足在区域轨道交通不同站点、线路区间场景的信息采集和传感器连接需求，本书考虑运用低功耗广域网络(low power wide area network，LPWAN)技术。在诸多LPWAN技术标准中，基于授权频谱的NB-IoT技术标准因其特有的低成本组网方式、低能耗、广覆盖、深覆盖、超大连接能力、低带宽等优势，更加适合我国铁路行业的安全状态信息感知研究。

1. 传输网络搭建方案

本方案利用物联网技术，结合有线通信网络，搭建安全信息采集传输网络，在车站和部分区间通过交换机和光缆方式进行组网，对部分区间采用NB-IoT基站方式进行信息采集。

区域轨道交通安全信息传输网络是安全综合监控系统的网络数据传输通道。从物理角度看，网络系统由三部分组成：现场层、车站级局域网和安全信息骨干网，如图3-13所示。

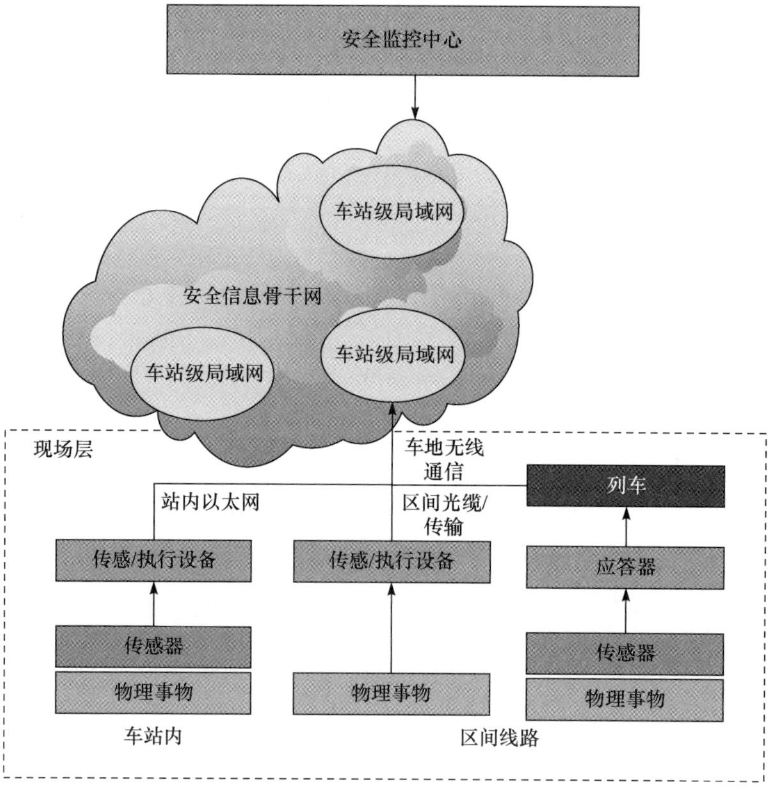

图3-13　网络拓扑图

在现场层面，车站内各个传感器或关键设备采集接口通过现场层网络连接起来，然后汇集到车站级局域网，各车站级局域网通过安全信息骨干网将车站设备连接起来传送到中心控制系统。区域轨道交通安全信息骨干网由通信专业提供百兆带宽来构建。在安全监控中心与各车站通过双以太网通道传输安全状态信息，实现安全监控系统互联。

安全监控中心和各车站分别组建中心级局域网和车站级局域网，并组成安全信息骨干网，完成区间至车站、车站至中心的信息传输工作。

中央级局域网采用冗余配置千兆以太网交换机组网，车站级局域网采用冗余百兆以太网交换机组网。

1) 中央级局域网

中央级局域网为冗余的工业级千兆交换机组网，符合国际通信数据网标准，并采用通用的数据网 TCP/IP 协议；可采用模块化千兆工业以太网交换机，分别配置千兆和百兆以太网接口；配置千兆以太网接口(RJ-45，10M/100M/1000M 自适应)连接系统分析服务器、历史数据服务器和存储服务器等；配置百兆以太网接口(RJ-45，10M/100M 自适应)连接各骨干网络节点形成网络以太网通道、连接工作站、终端和网络安全等其他设备；监控中心互联的系统利用百兆以太网接口接入通信控制器。

2) 车站级局域网

车站级局域网为冗余工业级百兆交换机组网，同样符合国际通信数据网标准，采用通用的数据网 TCP/IP 协议；通过百兆以太网接口连接骨干网络，并同时组建车站级局域网；通过百兆以太网接口连接车站监控工作站、终端和其他设备。

在线路上，将部分传感器与应答器结合。安全状态信息通过传感器节点、应答器节点、车载设备(包括查询器、汇聚节点及其他应用接口)、车地无线通信系统到达车站安全监控中心或中心控制系统。

线路状态感知系统将传感器节点根据节点预设程序和车载设备命令采集环境数据，如轨道应力、轴温、地质和气流等参数，并把信息发送至应答器节点。应答器节点收集通信范围内所有的传感器节点发来的信息。当有列车经过时，车载设备发送查询信号，应答器节点将统一发送报文和传感信息，或者由车载查询器查询应答器报文，汇聚节点接收传感信息。

在部分区间，由于传感频点过多，不利于有线网络的敷设和延伸，本书采用搭建 NB-IoT 基站方式对大量的传感器信息进行采集，以减少有线网络的搭建成本。在基站接收信息后，通过互联网或安全信息的传输网络上传至监控中心或终端进行数据处理和预警报警，如图 3-14 所示。

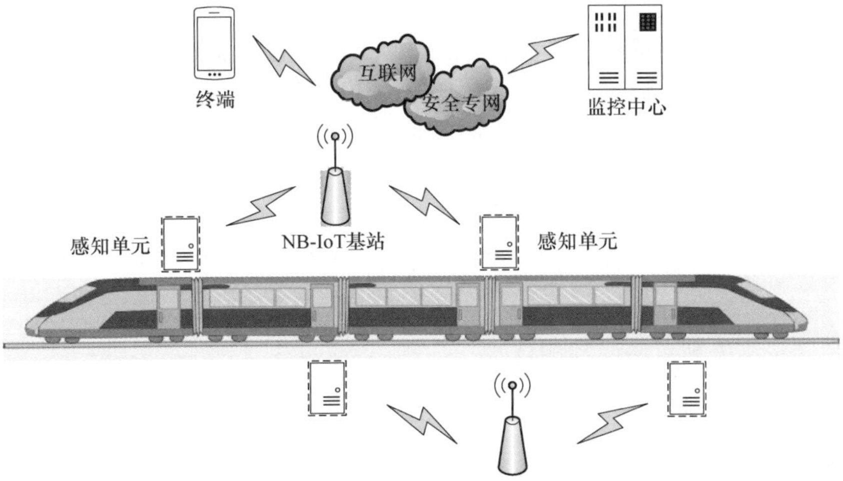

图 3-14　无线传输网络示意图

2. 能耗优化

低功耗特性是物联网应用的关键指标之一，更适用于轨道交通上的线路区间等人员不易维护的地方进行信息采集。由于 NB-IoT 通信设备传输数量少、频率低、平时设备处于睡眠状态，同时通过调整控制器的工作频率，可以使 NB-IoT 设备功耗可降低到极低，确保电池可以持续供电 10 年以上，因此采用窄带物联网(NB-IoT)技术可以满足长期免维护需要。

传感器的耦合损耗是物联网前端的主要能耗，主要由两部分组成：基站侧天线分别至终端和基站接收机的传输损耗，为传输过程通过自由空间及天馈系统造成的损耗。当增大终端到达基站侧的功率时，耦合损耗减小，但通信范围扇区噪声变大，产生干扰。当减小终端到达基站侧的功率时，耦合损耗变大，能耗提升。

当区域轨道交通系统运用物联网技术采集安全状态信息时，维护周期应尽量延长，方便维护。考虑到区域轨道交通安全状态信息采集的物联网应用多数处于露天环境，即使在恶劣环境下，传感器终端的电池寿命也可超过半年，当环境转好时，能耗将大幅减少。

3. 带宽优化

由于区域轨道交通安全状态信息感知层采集的数据繁杂，并且数据类型和内容受到感知传感器的采集能力限制，感知层控制器需要对采集数据进行一定的预处理再传输给监控中心。这样可以在一定程度上过滤部分无用数据，同时减少前端设备的上传数据频率，降低传输带宽要求。

物联网感知层采集的部分安全状态信息数据是可直观预测预警安全状态的，对于此类数据，本书在前端控制器设备预定数据限制阈值，当数据达到该限制阈值时进行实时上传，监控状态变化；当数据未达到限制阈值时，可适当增大数据上传的时间间隔。

部分无须实时上传的数据信息，可在前端控制器进行简单统计，对固定时间内的最大值、最小值和平均值等特征值进行上传。在感知单元可将单控制器采集的状态信息或多个采集信息进行简单的统计和整合，这样不仅可以减少数据上传流量，也可以减少单点传感故障和误报产生的错误信息。

由于基于物联网的安全状态信息覆盖范围广、频点多，在前端控制器进行简单的汇聚整合和处理将极大地减少数据上传的流量,从而减少大面积覆盖下多连接引发的数据问题。

通过数据预处理，可将上传数据流量控制在窄带物联网 180kHz 范围内，同时可优化频点，使通信通道的传输更加高效。

3.3 区域轨道交通信息分析与应用

3.3.1 复合网络客流需求协同预测技术

1. 现状分析与研究问题

1) 现状分析

轨道交通客流需求预测的任务，是在给定的历史客流需求数据(即相应的环境信息)

的前提下，预测后续时段的客流需求量。本书所研究的客流需求特指一定时间段内从出发地(O 点)到目的地(D 点)之间的旅客出行次数，又称为 OD 客流量。对于本书所研究的轨道交通线网，所有出发地(O 点)到目的地(D 点)之间 OD 客流量的组合，称为 OD 矩阵。图 3-15 展示了不同时段的 OD 客流量矩阵所形成的热力图。

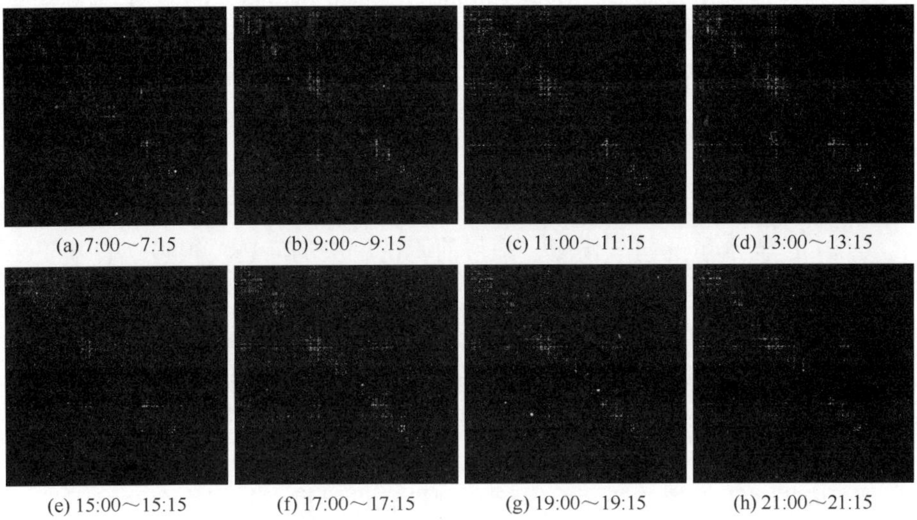

图 3-15　不同时段的 OD 客流量矩阵所形成的热力图

通常情况下，客流需求的分布与演化是一种复杂的时空现象，实现精准的客流需求预测仍然存在一定挑战，主要表现在以下几个方面。

(1) 多重时间依赖。在时间上，OD 客流量也呈现出多重时间依赖并存的特性，单纯考虑某一维度的时间依赖性往往难以获得理想的预测结果。

① 当日趋势依赖：在时间上，某一研究时段的 OD 客流量需求，往往与其当日历史上邻近的多个时段的 OD 客流量存在依赖关系。

② 日间隔周期依赖：某一特定时刻的 OD 客流量不仅与其邻近的历史时刻客流量存在依赖性，也与一天(或数天)前的历史同期客流量相关联。

③ 周间隔周期依赖：某一特定时刻的 OD 客流量，与一周(或数周)前的历史同期客流量存在关联性。

(2) 复杂空间依赖。对于某一轨道交通线网，其 OD 客流量在空间上存在复杂的空间依赖关系，这种空间依赖按成因可进一步划分为出发地依赖和目的地依赖。两种空间依赖与常规空间数据中所体现的空间依赖关系存在显著差异。如何对其进行精准识别，是 OD 客流量精确预测的重要基础。

① 出发地依赖：从相邻的出发地开始，至某一特定目的地结束的 OD 客流量之间，所存在的相互关联关系。例如，在地铁线网中，从某一居住区附近的相邻车站出发，到达市中心同一车站的旅客出行量，呈现出相同的变化规律。

② 目的地依赖：从某一特定出发地开始，至相邻的目的地结束的 OD 客流量之间，所存在的相互关联关系。例如，在地铁线网中，从某一居住区车站出发，到达市中心相

邻车站的旅客出行量，也具有较强的正相关关系。

(3) 稀疏分布特性。如图 3-15 所示，除少数元素以外，OD 客流量矩阵中大部分元素取值为 0，呈现出显著的稀疏分布特性。由于车站服务范围用地属性、居民出行行为、路径可达性和其他运输方式竞争等因素的影响，轨道交通线网中大部分的出发车站和目的车站组合并不存在旅客出行需求。在基于时间与空间依赖进行 OD 需求量预测时，若不考虑客流需求的稀疏分布特性，本该取值为 0 的 OD 需求量，其预测值往往大于 0，这种情况称为预测模型的过度时空溢出现象。在出现过度时空溢出现象时，所预测的线网 OD 需求量与实际取值之间呈现出较大偏差，从而导致模型的预测精准度降低与过拟合风险增加。

综上所述，如何在考虑轨道交通线网 OD 需求量的复杂时空依赖与稀疏分布特性的基础上，实现 OD 需求量的精准预测，是目前亟待解决的问题。很多学者基于传统的时间序列和机器学习方法，提出了轨道交通线网 OD 需求量预测模型，主要包括以下几种类型：①线性预测模型，如时间序列预测模型[41]、卡尔曼(Kalman)滤波模型[42,43]等；②非线性预测模型，如小波预测模型[44]、混沌预测模型[45,46]和非参数预测模型[47,48]等；③仿真预测模型，如元胞自动机预测模型[49]和交通模拟预测模型[50]等；④浅层机器学习预测模型，如支持向量机模型[51-53]和浅层神经网络模型[54-57]等。

以上研究成果对于轨道交通短时客流预测具有重要意义，但也存在局限性。线性预测模型在处理具有强随机性和非线性特征的城市轨道交通短时客流时，很难充分体现短时客流数据的发展分布与演化规律；非线性预测模型能够描述轨道交通短时客流量数据的非线性特征，但面对海量的小粒度短时客流数据，其预测精度有待进一步提高；仿真预测模型建模成本通常较高，且模型计算效率很难满足时效性要求；而浅层机器学习预测模型在处理大数据时容易出现过拟合和欠拟合问题。

近年来，深度学习在各领域的成功应用激发了其在交通和运输领域的应用研究与尝试。例如，部分研究将整个城市的路网交通量看作一个热力图(其中，每个像素值代表相应区域内的交通量)，并使用卷积神经网络(convolutional neural network，CNN)对非线性的空间依赖进行建模[58-60]。另外，有研究者提出了利用循环神经网络(recurrent neural network，RNN)建立非线性时间依赖模型[61,62]进行交通流预测。后续研究将 CNN 与 RNN 进行有机融合，提出了同时考虑时间与空间依赖关系的综合预测模型[63-65]，进一步提高了预测的精准度。然而，这些研究大多以城市道路交通流作为研究对象，对轨道交通线网 OD 需求量所特有的复杂时空依赖与稀疏分布特性考虑不足，难以实现轨道交通 OD 需求量的精准预测。

综上所述，既有的时空预测方法大多仅能输出单一对象的预测值，难以应用于整个轨道交通线网的 OD 客流量预测。而轨道交通的实时运输计划优化、调整和调度，往往需要预测未来一定空间范围甚至全网所有车站的 OD 客流量矩阵。少数适用于全网客流量预测的时空预测方法，对 OD 客流量所特有的复杂时间或空间依赖也缺乏考虑，同时忽略了 OD 客流量需求的稀疏分布特征。因此，有必要针对轨道交通 OD 客流量数据特性，提出具有针对性的轨道交通线网 OD 客流量矩阵的深度时空网络预测模型。

2) 问题描述

针对本书所研究的轨道交通线网 OD 客流量预测问题，首先引入部分定义。

定义 1(OD 客流量)　对于包含 N 个车站轨道交通线网，设其所有车站的集合为 S ($S=\{1,2,\cdots,N\}$)，在研究的第 t 个时间段内所有出行的集合为 P_t，对于车站 i ($i\in S$)、j ($j\in S$)，第 t 个时间段内从车站 i 出发到达车站 j 的 OD 客流量 $x_{i,j}^t$ 可定义为

$$x_{i,j}^t=\sum_{p\in P_t}\left|\{p_{\text{o}}=i\wedge p_{\text{d}}=j\}\right| \tag{3-1}$$

其中，p_{o} 与 p_{d} 分别表示第 t 个时间段内的第 p 次出行的出发地和目的地；$|\cdot|$ 则表示集合的势。

定义 2(OD 客流量矩阵)　在研究的轨道交通线网中，其第 t 个时间段内所有车站之间的 OD 客流量 $f_{i,j}^t$，构成了该轨道交通线网在第 t 个时间段内的 OD 客流量矩阵 $X_t(X_t\in\mathbb{R}^{N\times N})$，即

$$X_t=\begin{bmatrix} x_{1,1}^t & x_{1,2}^t & \cdots & x_{1,j}^t & \cdots & x_{1,N}^t \\ x_{2,1}^t & x_{2,2}^t & \cdots & x_{2,j}^t & \cdots & x_{2,N}^t \\ \vdots & \vdots & & \vdots & & \vdots \\ x_{i,1}^t & x_{i,2}^t & \cdots & x_{i,j}^t & \cdots & x_{i,N}^t \\ \vdots & \vdots & & \vdots & & \vdots \\ x_{N,1}^t & x_{N,2}^t & \cdots & x_{N,j}^t & \cdots & x_{N,N}^t \end{bmatrix} \tag{3-2}$$

问题 1(轨道交通线网客流量预测)　对于特定的轨道交通线网，给定前 $m-1$ 个时间段内的 OD 客流量矩阵 $\{X_t\mid t=1,2,\cdots,m-1\}$，预测其第 m 个时间段内的 OD 客流量矩阵 X_m，这一问题可以表示为

$$X_m=\varOmega(X_1,X_2,\cdots,X_t,\cdots,X_{m-1},E_1,E_1,\cdots,E_t,\cdots,E_{m-1}) \tag{3-3}$$

其中，$\varOmega(\cdot)$ 为预测模型或预测函数；E_t 为第 t 个时间段内的环境变量，用以描述天气状况(晴天、多云、雨、雪、雾等)、气温、风速以及是否是节假日等环境信息。

2. OD 客流量稀疏时空网络

为解决轨道交通线网的 OD 客流量预测问题，在考虑前面所述的 OD 客流量的复杂时空依赖及稀疏分布特性的基础上，本节提出了一种 OD 客流量稀疏时空残差网络 OD-SparseSTnet，其详细结构如图 3-16 所示。

1) 输入历史 OD 数据集与时间滑动机制

图 3-16 中，所预测的第 t 个时间段内的 OD 客流量矩阵，与前 $t-1$ 个时间段内的 OD 客流量矩阵不全都存在强关联性。例如，某个周二的早高峰 8:00 的 OD 客流量，仅与当天 7:00～8:00 的关联性较强，同时与以前数个工作日和数个周二早高峰 8:00 附近的历史数据关联性也较强，而很少依赖其他时间段内的客流量数据。因此，本书从历史数据中分别选取周间隔历史周期数据集、日间隔历史周期数据集以及当日趋势数据集作为

OD-SparseSTnet 的输入变量。这三个维度的数据集分别用于提取 OD 客流量的周间隔周期特征、日间隔周期特征以及当日趋势特征。

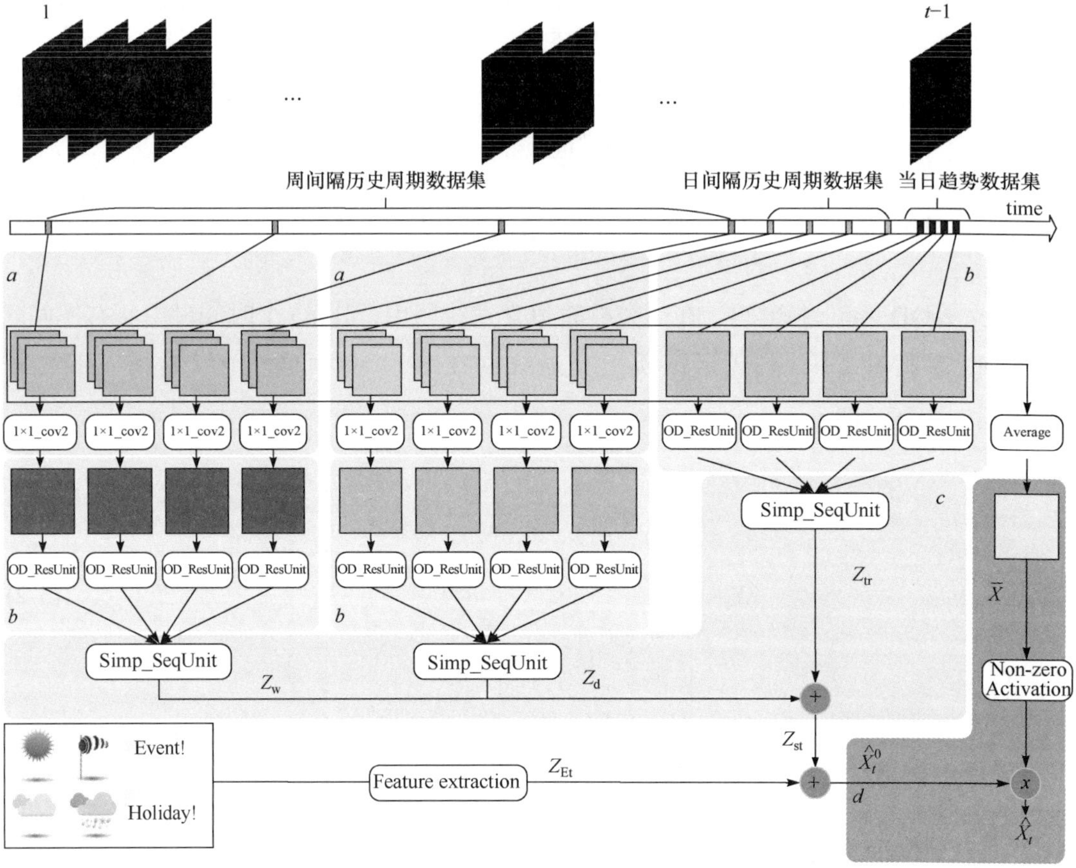

图 3-16　OD 客流量稀疏时空残差网络 OD-SparseSTnet 结构

当日趋势数据集 S_{tr} 由拟预测时间段 t 的前 q_{tr} 个时间段内的 OD 客流量矩阵构成，即

$$S_{tr}=[X_{t-q_{tr}},\cdots,X_{t-k_{tr}},\cdots,X_{t-1}] \tag{3-4}$$

其中，$X_{t-k_{tr}}$ 为拟预测时间段 t 上溯 k_{tr} 个时间段的 OD 客流量矩阵；$S_{tr}\in\mathbb{R}^{q_{tr}\times N\times N}$。

由于每个周期内 OD 客流量演化规律存在一定差异性，拟预测时间段 t 的 OD 客流量并不仅与历史上整数个周期间隔前的观测值存在强关联性，还在一定程度上依赖其周围时间段的观测值。例如，某个周二的早高峰 8:00 的 OD 客流量，与上一个周二早高峰 8:00 及其邻近时间段的观测值都存在强关联性。因此，在构建周间隔历史周期数据集与日间隔历史周期数据集时，需要考虑一定的时间滑动机制。对于第 k_w 个周间隔与第 k_d 个日间隔的滑动历史数据集 $S_w^{k_w}$ 与 $S_d^{k_d}$，可表示为

$$\begin{cases} S_w^{k_w}=[X_{t-(k_w\times I\times 7+p_w)},X_{t-(k_w\times I\times 7+p_w-1)},\cdots,X_{t-(k_w\times I\times 7)},\cdots,X_{t-(k_w\times I\times 7-p_w+1)},X_{t-(k_w\times I\times 7-p_w)}] \\ S_d^{k_d}=[X_{t-(k_d\times I+p_d)},X_{t-(k_d\times I+p_d-1)},\cdots,X_{t-(k_d\times I)},\cdots,X_{t-(k_d\times I-p_d+1)},X_{t-(k_d\times I-p_d)}] \end{cases} \tag{3-5}$$

其中，$S_{\mathrm{w}}^{k_{\mathrm{w}}} \in \mathbb{R}^{(2p_{\mathrm{w}}+1)\times N\times N}$；$S_{\mathrm{d}}^{k_{\mathrm{d}}} \in \mathbb{R}^{(2p_{\mathrm{d}}+1)\times N\times N}$；$p_{\mathrm{w}}$ 与 p_{d} 则分别为时间滑动窗口大小；I 为一天的时间段数，与研究时间段长度有关；周间隔历史周期数据集 S_{w} 与日间隔历史周期数据集 S_{d}，可由 $S_{\mathrm{w}}^{k_{\mathrm{w}}}$ 与 $S_{\mathrm{d}}^{k_{\mathrm{d}}}$ 进行构建，即

$$\begin{cases} S_{\mathrm{w}} = [S_{\mathrm{w}}^{q_{\mathrm{w}}}, S_{\mathrm{w}}^{q_{\mathrm{w}}-1}, \cdots, S_{\mathrm{w}}^{k_{\mathrm{w}}}, \cdots, S_{\mathrm{w}}^{1}] \\ S_{\mathrm{d}} = [S_{\mathrm{d}}^{q_{\mathrm{d}}}, S_{\mathrm{d}}^{q_{\mathrm{d}}-1}, \cdots, S_{\mathrm{d}}^{k_{\mathrm{d}}}, \cdots, S_{\mathrm{d}}^{1}] \end{cases} \tag{3-6}$$

其中，$S_{\mathrm{w}} \in \mathbb{R}^{q_{\mathrm{w}}(2p_{\mathrm{w}}+1)\times N\times N}$；$S_{\mathrm{d}} \in \mathbb{R}^{q_{\mathrm{d}}(2p_{\mathrm{d}}+1)\times N\times N}$。

如图 3-16 中 *a* 部分所示，本书采用二维逐点卷积层 1 × 1_cov2 对滑动历史数据集 $S_{\mathrm{w}}^{k_{\mathrm{w}}}$ 与 $S_{\mathrm{d}}^{k_{\mathrm{d}}}$ 进行特征提取与聚合，得到特征图 $V_{\mathrm{w}}^{k_{\mathrm{w}}} \in \mathbb{R}^{N\times N}$ 和 $V_{\mathrm{d}}^{k_{\mathrm{d}}} \in \mathbb{R}^{N\times N}$，即

$$\begin{cases} V_{\mathrm{w}}^{k_{\mathrm{w}}} = f(W_{1\_1\mathrm{cov}2}^{k_{\mathrm{w}}} \cdot S_{\mathrm{w}}^{k_{\mathrm{w}}} + b_{1\_1\mathrm{cov}2}^{k_{\mathrm{w}}}), \quad 1 \leqslant k_{\mathrm{w}} \leqslant q_{\mathrm{w}} \\ V_{\mathrm{d}}^{k_{\mathrm{d}}} = f(W_{1\_1\mathrm{cov}2}^{k_{\mathrm{d}}} \cdot S_{\mathrm{d}}^{k_{\mathrm{d}}} + b_{1\_1\mathrm{cov}2}^{k_{\mathrm{d}}}), \quad 1 \leqslant k_{\mathrm{d}} \leqslant q_{\mathrm{d}} \end{cases} \tag{3-7}$$

其中，$W_{1\_1\mathrm{cov}2}^{k_{\mathrm{w}}}$ 与 $b_{1\_1\mathrm{cov}2}^{k_{\mathrm{w}}}$ 均为可学习参数；q_{w} 与 q_{d} 分别为周间隔历史周期数据集与日间隔历史周期数据集中的历史周期数；$f(\cdot)$ 为激活函数，此处选取 ReLU 函数以保证特征的稀疏性。其详细过程可参照图 3-17。

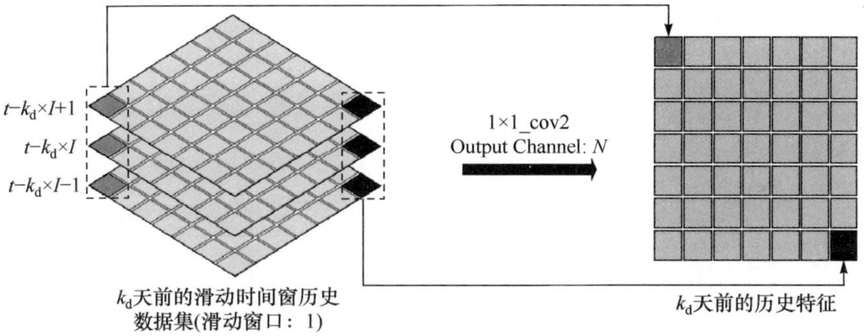

图 3-17　周期历史特征提取的滑动时间窗机制

2) OD 客流量残差卷积单元 OD_ResUnit

在图 3-16 中 *b* 部分，本书提出一种 OD 客流量残差卷积单元 OD_ResUnit 对出发地依赖特征与目的地依赖特征进行提取，其结构如图 3-18 所示。通过堆叠多个深度分离一维卷积层(Ds_cov1)，OD_ResUnit 实现对出发地依赖特征或目的地依赖特征的提取，同

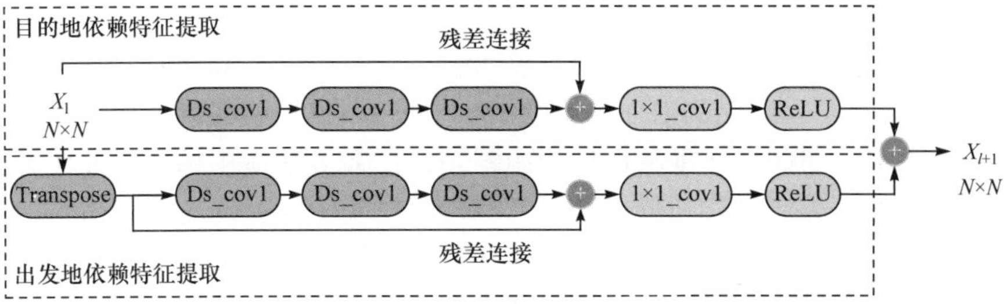

图 3-18　OD 客流量残差卷积单元

时利用一维逐点卷积层(1 × 1_cov1)提取空间关联结构，并将两种空间依赖聚合输出。OD_ResUnit 还引入了残差连接，以防止梯度消失的发生。分别对 $X_{t-k_{\text{tr}}}$ 、$V_{\text{w}}^{k_{\text{w}}}$ 与 $V_{\text{d}}^{k_{\text{d}}}$ 进行空间特征提取，可得到特征 $U_{\text{tr}}^{k_{\text{tr}}}$ 、$U_{\text{w}}^{k_{\text{w}}}$ 与 $U_{\text{d}}^{k_{\text{d}}}$ ，即

$$\begin{cases} U_{\text{tr}}^{k_{\text{tr}}} = \Psi(X_{t-k_{\text{tr}}}, \theta_{\text{tr}}^{k_{\text{tr}}}), & 1 \leqslant k_{\text{tr}} \leqslant q_{\text{tr}} \\ U_{\text{w}}^{k_{\text{w}}} = \Psi(V_{\text{w}}^{k_{\text{w}}}, \theta_{\text{w}}^{k_{\text{w}}}), & 1 \leqslant k_{\text{w}} \leqslant q_{\text{w}} \\ U_{\text{d}}^{k_{\text{d}}} = \Psi(V_{\text{d}}^{k_{\text{d}}}, \theta_{\text{d}}^{k_{\text{d}}}), & 1 \leqslant k_{\text{d}} \leqslant q_{\text{d}} \end{cases} \tag{3-8}$$

其中，$\Psi(\cdot)$ 为 OD_ResUnit 处理函数；$\theta_{\text{tr}}^{k_{\text{tr}}}$ 、$\theta_{\text{w}}^{k_{\text{w}}}$ 和 $\theta_{\text{d}}^{k_{\text{d}}}$ 均为 OD_ResUnit 的可学习参数；$U_{\text{tr}}^{k_{\text{tr}}} \in \mathbb{R}^{N\times N}$ ；$U_{\text{w}}^{k_{\text{w}}} \in \mathbb{R}^{N\times N}$ ；$U_{\text{d}}^{k_{\text{d}}} \in \mathbb{R}^{N\times N}$ 。

图 3-19 展示了基于 Ds_cov1 与 1 × 1_cov1 的空间特征提取原理。以目的地依赖特征提取为例，本书将 OD 客流量矩阵中的行看作通道维。OD 客流量矩阵可转化为包含 N 个通道的 $1\times N$ 维图片，各通道表示由特定车站出发的 OD 客流量结构。Ds_cov1 可利用 $1\times n$ 结构(本书采用 1×3)的卷积核提取从同一车站出发，到达相邻车站的 OD 客流量之间的关联关系。由于 Ds_cov1 在不同通道采用不同的卷积核，OD_ResUnit 实现了所有出发车站的目的地依赖特征提取。通过堆叠多个 Ds_cov1 层，OD_ResUnit 能够进一步识别更大空间范围的目的地依赖特征。最后，OD_ResUnit 利用 1 × 1_cov1，识别某一路段(通道)与其他路段之间的关联结构，进一步提高目的地关联特征的描述能力。OD_ResUnit 对出发地依赖特征的提取过程与目的地依赖特征类似，只需在提取前对输入的 OD 客流量矩阵进行转置处理即可。

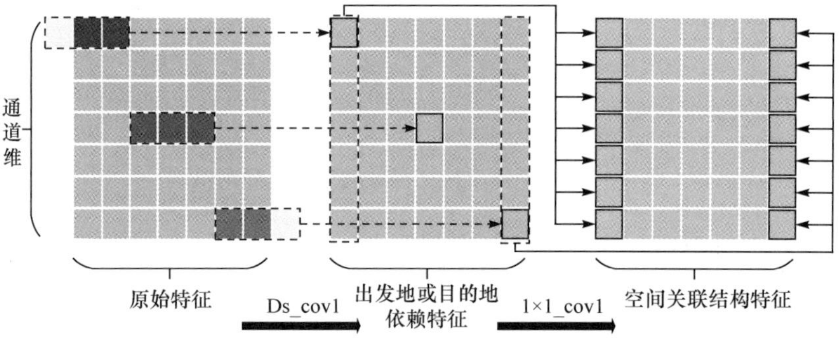

图 3-19　基于 Ds_cov1 与 1 × 1_cov1 的空间特征提取原理示意图

3) 简化时序处理单元 Simp_SeqUnit

传统 RNN，例如，长短时记忆网络(LSTM)，能够自动学习时间序列中的长时依赖。然而，预测整个轨道交通线网的 OD 客流量矩阵要求 RNN 具有较高的隐藏层和输出层特征维度，这需要巨量的训练样本和计算资源[60,66]，在大多数应用场景中往往难以满足。根据前面所述的 OD 客流量时间依赖特征，拟预测时间段的 OD 客流量仅与之前数个时间段、数周或数天的观测值具有较强的关联性。鉴于模型中所考虑的两种周期依赖及当日趋势依赖中的时间段数目较少，本节提出了一种简化时序处理单元 Simp_SeqUnit。

图 3-20 展示了简化时序处理单元(Simp_SeqUnit)的完整结构。在 Simp_SeqUnit 中，

连续的多个二维逐点卷积层(1 × 1_cov2)用于从多个时间段的空间特征中提取非线性的时序关联特征，而输出通道为 1 的 1 × 1_cov2 层则完成最终的时空特征聚合。基于 1 × 1_cov2 的时序堆叠特征矩阵处理过程如图 3-21 所示。相对于传统 RNN，Simp_SeqUnit 在考虑的时间段数目较少时，能够利用较少的参数实现所有车站 OD 客流量的非线性时间特征提取和预测，在小数据集上更加灵活高效。

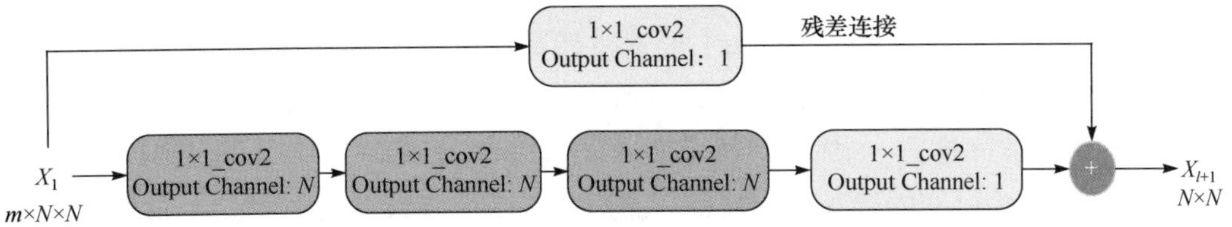

图 3-20　简化时序处理单元(Simp_SeqUnit)的完整结构

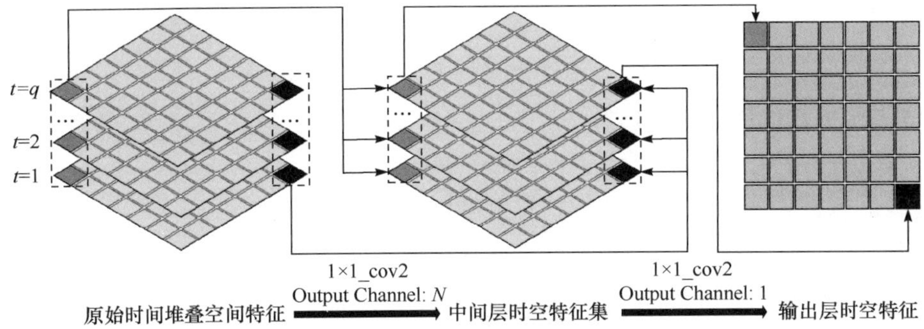

图 3-21　基于 1 × 1_cov2 的时序堆叠特征矩阵处理过程

图 3-16 的 c 部分展示了利用 Simp_SeqUnit 进行 OD 客流量时间依赖特征提取的过程。将 OD_ResUnit 所获得的空间特征 $U_{\mathrm{tr}}^{k_{\mathrm{tr}}}$ 、$U_{\mathrm{w}}^{k_{\mathrm{w}}}$ 与 $U_{\mathrm{d}}^{k_{\mathrm{d}}}$ 在时间上进行堆叠，得到当日趋势空间特征集 U_{tr} ($U_{\mathrm{tr}} \in \mathbb{R}^{q_{\mathrm{tr}}\times N\times N}$)、周间隔周期空间特征集 U_{w} ($U_{\mathrm{w}} \in \mathbb{R}^{q_{\mathrm{w}}\times N\times N}$)以及日间隔周期空间特征集 U_{d} ($U_{\mathrm{d}} \in \mathbb{R}^{q_{\mathrm{d}}\times N\times N}$)，即

$$\begin{cases} U_{\mathrm{tr}} = [U_{\mathrm{tr}}^{q_{\mathrm{tr}}}, U_{\mathrm{tr}}^{q_{\mathrm{tr}}-1}, \cdots, U_{\mathrm{tr}}^{k_{\mathrm{tr}}}, \cdots, U_{\mathrm{tr}}^{1}], & 1 \leqslant k_{\mathrm{tr}} \leqslant q_{\mathrm{tr}} \\ U_{\mathrm{w}} = [U_{\mathrm{w}}^{q_{\mathrm{w}}}, U_{\mathrm{w}}^{q_{\mathrm{w}}-1}, \cdots, U_{\mathrm{w}}^{k_{\mathrm{w}}}, \cdots, U_{\mathrm{w}}^{1}], & 1 \leqslant k_{\mathrm{w}} \leqslant q_{\mathrm{w}} \\ U_{\mathrm{d}} = [U_{\mathrm{d}}^{q_{\mathrm{d}}}, U_{\mathrm{d}}^{q_{\mathrm{d}}-1}, \cdots, U_{\mathrm{d}}^{k_{\mathrm{d}}}, \cdots, U_{\mathrm{d}}^{1}], & 1 \leqslant k_{\mathrm{d}} \leqslant q_{\mathrm{d}} \end{cases} \tag{3-9}$$

分别利用 Simp_SeqUnit 对 U_{tr}、U_{w} 与 U_{d} 进行时序特征提取，得到当日趋势时空预测值 Z_{tr} ($Z_{\mathrm{tr}} \in \mathbb{R}^{N\times N}$)、周间隔周期时空预测值 Z_{w} ($Z_{\mathrm{w}} \in \mathbb{R}^{N\times N}$)以及日间隔周期时空预测值 Z_{d} ($Z_{\mathrm{d}} \in \mathbb{R}^{N\times N}$)，即

$$\begin{cases} Z_{\mathrm{tr}} = \varPhi(U_{\mathrm{tr}}, \varphi_{\mathrm{tr}}) \\ Z_{\mathrm{w}} = \varPhi(U_{\mathrm{w}}, \varphi_{\mathrm{w}}) \\ Z_{\mathrm{d}} = \varPhi(U_{\mathrm{d}}, \varphi_{\mathrm{d}}) \end{cases} \tag{3-10}$$

其中，$\varPhi(\cdot)$ 为 Simp_SeqUnit 处理函数；φ_{tr}、φ_{w} 及 φ_{d} 为 Simp_SeqUnit 的可学习参数。对三个时空预测值进行求和，得到历史时空预测值 Z_{st}($Z_{\mathrm{st}} \in \mathbb{R}^{N\times N}$)，即

$$Z_{\mathrm{st}} = Z_{\mathrm{tr}} + Z_{\mathrm{w}} + Z_{\mathrm{d}} \tag{3-11}$$

在考虑外部环境因素影响的情况下，将历史时空预测值 Z_{st} 与外部环境预测值 Z_{Et} (可通过普通线性层从 E_t 中获取)进行求和，可得到 t 时间段的初步预测值 $\hat{X}_t^0$ ，即

$$\hat{X}_t^0 = Z_{\mathrm{st}} + Z_{\mathrm{Et}} \tag{3-12}$$

4) 描述稀疏性的非零元素注意机制

为了描述 OD 客流量在空间分布上的稀疏性，在图 3-16 的 d 部分，本书还引入了一种非零元素注意机制，其原理如图 3-22 所示。由图 3-22 可见，一定时间内的 OD 客流量矩阵的稀疏性保持稳定。因此，本节以所有输入数据集的 OD 客流量矩阵均值 $\bar{X}$ ($\bar{X} \in \mathbb{R}^{N \times N}$)，作为已知的稀疏分布特征。通过非零激活函数 Λ 的作用，$\bar{X}$ 被转化为非零元素注意矩阵。利用其对初步预测值 $\hat{X}_t^0$ 进行过滤，可得到 t 时间段 OD 客流量矩阵的最终预测值 $\hat{X}_t$ ，即

$$\hat{X}_t = \Lambda(\bar{X}) * \hat{X}_t^0 + [1 - \Lambda(\bar{X})] * \bar{X} \tag{3-13}$$

其中，* 表示矩阵的逐元素乘运算。

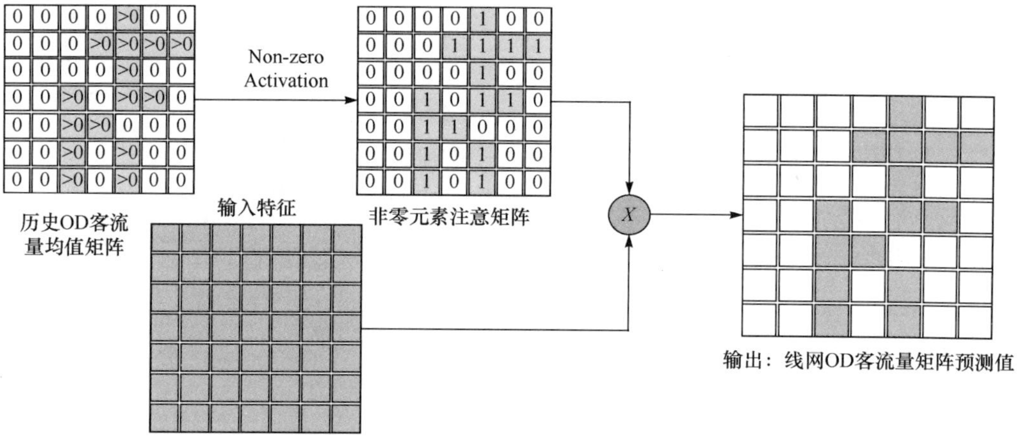

图 3-22 考虑稀疏性的非零元素注意机制

本书所利用的非零激活函数 Λ 如式(3-14)所示，其参数 λ 可根据实际的数据分布设置。当参数 λ 足够大时，即使微小的 x 取值，也能使 $\Lambda(x)$ 趋近于 1。可见，所设计的非零元素注意机制，不仅在一定程度上保证了 $\hat{X}_t$ 的稀疏结构，也限制了 OD-SparseSTnet 网络的时空特征提取只围绕非零元素进行，从而提高了 $\hat{X}_t$ 的预测精度。

$$\Lambda(x) = 1 - \mathrm{e}^{-\lambda x} \tag{3-14}$$

3. 轨道交通线网 OD 需求量预测方法

为了便于 OD-SparseSTnet 进行处理，本书在模型训练和预测过程中使用了归一化(标准化会破坏稀疏性)的 OD 客流量。算法 1(图 3-23)展示了 OD 客流量稀疏时空网络 OD-SparseSTnet 训练流程。首先根据原始的 OD 客流量历史数据矩阵，以不同的时间段

为预测目标，构建当日趋势数据集 S_{tr}、周间隔周期数据集 S_{w} 与日间隔周期数据集 S_{d}，从而形成训练样本集 D。以 D 为基础，本节利用深度神经网络的反向传播规则和 Adam 算法[67]进行模型训练。模型训练目标为最小化均方根误差(root mean square error，RMSE)损失，即

$$\mathrm{RMSE}=\left\|X_t-\hat{X}_t\right\|_2 \tag{3-15}$$

算法1：OD-SparseSTnet的训练

输入：归一化的历史OD客流量矩阵观测值集合：$\{X_1, X_2,\cdots, X_{m-1}\}$

外部环境信息观测值集合：$\{E_1, E_2,\cdots, E_{m-1}\}$

周间隔历史数据、日间隔历史数据与当期趋势历史数据的序列长度：q_{w}、q_{d}、q_{tr}

周间隔历史数据、日间隔历史数据的滑动窗口：p_{w}、p_{d}

研究时间段长度：h(单位：min，则一天包含的时间段总数：I=1440/h)

输出：训练好的OD-SparseSTnet模型 Ω

$D=\Phi$
for all $t(\max(q_{\mathrm{w}}\times I\times 7+p_{\mathrm{w}},\ q_{\mathrm{d}}\times I+q_{\mathrm{d}})<t\leqslant m-1)$
  $S_{\mathrm{w}}=[X_{t-(q_{\mathrm{w}}\times I\times 7+p_{\mathrm{w}})}, X_{t-(q_{\mathrm{w}}\times I\times 7+p_{\mathrm{w}}-1)},\cdots, X_{t-(q_{\mathrm{w}}\times I\times 7-p_{\mathrm{w}})},\cdots, X_{t-(1\times I\times 7+p_{\mathrm{w}})}, X_{t-(1\times I\times 7+p_{\mathrm{w}}-1)},\cdots, X_{t-(1\times I\times 7-p_{\mathrm{w}})}]$
  $S_{\mathrm{d}}=[X_{t-(q_{\mathrm{d}}\times I+p_{\mathrm{d}})}, X_{t-(q_{\mathrm{d}}\times I+p_{\mathrm{d}}-1)},\cdots, X_{t-(q_{\mathrm{d}}\times I-p_{\mathrm{d}})},\cdots, X_{t-(1\times I+p_{\mathrm{d}})}, X_{t-(1\times I+p_{\mathrm{d}}-1)},\cdots, X_{t-(1\times I-p_{\mathrm{d}})}]$
  $S_{\mathrm{tr}}=[X_{t-q_{\mathrm{tr}}}, X_{t-(q_{\mathrm{tr}}-1)},\cdots, X_{t-1}]$
  put $(\{S_{\mathrm{w}},S_{\mathrm{d}},S_{\mathrm{tr}},E_t\}, X_t)$ into D

repeat
  randomly select a batch of instances D_b from$D$
  find θ by minimizing the training objective with D_b
until stopping criteria is met
output the learned ST-ResNet model Ω

图 3-23 OD 客流量稀疏时空网络 OD-SparseSTnet 训练流程

训练完成之后，算法 1(图 3-23)所得到的 OD-SparseSTnet 模型 Ω 即可用于预测第 m 个时间段的 OD 客流量矩阵预测。算法 2(图 3-24)展示了基于 OD-SparseSTnet 的 OD 客流量矩阵预测流程。首先，以 m 时刻为预测目标，构建当日趋势数据集 S_{tr}、周间隔周期数据集 S_{w} 与日间隔周期数据集 S_{d}。将 S_{tr}、S_{w} 与 S_{d} 作为输入，即可得到 m 时刻的 OD 客流量矩阵预测值 $\hat{X}_m$。对于所预测的稀疏 OD 客流量矩阵，由于利用平均绝对百分比误差(mean absolute percentage error，MAPE)可能存在被除数为 0 的情况，本节提出一种总体绝对百分比误差(global absolute percentage error，GAPE)评估整个 OD 客流量矩阵的预测准确精度，即

$$\mathrm{GAPE}=\frac{\left\|X_t-\hat{X}_t\right\|_1}{\left\|X_t\right\|_1} \tag{3-16}$$

4. 案例研究分析

选取重庆市轨道交通网络作为研究对象。根据出发时间、出发车站以及目的车站，首先基于重庆市轨道交通线网 2018 年 9～10 月的原始 AFC 刷卡数据，分时段统计整个

算法2：利用OD-SparseSTnet进行线网OD客流量矩阵预测

输入：已训练好的OD-SparseSTnet模型Ω

历史OD客流量矩阵观测值：$\{X_1, X_2, \cdots, X_{m-1}\}$

从其他来源获取的预期环境变量取值：E_t

周间隔历史数据、日间隔历史数据与当期趋势历史数据的序列长度：q_{w}、q_{d}、q_{tr}

周间隔历史数据、日间隔历史数据的滑动窗口：p_{w}、p_{d}

研究时间段长度：h(单位：min，则一天包含的时间段总数：I=1440/h)

输出：m时刻线网OD客流量矩阵预测值$\hat{X}_m$

$S_{\mathrm{w}}=[X_{m-(q_{\mathrm{w}}\times I\times 7+p_{\mathrm{w}})}, X_{m-(q_{\mathrm{w}}\times I\times 7+p_{\mathrm{w}}-1)}, \cdots, X_{m-(q_{\mathrm{w}}\times I\times 7-p_{\mathrm{w}})}, \cdots, X_{m-(1\times I\times 7+p_{\mathrm{w}})}, X_{m-(1\times I\times 7+p_{\mathrm{w}}-1)}, \cdots, X_{m-(1\times I\times 7-p_{\mathrm{w}})}]$

$S_{\mathrm{d}}=[X_{m-(q_{\mathrm{d}}\times I+p_{\mathrm{d}})}, X_{m-(q_{\mathrm{d}}\times I+p_{\mathrm{d}}-1)}, \cdots, X_{m-(q_{\mathrm{d}}\times I-p_{\mathrm{d}})}, \cdots, X_{m-(1\times I+p_{\mathrm{d}})}, X_{m-(1\times I+p_{\mathrm{d}}-1)}, \cdots, X_{m-(1\times I-p_{\mathrm{d}})}]$

$S_{\mathrm{tr}}=[X_{m-q_{\mathrm{tr}}}, X_{m-(q_{\mathrm{tr}}-1)}, \cdots, X_{t-1}]$

$\hat{X}_t \longleftarrow \Omega(S_{\mathrm{w}}, S_{\mathrm{d}}, S_{\mathrm{tr}}, E_t)$

output $\hat{X}_t$

图 3-24　基于 OD-SparseSTnet 的 OD 客流量矩阵预测流程

线网所有车站的 OD 客流量矩阵。同时，采集同时间段内的天气数据作为预测模型中的外部因素。此处考虑了 15min 与 5min 两种时间间隔下的 OD 客流量数据。

另外，本书还引入 7 种既有模型作为基准，以验证本章所提出的 OD-SparseSTnet 模型的先进性。基准模型的基本设定如下。

历史平均(historical average，HA)：直接将所输入的周间隔周期数据集以及日间隔周期数据集进行历史同期平均，作为所预测时刻 OD 客流量矩阵的预测值。

自回归滑动平均(autoregressive integrated moving average，ARIMA)：自回归滑动平均是时间序列预测的经典模型，此处利用其对当日趋势时间序列进行预测。

三维卷积神经网络(three dimensional convolution neural network，CNN3)：直接利用三维卷积网络对当日趋势时间序列进行空间特征和时间特征同时提取(不进行出发地依赖和目的地依赖的分别处理)与预测。

循环神经网络(recurrent neural network，RNN)：先对日趋势时间序列中的每一个 OD 客流量矩阵进行特征提取，再利用 RNN 进行预测。

长短时记忆网络(long short-term memory (LSTM)-network)：先对日趋势时间序列中的每一个 OD 客流量矩阵进行特征提取，再利用 LSTM 进行预测。

深度时空网络[68](DNN-based model for spatio-temporal data，DeepST)：针对时空数据的时空深度神经网络预测模型，主要进行城市范围内的人流聚集预测。

时空残差网络[60](deep spatio-temporal residual network)：针对时空数据的时空残差网络模型，堆叠了多个 CNN 及相应的残差连接进行空间特征识别，主要用于城市交通流预测。

表 3-1 展示了 7 种基准模型与本章所提出的 OD-SparseSTnet 模型的基本特征。其中，“O”表示部分考虑，“√”表示完全考虑，“×”表示未考虑。

表 3-1 7 种基准模型与本章所提出的 OD-SparseSTnet 模型的基本特征

模型	时间依赖			空间依赖		外部因素	稀疏分布
	周间隔	日间隔	当日	出发地	目的地		
HA	O	O	×	×	×	×	×
ARIMA	O	O	√	×	×	×	×
CNN3	×	×	O	O	O	×	×
RNN	O	O	√	×	×	×	×
LSTM	O	O	√	×	×	×	×
DeepST	√	√	√	O	O	√	×
ST-ResNet	√	√	√	O	O	√	×
OD-SparseSTnet	√	√	√	√	√	√	√

表 3-2 展示了 7 种基准模型与本章所提出的 OD-SparseSTnet 模型在早高峰 8:00～8:15(或早高峰 8:00～8:05)时间段的预测结果对比。由于 HA 方法仅部分考虑周间隔与日间隔的历史周期依赖，而对于空间依赖缺乏考虑，其预测结果的 RMSE 值与 GAPE 值最高，预测偏差最大。ARIMA、RNN 与 LSTM 本质上都是时序模型，能较好地识别当日趋势依赖而无法识别 OD 客流量的复杂空间依赖，三者的预测指标也仅优于 HA 方法。特别是在输出特征维度较大时，RNN 与 LSTM 需要大量隐藏层参数，导致其难以适用于整个轨道交通线网的 OD 客流量矩阵预测，存在很大的预测偏差。

表 3-2 7 种基准模型与本章所提出的 OD-SparseSTnet 模型的预测结果对比

模型	15min 间隔数据		5min 间隔数据	
	RMSE	GAPE	RMSE	GAPE
HA	0.6654	36.40%	0.7118	47.93%
ARIMA	0.6012	35.13%	0.6357	44.19%
CNN3	0.5169	33.76%	0.5565	43.23%
RNN	0.6413	35.91%	0.6748	47.18%
LSTM	0.6299	35.32%	0.6515	45.95%
DeepST	0.2587	29.35%	0.2841	36.08%
ST-ResNet	0.2417	29.08%	0.2695	35.46%
OD-SparseSTnet	0.1490	24.75%	0.1769	29.76%

CNN3 可将 OD 客流量矩阵的时间变化看作第三个维度，能够在一定程度上提取当日时间依赖特征和空间依赖特征，其预测结果也优于三种时序模型和 HA 方法。作为典型的时空数据处理模型，DeepST 与 ST-ResNet 能够同时提取多重的时间关联和外部因素特征，且其内部的 CNN 能在一定程度上识别空间依赖。相对于其他基准模型，二者的预测偏差大幅下降。然而，DeepST 与 ST-ResNet 仍然无法对 OD 客流量所特有的出发地依

赖和目的地依赖进行精细刻画，对数据的稀疏分布也缺乏考虑。

本章所提出的 OD-SparseSTnet 模型在考虑轨道交通线网 OD 客流量所特有的复杂时间依赖(周间隔周期依赖、日间隔周期依赖、当日趋势依赖)与空间依赖(出发地依赖、目的地依赖)的基础上，进一步引入了非零激活机制描述 OD 客流量的稀疏分布特征，其预测偏差显著低于既有的空间模型(CNN3)、时序模型(ARIMA、RNN 与 LSTM)以及时空模型(DeepST 与 ST-ResNe)，预测效果更好。另外，对于 15min 与 5min 两种间隔 OD 客流量数据，前者由于随机波动更少，其预测偏差显著低于 5min 间隔数据，所以在利用所提出的 OD-SparseSTnet 模型进行轨道交通线网 OD 客流量预测时，在不影响运输组织与调度决策精度的情况下，应使用较为稳定的长时间间隔数据。

图 3-25 展示了本章所提出的 OD-SparseSTnet 模型的 OD 客流量矩阵预测结果。对于一天中的 8:00～8:15、13:00～13:15 以及 18:00～18:15 三个典型时间段，OD-SparseSTnet 模型所预测的 OD 客流量矩阵预测值几乎还原了实际 OD 客流量矩阵的空间分布结构，且预测结果的 GAPE 值都在 30%以内，具有较高的全网预测精度。

(a) 8:00～8:15实际值　(b) 13:00～13:15实际值　(c) 18:00～18:15实际值

(d) 8:00～8:15预测值 (GAPE：24.75%)　(e) 13:00～13:15预测值 (GAPE：28.83%)　(f) 18:00～18:15预测值 (GAPE：26.18%)

图 3-25　OD-SparseSTnet 模型的 OD 客流量矩阵预测结果

图 3-26 展示了 OD-SparseSTnet 模型结构变化对预测准确性的影响。在将 OD-SparseSTnet 中 OD_ResUnit 替换成普通二维卷积层(CNN2)的情况下，预测结果的 GAPE 值大幅度增加，预测偏差急剧上升。去掉非零元素注意机制后，模型预测结果的 GAPE 值也显著增加。而去除周期滑动机制的 OD-SparseSTnet 模型，其预测结果的 GAPE 值增加较小。

由图 3-26 可见，OD 客流量残差卷积单元 OD_ResUnit 对于降低 OD-SparseSTnet 模型的预测误差和提高预测精度最为关键，其对 OD 客流量中复杂空间依赖(出发地依赖和

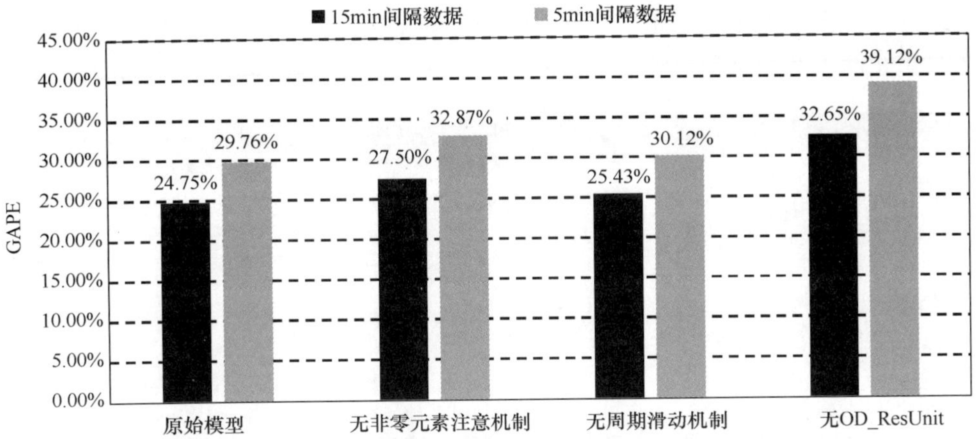

图 3-26　OD-SparseSTnet 模型结构变化对预测准确性的影响

目的地依赖)的描述效果显著强于既有普通卷积层(CNN2)。而非零元素注意机制通过确保 OD-SparseSTnet 时空特征提取只围绕非零元素进行，对于降低整个 OD 客流量矩阵的预测误差也具有显著效果。在研究的时间间隔较小时，由于历史关联性在时间上的浮动效应更加明显，所以周期滑动机制对于提升预测精度也有明显效果。

对于模型中的 OD_ResUnit，其卷积核大小对预测结果误差的影响如图 3-27 所示。随着 OD_ResUnit 卷积核大小的增加，预测误差 GAPE 值呈现逐渐下降的趋势，但其增加变化幅度非常微弱。可见，图 3-27 中的 OD_ResUnit 通过堆叠多个深度分离一维卷积层，仍然能够实现较大范围的目的地依赖或出发地依赖特征的提取。因此，本书建议在 OD_ResUnit 中利用多个堆叠的 1×3 的深度分离一维卷积层，对 OD 客流量的复杂空间依赖特征进行识别。这既可显著减少模型的可学习参数和计算资源耗费，也能够降低模型的过拟合风险，从而提高模型的稳定性和普适性。

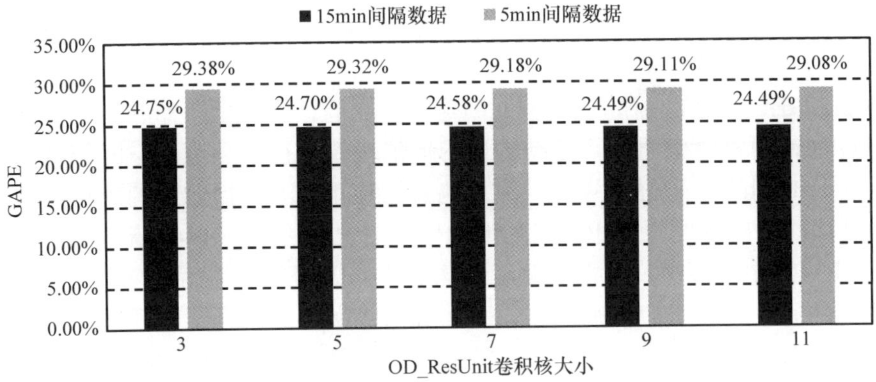

图 3-27　OD_ResUnit 卷积核大小对预测结果误差的影响

根据 OD_ResUnit 的空间特征提取原理，其输出层的一维逐点卷积(1×1_cov1)权重参数矩阵反映了整个轨道交通线网中所有车站的关联结构特征。该矩阵的第 i 行第 j 列元素(像素点)衡量了第 i 个车站和第 j 个车站的 OD 客流量分布关联性大小。图 3-28 展示了模型三种序列(周间隔序列、日间隔序列与当日趋势序列)中两种空间依赖(出发地依赖和目的地依赖)的关联结构热力图。由图可见，像素点的颜色越亮表示对应两个车站之间的OD客流量空间关联性越高。

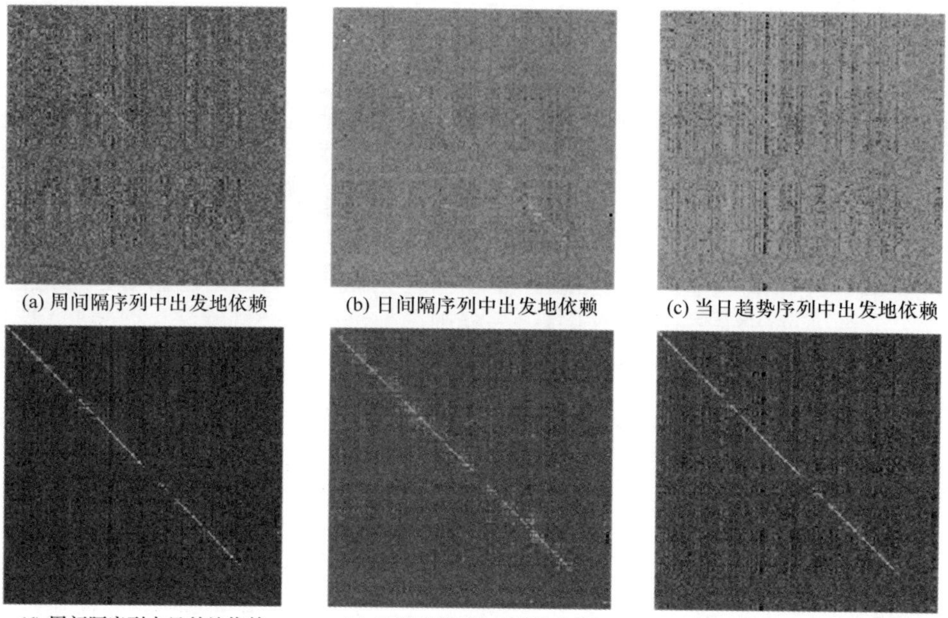

(a) 周间隔序列中出发地依赖　(b) 日间隔序列中出发地依赖　(c) 当日趋势序列中出发地依赖

(d) 周间隔序列中目的地依赖　(e) 日间隔序列中目的地依赖　(f) 当日趋势序列中目的地依赖

图 3-28　OD_ResUnit 中的空间关联结构参数矩阵

图 3-28(a)～(c)中，出发地依赖的高空间关联值主要分布在矩阵的对角线以外的区域，这说明轨道交通出行需求存在大范围的出发地依赖特征。距离较远的不同出发车站到达同一个目的车站的出行需求存在较强的关联关系，这一现象广泛存在于城市早晚高峰时间段的通勤出行及其他时间段的购物娱乐出行活动中。由于去往相同目的地(如城市中心区)的出行活动在出行时间、出行目的等方面都较为相似，所以即使出发地相隔较远，出行需求量仍然表现出较高的关联性。

而图 3-28(d)～(f)中的目的地依赖的高空间关联值，则主要分布在空间关联矩阵的对角线周围，这说明轨道交通出行活动的目的地依赖仅存在于小范围空间邻域内。由于出行目的和出行时间的多元化，从同一出发地去往空间上不同目的地的出行需求量关联性较低。只有从同一出发地到达相邻目的地的出行需求量之间，才可能存在较高的关联性。

对于图 3-28 中三种序列的空间关联结构矩阵，周间隔序列的亮色元素点数目最少，日间隔序列的亮色元素点数目则次之，而当日趋势序列亮色元素点数目最多。这与实际的时间序列关联性衰减规律一致，相隔较近的时间段之间往往比相隔较远的时间段之间具备更高的关联性。OD-SparseSTnet 模型能够自动地从当日趋势序列中提取最多的空间关联特征信息，而从日间隔序列与周间隔序列中提取较少的特征信息。可见，本书所提出的 OD-SparseSTnet 模型不仅能够较好地识别 OD 客流量中的复杂空间依赖，对多重时间依赖特征的提取也具有显著效果。这也是其预测效果明显优于其他基准模型的根本原因。

3.3.2　复合网络安全态势分析与优化技术

区域轨道交通是在一个城市群或者城市圈区域范围内由多种制式轨道交通组合成的复合网络。从制式上看，区域轨道交通包括铁路系统、地铁系统、单轨系统、磁悬浮系统和有轨电车等轨道交通子系统，不同制式的子系统之间相互配合，构成了多元化的复合网络结构；从功能层次看，区域轨道交通可以划分为干线铁路、城际铁路、市域轨道交通和城市轨道交通，其中，市域轨道交通和城市轨道交通覆盖了区域内中心城市主城区内部及周边的出行需求，干线铁路和城际铁路则满足城市间的客流需求及区域对外交流。

区域轨道交通复合网络具有覆盖范围广泛、客运量巨大的特点。首先，由于运行环境各异，各制式面对的风险不完全相同，区域轨道交通相比单制式要面临更多风险。其次，多制式复合会诱发更多出行需求，各制式之间大体量的客流交换给衔接点带来巨大压力，某一制式可能因互操作性不当影响其他制式正常运行，所以多制式耦合使得局部风险的传播具有更大的不确定性，从而对系统造成更加突出的影响。同时，区域轨道交通系统是一个动态的系统，其风险水平受到设备运行状态、客流量和乘客不安全行为等诸多动态风险源影响，因此对区域轨道交通系统进行安全态势分析与评估有重要的意义和价值。

1. 总体思路

区域轨道交通一体化系统层次结构鲜明，由多种制式组成，其覆盖范围广、客运量巨大，多制式耦合使得局部风险对整个系统的影响更加突出，风险进一步增大，因此对区域轨道交通系统进行全局 RAMSI 分析评估有重要意义。区域轨道交通全局 RAMSI 分析具有以下特点。

1) 单点分析评估与全局分析评估相结合

区域轨道交通系统是一个多制式耦合的复杂系统，在单点层面上对车站、线路等风险进行分析评估无法全面地反映出系统整体的状态，因此需要面对多制式、全路网建立全局的安全评估指标体系和方法，将单点风险指标与全局风险指标相结合，从而合理、准确地评估区域轨道交通系统的安全状况，发现系统中的薄弱环节和风险，为提高系统全局风险管控能力和安全性提供参考。

2) 静态分析评估与动态分析评估相结合

对区域轨道交通系统进行静态分析评估能够得到系统结构风险瓶颈和静态风险水平，然而区域轨道交通安全性因素众多且不确定性大，设备的运行状态、乘客的不安全行为和客流量的变化等都对系统的动态安全风险有较大影响。因此，需要将静态风险评估与动态风险评估相结合，建立能够全面反映系统风险水平和风险趋势的安全性指标体系与方法，实现由“被动安全管理”向“主动安全管理”的转变。

因此，系统全局 RAMSI 分析评估的整体分析思路如图 3-29 所示。输入包含结构特征、静态历史数据和动态监测数据三个维度，按照设备层面与路网层面划分，结构特征又可分为关键设备特征和路网结构特征；静态历史数据可分为设备风险历史数据和路网风险历史数据；动态监测数据可分为设备动态风险监测和客流动态风险监测。利用区域轨道交通全局 RAMSI 分析评估规则库对输入数据进行分析，可以得到系统结构风险瓶颈、静态风险水平和动态风险趋势，从而为提高系统安全性和确保区域轨道交通系统能够高效、可靠地运行提供理论参考。

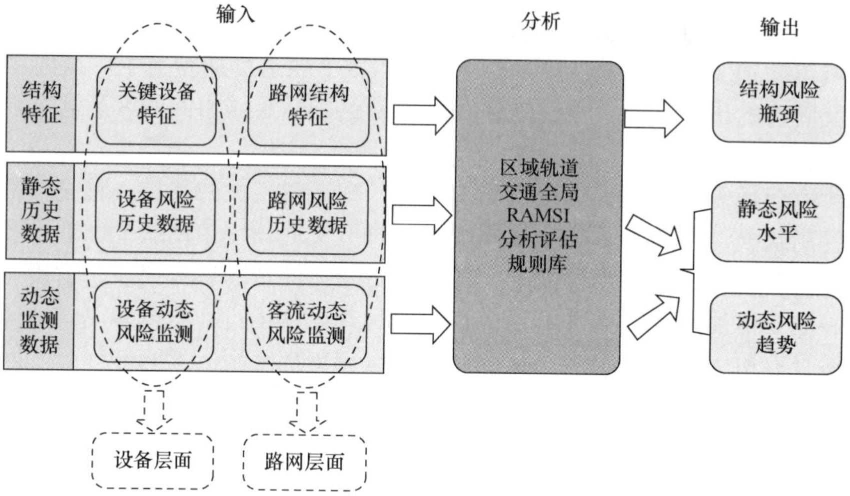

图 3-29　系统全局 RAMSI 分析评估的整体分析思路

2. 区域轨道交通安全态势影响因素[69]

为建立具有完备性、合理性和相容性的区域轨道交通全局 RAMSI 分析评估体系，必须综合考虑影响系统运输功能的因素，分析风险传播的路径和风险后果，找到影响系统功能的关键因素。传统轨道交通 RAMSI 指标体系往往只关注局部和系统的固有属性，而区域轨道交通系统运营同时包含宏观和局部两种层次，因此系统的全局 RAMSI 影响因素既包含局部的影响因素，也包含全局的影响因素，既包括决定系统固有特征的内部因素，也包括影响系统动态特性的外部因素。本节从单点影响因素和全局影响因素两个方面对影响因素进行分析，最后给出了二者之间的关系。

1) 单点影响因素

国内外许多学者对轨道交通系统运营事故数据进行了分析，采用事故树、概率风险评价法等定性或者定量的方法研究影响轨道交通运营的因素[70-75]，基于以往国内外的相关研究，本书从人员、设备、环境、管理四个方面总结分析了区域轨道交通运营的单点影响因素。

(1) 人员因素：区域轨道交通系统的人员包括乘客、从事区域轨道交通运营的相关人员(包括机车乘务人员、调度人员、行车人员)和设备操作、维护管理人员等。乘客是区域轨道交通服务的对象，乘客的不安全行为可能引起设备的损坏或安全事故，而人群的恐慌则容易导致踩踏等严重事故。工作人员是区域轨道交通系统中各项活动的参与者，较高的安全素质和较强的技术业务能力是保障系统正常运行的基础，而人的主观能动性也可对系统产生积极的影响[70]。反之，若轨道交通系统的工作人员安全意识不强、业务能力欠缺，则很容易导致严重的事故。例如，2015 年 1 月泰国曼谷地铁一列地铁与停在车站的另一列地铁相撞，造成二百多人受伤，事故发生的原因是地铁工人未能适当地把一列空车挂上准备将其拖去修理的列车，而控制中心太早指示司机启动导致空车滑落铁轨。

(2) 设备因素：设备是影响运营安全的重要因素，良好的设备既是实现系统运输功能的物质基础，也是区域轨道交通系统运营安全的重要保证。区域轨道交通系统是由多种制式轨道交通系统耦合而成的，不同制式的轨道交通系统组成差距不大，可以分为工务工程、牵引供电、通信信号、列车、运营调度及旅客服务六大子系统，每个子系统都包含众多的设备和系统。区域轨道交通系统设备具有种类多、数量大、配置分散和整体性强等特点，日常维护维修和应急情况下的抢修难度较大。而且，不同制式轨道交通系统的技术体系和运营特点都存在较大的差异，这也大大增加了衔接点设备的压力。

(3) 环境因素：环境包括自然环境和社会环境。自然环境包括风、雨、雷电、雾等天气因素以及气候、温湿度、轨道沿线的地形地貌等因素。地震、雪灾等自然灾害对轨道交通运营安全有极大的威胁，容易导致列车脱轨、倾覆等事故，是轨道交通事故的常见致因。我国地域辽阔，区域交通系统覆盖范围内可能同时存在多种地形地貌或者气候特点，而在不同的工作环境下设备的使用、运维等存在不同的需求，大大提升了运营工作的复杂性。社会环境包括政治环境、技术环境以及社会风气等，其对区域轨道交通系统运营有着不同程度的影响。

(4) 管理因素：管理即对区域轨道交通系统内部的人员、设备等进行有计划的协调、组织和控制，从而保障系统的正常运营。管理包括监测运维计划的制订、规章制度的制定和实施以及工作人员的培训和管理。监测运维计划的制订即建立合理的设备及生产环境的监测、维护维修体系，从而保证区域轨道系统内设备和系统保持良好的工作状态；规章制度的制定和实施即明确规定工作人员的职责，杜绝可能对系统产生危害的行为，使日常的工作规范化、流程化；工作人员的培训和管理即建立有效的培训方案，提升工作人员的工作素养和技术业务能力，从而直接提升工作的效率，降低人为因素导致的风险。可以看出，管理因素和人员、设备、环境因素具有密切的关系，有效的管理既能提升系统内人员的素质，又能提高设备的可靠性与可用性，降低风险；而混乱的管理则会导致工作人员素质降低、设备的健康度下降、生产环境混乱，直接影响区域轨道交通系统的正常运营。

综上所述，单点因素(人员、设备、环境、管理)既直接导致了车站或区间的设备和人员损失风险，也可能导致局部(车站、区间)的功能下降或者失效，从而间接地对区域轨道交通系统全局运输功能产生影响，导致全局风险升高。

2) 全局影响因素

区域轨道交通系统的功能是实现乘客从起始站到终点站的安全运输，路网的客流需求负荷(即运输需求与运输能力的比值)是其全局运输能力及运输风险的核心决定因素。而路网的客流需求负荷则由 OD 需求量、路网客流容量和协同调度策略三个因素决定，其中，OD 需求量是外部影响因素，路网客流容量是路网的内在固有属性，而协同调度策略属于动态优化因素。因此，区域轨道交通系统全局 RAMSI 影响因素包括 OD 需求量、路网客流容量和协同调度策略三个方面。

OD 需求量是指乘客从出发地到目的地的出行需求量，其表示特定时间段内路网中期望从某一起始站到另一目标站的乘客总数量。OD 需求量决定路网中的乘客总数目。当路网客流量高于运能时，路网处于高负荷状态，安全风险上升，而路网拥挤度上升也会导致乘客的出行受到影响，最终导致系统的可用性、可靠性和安全性下降。而路网客流容量即系统在特定时间段内所能输送的最大乘客量，该值反映了路网运能的大小。在同等条件下，路网容量越大，系统可承受的 OD 需求量越大。协同调度策略即运营部门采取的列车调度、客流分配协同优化策略，其能够对线路运输容量和各线路的客流需求量进行调度，从而决定路网最终的客流需求负荷(客流需求量与容量的比值)。由于区域轨道交通系统进行网络化运营，从起始站到目标站往往存在着多条路径，当完全不采用优化策略时，路网中的乘客将按照个人的偏好选择出行路径；而当运营部门采用相应的协同优化策略时，客流的分布将被改变形成新的客流状态。而不同的客流状态将会对路网的安全性产生不同的影响。若系统突然出现大客流，在不进行控制的情况下路网将会受到极大的冲击，局部拥挤度大大升高从而扩散到整个网络，导致系统整体运输功能和安全性受到影响。而在采取协同优化措施的情况下，客流将会被均匀地调配到压力较小的路径中，客流需求量不会在短时间内激增，同时合理的列车调度措施采用后，相关区间和线路运能将被提升，从而保证了系统整体的可用性和安全性。因此，OD 需求量、路网客流容量和协同调度策略是影响系统全局 RAMSI 的重要因素。

3) 单点影响因素与全局影响因素之间的关系

单点影响因素导致的常见后果是人员伤亡和设备损失风险以及单点处运输能力下降，全局影响因素导致的风险则会直接对路网运输功能产生影响，这里将全局影响因素导致的风险称为路网客流负荷风险(也可称为运能风险)。单点影响因素和全局影响因素之间也存在互相影响。单点风险会导致局部运力下降甚至中断，从而对路网客流容量产生影响，最终间接地导致运能风险的升高；单点风险的变化可能会导致乘客选择路径的偏好和协同调度策略发生变化，进一步影响路网中客流的状态；当车站或者区间的客流需求相比于其容量过高时，单点处设备、工作人员等处于高负荷状态，同时高密度的客流更容易引发踩踏等事故，进而诱发新的单点风险。因此，单点影响因素、全局影响因素及其相互作用决定了区域轨道交通路网整体风险水平(图 3-30)。

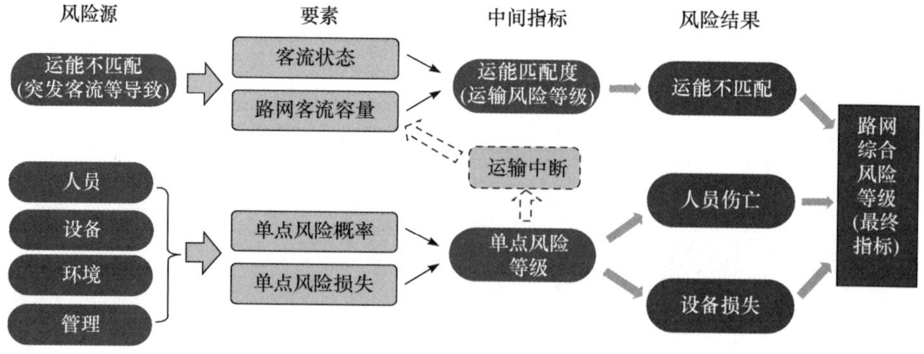

图 3-30　区域轨道交通风险成因及结果分析

3. 区域轨道交通互操作性评估体系[76]

1) 区域轨道交通互操作性概念框架

区域轨道交通互操作性是指两个或两个以上不同制式轨道交通系统之间交换客流、车流、信息流和物资的能力。区域轨道交通互操作性涉及区域内的高速铁路、城际铁路、地铁和单轨等多种轨道交通制式，它与区域内的公共交通能力的发展有着紧密的联系，关系着众多旅客的出行体验。图 3-31 为区域轨道交通互操作媒介及互操作等级。

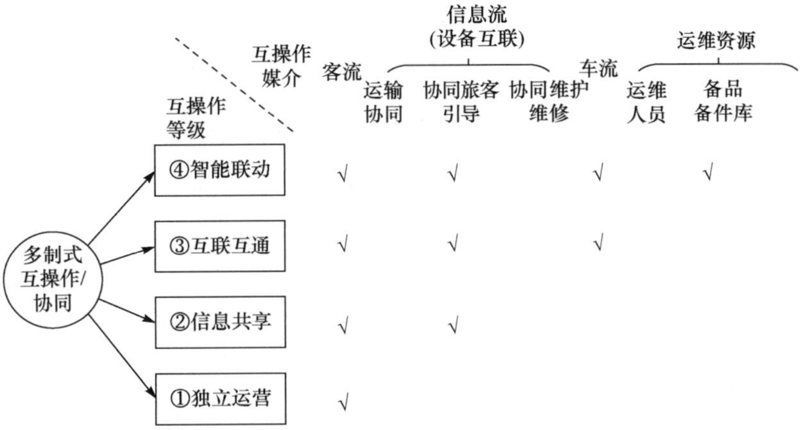

图 3-31　区域轨道交通互操作媒介及互操作等级

区域轨道交通互操作通过四种媒介来实现，这四种媒介分别是客流、信息流、车流和运维资源。以客流作为媒介实现区域轨道交通互操作，主要是指客流在区域轨道交通多制式之间的交换。以信息流作为媒介实现区域轨道交通互操作，主要体现在设备的互联上。多制式之间的设备能够打破壁垒实现信息交换，并在此基础上实现区域轨道交通多制式之间的运输协同、协同旅客引导和协同维护维修。以车流作为媒介实现区域轨道交通互操作，是指多制式之间能够实现跨线运营。媒介中的运维资源包括运维人员和备品备件库，通过多制式之间运维资源的共享能够提升区域轨道交通多制式的运维效率，保障路网的运能和安全水平。

区域轨道交通互操作分为四个等级，从低到高依次为独立运营、信息共享、互联互通和智能联动。在独立运营等级中，区域轨道交通多制式之间仅存在以客流为媒介的互操作。在信息共享等级中，区域轨道交通多制式之间通过客流和信息流两种媒介进行互操作，能够实现运输协同、协同旅客引导、协同维护维修等功能。在互联互通等级中，区域轨道交通多制式之间存在客流、信息流和车流三种媒介的交换，在物理上实现了高程度的互联互通。智能联动是区域轨道交通互操作的最高等级，多制式之间可通过四种媒介进行互操作，在互联互通的基础上还能够进行运维资源的协同调度和共享。

区域轨道交通多制式之间的互操作能够大大提升区域轨道交通一体化程度，保障和提升区域轨道交通路网运能，降低区域轨道交通路网风险，对区域轨道交通的发展起着至关重要的作用。

在对区域轨道交通互操作的研究中，对区域轨道交通互操作性进行评估是必要的。

为了对区域轨道交通路网功能进行增强，即提升区域轨道交通路网的整体运能，降低路网风险，首先需要对区域轨道交通路网的当前状态进行评估。在此基础上，可以寻找到路网的瓶颈所在，并针对瓶颈点进行重点优化，从而实现增强区域轨道交通路网功能的目标。

图 3-32 为区域轨道交通互操作层次结构。区域轨道交通系统互操作/协同划分为 3 个层次，从低到高分别为交通枢纽层面互操作/协同、子系统互操作/协同、多制式互操作/协同。交通枢纽层面互操作/协同主要为客流以及车流的互操作，体现场景为客流换乘和跨线运营。交通枢纽层面互操作/协同是子系统互操作/协同、多制式互操作/协同的基础。子系统互操作/协同包含日常运输和应急响应与处置两个方面，主要为单制式的各子系统之间进行信息互操作，体现在运输组织、维护维修和旅客引导等场景。子系统互操作/协同是多制式互操作/协同的基础。多制式互操作/协同包含日常运输和应急响应与处置两个方面，存在以客流、车流、信息和资源为媒介的四种互操作。

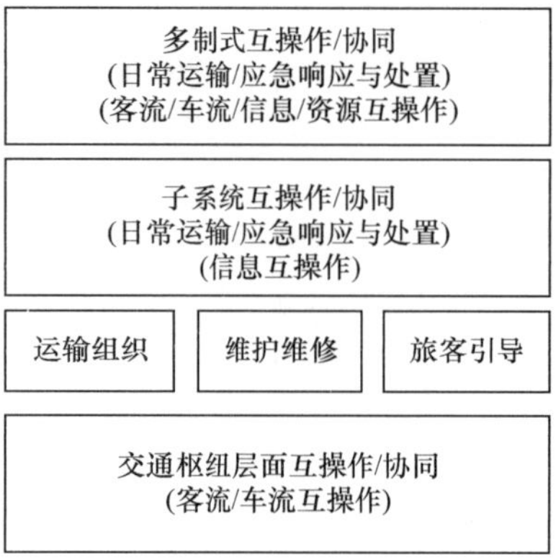

图 3-32　区域轨道交通互操作层次结构

2) 区域轨道交通局部互操作性指标体系

本节对区域轨道交通局部互操作性指标体系进行研究。区域轨道交通局部互操作性指标的目的与意义在于能够对不同的评价对象进行相对比较。表 3-3 为区域轨道交通局部互操作性指标体系，表中包含客流互操作、信息互操作、车流互操作以及资源互操作四种互操作类型，并分别对每种互操作类型的评价对象、定性/定量以及影响要素进行了描述。

表 3-3　区域轨道交通局部互操作性指标体系

互操作类型	评价对象	定性/定量	影响要素
客流互操作	两种制式之间的某一换乘通道	定量	换乘时间、通道容量、客流饱和度
信息互操作	两种制式之间的信息互操作水平	定性	信息互操作类型：调度信息、客流信息、应急信息 信息互操作特性：是否实时、是否自动化、是否全局
车流互操作	两种制式之间的某一跨线运行通道	定量	通道容量、跨线时间、客流饱和度
资源互操作	两种制式之间的某种共享运维资源(人员、备件或设备)	定量	两种制式各自的资源数量、两种制式共享的资源数量

(1) 客流互操作。在客流互操作中，不同的轨道交通制式存在于同一个跨多制式的交通枢纽中，乘客需要通过通道离开一个轨道交通系统之后才能进入另一个轨道交通系统。在此过程中，不同制式的不同线路之间均通过通道实现连接。客流互操作的重要因素包括换乘时间(包括乘客进入新的轨道交通系统中的等车时间)、通道容量和客流饱和度(客流饱和度属于动态特性，与 OD 需求及配流方案有关)。这些因素直接影响了乘客换乘的体验和效率，可以用来衡量系统的客流互操作程度。显然，客流换乘的换乘时间、通道

容量、客流饱和度是由换乘过程中经过的通道决定的。因此，系统的通道容量越大，互操作程度越高，而乘客在系统中的换乘时间越长或者换乘过程中的客流饱和度越高，互操作程度越低，因此定义该层次下的某一换乘通道的互操作性为

$$I_1 = \frac{\text{通道容量}}{\text{换乘时间} \times \text{客流饱和度}} \tag{3-17}$$

(2) 信息互操作。在信息互操作中，不同制式的轨道交通系统不仅在物理上互联，同时可进行运输组织信息和客流信息的共享。在运输组织信息和客流信息共享的基础上，不同制式的轨道交通系统之间可以通过时刻表的配合来实现运输协同，提高整个路网的运输能力；根据客流的实时变化情况可进行旅客协同的引导，提高引导的效率；当突发事件发生时，不同制式的轨道交通系统能够通过信息的互通进行应急联动协同，最大化降低突发事件对正常运输的影响。信息互操作性评价如表 3-4 所示。

表 3-4　信息互操作性评价

信息互操作特性	调度信息	客流信息	应急信息
有/无	x_1	x_2	x_3
是否实时	a_1	a_2	a_3
是否自动化	b_1	b_2	b_3
是否全局	c_1	c_2	c_3

综上，定义两种制式之间的信息互操作性为

$$I_2 = x_1 \cdot 2^{(a_1+b_1+c_1)} + x_2 \cdot 2^{(a_2+b_2+c_2)} + x_3 \cdot 2^{(a_3+b_3+c_3)} \tag{3-18}$$

其中，x_1表示系统中不同制式的轨道交通系统之间是否存在调度信息的共享，$x_1 = 1$表示存在，否则$x_1 = 0$；x_2表示系统中不同制式的轨道交通系统之间是否存在客流信息共享，$x_2 = 1$表示存在，否则$x_2 = 0$；x_3表示系统中不同制式的轨道交通系统之间是否存在应急信息共享，若存在则$x_3 = 1$，否则$x_3 = 0$；a、b、c 为权重项，由其对应的共享内容是实时联动(a=1)/非实时联动(a=0)、自动化联动(b=1)/非自动化联动(b=0)、全局协同(c=1)/局部协同(c=0)来决定。

(3) 车流互操作。在车流互操作中，不同制式的轨道交通系统在物理上实现了较高程度的互联互通，例如，不同制式的轨道交通系统车辆可以在同一线路上、利用同种线路设备运行。乘客无须离开一个轨道交通系统即可进入另一轨道交通系统，换乘的便利性大大提升。在此过程中，不同制式的不同线路之间的跨线通路对客流换乘的体验和效率起着重要作用。因此，影响换乘体验的因素主要包括跨线通道容量、跨线时间和客流饱和度(客流饱和度属于动态特性，与 OD 需求及配流方案有关)，因此可以定义两制式之间某一跨线通道的互操作程度为

$$I_3 = \frac{\text{跨线通道容量}}{\text{跨线时间} \times \text{客流饱和度}} \tag{3-19}$$

(4) 资源互操作。在资源互操作中，不同制式的轨道交通系统之间实现了维修人员资源、备品备件库等资源的深度共享，通过全局的智能调度和联动实现了高效率的资源调度与配置，提升了系统全局的维保效率和运输能力。在本层次中，使用维修资源(包括维修人员资源和备品备件库资源)的共享率来衡量不同制式的轨道交通系统的互操作程度，定义如下：

$$I_4 = \frac{|A \cap B|}{\min(|A|,|B|)} \tag{3-20}$$

其中，A 和 B 分别代表不同制式的轨道交通资源的集合；绝对值符号表示集合元素的个数，共享资源的数目与各自资源数目较小者的比值即资源的共享率。

3) 区域轨道交通全局互操作性评价方法

本书对区域轨道交通全局互操作性进行评价的目的在于反映路网全局情况，体现出互操作性的绝对好坏。由于互操作性本质上是一种“过程性指标”(即提升互操作性本身不是最终目的，而是用于服务于某一其他指标的提升)，所以为了对区域轨道交通全局互操作性进行评价，首先需要选取一种能够对路网全局运能或全局风险进行评价的“结果性”全局指标 g(本书选择的是路网全局结构风险指标，见下文)。之后对区域轨道交通全局互操作性的评价可通过三种方法实现(其中，方法 2 和方法 3 涉及全局指标 g)。

(1) 求总分。将前面的各局部互操作性指标通过加权求和，得到全局互操作性。此种方法能够得到一个反映路网全局互操作情况的值，简单易行。但在求和问题上，各局部互操作指标之间的权重难以确定，且相加之后没有明确的物理意义(如两制式之间的信息互操作和车流互操作在物理意义上无法求和)。

(2) 瓶颈排序。由于互操作性具有“过程性指标”特点，适合采用具有“相对性”的评价方法。基于瓶颈排序的全局互操作性评估的基本思路是衡量“制式间客流换乘通道”是否在全局结构风险瓶颈中占据比较突出的地位，如果“是”，说明全局互操作性(即不同制式轨道交通之间交换客流的能力)亟待提升，这种情况下全局互操作性水平较低。基于这一思路，这里采用“制式间客流换乘通道”在前 p%结构风险瓶颈中的数量占比作为多制式全局互操作性的评价指标。具体说明如下：在选取全局指标 g 的基础上，通过对区域轨道交通路网全局指标 g 进行评价，并通过灵敏度分析进行瓶颈识别和排序，之后分析其中前 p%的瓶颈(其中，p 为选定的参数)中与互操作相关的瓶颈所占的比例，由此反映路网全局互操作的水平。此种方法难度适中，能够反映互操作相关的路网结构在路网全局中的运能瓶颈或风险瓶颈的比例，从而反映区域轨道交通路网当前的全局互操作水平，缺点是无法直观地展现全局互操作水平与最优水平之间的差距。由于这一思路与全局风险瓶颈识别的思路一脉相承，所以本书主要选取这一思路进行区域轨道交通全局互操作性评价。

(3) 全局互操作水平，即全局指标 g 当前水平与互操作性优化后全局指标 g 最高水平之比。在假设采取所有可能采取的互操作性优化措施后，评估得到此时的全局指标 g，并作为理想状态。之后，通过当前全局指标 g(反映当前的互操作效果)与理想状态下的全局指标 g(反映互操作性优化后的理想效果)之比，得到当前的全局互操作水平。此种方法复杂度最高，难度最大，优化后的全局指标 g 的最高水平难以计算，但能够直观地体现目前的全局互操作程度。

4. 区域轨道交通系统全局互操作协同优化策略[76]

交通枢纽在路网结构风险中占据着重要的位置。当路网中某个交通枢纽瘫痪之后，客流拥塞情况将随着路网逐步蔓延，路网运能不匹配风险将会大大提升。因此，对全局互操作/协同机制的优化需要挑选和抓住路网结构风险中的关键点，即从交通枢纽层面进行。

客流换乘是区域轨道交通互操作的核心，包括旅客行为、旅客流线与旅服设备。在旅客行为部分，主要针对客流量与安全行为进行控制；在旅客流线部分，主要对旅客流线进行优化以及对旅客流线上的输送设施、安检设备进行功能保障以及功能优化；旅服设备包括信息系统与票务系统，本节将对其功能保障与功能优化进行介绍。

1) 基于灵敏度分析的区域轨道交通互操作瓶颈识别方法

根据前面建立的区域轨道交通互操作性概念框架，按不同的互操作媒介划分，互操作可以分为资源互操作、车流互操作、信息互操作和客流互操作四种类型，由于客流互操作是区域轨道交通互操作的基础，也是其他几种互操作效果的最终体现，从本节开始，本书的研究工作主要集中于客流互操作层面展开。客流互操作又可进一步分为制式内客流换乘和制式间客流换乘两种类型，多制式互操作主要涉及后一种类型。

互操作性本质上是一种“过程性指标”(即提升互操作性本身不是最终目的，而是用于服务于某一其他指标的提升)，为了实现互操作性评估，首先需要选择一种“结果性指标”。本书关注互操作性对区域轨道交通全局风险的影响，所以选择路网“全局结构风险”作为该“结果性指标”。因此，从实际应用效果看，本书工作的最终目标是最大限度地降低路网的全局结构风险，提升互操作性是达到这一目标的方法和手段。本章将在“全局结构风险瓶颈识别”过程中同时实现“多制式互操作瓶颈识别”，并基于瓶颈识别的结果，采用前面基于瓶颈排序的方法实现全局互操作性评价。

“全局结构风险”中强调“结构”，是希望这一风险指标只与比较稳定的“结构因素”相关，从而能够更好地反映系统固有的“本质风险”。为了建立“全局结构风险”指标，首先需要建立“全局运能风险”指标(其中含有非结构影响因素)，然后通过一定方法去除非结构因素的影响，从而得到全局结构风险指标。

为了通过全局互操作性优化达到“最大限度地降低路网的全局结构风险”的目的，需要分两步进行优化决策：第一步，针对全局结构风险进行灵敏度分析，寻找确定可以有效降低全局结构风险的“风险瓶颈”；第二步，针对已确定的“风险瓶颈”，对瓶颈车站进行仿真建模，并基于仿真对车站优化措施的效果进行评估并选择有效的措施对车站进行优化改进。

具体来看，全局互操作机制优化章节，首先分析了区域轨道交通全局运能风险的评估体系，考虑其包含的外部条件、路网结构因素和路网非结构因素(动态调整策略)三个影响因素，然后通过最优配流方案消除全局运能风险中的路网非结构因素，建立了全局结构风险评估指标作为“结果性指标”。之后，本节针对两类实际需求，通过灵敏度分析，评估路网结构优化/失效对全局结构风险的影响，为路网重要结构的优化和防护提供决策支持。

(1) 区域轨道交通全局运能风险①评估方法。

区域轨道交通全局风险分为两个方面：运能风险和人员设备损失风险。运能风险取决于多种因素，下面将详细说明。车站和区间的人/机/环/管各因素会造成单点风险，最终在路网范围形成人员设备损失风险。运能风险和单点风险之间存在联系：单点风险通过降低车站和区间的运能从而影响运能风险，而较高的运能风险(表示存在较高的客流需求负荷，将在下面进行详细说明)可能会引发新的单点风险。鉴于单点风险对运能的影响已自然地包含于运能风险之中，本书将聚焦于运能风险，将其作为评估全局结构风险的基础。

当路网车站/区间的运能不能满足旅客的出行需求时，势必会造成该站点/区间的拥堵，从而带来风险。这里将客流需求与路网客流容量之比称为客流需求负荷指标，作为计算运能风险的核心要素。随着客流需求负荷指标的增大，运能风险也相应增加。各车站和区间的运能风险通过加和能够得到路网全局运能风险。路网全局运能风险主要与 OD 需求、路网各部分客流容量(其中包含单点风险的影响)、客流分配策略等因素有关：OD 需求在路网客流容量约束下，经过客流分配形成车站及区间的客流(需求)负荷分布，进而决定整个路网的运能风险。

基于以上思路，路网全局(运能)风险计算如下：

$$S(t)=\sum_{i=1}^{N}w_i(t)\cdot f\left(\frac{x_i(t)}{c_i(t)}\right) \tag{3-21}$$

其中，$x_i(t)$ 表示 t 时刻车站(或区间)i 的客流需求量(人/h)；$c_i(t)$ 表示 t 时刻车站(或区间)i 的客流容量(人/h)；$f(x)$ 表示运能风险概率函数，用于将客流需求负荷映射为运能风险发生的可能性；$w_i(t)$ 表示 t 时刻编号为 i 的车站或区间的运能风险后果。

运能风险概率函数以客流需求负荷作为输入，并考虑随着客流需求负荷的增长，风险概率应首先保持较低水平并缓慢增加，然后进入快速增长阶段，之后风险概率达到很高的水平并迅速趋近于 1。基于以上考虑并进行参数标定后，选择式(3-22)作为风险概率函数：

$$f(x)=\frac{1}{1+\mathrm{e}^{-6x+6}} \tag{3-22}$$

车站和区间发生风险后，其风险后果与其客流量及其容量有关，在此取值为车站/区间的容量与其客流需求的较小值，即 $w_i(t)=\min(x_i(t),c_i(t))$ 。

(2) 区域轨道交通全局结构风险评估方法。

以上区域轨道交通路网全局运能风险由三个方面的因素决定(图 3-33)：OD 需求、路网(车站/区间)客流容量、客流分配策略。其中，OD 需求是外部条件，路网(车站/区间)

① 此处“全局运能风险”并非“全局结构风险”，“全局运能风险”是评估“全局结构风险”的基础。为了便于理解并出于思路完整性的考虑，此处将前面全局运能风险的评估进行重复的简单介绍。

客流容量是路网固有的结构因素，而客流分配策略是非结构因素(动态调度策略)。要实现路网全局结构风险评估，并使评估结果真正体现路网固有结构因素的影响，需要去除其中的非结构因素。基于这一思路，本书将客流分配策略作为优化变量，通过最优配流方案，使路网全局运能风险达到最小值，从而去除客流分配策略这一非结构因素的影响。本书将这一路网全局运能风险最小值定义为区域轨道交通全局结构风险，即

$$S_1(t)=\min_{d} S(t) \tag{3-23}$$

其中，$S_1(t)$ 表示全局结构风险；$S(t)$ 表示全局运能风险；d 表示最优客流分配策略。

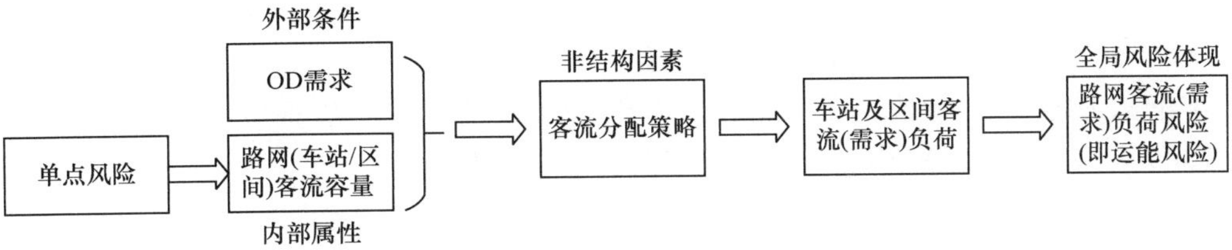

图 3-33　区域轨道交通路网全局运能风险的决定因素

以无向图 $G(V,E)$ 表示区域轨道交通路网，其中 V 为路网中所有车站组成的集合，E 为路网中所有区间组成的集合。路网中一共存在 S 个车站和 T 个区间，v_i 表示第 i 个车站，e_k 为第 k 个区间，其中，$i=1,2,\cdots,S$ 为车站编号，$k=1,2,\cdots,T$ 为区间编号。

本书将车站通道划分为进站通道 $\sum_{c} p_{ac}^{i}$、换乘通道 $\sum_{c} p_{cb}^{i}$、出站通道 $\sum_{cd} p_{cd}^{i}$ 三部分。其中，i 表示路网中第 i 个车站，a 为车站入口，b 为车站出口，将车站等效为只有一个入口和一个出口；c、d 分别为各轨道交通制式的上、下车地点，即站台，p_{ac}^{i} 表示站 i 内从 a 入口到站台 c 的进站通道，p_{cb}^{i} 表示站 i 内从站台 c 到出口 b 的出站通道，p_{cd}^{i} 表示站 i 内从站台 c 换乘到站台 d 的换乘通道。为简化处理，认为站内每对端点之间只存在两个通道，这两个通道方向相反，且站内各个通路之间均相互独立。全局运能风险优化模型的相关符号如表 3-5 所示。

表 3-5　全局运能风险优化模型的相关符号

符号	单位	含义
q_{ij}	人/h	站 i 到站 j 的 OD 需求
p_{ij}^{m}	—	从站 i 到站 j 的第 m 条简单路径
x_{ij}^{m}	人/h	决策变量，表示分配到路径 p_{ij}^{m} 的 OD 需求
p_{ac}^{i}	—	站 i 内从 a 入口到站台 c 的进站通道
q_{ac}^{i}	人/h	通道 p_{ac}^{i} 的 OD 需求
C_{ac}^{i}	人/h	通道 p_{ac}^{i} 的客流容量
q_k	人/h	区间 e_k 的 OD 需求
L_k	人/h	区间 e_k 的客流容量

续表

符号	单位	含义
$g(a, p)$	—	a 是路网内的某个通道或区间，p 是一条简单路径。如果 a 在路径 p 上，则 $g(a, p)=1$，否则 $g(a, p)=0$
$f(x)$	—	运能风险的概率函数
W_{ac}^{i}	—	通道 p_{ac}^{i} 的运能风险的风险后果
W_k	—	区间 k 的运能风险的风险后果

在区域轨道交通路网内部存在诸多环路，所以一个 OD 对可能对应着众多的可行路径，本书只考虑前 K 条最短简单路径，本算例中取 K=5。这 K 条最短路径通过 Python 中的图形工具求出。以最小化全局运能风险为目标函数：

$$S=\min\left\{\sum_{ic}f\left(\frac{q_{ac}^{i}}{C_{ac}^{i}}\right)\cdot W_{ac}^{i}+\sum_{ic}f\left(\frac{q_{cb}^{i}}{C_{cb}^{i}}\right)\cdot W_{cb}^{i}+\sum_{icd}f\left(\frac{q_{cd}^{i}}{C_{cd}^{i}}\right)\cdot W_{cd}^{i}+\sum_{k}f\left(\frac{q_k}{L_k}\right)\cdot W_k\right\} \tag{3-24}$$

$$q_{ac}^{i}=\sum_{jm}\left(x_{ij}^{m}\cdot g(p_{ac}^{i},p_{ij}^{m})\right)$$

$$q_{cb}^{i}=\sum_{jm}\left(x_{ji}^{m}\cdot g(p_{cb}^{i},p_{ji}^{m})\right)$$

$$q_{cd}^{i}=\sum_{njm}\left(x_{nj}^{m}\cdot g(p_{cd}^{i},p_{nj}^{m})\right)$$

$$q_k=\sum_{ijm}\left(x_{ij}^{m}\cdot g(e_k,p_{ij}^{m})\right)$$

$$x_{ij}^{m}\geqslant 0$$

$$\sum_{m}x_{ij}^{m}=q_{ij}$$

其中，$q_{ac}^{i}=\sum_{jm}\left(x_{ij}^{m}\cdot g(p_{ac}^{i},p_{ij}^{m})\right)$用来计算车站进站客流；$q_{cb}^{i}=\sum_{jm}\left(x_{ji}^{m}\cdot g(p_{cb}^{i},p_{ji}^{m})\right)$用来计算车站出站客流；$q_{cd}^{i}=\sum_{njm}\left(x_{nj}^{m}\cdot g(p_{cd}^{i},p_{nj}^{m})\right)$用来计算车站换乘客流；$q_k=\sum_{ijm}\left(x_{ij}^{m}\cdot g(e_k,p_{ij}^{m})\right)$用来计算区间客流；$x_{ij}^{m}\geqslant 0$、$\sum_{m}x_{ij}^{m}=q_{ij}$ 表示客流分配约束。

本书涉及参数较多，目标函数较为复杂，所以通过遗传算法(genetic algorithm，GA)进行求解。遗传算法是模拟达尔文生物进化论的自然选择和遗传学机理的生物进化过程的计算模型，是一种通过模拟自然进化过程搜索最优解的方法。该算法通过数学的方式，利用计算机仿真运算，将问题的求解过程转换成类似生物进化中的染色体基因的交叉、变异等过程，在求解较为复杂的组合优化问题时，它相对于一些常规的优化算法，通常能够较快地获得较好的优化结果。

(3) 基于灵敏度分析的结构风险瓶颈识别方法。

风险评估的目的，一方面是了解系统整体风险水平，另一方面是识别系统风险瓶颈所在，以便防护或优化风险瓶颈点。对于不同的目的，风险识别应该采用不同的方法。第一类方法针对风险瓶颈点优化的需求，需要找到在同样优化水平下使系统全局风险降低最多的区间或车站换乘通道即路网的安全优化瓶颈点，进行重点优化；第二类方法针对风险瓶颈点防护需求，需要找到在瓶颈点失效条件下使系统全局风险升高最多的区间或车站换乘通道即路网的安全防护瓶颈点，进行重点防护。

① 第一类灵敏度：优化灵敏度。对路网结构采取优化措施提升其客流容量后，路网全局结构风险会发生改变；并且不同的路网结构得到同样的优化后，路网全局结构风险的降低程度会有区别。将路网全局结构风险对各通道的客流容量求偏导，得出各通道优化灵敏度：

$$\alpha_{cd}^{i}=\frac{\partial S_1}{\partial C_{cd}^{i}} \tag{3-25}$$

其中，S_1 表示路网全局结构风险；α_{cd}^{i} 表示通道 p_{cd}^{i} 的优化灵敏度；C_{cd}^{i} 表示通道 p_{cd}^{i} 的客流容量。通道优化灵敏度能够直观地表现出此通道的客流容量得到提升后，路网全局结构风险的降低效果。

本书在计算中通过差分法近似求解此偏导数，即

$$\alpha_{cd}^{i}=\frac{\partial S_1}{\partial C_{cd}^{i}}\approx\frac{S_1\left(C_{cd}^{i}+\Delta C_{cd}^{i}\right)-S_1\left(C_{cd}^{i}\right)}{\Delta C_{cd}^{i}} \tag{3-26}$$

其中，ΔC_{cd}^{i} 为 C_{cd}^{i} 的微小变化量，取值为 C_{cd}^{i} 的 2/100。

② 第二类灵敏度：失效灵敏度。当路网内各通道失效后，路网将重新进行客流分配，此时计算路网全局结构风险，得到通道能力变化前后路网全局结构风险的比值，以此衡量通道失效对路网全局结构风险的影响。由于某些通道的失效将导致某些地点不可达，考虑到非轨道交通还有一定的客流容量，本书将这些通道的客流容量调至较小值(而不是设为 0)，从而避免计算中出现无穷大的情况。

$$\beta_{cd}^{i}=\frac{S_1'}{S_1} \tag{3-27}$$

其中，β_{cd}^{i} 为通道 p_{cd}^{i} 的失效风险灵敏度；S_1' 为通道客流容量变化后路网全局结构风险；S_1 为通道客流容量变化之前路网全局结构风险。

2) 区域轨道交通综合交通枢纽互操作性优化措施分析评估

(1) 客流量及行人安全行为控制。

① 客流控制[77]。

(a) 客流控制概念。

客流控制是指当城市轨道交通车站内设施设备负荷超过其承载能力，或车站服务水平超过乘客所能接受的范围时，为了保证乘客在车站内的安全和提高车站的服务水平，

利用合理的站内设施，制订合理的控制方案，对进站客流量或换乘客流量进行限制，使得进站客流、出站客流和换乘客流能够在车站内安全和及时地接受服务，避免客流过多而引发的事故。

(b) 高峰期客流控制规则。

(Ⅰ) 乘客走行的安全性。节点换乘站站内服务流程包括进站、出站以及换乘流线。在城市轨道交通客运服务中，必须保证乘客流动过程中的安全。在乘客步行对冲严重、流线冲突不断、空间狭小而步行速度不能自已、需要被迫调整的情况下，乘客流动的安全性便受到威胁，存在潜在风险。

(Ⅱ) 客流过程的通畅性。要使乘客尽可能均匀分布在换乘过程的每一环节上，不要在任一环节滞留、集聚，保证换乘过程的紧凑和通畅。

(Ⅲ) 乘客流动的方便性。乘客流动的方便性，是以乘客的角度，在保证安全的条件下，尽可能地减少乘客的步行距离，减少绕行。

(Ⅳ) 乘客流动的经济性。乘客流动的经济性是指在乘客服务过程中所需的出行时间，即进站上车时间、出站时间、换乘时间。这里的出行包含随流量变化的乘客走行速度、流动流线过程中的排队时间等。

(Ⅴ) 客流控制“先控制进站客流再控制换乘客流”。在保证以上各基本原则的前提下，站内进行客流控制，遵守“先控制进站客流再控制换乘客流”的原则。

(Ⅵ) 客流控制“先站内控制再站外控制”。城市轨道交通为尽可能多地服务乘客，提高服务质量，在高峰大客流情况下，先在站内进行客流控制，当站内客流控制不能满足站内安全、通畅等原则时，再在车站站外进行客流控制，限制乘客进入城市轨道交通系统的数量。

(c) 客流控制等级划分。

按照上述高峰期客流控制原则，可将城市轨道交通车站的客流控制分为三个等级，从低到高逐次分为一级客流控制、二级客流控制、三级客流控制。

(Ⅰ) 一级客流控制。一级客流控制是客流控制的最低等级，是通过控制楼梯、自动扶梯通行方向，在通道区、楼梯区设置控制点，达到减缓乘客进入站台、限制客流大量涌入站台的目的。

(Ⅱ) 二级客流控制。二级客流控制是客流控制的次等级，通过控制闸机开放数量、在闸机外设置控制点等措施，限制过量客流进入车站付费区。

(Ⅲ) 三级客流控制。三级客流控制是客流控制的最高等级，一方面在出入口设置控制点，减缓乘客进入站内的速度，或限制乘客进站；另一方面快速引导乘客出站。

图 3-34 为客流控制流程图。

② 行人安全行为控制。

旅客的不安全行为隐藏着很多隐患，有必要采取一定措施以应对旅客的不安全行为。本节从预防行人的不安全行为与及时制止行人的不安全行为两个方面进行分析，具体内容如图 3-35 所示。

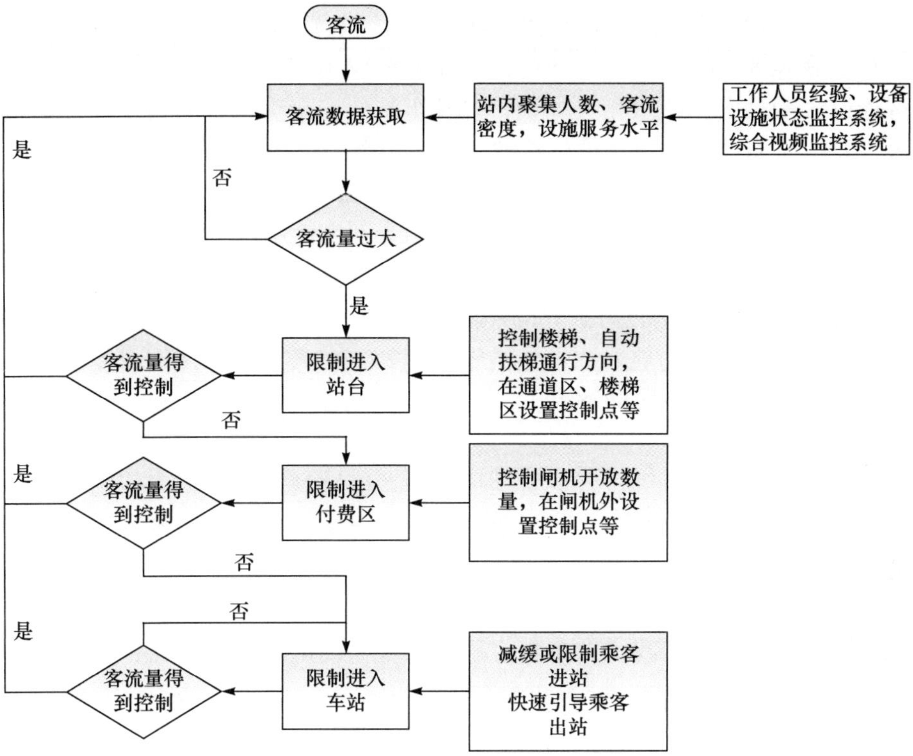

图 3-34　客流控制流程图

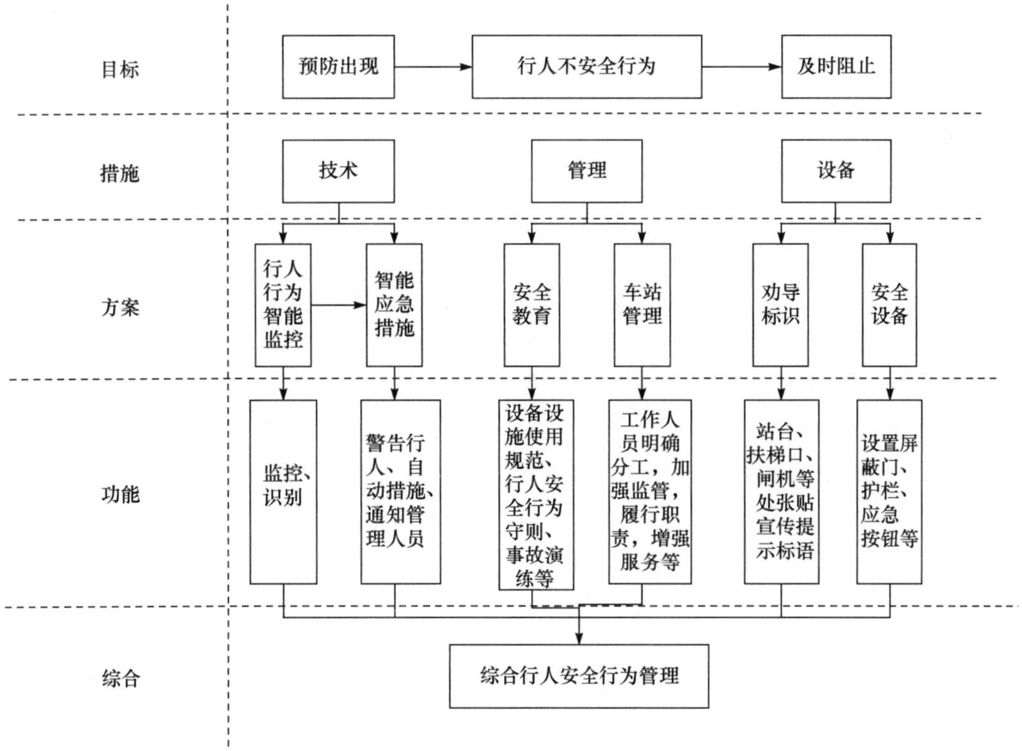

图 3-35　综合行人安全行为管理

(a) 加强宣传教育。通过加强安全教育以及宣传教育，旅客不仅能正确规范地使用设备设施，杜绝旅客携带危险品进站的行为，还能意识到安全按钮的重要性以及乱动的后果。旅客通过多接触安全疏散相关知识，以及车站的安全出口、消防设备等信息，能够在突发事件发生时积极配合引导进行疏散，减少生命财产损失。

(b) 工作人员加强巡查。工作人员加强巡查，保障安检，防止漏检；维持旅客秩序，及时发现并制止旅客的不安全行为(如吸烟、跳轨、不当使用设备等)；在发生紧急事件时能够及时发现、解决，在疏散时能对旅客进行安慰与引导。

(c) 智能监测。通过自动化方式，如综合视频监控系统，实时识别旅客的不安全行为，及时发现与预测危险，自动地采取一些措施。例如，有人在扶梯摔倒时能够自动停止扶梯，或是及时通知工作人员协助解决。

(d) 设备。

在站台、扶梯口、闸机等位置放置劝导标识，能够规范旅客正确使用设施，劝诫旅客不安全行为。通过添加屏蔽门、护栏等安全防护设备，能够减轻旅客不安全行为产生的后果。

特别地，通过应用自动驾驶，能够有效解决因司机疏忽、操作失误等引发的事故。例如，北京地铁燕房线——我国首条自主研发的全自动运行地铁线路，大大增加了列车驾驶的安全性。

(2) 旅客流线安全优化方法。

① 旅客流线优化[78]。

铁路客运站旅客流线优化对于提高车站经营管理、满足不同层次的旅客在站内位移需求、节约旅客时间、保障安全运营、提高客运站竞争力具有十分重要的现实意义。

(a) 旅客流线组织原则。

对大型客运站内的旅客流线进行组织协调时，一般应遵循以下原则。

(Ⅰ) 尽量避免各种流线互相交叉干扰。综合交通枢纽站应考虑旅客进站流线与出站流线分开，旅客流线与行包流线分开，普通旅客流线与市郊旅客流线分开，车站职工出入口与旅客出入口分开。

(Ⅱ) 利用各种手段，最大限度地缩短旅客在站内的走行时间，尽量避免站内客流拥挤和排队，做到有秩序地乘降、行走和检票。

(Ⅲ) 无障碍换乘设计时，应该具有一定的灵活性，既要考虑平时正常情况下的客流组织，也要考虑节假日等特殊情况的客流组织。

(Ⅳ) 考虑站场附近城市主干道的位置和性质，以及客流和车流的流向、流量对旅客换乘的影响，处理好各种流线与城市交通流线的衔接问题。

(Ⅴ) 在保证旅客无障碍换乘的同时，要注意客服设备的有效利用，这样既提高了客服水平，又优化了站内的资源配置，为其以后的和谐发展奠定了基础。

(b) 旅客流线优化方法。

(Ⅰ) 将进站、出站、换乘等各流线分开，以减少交叉点。这可以通过高架、地道等立体交叉疏解方式来解决，也可以在同一平面上通过控制各种流线的方向来解决交叉问题，或是通过围栏将客流进行分割。

(Ⅱ) 通过调整售票窗口、公交站、出租车停车场等的位置，以达到合理的布局，减少行人流与车流的交叉。

(Ⅲ) 通过增加设备设施数量，提高设备设施通行能力以加快旅客通过。

(Ⅳ) 通过合理引导，旅客能在站内区域合理分布，进而提高旅客通行效率。

图 3-36 为旅客流线优化方法。

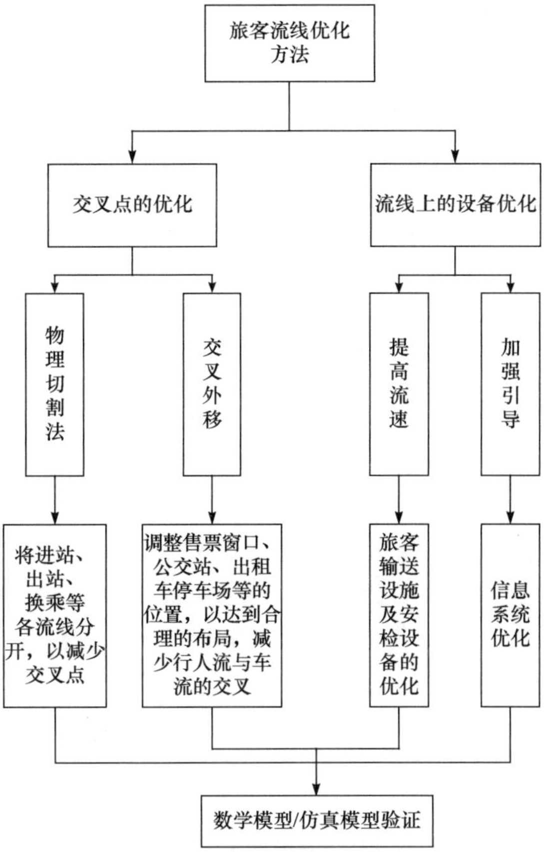

图 3-36 旅客流线优化方法

其中，旅客输送设施及安检设备的优化以及信息系统优化参见“旅客输送设施及安检设备的优化”与“信息系统优化”部分。

② 旅客输送设施及安检设备的优化。

旅客输送设施是枢纽运营的关键，对旅客输送设施进行优化，提高设施通行能力与服务水平，优化应急状况下旅客运输设施的策略，能够大大提升枢纽旅客集散的效率。在设备的功能保障方面，主要包括故障预测、日常巡检、备用方案与应急维修四个方面，具体可参见“旅服设备安全优化方法”中的“功能保障”部分。

在设备的功能优化方面，主要从单项设施优化与设施协同优化两方面进行，如图 3-37 所示。

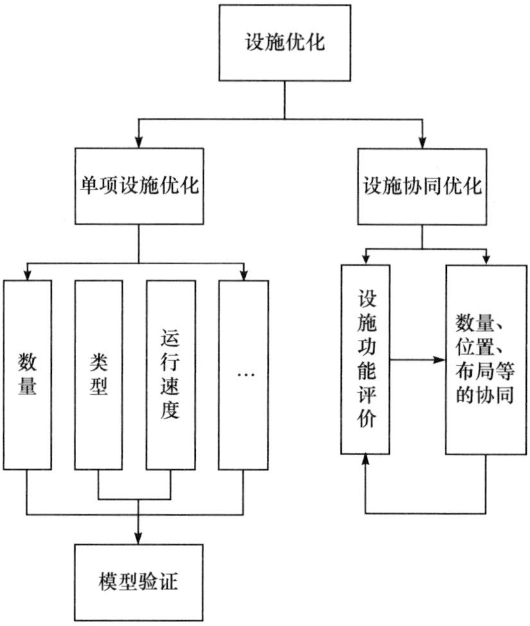

图 3-37 设施优化

(a) 单项设施优化。

单项设施优化是指通过位置调整、数量变更等手段对枢纽内的设备设施进行优化，达到设备设施均衡使用、提高设备设施利用率以及加快客流集散的目的。单项设施优化通常基于行人行为、行人流特性等研究。

对于不同的设备设施，其优化的方式不尽相同，下面对枢纽内各类设施的优化方式进行介绍。

(Ⅰ) 安检机：数量、类型、空间布局、运行速度、检查方式；

(Ⅱ) 自动检票机：数量、空间布局、类型；

(Ⅲ) 自动售票机：数量、空间布局；

(Ⅳ) 楼扶梯：数量、布局、宽度、速度、长度(高度)；

(Ⅴ) 通道：宽度、使用规则(单双向)、引流栏放置位置。

在此基础上，建立数学模型或仿真模型对单项设施进行优化。

(b) 设施协同优化。

设施协同优化是指通过位置调整、数量变更、宽度调整等手段对枢纽内某条流线、某个出行目的、某个研究区域内的多种设施进行优化，达到设施互相匹配、避免客流拥挤以及加快客流集散的目的。

设施协同优化思路：在枢纽客流集散仿真的基础上，对设施进行评价。判断其评价值是否大于阈值或者评价值变化率小于阈值，如果是，则优化结束；否则，进行设施的瓶颈识别、设施优化、再次仿真，直到满足阈值约束。

(3) 旅服设备安全优化方法。

① 信息系统优化。

信息系统优化方式从功能保障和功能优化两部分进行介绍，如图 3-38 所示。

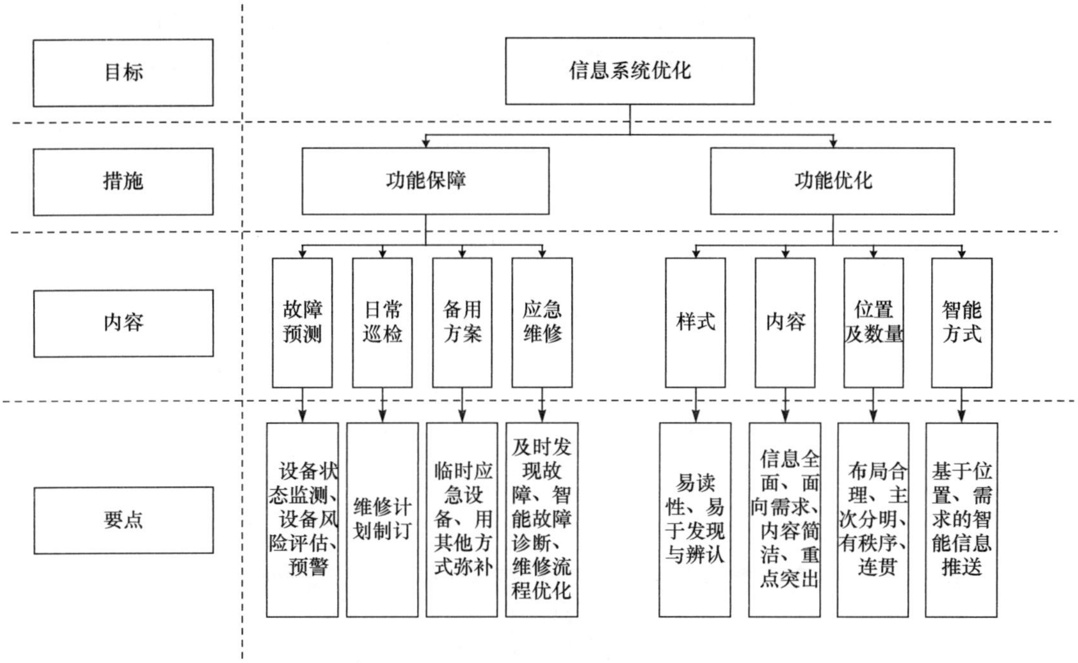

图 3-38　信息系统优化

(a) 功能保障。

信息系统是旅客的耳目，没有导向标识、广播等的指引，旅客就无法顺利在枢纽内乘车、换乘，因此一旦发生意外情况，如设备损坏、停电、火灾等，必须保证信息系统的有效运行。

(Ⅰ) 日常巡检。日常巡检是保障信息系统正常运行的关键，通过制订并执行有效的日常检修计划，能够有效降低设备损坏的概率，保障设备设施正常运行。

(Ⅱ) 故障预测。通过设备状态智能监测，实时监测设备运营状态，在设备出现微小异常状态，将要发生故障但并未发生故障时，及时发现设备异常状态，以便及时维修，保障设备设施的运行。

(Ⅲ) 备用方案。当发生紧急情况导致信息系统中的设备无法正常运转时，有必要准备备用方案，如应急引导指示灯、应急广播系统，以保障旅客能够接收到紧急的信息指引，完成乘车、换乘、出站以及疏散。

(Ⅳ) 应急维修。当发生紧急情况导致信息系统中的设备无法正常运转，启用应急方案以后，需要对设备进行应急维修，尽快恢复信息系统功能。

(b) 功能优化。

在信息系统中，导向标识占据着重要的位置，因此本章以导向标识优化为例介绍功能优化。

(Ⅰ) 导向标识样式。导向标识样式的设计至关重要，优秀的导向标识符号意思明确，容易理解，符合人类的知觉原则；字体要易于辨认、直观、准确，强调易读性；图形的轮廓清晰，与背景有一定的区分度，整体简单明了，并与其所传递的信息一致。

(Ⅱ) 导向标识内容。优秀的导向标识可以让乘客匆匆一瞥间就能找到自己的行进方向，而这就要求标识的信息量全面、可理解、简洁而明确、重点突出、层次清晰，使行人在短时间内获得最有价值的信息，快速判断自己的行进路线，避免拥挤、行走反向等现象发生。因此，导向标识内容需要根据站内不同区域、旅客需求以及不同的场景进行更改。

此外，目前针对旅客的特殊需求，提供了人性化的导向标识内容设置，如 WiFi 信息、天气、地铁车厢拥堵信息等。其中，车厢拥挤度是通过对车厢内部的扫描仪识别出车厢内的乘客位置和数量，然后在车站的站牌上动态地显示出车厢的拥挤程度，让等车的乘客知道应该选择在哪列车厢入口处候车，以获得更加合适的乘车位置。目前在国内也有相关实例，图 3-39 为深圳地铁 11 号线机场站指示牌。这块电子屏上包含了当前车站名称、本次列车终点站、预计到站时间、车厢号导航、各车厢拥挤情况等，这是深圳地铁打造智慧地铁的项目之一。通过“车厢拥挤度智能系统”，乘客可以提前获知下一趟列车哪节车厢人多，哪节车厢人少，根据情况提前选择相对宽松的车厢。

图 3-39　深圳地铁 11 号线机场站指示牌

(Ⅲ) 导向标识位置及数量。一般来说，旅客需要通过连续的几个导向标识来确认行走路径，因此导向标识之间的配合至关重要。导向标识的空间设置要求布局合理，主次分明，有秩序性和连贯性，位置以旅客流线为基础。

(Ⅳ) 导向标识智能方式。导向标识智能方式采用智能信息推送形式。目前智能信息推送已有较多研究及应用，例如，基于位置的信息推送方法及系统，在不改变现有 WiFi 认证机制和流程以及手机等设备的同时，可针对不同环境地点的 WiFi 用户推送个性化信息，这样就可以将每个旅客的手机等设备变为个人导向标识。智能信息推送为旅客提供了个性化服务，并且在发生紧急情况时，可根据旅客位置信息、突发事件信息等生成疏散方案，能够极大地帮助旅客进行逃生。

② 票务系统优化。

(a) 功能保障。

依据相关数据分析，地铁车站设备中自动售票机故障最多，其次是半自动检票机，最后是自动检票机。参考“信息系统”的“功能保障”部分，应从日常巡检、备用方案、故障预测以及应急维修方面保障票务系统的正常运行。

(b) 功能优化。

票务系统优化首先是设备的类型、数量、位置等的优化，可参考“旅客输送设施及安检设备的优化”部分。售票机的故障多由磨损以及纸币、单程票引起，因此除必要的日常维修、损坏之后及时维修之外，应逐步取消单程票，推广网络支付与电子乘车卡。

第 4 章　区域轨道交通资源协同关键技术

为了有效提升区域轨道交通协同运输与服务相关的资源利用水平，从区域内合理化分工、区域枢纽布局规划和区域应急资源调配三个角度出发，本章着重研究区域多制式轨道交通线网衔接布局技术、区域多制式轨道交通枢纽协同布局技术及区域轨道交通应急运维资源协同调配技术，有力促进区域内各节点轨道交通运输设施的合理布局，有效提升运输组织和维护保障资源的利用率，促进区域轨道交通总体运输效能提升。

4.1　区域多制式轨道交通线网衔接布局技术

4.1.1　区域多制式轨道交通线网合理规模分析

1. 区域轨道交通网络节点选择

1) 网络节点选择思路

区域轨道交通网络的节点规模实质是线网规模的重要评价指标之一：节点覆盖度，即区域(城市群或都市圈)内，在众多不同层次等级、不同需求特征的节点中，选取哪些节点在线网规划控制阶段进行重点布置。为有效筛选关键控制点，需要对节点的重要性进行判断。由于本节关注的重点是在规划控制阶段对于节点规模的把握，所以此处判定的并非该节点是否纳入最终实际选线和停站方案，而是在具体布局规划前提供关键节点如核心节点和边界节点的选择方案以及相应的量化依据。

本节基于轨道交通的功能特征、区域分工及其对于区域社会经济发展的影响和导向作用，判断其线网的服务性优先于功能性，更多的是将区域轨道交通系统作为优化城市群结构的重要手段和提振区域产业升级的社会工程。一方面，线网的布局与各城市节点社会经济动态发展相互促进、相互影响；另一方面，线网的建设是对静态交通基础设施的补充和强化。因此，节点选择及规模控制将从节点动态重要度和节点静态重要度两方面进行量化分析。

2) 节点动态重要度分析

将节点动态重要度定义为在节点客流需求和社会经济指标影响下的节点重要度。“动态”体现在城市节点的客流需求和社会经济指标在规划年限内的动态变化，通常以增长型变化为主。动态增长的客流需求和社会经济状况会对节点重要度产生影响。

(1) 基于客流需求的节点重要度分析。客流需求的节点重要度分析是轨道交通规划建设的重要依据和基础工作，在此基于客流需求量化节点重要度 $D_Q(v_i)$，将其定义为节点与网络内各其他节点间的客流交换总量与网络内的总客流需求量的比值，其中，总客流需求量可以使用全社会出行量或客流预测结果表示，$D_Q(v_i)$ 可以表示为

$$D_Q(v_i)=\frac{\sum q_{ij}}{Q} \tag{4-1}$$

其中，q_{ij} 为节点 v_i 和节点 v_j 间的客流需求；Q 为网络内所有节点间客流需求的总和。

(2) 基于社会经济指标的节点重要度分析。轨道交通线网节点在现实中的映射为城镇聚落，即以非农业产业和非农业人口集聚为主要的居民点且具有一定规模的工商业密集区。考虑到量化的可行性，本书以国内生产总值、人口规模、固定资产投资总额和城市行政等级等数据反映各城市节点在社会经济方面的发展水平，确定基于社会经济指标的节点重要度 $D_S(v_i)$。

首先定义 $D'_S(v_i)$ 为

$$D'_S(v_i)=\left\{\sum_{j=1}^{m}\beta_j\frac{M_{ij}-M_j^{\min}}{M_j^{\max}-M_j^{\min}}\right\} \tag{4-2}$$

其中，β_j 为第 j 个指标对重要度产生影响的权重值；M_{ij} 为第 i 个节点的第 j 个指标值；$M_j^{\min}$ 为区域内各节点的第 j 个指标值中的最小值；$M_j^{\max}$ 为区域内各节点的第 j 个指标值中的最大值。

对 $D'_S(v_i)$ 进行归一化处理，得到节点重要度 $D_S(v_i)$ 的表达式如下：

$$D_S(v_i)=\frac{D'_S(v_i)}{\sum_{i=1}^{N}D'_S(v_i)} \tag{4-3}$$

3) 节点静态重要度分析

将节点静态重要度基于复杂网络拓扑特征，定义为城镇节点在区域内综合交通复杂网络拓扑结构中的中心化程度。对于节点重要性的评判也需要结合实际问题，对网络中节点属性和节点间的连接关系在实际问题中的意义进行具体分析。目前对于复杂网络节点重要度的研究中，评价方法有基于节点删除方法、基于节点关联性方法、基于最短路径方法、累积提名方法、节点收缩方法等[79-82]。考虑到研究关注的是线网中节点的选取，其本质是在给定地理范围内的轨道交通线网上城镇节点“有无”的决策问题，关注的重点在于节点对运营效益、网络能力方面的作用，而不关注节点对线网脆弱性、鲁棒性的影响。所以，考量节点对于网络效率和网络聚凝度的影响更为合理：网络效率体现了运输网络运送旅客服务的质量，网络聚凝度反映了节点间联系的便利程度。

本章使用节点收缩方法衡量该节点基于复杂网络拓扑特征的节点重要度。这种方法首先假定节点处于正常工作情况，然后将待测节点和与其相连的所有节点收缩为一个节点。在图 $G=(V,E)$ 中，假设 $v_i\in V$，通过将节点 v_i 和与之相连的 k_i 个节点融合，形成一个新的节点 v_i，仍将其与这 k_i 个节点相连的其他节点相连，得到一个新的网络。节点收缩示意图如图 4-1 所示。

节点收缩方法关注的是在各个节点收缩后得到的新网络的性能，通过比较收缩后性能变化的大小程度来衡量复杂网络中节点的重要性。节点 v_i 的重要性可由式(4-4)反映：

$$D'_N(v_i) = 1 - \frac{\phi(G)}{\phi(G \cdot v_i)}$$
$$\phi(G) = \frac{1}{NL} \tag{4-4}$$

其中，$\phi(G)$ 为网络 G 的聚凝度；N 为网络节点数；L 为网络节点间的平均距离；$G \cdot v_i$ 为将节点 v_i 收缩后得到的新网络。

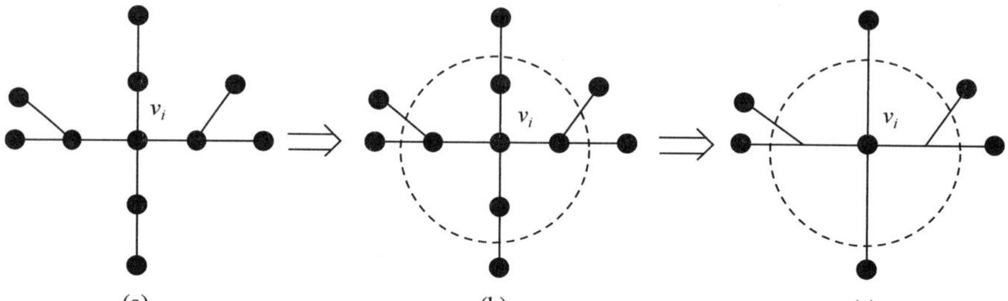

图 4-1　节点收缩示意图

归一化处理后可得节点静态重要度为

$$D_N(v_i) = \frac{D'_N(v_i)}{\sum_{i=1}^{N} D'_N(v_i)} \tag{4-5}$$

4) 网络节点综合重要度分析及选取

基于上述分析，节点在区域内的重要度由其动态重要度和静态重要度两方面构成。其中，动态重要度用客流需求和社会经济指标影响的线性加和表示，即

$$D(v_i) = \theta_1 D_i^{\text{dynamic}} + \theta_2 D_i^{\text{static}} + \theta_3$$
$$D_i^{\text{dynamic}} = \alpha_1 D_Q(v_i) + \alpha_2 D_S(v_i) \tag{4-6}$$

其中，$D(v_i)$ 为节点综合重要度；D_i^{dynamic}、D_i^{static} 分别为节点 v_i 的动态重要度和静态重要度；θ_1、θ_2 分别为节点动态重要度和节点静态重要度的权重系数，主要体现节点选取阶段对两者的相对重视程度；θ_3 为节点其他特征的重要度补充参数，旨在修正部分具有特殊军事、政治意义的节点重要度；α_1、α_2 分别为客流需求和社会经济指标对动态重要度影响的权重系数。

对于节点静态重要度，由于区域内城市节点及其之间的各类交通运输方式构成的综合交通运输网络并非简单的无向图，其节点和边均是现实物理对象的映射，故需对综合交通运输网络进行拓扑构建，并在此基础上选取前述节点删除、节点收缩等方法进行重要度计算。区域内节点间的联系以公路和轨道交通为主，在此忽略水运、航空等其他运输方式，将此种交通运输网络构建为加权无向网络。

令集合 $G = (V, E)$，其中，V 为区域内城市节点 v_i 的集合，E 为节点间带有权重的边 e_{ij} 的集合，用加权邻接矩阵 W 表示，矩阵元 w_{ij} 代表相邻两节点间的边权。权值的赋法主要有两种，其中，相似权设定 $w_{ij} \in [0, \infty)$，当两点间没有连接时，$w_{ij} = \infty$；相异权设

定 $w_{ij} \in (0,\infty)$，与相似权对应，当两点间没有连接时，$w_{ij} = \infty$。根据本书讨论的问题特点，采取相异权的方法，考虑数据可得性和计算复杂度，此处将 w_{ij} 定义为两城镇节点间各交通运输方式的平均旅行时间，衡量区域综合交通运输网络中，直接相连的城镇节点在运输距离和效率上的联系强度，即 $w_{ij} \in (0,\infty)$。其计算公式为

$$w_{ij} = \overline{t_{ij}} = \sum_{k \in K} \frac{l_k}{v_k} \tag{4-7}$$

其中，K 为节点间存在的旅客交通运输方式的集合；l_k 为第 k 种交通运输方式的运输距离；v_k 为第 k 种交通运输方式的平均旅行速度。

此时，有

$$D_i'^{\text{static}} = 1 - \frac{\phi'(G)}{\phi'(G \cdot v_i)}$$

$$\phi'(G) = \frac{1}{s \cdot l} = \frac{1}{\sum\limits_{i=1}^{N} \frac{1}{N_i} \sum\limits_{j \in N_i} \frac{1}{w_{ij}} \cdot \frac{\sum\limits_{1 \leqslant i < j \leqslant N} d_{ij}}{N(N-1)}} \tag{4-8}$$

式中，s 为加权网络的平均点权之和，其计算公式为

$$s = \sum \frac{s_i}{N_i} = \sum \frac{1}{N_i} \sum_{j \in N_i} \frac{1}{w_{ij}} \tag{4-9}$$

其中，N_i 和 s_i 代表收缩节点 v_i 后，网络节点数和加权网络的点权。为了避免“节点联系越小越重要”，l 设定为在保持原网络各项最短路径的同时，将原网络转化为无权网络后计算出的网络平均距离。此时边权的差异可通过节点收缩前后节点数与节点紧密度的变化来反映，而退化后网络最短路径的变化则转移到了网络平均距离在收缩前后的变化上[83]。对 $D_i'^{\text{static}}$ 进行归一化处理后可得到 D_i^{static}。

通过上述节点综合重要度的分析计算，对区域内各城镇节点的重要度进行计算。以此为基础对各个节点进行排序，综合各类上位规划、城市群空间结构和产业规划，以定量和定性相结合的方式，对节点的层次进行合理划分，选取主要控制点作为轨道交通线网布局的主要构成要素，为下一步线网布局规模的测算提供基础。值得注意的是，节点的选择在规模控制阶段一定是定量定性相结合，定量提供支撑，定性提供判断。赋值方式同样需要合理把握，应考量不同情境下多方主体的利益体现。

2. 区域轨道交通线网布局规模

1) 线网布局规模确定思路

本节在节点选择的基础上，针对线网布局规模进行讨论分析。区域轨道交通线网的合理布局规模既直接影响区域综合交通运输系统的质量，也受区域经济发展水平、建设投资等多方面的制约。结合前面的分析，合理的区域轨道交通线网布局规模是在区域地形和环境条件、人口和产业分布、社会经济发展水平、各类上位规划等共同影响下的结

果。分析各类主体在布局规模上的需求和限制是合理布局规模选择模型建立的基础。

2) 影响布局规模的主体需求分析

通过上述分析，不同参与主体对线网布局规模的需求目标及对应的影响约束不尽相同，具体可表征为对线网结构适应性、线网建设投资与建设运营效益以及线网服务质量的不同追求。

(1) 线网结构适应性。

线网结构适应性主要体现在两个方面：宏观上是线网结构对区域空间拓展、政策指引下的区域产业布局以及提升区域综合交通运输质量等目标的适应性，微观上是指对地质地形条件、客流的空间分布等实施条件的适应性。线网结构适应性可以通过整体路网对宏观、微观需求的贡献程度进行衡量。综合来讲，线网结构适应性是线网建设对社会整体发展带来的非营收性的效益。对于这种效益，可以使用所有直接相连的节点对的联系强度之和(即节点通过直接相连产生的联系效用)来表达。这种联系效用需反映线网涉及的节点在区域经济发展、客流需求和区域轨道交通网络结构中的地位。因此，结合前面讨论的节点综合重要度，采用式(4-10)表示线网中由连边重要度来表达的结构适应性。

$$D(e_{ij}) = \frac{D(v_i) \cdot D(v_j)}{l_{ij}^2} \tag{4-10}$$

其中，$D(e_{ij})$ 为连边重要度；l_{ij} 为节点 v_i 与节点 v_j 之间的地理距离。

可见，连边重要度随着节点在区域经济发展、客流需求和区域轨道交通网络结构中的重要度的增加而提高，但同时距离增加会削弱这条连边对整体线网的贡献。此时，线网结构适应性表示为

$$F_1(X) = \sum_{1 \leqslant i < j \leqslant N} D(e_{ij}) \cdot x_{ij} \tag{4-11}$$

其中，x_{ij} 为节点 v_i 与节点 v_j 之间的连接决策变量，若直接相连，即决策规划建设这条边，则 $x_{ij} = 1$；反之，$x_{ij} = 0$。

(2) 线网建设投资与建设运营效益。

轨道交通建设的大规模投资会带来巨大的债务压力，甚至造成债务风险。因此，轨道交通的规划建设必须考虑建设投资及将来的经营管理模式，以保证轨道交通的可持续发展。

建设投资包括线路及场站建设、固定及移动设施设备投资和附带开发投入等。总投资的划定限制了线路物理体量的最高值，超出这一约束将带来国家经济、地方经济的过重负担，影响区域发展质量，同时会带来运营阶段的资金压力。

建设运营效益由收入和成本共同组成。轨道交通的运营收入包括票款收入和其他营业收入，是轨道交通运输企业在生产过程中，在一定时期内向旅客提供运输等服务所取得的收入，是完成运输生产工作的生产成果的货币体现[84]。轨道交通的成本包含建设成本、运营成本、折旧成本和财务成本。建设成本即线网设施建设的投资额；运营成本是指城际轨道交通运营企业在实际开展业务过程中产生的能源、耗材等物质性消耗支出和人力资源成本；折旧成本包含固定资产折旧、设备修理支出等，涵盖了土建工程折旧和

移动设备折旧；财务成本则主要指运营期间为筹集运营所需资金而发生的各项费用，如贷款利息，通常可以用费率比例表示。

结合我国相关项目实施的实际情况，轨道交通线网的远期收入情况在规划阶段应作为规划必要性分析的部分进行讨论，其具体收益在规模控制阶段因成本预估等问题上的困难使其作为目标性指标无法较为准确地衡量，因此考虑对于这一部分的需求影响，拟采用总投资体量的预期作为主要考量目标。

(3) 线网服务质量。

区域轨道交通的使用者更在意轨道交通的出行体验，即线网设施提供运输服务的质量。本节从复杂网络的角度考量线网的服务质量。对于区域轨道交通的可达性，目前主要从有效评价交通成本指标、日可达性指标和潜力模型等方面进行衡量方法的设计。

基于复杂网络相关理论，在此选用网络效率 E 这一指标，较直观地表达一个网络对要素的传输效率，定义为网络节点间距离倒数的平均值，即

$$E=\frac{2}{N(N-1)}\sum_{1\leqslant i<j\leqslant N}\frac{1}{d_{ij}} \tag{4-12}$$

其中，N 为网络中选定的节点数；d_{ij} 为节点 v_i 与节点 v_j 之间最短路径上的边数。然而，实际上区域轨道交通网络并非简单连接的无向无权的网络。不同节点间的连接在现实中的映射具有较大差距，使得两节点间的可达性不能单纯使用边数来表达。所以，此处基于区域轨道交通物理网络构成的加权网络对网络效率的计算进行改进：

$$E=\frac{2}{N(N-1)}\sum_{1\leqslant i<j\leqslant N}\frac{1}{L_{ij}} \tag{4-13}$$

其中，L_{ij} 为节点 v_i 与节点 v_j 之间的最短路径距离。

3) 合理布局规模选择模型

整体而言，为了能够从规划层面宏观上对项目实施做出有效指导，线网布局规模的控制目标和约束是多元而往往相悖的。基于轨道交通的功能特点和区域分工，本书提出区域轨道交通线网合理规划布局的目标为：要求布局选择能够完整连接区域内的主要客流集散点，能够高度契合和支撑区域社会经济与城市群结构的发展，在满足建设和运营可持续发展的同时，能够较好地提供便捷和舒适的城际出行服务，并且线网建设的投资规模在可承担范围内。将各类主体的追求目标和相应的约束进行整理与联立，得到区域轨道交通线网合理布局规模测算思路，如图 4-2 所示。

下面根据上述思路构建双目标规划模型。

(1) 线网连边重要度总值最大目标。

根据上面的分析，规划投资和政策控制主体的核心需求，是通过线网建设对社会整体发展带来非营收性的效益。基于此，使用线网的结构适应性即布局选择的邻接城市节点间关联度来表达城际轨道交通线网对社会效益的贡献程度，模型将线网结构适应性指标值最大化作为一项目标，即

$$\max F_1(X)=\sum_{1\leqslant i<j\leqslant N}D(e_{ij})=\sum_{1\leqslant i<j\leqslant N}\frac{D(v_i)\cdot D(v_j)}{l_{ij}^2}\cdot x_{ij} \tag{4-14}$$

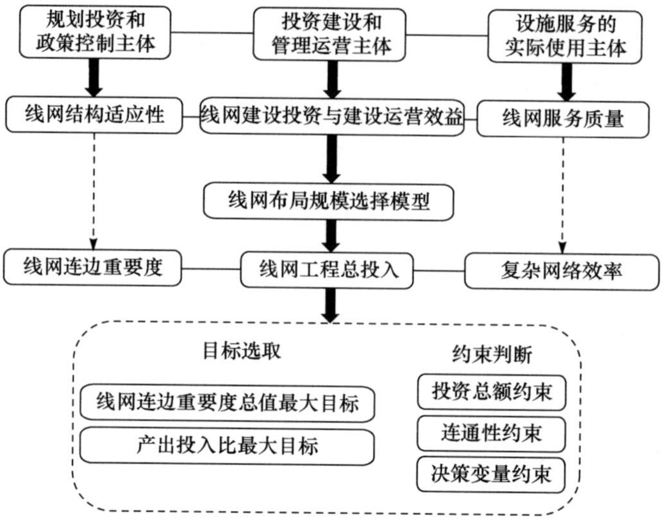

图 4-2　区域轨道交通线网合理布局规模测算思路

(2) 产出投入比最大目标。

投资建设和管理运营主体与设施服务的实际使用主体之间存在较强的联系，分析这两类主体的需求，显然前者关注的是在提供服务的过程中对总投入的控制，以达到相应的运管目标；后者关注的是前者提供的运输服务质量能否充分满足其出行的便捷性、快速性和舒适性等要求。两个目标之间相互制约，相互影响。区域轨道交通线网在区域综合交通运输体系中扮演着骨干角色，但其建设运营投入巨大。从“性价比”的角度考虑线网布局规模的优化目标，采用两者核心需求的目标之比进行量化。此时，结合前面的分析，区域轨道交通线网的“产出”是设施服务的实际使用主体得到的服务质量；“投入”是投资建设和管理运营主体的建设运管投入，此处使用总投资体量的预期作为主要考量目标。由此可得优化目标为

$$\max F_2(X)=\frac{D_{\text{accessibility}}}{C_{\text{investment}}} \tag{4-15}$$

式中，

$$D_{\text{accessibility}}=E=\frac{2}{N(N-1)}\sum_{1\leqslant i<j\leqslant N}\frac{1}{L_{ij}}$$

$$C_{\text{investment}}=\bar{C}\cdot L$$

$$L=\lambda\sum l_{ij}\cdot x_{ij}$$

$$l_{ij}=\sqrt{(x_i-x_j)^2+(y_i-y_j)^2}$$

其中，$\bar{C}$ 为轨道交通线路平均单位里程的造价；L 为规划线网的总里程；λ 为轨道线路非直线系数；l_{ij} 为节点 v_i 到节点 v_j 的地理距离；x_{ij} 为邻接关系决策变量，以 1 和 0 分别表示节点 v_i 与节点 v_j 相连和不相连；x_i、y_i、x_j、y_j 为节点的空间坐标。

(3) 约束判断。

① 投资总额约束。

路网建设的投资总额是布局规模最直接的约束控制，决定了区域内路网里程建设的上限。合理控制布局规模，在满足线网建设目标的情况下尽可能压缩建设成本。此处的建设成本特指线路的造价，不讨论城市节点的站场建设、设备投资和连带商业开发等投入。

$$C_{\text{investment}} \leqslant C_{\text{budget}} \tag{4-16}$$

② 连通性约束。

为了保证轨道交通单一方式在城际出行意义上的可达性，线网必须能够将区域内选定的城市节点连通。根据图论对连通图的定义，即一个图中任意两点间至少有一条边相连。对于无向图，即对图中任意两点 v_i 与 v_j ，总存在至少一个点边序列 $(v_{i0},e_{i1},v_{i1},e_{i2},\cdots,e_{ik},v_j)$ 构成的链，使得 v_i 与 v_j 相连。若不连通，则至少存在某两点间没有路径可以使之连通，此时该两点间的最短路径距离为∞。因此，使用式(4-17)对模型提出约束，对于 $G=(V,E)$ ，有

$$\exists\tau \geqslant 0,\quad \forall v_i,v_j \in V, l_{ij} \leqslant \tau \tag{4-17}$$

此外，考虑线网应具有一定可靠性，于是提出基于连通性能的约束：

$$\bar{D}(G) \geqslant \gamma \tag{4-18}$$

其中，$\bar{D}(G)$ 为网络的平均节点度；γ 为常数，其值根据区域发展水平和线网发展阶段而定。

③ 决策变量约束。

模型中的决策变量为城市节点间的邻接关系，即

$$X=(x_{ij})_{n\times n}=\begin{bmatrix} x_{11} & \cdots & x_{1n} \\ \vdots & & \vdots \\ x_{n1} & \cdots & x_{nn} \end{bmatrix} \tag{4-19}$$

其中，$x_{ij}\in\{0,1\}$ ，且 $x_{ij}=x_{ji}$ 。当 $x_{ij}=1$ 时，表示在线网布局规模测算结果中，v_i 与 v_j 通过城际轨道交通线路直接相连，否则 $x_{ij}=0$ 。

4) 线网合理布局规模测算模型的求解

区域轨道交通线网的布局规模测算模型为双目标、非线性的 0-1 整数规划模型。针对多目标最优化问题，以决策者偏爱信息为划分依据，主要有事先评价法、事中评价法和事后评价法三类求解方法[85,86]。其中，事后评价法通过先寻求多目标问题的有效解的集合，然后由决策人挑选最为满意的解的方式对问题进行求解，主要方法有变权线性加权法、ε-约束法、同伦法和边界垂直相交法等。考虑到在所建模型的两个目标函数之间寻找合理的综合评价函数较为困难，而目标中 $F_1(X)$ 为简单线性函数，故本书选择基于 ε-约束法的思想对多目标模型做单目标转化后进行求解。基于此，设计布局规模选择模型的求解步骤如下。

(1) 基本参数输入：城市节点集合 v_i ，各城市的节点综合重要度 $D(v_i)$ ，城市节点间地理距离矩阵 l_{ij} ，区域内各类轨道交通线路平均单位里程造价 $\bar{C}$ 。

(2) 以 $\max F_1(X)=\sum\limits_{1\leqslant i<j\leqslant N} D(e_{ij})=\sum\limits_{1\leqslant i<j\leqslant N}\dfrac{D(v_i)\cdot D(v_j)}{l_{ij}^2}\cdot x_{ij}$ 为第一目标，保持约束条件不变进行求解，得到 $F_1^{\max}(X)=\varepsilon_0$。

(3) 在模型约束条件中加入 $F_1(X)\leqslant\varepsilon$，$\varepsilon<\varepsilon_0$，然后对第二目标进行求解：

$$\max F_2(X)=\frac{D_{\text{accessibility}}}{C_{\text{investment}}}=\frac{\dfrac{2}{N(N-1)}\sum\limits_{1\leqslant i<j\leqslant N}\dfrac{1}{L_{ij}}}{\bar{C}\cdot L} \tag{4-20}$$

$$\text{s.t.}\begin{cases}\bar{C}\cdot L\leqslant C_{\text{budget}}\\ \exists\tau\geqslant 0,\quad \forall v_i,v_j\in V,L_{ij}\leqslant\tau\\ \bar{D}(G)\geqslant\gamma\\ x_{ij}\in\{0,1\}\end{cases}$$

(4) 枚举 $(x_{ij})_{n\times n}$，$x_{ij}\in\{0,1\}$，生成备选解空间 R^x，$R^x=\left\{\left(x_{ij}\right)^1,\left(x_{ij}\right)^2,\cdots,\left(x_{ij}\right)^{n(n-1)}\right\}$，令 $k=1$，初始化最优解集 $X^{\max}=\left\{\left(x_{ij}\right)^1\right\}$，目标函数最优值为 $F_2^{\max}(X^{\max})=0$。

(5) 当 $k>n(n-1)$ 时，进入步骤(8)，否则令 $X=\left(x_{ij}\right)^k$，判断该解是否满足 $\bar{C}\cdot L\leqslant C_{\text{budget}}$、$F_1(X)\leqslant\varepsilon$、$\bar{D}(G)\geqslant\gamma$ 三项约束，若满足，则进入下一步；否则，令 $k=k+1$，重复步骤(5)。

(6) 以 X 为邻接矩阵构建图 $G^k=\left(V,E^k\right)$，使用 Floyd 算法依次计算图 G^k 中任意两点间的最短路径距离 L_{ij}。若存在至少一对节点间的最短路径距离不可得，即此两点间不连通，此时该解不满足连通约束，则令 $k=k+1$，返回步骤(5)；否则，进入下一步。

(7) 按步骤(6)所得各项 L_{ij} 计算 $F_2(X)$。若 $F_2(X)>F_2^{\max}(X)$，则令 $X^{\max}=\varnothing$，然后将 $\left(x_{ij}\right)^k$ 加入最优解集 $X^{\max}$，此时 $F_2^{\max}(X)=F_2(X)$，令 $k=k+1$，返回步骤(5)；若 $F_2(X)=F_2^{\max}(X)$，则将 $\left(x_{ij}\right)^k$ 加入最优解集 $X^{\max}$，并令 $k=k+1$，返回步骤(5)；若 $F_2(X)<F_2^{\max}(X)$，则令 $k=k+1$，返回步骤(5)。

(8) 输出此时的最优解集 $X^{\max}$、对应目标函数最优值 $F_2^{\max}(X)$ 及线网总里程 L。

通过上述步骤可得布局规模选择模型的最优解(集)，对应的线网布局规模为 $X^{\max}$ 包含的邻接矩阵方案，此时线网总里程的长度为 L。

5) 线网合理布局规模测算模型解的修正

在区域轨道交通线网的规划实践中，线网的进一步选线还需要结合区位线、交通走廊等宏观概念进行线网架构的具体划定，并考虑在既有线上开行城际列车的可行性。基于这些宏观概念难以在模型中体现并量化的考虑，并且区位线、交通走廊在一定程度上与前述的指标相关联，本节在前面所述模型的基础上，对最终求解结果所得的线网进行修正和调整，使所得的线网规模在规划控制阶段更具合理性和可参考性。

(1) 基于既有线和高等级干线铁路线路规划的修正。通过比对相同时期的既有线和高等级干线铁路建设实施与规划情况，考虑利用干线铁路开行城际列车以承担区域内城际客流的可能性。对于前面研究求得的线网规模，可挑选备用能力充足的干线铁路承担部分区间的客流，并从线网规模中对此部分进行筛选和剔除。同时，在客流需求相对较小的外围环线和支线上进行适当选取，将一部分线路划为远景预留线路，以备后续规划的选用调整。

(2) 基于长程线路和短程线路重叠的修正。某些城市节点的社会经济发展水平较高、客流需求大，或在路网中处于枢纽位置，导致此类节点间的线路重要度高，规模求解对这些节点具有较大的倾向性。在满足约束条件的前提下，模型解可能出现长程线路和短程线路的重叠。因此，可对求解结果中存在的长程线路进行修正：根据节点之间的地理相对位置，保证局部线路走向不变，进行线路的适当删减和调整，如图 4-3 所示。在有足够的客流需求条件下，也可保留同一通道上的多条平行线路，或为通道上远期修建平行线路和多线多用预留条件。

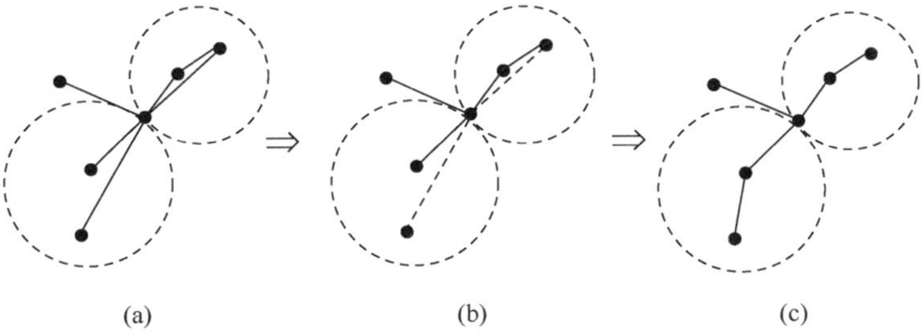

图 4-3　基于长程线路和短程线路重叠的修正

(3) 基于区域空间形态和地理特征的修正。在规模研判阶段，本节建立的模型未能在区域空间形态上加以约束和影响。同时，由于地理条件对线路修建的影响较为复杂，对工程成本、选线走向等均会带来结果上的差异，有时甚至是颠覆性的，如城市节点间存在巨大地形阻碍等。因此，考虑在数据可获得的前提下，一方面依据城市群的空间结构类型，包括单中心型、多中心型、走廊型和复合型等，对线网的部分不协调线路进行修正；另一方面对受地理特征影响存在实施困难的线路进行适当删减，以提高合理规模求解的可参考性。

(4) 基于区域轨道交通复杂网络特征的修正。此处考虑到区域轨道交通线网在复杂网络拓扑特征上具有一般水平，对模型的求解做进一步修正，如对网络平均度(连通度)、网络密度和特征路径长度的数值进行一般性约束，使网络的性能更佳，在规模控制阶段对线网应达到的性能和规模要求提出限定。此类修正可作为额外约束条件加入合理布局规模的测算模型，也可在求解后作为对模型解的适应性检验，用以提出进一步改进方案。

4.1.2　区域多制式轨道交通线网衔接布局理论与方法

1. 城际交通走廊的线网协同布局优化模型

1) 城际交通走廊的轨道交通系统描述

国内外学者对交通走廊上的干支线公交线网的协同优化布局问题已有研究，多是基

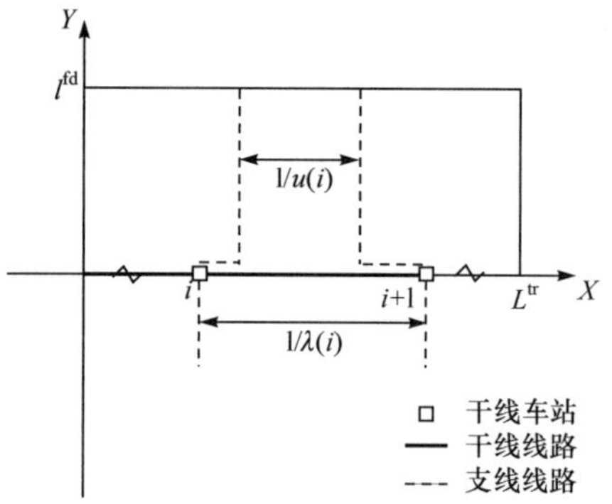

图 4-4　城际交通走廊的轨道交通干支线系统理论架构图

于交通走廊上的一条轨道交通线路或快速公交线路和与之相接驳的公交这一服务系统的规划设计进行协同优化[87-91]。本节结合城际交通走廊特征，建立基于城际交通走廊的轨道交通线网协同布局优化模型。基于城际交通走廊的轨道交通系统也可视为一个干支线公交服务系统，主干线路主要为干线铁路，城际铁路和市域(郊)铁路则视为其接驳线路，整个系统服务于一个带状的城市群地区，通过接驳线路扩大轨道交通的服务范围。在矩形服务区域内，主干线路沿 X 轴布设，与其接驳支线垂直于主线、平行于 Y 轴布设，并接入 X 轴上的车站，如图 4-4 所示。其中，L^{tr} 表示交通走廊上干线的长度，l^{fd} 表示接驳支线在 Y 轴的服务边界，$u(i)$ 表示 i 站与 $i+1$ 站间接驳支线的分布密度，$\lambda(i)$ 表示干线车站分布密度。

2) 模型假设

(1) 根据文献[91]的研究结论，接驳线路的站点分布的变化仅仅带来小于 0.4%的总费用减少。因此，支线的站点设置暂不做考虑，只考虑其在 X 轴上的分布密度；

(2) 干支线服务系统的服务边界暂且考虑矩形区域，即所有支线在 Y 轴上的长度一样；

(3) 接驳支线与干线垂直，当到达干线沿线附近时，随即转为平行于干线布设，接入最近的干线车站；

(4) 乘客步行至离其出发地最近的支线，而不考虑等候时间和列车速度；

(5) 乘客搭乘支线到达与干线的换乘站后，需换乘干线到达其最终目的地；

(6) 客流在每个干线车站附近服从正态分布；

(7) 干线列车发车间隔足够小，故可以忽略乘客等候时间；

(8) 支线运输能力足够，能一次性承载所有候车乘客，且乘客不会因舒适度等原因等候下一班列车；

(9) 仅考虑支线分布于干线的一侧。

3) 变量及参数

表 4-1 定义了城际交通走廊的线网布局优化模型中涉及的变量和参数。

表 4-1　城际交通走廊的线网布局优化模型中涉及的变量和参数

符号	定义及描述
决策变量	
$u(x)$	接驳支线在 X 轴上的分布密度
$g(x)$	接驳支线的列车发车频率
参数	
$\lambda(x)$	干线车站的分布密度
$P(x)$	通过支线到达干线车站的近似客流量

续表

符号	定义及描述
l^{fd}	Y 轴方向上的支线长度
v^{fd}	支线列车的平均旅行速度
γ_A	单位距离的平均步行费用
γ_B	单位距离接驳支线列车的平均运营费用
γ_R	单位时间的平均乘车费用
γ_W	单位时间乘客候车的平均候车费用

4) 模型构建

基于城际交通走廊的线网布局优化模型同时考虑了干支线服务系统的线网规划布局，以使用者和运营者的总费用最小为优化目标。其中，使用者费用包括步行至接驳支线的费用 C_A、在支线车站的候车费用 C_W、在支线列车上的搭乘费用 C_R^{fd}，运营者费用主要体现为列车的运营费用 C_O^{fd}。因此，总费用 C 及目标函数表示为

$$\min C = C_A + C_W + C_R^{fd} + C_O^{fd} \tag{4-21}$$

根据假设条件，乘客步行至离出发地最近的接驳支线，所以乘客为搭乘支线列车，沿 X 轴的平均步行距离为 $1/(4u(x))$。因此，在任一 x 附近，乘客步行至支线的总费用为

$$C_A(x) = \gamma_A \cdot P(x)/(4u(x)) \tag{4-22}$$

一个乘客的平均候车时间为支线列车发车间隔的一半。因此，在任一 x 附近，乘客候车的总费用为

$$C_W(x) = \gamma_W \cdot P(x)/(2g(x)) \tag{4-23}$$

与平均步行距离类似，支线列车在 X 轴上的平均乘车距离为 $1/(4\lambda(x))$，因此乘客乘坐支线列车在 X 轴上的平均乘车时间为 $1/(4\lambda(x)v^{fd})$。在任一 x 附近，乘客乘车的总费用为

$$C_R^{fd}(x) = \frac{\gamma_R P(x)}{4v^{fd}\lambda(x)} \tag{4-24}$$

支线列车在 X 轴的运营里程与乘客沿 X 轴的平均乘车距离相同，在 Y 轴的运营里程与服务边界距离相同。因此，支线列车平均往返一趟的运营距离为 $2[l^{fd} + 1/(4\lambda(x))]$。在干支线系统服务区域内，单位时间需要的支线列车总列数为 $u(x)g(x)$。因此，在任一 x 附近，单位时间运营支线列车的总费用为

$$C_O^{fd}(x) = 2\gamma_B[l^{fd} + 1/(4\lambda(x))]u(x)g(x) \tag{4-25}$$

综上，单位长度、单位时间的系统总费用 $\varphi(x)$ 可表示为

$$\varphi(x) = \frac{\gamma_A \cdot P(x)}{4u(x)} + \frac{\gamma_W \cdot P(x)}{2g(x)} + \frac{\gamma_R P(x)}{4v^{fd}\lambda(x)} + 2\gamma_B\left[l^{fd} + \frac{1}{4\lambda(x)}\right]u(x)g(x) \tag{4-26}$$

5) 模型求解

显然，若干线车站分布是既定的，则单位长度、单位时间的系统总费用 $\varphi(x)$ 只由支线分布密度 $u(x)$ 和支线列车发车频率 $g(x)$ 决定。对 $\varphi(x)$ 的表达式关于 $u(x)$ 和 $g(x)$ 分别求偏导，并令其等于 0，联立求解即可得到 $u(x)$ 、$g(x)$ 的最优表达式。最优解 $u^*(x)$ 和 $g^*(x)$ 的表达式如下：

$$
\begin{aligned}
u^*(x) &= \sqrt[3]{\frac{\gamma_A^2 P(x)\lambda(x)}{4\gamma_B\gamma_W(4l^{fd}+1)}} \\
g^*(x) &= \sqrt[3]{\frac{2\gamma_W^2 P(x)\lambda(x)}{\gamma_A\gamma_B(4l^{fd}+1)}}
\end{aligned}
\tag{4-27}
$$

在此尽管暂未考虑客流在干线两侧的分布，但这与 Wirasinghe[88]建立的模型求得的最优解表达式类似，其模型同样假设了支线列车有足够的运输能力，而与发车频率无关。

为了解决该优化问题，可运用微分的思想将客流走廊上的干线分割为若干小段，并将通过支线轨道到达各干线车站的离散客流量转变为在这若干小段上的近似连续需求函数，使其符合在离散站点周边正态分布。最终，运用 MATLAB 软件实现计算求解。

2. 基于都市圈的放射形线网协同布局优化模型

1) 基于都市圈的放射形轨道交通系统描述

除了对矩形区域内的线网布局问题进行研究，相关研究学者也将其拓展到放射形线网布局的建模优化上[92-94]。在中心城市辐射带动的都市圈范围内，轨道交通系统通常汇聚于城市中心区，并呈放射形向外辐射，且制式多样。因此，本节结合多制式轨道交通特征，建立基于都市圈的放射形线网协同布局优化模型。为便于建模，该模型采用极坐标形式进行描述。如图 4-5 所示，都市圈以 O 为圆心向外辐射，多条放射形线路以 O 为

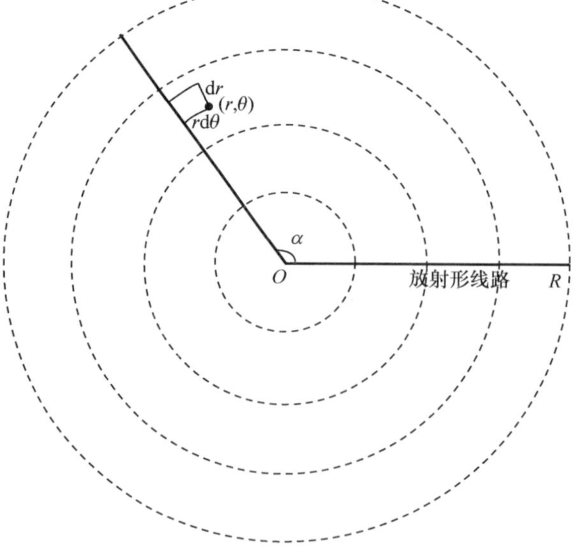

图 4-5　基于都市圈的轨道交通系统理论架构图

圆心、R 为半径分布，夹角为 $\alpha \in [0,2\pi]$ 的两条放射形线路所围成的扇形区域即理论研究范围，也是放射形轨道交通服务系统的服务范围。当 $\alpha = 2\pi$ 时，即考虑整个都市圈范围。在这样一个都市圈轨道交通服务系统内，任意一个可产生客流需求的点记为(r, θ)。

2) 模型假设

(1) 所有乘客选择并使用离其居住地最近的放射形线路前往圆心方向，或是以中央商务区(central business district，CBD)地区为目的地，或是需要在 CBD 地区换乘其他线路；

(2) 所有乘客通过圆周方向从居住地到放射形线路附近，而非通过垂直于放射形线路的直线方向；

(3) 乘客到达放射形线路附近后，沿放射形线路到达最近的轨道车站；

(4) 车站分布不受放射形线路的数量和线路分布影响；

(5) 对于每一个乘客仅有一条合理的出行线路，并且乘客乘车费用(与乘车时间相关的费用)与放射形线路的数量和线路分布无关；

(6) 所有乘客均乘坐放射形线路往来于城市中心，且所有放射形线路的旅行时间相同，因此可以忽略对乘车费用的优化。

3) 变量及参数

表 4-2 定义了基于都市圈的放射形线网布局优化模型中涉及的变量和参数。

表 4-2　基于都市圈的放射形线网布局优化模型中涉及的变量和参数

符号	定义及描述
决策变量	
$u(\theta)$	放射形线路的分布密度，即角度 θ 范围内的放射形线路条数；对研究范围内的 $u(\theta)$ 求和即可获得网络中总的放射线条数
$g(\theta)$	角度 θ 范围内单位时间放射形线路列车发车频率
需求变量	
$p_m(r,\theta)$	单位面积内每天通过交通方式 m 到达放射形线路的客流发生量
$p(r,\theta)$	单位面积内每天产生的客流量
$q(r,\theta)$	单位面积内每天吸引的客流量
参数	
T	放射形轨道交通系统每天的运营时长
γ_{am}	平均每人每公里通过交通方式 m 到达轨道车站或返回居住地的费用
γ_a	平均每人每公里到达轨道车站或返回居住地的通用费用
γ_w	平均每人每小时候车费用
λ_o	平均每天列车单位距离的运营费用
λ_L	平均每天单位里程的线路运维费用
$L(\theta)$	角度 θ 处放射形线路的长度
$C(\theta)$	角度 θ 处城市边界的距离

续表

符号	定义及描述
α	研究区域所覆盖的角度，若研究整个都市圈，则 $\alpha=2\pi$
ξ	(r,θ) 处的出发客流需要换乘的百分比；暂不考虑列车时刻表的协同，换乘客流需要额外的等待时间

4) 模型构建

在角度 θ 附近两条放射形线路的平均角距离为 $1/u(\theta)$，因此从出发点到最近的放射形线路的平均弧长为 $r/(4u(\theta))$，从轨道线路返回居住地的平均距离与此相同。

乘客可通过不同的交通方式从出发点或居住地去往最近的放射形轨道线路，如步行、自行车、接驳巴士、驾车或搭车换乘等。由于每种交通方式去往轨道线路所产生的费用(如等车、乘车、停车、步行等环节)不同，在此进行归一化处理，得到一个通用的到达轨道车站或返回居住地的费用，即

$$\gamma_{\mathrm{a}}(r,\theta)=\sum_{m}\frac{p_m(r,\theta)\gamma_{\mathrm{a}m}}{p(r,\theta)} \tag{4-28}$$

假设这个通用费用不随居住地的不同而变化，令其为一个常数 γ_{a}，即

$$\gamma_{\mathrm{a}}(r,\theta)=\gamma_{\mathrm{a}} \tag{4-29}$$

考虑都市圈的一部分，即角度 α 所涵盖的区域，对于任意一点 (r,θ) 的客流去往最近的放射形线路和返回出发点的总费用分别表示如下：

$$\begin{cases}\int_0^{\alpha}\int_0^{C(\theta)}\dfrac{1}{4u(\theta)}r\gamma_{\mathrm{a}}p(r,\theta)r\mathrm{d}r\mathrm{d}\theta\\ \int_0^{\alpha}\int_0^{C(\theta)}\dfrac{1}{4u(\theta)}r\gamma_{\mathrm{a}}q(r,\theta)r\mathrm{d}r\mathrm{d}\theta\end{cases} \tag{4-30}$$

列车时刻表与发车间隔将影响乘客候车时间。如果列车是按点运行的，且乘客需要严格按照车次乘车，乘客提前获知关于列车时刻的信息就很有必要；而对于发车频率高的线路，乘客对列车时刻表的关注度就会降低，列车时刻对乘客的影响也有所减小。此外，对于高峰期的通勤，乘客通常会经历延误，这里延误是指因高峰期列车拥挤需要等候下一班列车或客流太大需要采取限流等措施时需要排队增加等待时间等造成乘客到达目的地的时间比平峰期有所延长。因此，本模型考虑到平均候车时间的变化。例如，如果列车发车频率足够高，且乘客没有提前预知列车到站时刻及拥挤程度，考虑到达目的地的延误，则平均候车时间等同于列车的发车间隔。但是如果列车按点运行、乘客按点到站乘车，或是乘客出行目的为平峰期的休闲娱乐，则平均候车时间等同于列车发车间隔的一半。因此，在此引入参数 $k\in[0.5,1]$ 表示平均候车时间占列车发车间隔的百分比。

此外，还需要考虑到一些乘客需要在城市中心换乘另一条线到达最终目的地，这会增加一倍的候车时间，用 ξ 表示需要换乘的客流比例。如果换乘每一条放射形线路的概率相同，那么 ξ 值可以近似描述为

$$\xi = 1 - 1/(n-1) \tag{4-31}$$

其中，n 为区域内放射形线路的总数。然而，受客流分布和城市功能分布的影响，ξ 值可以在 0～1 变化。因此，将乘客总的候车费用描述为

$$\int_0^{\alpha}\int_0^{C(\theta)} \frac{k\gamma_{\mathrm{w}}}{g(\theta)}(1+\xi)p(r,\theta)r\mathrm{d}r\mathrm{d}\theta \tag{4-32}$$

从运营主体角度出发，运营费用关乎列车数量和运营里程。一天内高峰期、平峰期、低峰期的列车发车频率是不同的，通常由运营主体根据实际运营情况确定，同时受政府主管部门调控。因此，从线网规划布局角度看，运营总费用取决于线路的数量及其长度，将其描述如下：

$$\int_0^{\alpha} 2Tu(\theta)L(\theta)g(\theta)\lambda_{\mathrm{o}}\mathrm{d}\theta \tag{4-33}$$

线路运维总费用为整个轨道交通线网上的资金投入，关乎线网规模，将其描述如下：

$$\int_0^{\alpha} u(\theta)L(\theta)\lambda_{\mathrm{L}}\mathrm{d}\theta \tag{4-34}$$

综上所述，将各项总费用加和即可得到系统整体费用 Z，包括乘客从居住地往返轨道车站的总费用、乘客候车总费用、列车运营总费用及线路运维总费用等，其表达式如下：

$$\begin{aligned} Z = &\int_0^{\alpha}\int_0^{C(\theta)} \frac{1}{4u(\theta)} r\gamma_{\mathrm{a}}(p(r,\theta)+q(r,\theta))r\mathrm{d}r\mathrm{d}\theta \\ &+\int_0^{\alpha}\int_0^{C(\theta)} \frac{k\gamma_{\mathrm{w}}}{g(\theta)}(1+\xi)p(r,\theta)r\mathrm{d}r\mathrm{d}\theta \\ &+\int_0^{\alpha} 2Tu(\theta)L(\theta)g(\theta)\lambda_{\mathrm{o}}\mathrm{d}\theta + \int_0^{\alpha} u(\theta)L(\theta)\lambda_{\mathrm{L}}\mathrm{d}\theta \end{aligned} \tag{4-35}$$

5) 模型求解

为便于求解，令

$$\begin{cases} S_1(\theta) = \int_0^{C(\theta)} rp(r,\theta)\mathrm{d}r \\ S_p(\theta) = \int_0^{C(\theta)} r^2 p(r,\theta)\mathrm{d}r \\ S_q(\theta) = \int_0^{C(\theta)} r^2 q(r,\theta)\mathrm{d}r \end{cases} \tag{4-36}$$

可见，乘客总候车费用可视为关于 $S_1(\theta)$ 的函数，乘客从居住地往来于轨道线路的总费用可视为关于 $S_p(\theta)$ 和 $S_q(\theta)$ 的函数。若再假设放射形线路的长度等同于城市边界，即 $L(\theta)=C(\theta)$，则系统整体费用 Z 的表达式可改写为

$$\begin{aligned} Z = &\int_0^{\alpha} \frac{1}{4u(\theta)}\gamma_{\mathrm{a}}\left(S_p(\theta)+S_q(\theta)\right)\mathrm{d}\theta + \int_0^{\alpha} \frac{k\gamma_{\mathrm{w}}}{g(\theta)}(1+\xi)S_1(\theta)\mathrm{d}\theta \\ &+\int_0^{\alpha} 2Tu(\theta)L(\theta)g(\theta)\lambda_{\mathrm{o}}\mathrm{d}\theta + \int_0^{\alpha} u(\theta)L(\theta)\lambda_{\mathrm{L}}\mathrm{d}\theta \end{aligned} \tag{4-37}$$

为了得到最优的Z，首先对式(4-37)关于$g(\theta)$求偏导，并令其等于0，得

$$\frac{-k\gamma_{\mathrm{w}}}{g^2(\theta)}S_1(\theta)(1+\xi)+2Tu(\theta)L(\theta)\lambda_{\mathrm{o}}=0 \tag{4-38}$$

由此可解得最优$g(\theta)$的表达式如下：

$$g(\theta)=\left[\frac{k\gamma_{\mathrm{w}}(1+\xi)S_1(\theta)}{2TL(\theta)\lambda_{\mathrm{o}}u(\theta)}\right]^{1/2} \tag{4-39}$$

将得到的$g(\theta)$代入Z的表达式，有

$$Z=\int_0^{\alpha}\left[\frac{\gamma_{\mathrm{a}}\left(S_p(\theta)+S_q(\theta)\right)}{4u(\theta)}+2\left[2kT\gamma_{\mathrm{w}}(1+\xi)L(\theta)\lambda_{\mathrm{o}}S_1(\theta)u(\theta)\right]^{1/2}+u(\theta)L(\theta)\lambda_{\mathrm{L}}\right]\mathrm{d}\theta \tag{4-40}$$

再对式(4-40)关于$u(\theta)$求偏导，并令其等于0，得

$$\frac{-\gamma_{\mathrm{a}}\left(S_p(\theta)+S_q(\theta)\right)}{4u^2(\theta)}+\left[\frac{2kT\gamma_{\mathrm{w}}L(\theta)\lambda_{\mathrm{o}}(1+\xi)S_1(\theta)}{u(\theta)}\right]^{1/2}+L(\theta)\lambda_{\mathrm{L}}=0 \tag{4-41}$$

式(4-41)可改写为

$$u^{1/2}(\theta)+\left[\frac{2kT\gamma_{\mathrm{w}}\lambda_{\mathrm{o}}(1+\xi)S_1(\theta)}{\gamma_{\mathrm{L}}^2L(\theta)}\right]^{1/2}=\frac{\gamma_{\mathrm{a}}\left(S_p(\theta)+S_q(\theta)\right)}{4L(\theta)\lambda_{\mathrm{L}}}\cdot u^{-3/2}(\theta) \tag{4-42}$$

若给定所有放射形线路一个固定的发车间隔值，$u(\theta)$的表达式可简化为

$$u(\theta)=\frac{1}{2}\left[\frac{\gamma_{\mathrm{a}}}{\lambda_{\mathrm{L}}+2Tg\lambda_{\mathrm{o}}}\cdot\frac{S_p(\theta)+S_q(\theta)}{L(\theta)}\right]^{1/2} \tag{4-43}$$

可见，θ范围内最优的放射形线路分布密度与往来于线路和居住地的总费用以及$S_p(\theta)$、$S_q(\theta)$之和的平方根成正比，与线路长度成反比。

4.2　区域多制式轨道交通枢纽协同布局技术

区域多制式轨道交通枢纽协同布局规划体系，在进行多制式枢纽规划时，首先需要对区域多制式轨道交通枢纽进行功能分类，确定枢纽备选点。其次优化区域多制式轨道交通枢纽站布局、枢纽站内的功能设计以及枢纽站城市功能设计。本节从宏观层面研究区域轨道交通协同布局规划理论与方法，因此侧重于研究和优化区域多制式轨道交通枢纽站布局。

4.2.1　区域多制式轨道交通枢纽特征分析及分类

1. 区域多制式轨道交通枢纽特征分析

当运输对象(货物、旅客)使用某种运输工具沿特定路线运行到达枢纽车站换乘时，该

枢纽车站能满足改用其他运输工具或使用其他路线运行。对于衔接两种及两种以上交通方式的场所称为枢纽车站。其中，综合交通枢纽作为综合交通网络中的重要节点，是实现两种或两种以上交通方式相互有效衔接和共用的节点系统。从宏观角度来说，经济发达的重要城市是综合交通枢纽；而从微观层面来说，综合交通枢纽则是一定区域内衔接城市内外客流的重要节点。依据国家新型城镇化的发展战略和“城市发展，交通先行”的规划理念，在城市群内部建设便捷快速的交通网络，将为城市群发展带来源源不断的动力。其中，在城市群内部打造功能层次分明、结构体系完善的区域轨道交通系统是适应城市群发育和发展的有效手段。而多制式轨道交通枢纽作为以轨道交通为主的综合交通枢纽，包括交通功能和城市功能，是区域多方向、多方式客流集散，转换交通方式和线路的地方，也是交通和城市融合发展的综合体，其合理的规划和设计是改善区域交通系统、提升综合交通服务和运营效率的重要环节。

区域多制式轨道交通枢纽功能可分为交通功能和城市功能，一般由轨道交通、常规公交、换乘通道、站厅、停车场和服务设施六个子系统组成，各子系统作为轨道交通枢纽的有机组成部分，相互区别、相互联系、相互作用，以实现出行者换乘舒适、安全和换乘时间最短的目标。区域多制式轨道交通枢纽作为一定区域内衔接多种轨道交通制式的车站，具有以下特征：①线路交汇点。多制式轨道交通枢纽一般处于客流量较大的集散地，从方式构成的角度，一般应包含两种及两种以上区域性轨道交通，以及配合的城市公共运输方式的站场设施。②内外衔接点。从功能的角度，区域多制式轨道交通枢纽内应实现各类对外轨道交通客运与地铁、轻轨、公交等各类城市公共交通方式的紧密衔接。③便捷换乘点。从服务的角度，强调以不同方式间的旅客集散、转换为主要服务目标，具有完善的利于换乘的公共转换区域、公共设施等。④功能融合点。轨道交通枢纽虽然是交通车站，但作为城市的一部分，同时还是交通功能与城市功能相互衔接、融合的场所，为旅客生活提供便捷服务。⑤一体化高效管理。从管理的角度，强调区域内轨道交通枢纽站之间要通过建立协调、先进的管理机制，科学运用信息化手段，推进一体化客运组织，更好地实现其安全、高效的功能目标。

2. 区域多制式轨道交通枢纽分类

区域多制式轨道交通枢纽衔接区域内外不同轨道交通方式以及城市公共交通等，其主要功能是实现“换乘、停车、集散、引导”。根据不同的分类原则，可对区域多制式轨道交通枢纽进行分类。按交通功能分类，多制式轨道交通枢纽因衔接的轨道交通方式不同而区分其交通服务，包括对外枢纽、市内枢纽和特定设施处枢纽；按交通方式分类，根据枢纽衔接的交通方式，可将多制式轨道交通枢纽分为轨道线路换乘枢纽和多方式交通换乘枢纽；按交通组织分类，可分为首末站换乘枢纽和中途站换乘枢纽；按布置形式分类，对于轨道交通枢纽内不同功能设施布局的方式，可将枢纽分为立体换乘枢纽和平面换乘枢纽；按服务范围分类，根据轨道交通枢纽服务区域和范围的不同，可将枢纽分为都市级枢纽、市-郊级枢纽和地区级枢纽。

区域多制式轨道交通枢纽具有“基础设施集成、换乘系统便捷、集散系统高效、信息平台共享、建设运营协调”五大内部属性和“促进区域联动、延伸城市发展、引导土地开发、优化运输效率”四大外部属性。这些基本属性决定了枢纽在本质交通功能的基础上，还具有服务、商业和休闲娱乐等城市功能，以体现枢纽的综合性。因此，将区域多制式轨道交通枢纽功能分为交通功能和城市功能。其中，交通功能主要是指枢纽内部的交通设施，为旅客提供交通服务；而城市功能则指枢纽内与交通功能一体化开发的城市综合体，可为旅客提供便捷的商业服务。

区域多制式轨道交通枢纽的交通功能的首要任务是为旅客提供交通出行服务，主要包括枢纽内各种运输方式客流的组织、各运输方式运输设备的组织以及多制式交通间的换乘设施设备的组织。枢纽规划设计过程中将不同轨道交通制式车站、常规公交车站、出租车站、社会车辆停车场等合理分布于不同功能区域，通过换乘通道、楼梯、自动扶梯等设施相连接，并在适当位置进行信息指示和引导，使旅客快速、顺畅、舒适地完成交通换乘。按照功能不同，可以将多制式轨道交通枢纽交通设施分为四大类，分别为场站类设施、通道类设施、信息类设施和服务类设施，如图 4-6 所示。

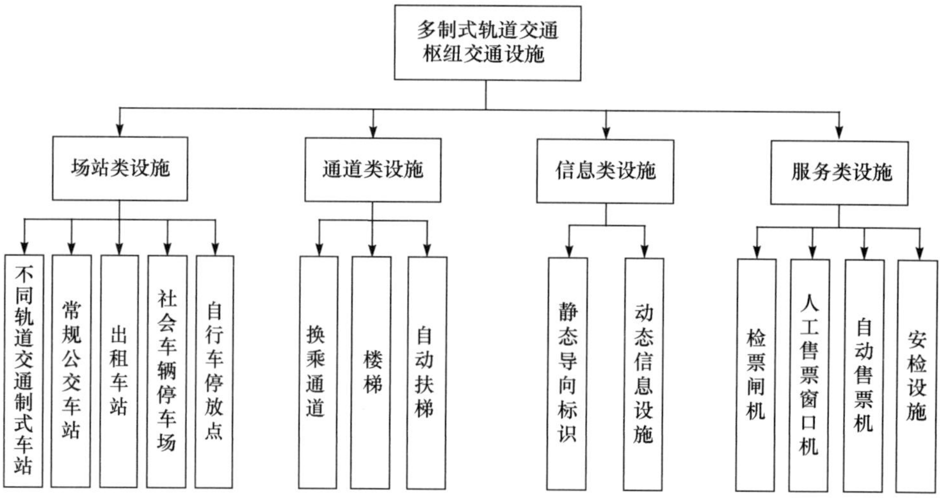

图 4-6 多制式轨道交通枢纽交通设施

3. 区域多制式轨道交通枢纽功能衔接模式

区域内出行涉及的轨道交通层次有干线铁路、城际铁路、市域(郊)铁路、城市轨道交通。根据线路制式和技术标准，又可细分为高速铁路、普速铁路、磁悬浮、地铁、轻轨、单轨、APM、有轨电车等。不同层次、不同制式的轨道交通根据各自不同的技术经济特征，有不同的功能定位和提供服务的业务领域。对于不同的轨道交通系统，一般可以在终点站与终点站、终点站与中间站或者中间站与中间站进行衔接。在不同车站环境下选取合适的换乘方式，是保证服务质量、提高运输效益的重要条件。一般可将衔接模式分为换乘衔接模式和贯通运营模式。

1) 换乘衔接模式概述

换乘衔接是指轨道交通各系统间的线路不接轨贯通，乘客通过轨道交通换乘站、枢纽站等进行不同线路单点或多点的换乘，借助有效、合理的换乘组织方式引导乘客乘降，从而实现不同层次系统的衔接。这种模式下，各层次轨道交通系统保持独立，可使用不同的车辆、信号、供电等系统制式。

2) 贯通运营模式概述

各层次轨道交通贯通运营的概念应包含两个层面的含义。从乘客出行的起讫角度，将轨道交通线路覆盖客流主方向，例如，市域(郊)铁路线路的通勤乘客在早高峰的目的地是城市中心区域，直接将市域(郊)铁路线路从郊区延伸至市中心无疑满足了这一需求，也减少了途中的换乘次数，这便是贯通运营的第一个层面的含义。然而，对于城市内部特别是中心区域，由于城市轨道交通、各类管线、建(构)筑物等的存在，可用的客运通道十分有限，往往不具备新线引入的条件或引入成本过高。在这个限制下，利用接轨站、联络线等将不同层次的几条轨道交通线路连接起来，实现不同层次列车在某些区段共线运营，既可以满足乘客直达目的地、减少换乘的需求，又克服了新线引入的困境；同时，由于减少了原换乘站的规模及换乘设备，而且不用在中心区建设新线，节省了大量的投资，对运输效益的提高大有裨益。因此，各层次轨道交通共线运营便是贯通运营的第二个层面的含义。

贯通运营是指在两条或多条相交的轨道交通线路上，借助接轨站、联络线等实现线路互联互通，使行车交通线路能够从一条线路跨越至另一条线路，实现两条或多条线路的列车共用同一区段的运营模式。在贯通运营区间，来自不同层次或不同线路的列车按照既定的发车间隔和组合形式在线路上追踪行驶，共同分配过轨区间的通过能力。

4.2.2　区域多制式轨道交通枢纽协同布局模型与算法

1. 基于一体化协同发展的备选枢纽节点选择

1) 设站原则

(1) 应满足沿线客运走廊的交通出行需求，与城市相关规划协调。在此前提下考虑地形地质条件、已有建筑物拆迁、土地综合开发等经济性因素。

(2) 具有前瞻性，充分利用已有(规划)轨道交通车站，减少投资。

(3) 适应区域(都市圈或城市群)发展的需求，满足出行需求的同时促进城镇化发展。

(4) 枢纽车站位置要与城市发展协调，合理选址。

2) 区域轨道交通枢纽站点选址影响因素

(1) 枢纽建设的经济性。在选择枢纽时应充分考虑经济因素，包括建设枢纽的经济投资和建设枢纽后对区域及枢纽影响范围的经济带动能力等。

(2) 社会性。社会性主要是指枢纽节点所在区域的经济发展水平及人口数量、综合功能定位、地理位置和发展潜力等。节点所在区域人口基数决定了城市交通出行量基数，城市快速发展不仅诱增更多的交通出行，也促使人们的出行观念发生转变，客流对运输工具的运输能力与服务水平有着更高的要求。这也要求轨道交通要不断完善旅客的出行环境、建设和优化轨道交通换乘衔接设施、提高运输服务水平。节点的地理位置不仅指节点的地理坐标，还应包括节点所在区域与其外部客观存在事物(自然、经济、政治等)在空间上的组合。

(3) 协调性。协调性主要是指轨道交通枢纽节点规划时要与城市发展规划、城市其他交通功能、周边区域发展目标等相适应和相协调。

(4) 节点对区域综合交通的影响。区域轨道交通枢纽节点应优先考虑设置在客流较密集、各种交通方式连接紧密的区域，以便多方面为乘客提供方便、迅速、安全、舒适的服务。位于市区内的枢纽节点布置还要考虑与人行通道的衔接，郊区的枢纽节点则结合实际情况考虑停车场的配置，停车换乘模式既可缓解车流与行人的矛盾，还能减少进入市区车辆的数量。据此，节点对区域综合交通的影响可体现在接驳公交线路数量、步行环境、私人汽车与出租车停车场设置、交叉口密度等方面。

(5) 节点路网条件。多制式轨道交通枢纽在线网中的性质和作用就是节点的路网条件会对客流吸引范围和流向产生影响。节点的衔接数量越多，与其他节点间的联络性越强，通达区域越广泛，该节点就越具有突出的地位。除此之外，一体化的轨道交通枢纽系统不仅要求各轨道交通方式之间必须协调有序地衔接，轨道交通与城市其他交通方式之间有序衔接也是应有之义。因此，应将备选枢纽节点在轨道交通线网和城市交通线网中的地位与作用相结合，进行综合考虑。

(6) 枢纽节点客流条件。从客流数量来讲，枢纽周围居民人数越多，出行需求就越大，换乘需求也将越大。车站的客流乘降量是确定车站规模、运输组织、设备设施等方案的基本依据；从客流特性来讲，城市轨道交通客流会表现为明显的空间上各个站点客流分布不均衡、线路双向客流分布不均衡等，也表现为时间上的高峰小时分布不均衡以及断面客流高峰小时出现时间不均衡，易出现周期性大换乘客流，对车站的旅客组织带来考验。通常将高峰小时客流量作为站点设备设施定量研究的基本依据。因此，确保多制式轨道交通枢纽节点的合理选址，可以避免突发性大客流对车站的冲击，提高节点运营效率，应充分考虑备选节点的预测客流量与客流特性，主要参考日均换乘客流量、高峰小时乘降量等。

(7) 节点运输服务能力。节点运输服务能力包括线路的运输能力与车站内旅客服务能力。在换乘节点选择的研究中，在线网规划、行车组织方案既定的情况下，默认线路运输能力满足需求，更侧重于研究车站内的旅客服务能力。车站内的旅客服务能力一般体现在旅客换乘时间消耗、列车服务频率和换乘服务设施等方面。因此，在选择枢纽备选节点时，应充分考虑轨道交通既有线路配置情况和列车开行方案等。在大客流换乘枢纽站还应重点考虑车站客流集散服务能力，包括两种交通方式的运输能力匹配、备选车站的客运换乘设备设施规模及数量等。

(8) 以公共交通为导向的开发(transit-oriented development，TOD)发展可行性。在传统的枢纽节点选址中，大多从交通功能的需求出发，但随着站城融合发展需求的出现，在枢纽节点选址时就应充分考虑交通功能和城市功能相互协调发展的可行性。因此，本节引入对节点 TOD 发展程度的评价，以选择具有 TOD 发展潜力和可行性高的枢纽站点，实现城市功能与交通功能的协调开发。在对节点 TOD 发展潜力的评价中，主要考虑站点周边城市功能发展现状等。

3) 备选站点选择评价模型

(1) 备选轨道交通枢纽站点选择评价模型指标体系的建立。

建立备选站点评价指标体系，主要包括目标层、因素层或准则层(B)、指标层或子准则层(C)，准则层和指标层选取见表 4-3。

表 4-3　备选站点评价指标体系

准则层	指标层
经济性	经济投资
	经济带动能力
协调性	与城市总体规划
	与城市公共交通
	与既有轨道交通网络
	与既有客运系统
运输服务能力	枢纽客流集散能力
	车站可发展空间
	引入线路通行能力
交通影响	常规公交线路数量
	站点影响区域私人汽车与出租车停车场设置数量
	步行环境
	交叉口密度
客流条件	高峰客流
环境适应性	拆迁用地规模
	对自然环境的影响
	对居民生活的影响
可运作性	旅客聚散难易程度
	运营管理难度
	施工拆迁难度
	运营技术作业难度
TOD 发展可行性	站点与中心城区的距离
	站点影响区域城市功能密度
	站点影响区域人口密度
	站点影响区域不同类别用地密度
	站点影响区域就业率
可达性	既有轨道交通线路衔接数量
	步行可达距离
	其他交通方式可达性

(2) 备选站点评价基本思路及步骤。

由于多制式轨道交通枢纽影响因素较多，在建立好评价模型之后，首先通过定性分析，缩小方案集，然后基于多准则决策分析(multi-criteria decision analysis，MCDA)对评价指标进行计算，选出合适的备选站点，如图 4-7 所示。

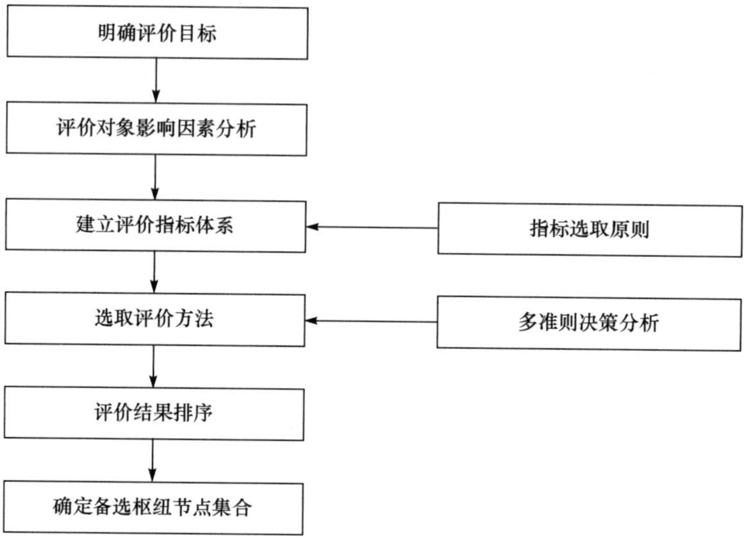

图 4-7　多制式轨道交通枢纽备选站点的选择思路

2. 区域多制式轨道交通枢纽协同布局优化模型

1) 建模思路

多制式轨道交通枢纽布局实质是多方面协调均衡的决策问题。不同制式轨道交通枢纽可满足城市群、都市圈内不同层次的出行需求。一方面，多制式轨道交通枢纽建设投资大、运营成本高，主要收入为车票、周边土地商业开发，因此从轨道交通投资者和运营者的角度出发，合理进行站点布局，降低建设费用的同时提高客流吸引强度，增加运营收入显得至关重要；另一方面，轨道交通是服务于旅客的，具有一定的公益性。从系统最优角度出发，根据研究区域内的出行需求，优化枢纽站点布局，合理引导旅客出行选择，从而降低区域内旅客出行的广义费用。因此，分别从实现以上两方面目标出发，建立多制式轨道交通枢纽布局优化模型，并通过优化软件求得最终目标解。

2) 理论基础

为便于模型构建，本书对模型中所需的相关理论进行简要介绍，包括广义费用理论、车站客流吸引范围理论以及旅客出行方式选择理论。

(1) 广义费用理论。

乘客进行出行方式选择时，一般遵循自身效用最大化(即广义费用最小化)原则。不同出行方式的广义费用有一定差异，因此导致旅客对交通方式的选择不同，从而导致不同类型车站的客流吸引量、客流吸引范围不同。因此，在引入旅客出行方式选择、车站客流吸引范围理论前，阐述广义费用理论是有必要的。广义费用是经济性名词，最初含义可表述为企业进行相关的经济活动而发生的全部经济利益的总流出。这里以旅客为研究对象，广义费用包括三部分：车票费用、时间成本与服务质量(安全、准时、舒适等)相关花费。因不同出行方式的广义费用有所差别，为进行统一对比，可通过时间价值等一系列量化指标，将这三部分转化为同一单位。在建模求解时，根据实际情况选取其中影响较大的因素作为变量。对于广义费用法模型，可选择乘法原则、加法原则对其进行计算。

① 乘法原则。

某一属性由若干要素共同决定，当且仅当每一要素较优时，此属性计算结果才为较优，而其中某一要素变差则会导致属性计算结果较差。当各要素间符合上述约束时，需运用乘法原则进行各自相关相应指标的计算，即

$$V=\prod_{i=1}^{n}\theta_i C_i,\quad i=1,2,\cdots,n \tag{4-44}$$

其中，θ_i 为权重系数，即 $\sum_{i=1}^{n}\theta_i=1$。

② 加法原则。

某一属性由若干要素共同决定，当且仅当其中某一要素较优时，此属性计算结果即较优，其中某一要素变差不会较大改变属性计算结果，则应用加法原则进行计算：

$$V=\sum_{i=1}^{n}\theta_i C_i,\quad i=1,2,\cdots,n \tag{4-45}$$

③ 转换为货币单位的广义费用计算。

为方便将旅客的运输费用与时间成本、所接受交通工具的服务质量统一单位从而进行量化计算，可通过旅客时间价值将上述三者联系起来：

$$V=C+\mathrm{vot}\cdot T \tag{4-46}$$

其中，C 为出行费用；vot 为旅客时间价值(可根据不同旅客特征进行调整)；T 为一次完整出行过程花费的时间。

(2) 车站客流吸引范围理论。

车站的服务区域是其对应的客流吸引范围，可进行如下描述：在一定时期内，旅客通过一种或多种交通方式到达某车站，则在该时间段内，旅客的出发地就属于此站的吸引区域。

依据时间先后关系、出行过程中旅客采用交通方式的种类，将客流吸引范围划分为如下两大类。

① 根据时间先后关系，可分为现状客流吸引范围与远景客流吸引范围。

现状客流吸引范围指已运营车站形成的相对固定的吸引区域。对其研究的目的主要包括：调查了解车站在特定区域内的综合社会效益，概括总结其经济地理意义，以及发现车站布局产生的负面作用，包括客流分布、与车站相关交通干道的压力等，并提出相关建议。

远景客流吸引范围是指将来某个时期内不同类别站点数量的增加或减少，导致相关区域内旅客出行选择发生变化，各个车站生成新的客流吸引范围。对其研究的目的主要

包括：进行相关区域内的交通需求预测，得出客流产生量及分布状况，验证车站布设的合理性，并提出改进优化措施。

② 根据旅客采用交通方式的种类，可分为直接吸引范围与间接吸引范围。

直接吸引范围是由目的地到车站的合理步行区范围。在此范围内，旅客仅步行而不采用其他交通方式。间接吸引范围即由目的地通过一种或多种交通方式换乘到达该站点的空间范围。在此范围内，除步行外，旅客至少采取一种其他交通方式，如自行车、公交系统、私人汽车等。

通过分析，将客流吸引范围影响因素分为三类：旅客因素、站点因素、其他因素。

旅客因素分为其自身属性、出行特征。旅客自身属性主要体现在性别、收入、年龄、汽车拥有量、个人喜好等方面，这在很大程度上直接决定出行选择。不同旅客自身属性差别较大，出行选择倾向明显不同，应对其进行合理的分类归纳，为吸引范围规模判定提供理论依据和实际依据。旅客出行特征表现在出行时间、出行距离、出行目的地等方面。结合实际考虑，旅客倾向选择使自身出行效用最高的交通方式。

站点因素分为站点自身属性因素和周边环境因素。站点自身属性主要表现在功能定位方面，不同类型的车站对客流吸引力不同，同一类型的车站的不同功能定位(始发站、换乘站、中间站)也会使得车站客流吸引力差别较大，其中始发站吸引力最强。在不同交通方式的站点中，其所包含的交通方式属性(速度、价格、舒适度、安全性等)则在很大程度上起着决定作用。站点周边环境主要指站点客流集散方式、与城市路网的连接形态、周边土地开发利用强度等。当客流集散方式多、站点周边城市路网技术等级高、通行能力强时，将有效提高乘客出行的便利性，进一步提升其客流吸引力；反之将会缩小客流吸引范围。周边土地的开发利用即土地性质(如商业、交通用地等)、利用模式等，也可通过混合度指标进行说明，实例证明高混合度开发的站点区域更能吸引旅客。

其他因素如气候、天气状况，出行时刻如高峰、平峰小时，均对旅客出行选择产生影响(气温、雨雪等因素)。例如，持续的暴雨天气不仅导致铁路列车的持续延误，更造成车站旅客的滞留，从而影响人们的出行选择。

(3) 旅客出行方式选择理论。

为分析站点布局引起的客流数量变化，需对轨道交通的客流分担量进行计算。在实际中，一般应用集计模型(aggregate model)和非集计模型(disaggregate model)进行求解。

① 集计模型。

在交通需求预测中，将研究对象或群体划分为若干小区或群体的特定集合体，以这些小区或群体为基本研究单位进行计算。在扩样、建立模型时，需要以这一类的集合体为单位对数据进行集计处理，得到的数据为集计数据(aggregate data)，对应模型为集计模型。常用的集计方法有曲线转移法、线性回归法、类型分析法等。集计模型具有以下特点：

(a) 需以大量的调查样本为基础，花费高；

(b) 不能全面反映旅客个人的某些社会经济特征。集计模型不能将调查样本与基本研究单位有效地转化，只是采用一种类似平均的量化方法来揭示旅客出行选择的规律和特征，造成调查数据的部分浪费；

(c) 可移植性差。集计模型以划分的小区或群体的社会经济属性为基础，不同项目研究区域的社会经济属性差别较大，且具体问题的划分标准往往不一致，因此其可移植性差。

② 非集计模型。

非集计模型也称为非集计行为模型(disaggregate behavioral model)、个人选择模型(individual choice model)、离散选择模型(discrete choice model)。其基本研究单位是实际产生交通活动的个人，而不是小区或群体的特定集合体，这是与集计模型的主要区别。调查的数据不经处理，称为非集计数据(disaggregate data)，对应模型为非集计模型。在使用该模型时一般进行如下假设：当旅客进行出行方式选择时，某种交通方式的分担率可通过该方式的效用值来计算，效用值是被选择交通方式的技术经济特征与出行者的社会经济属性的函数。

常用的非集计模型可分为 Logit 模型和 Probit 模型(随机项分别服从耿贝尔分布(Gumbel distribution)与正态分布(normal distribution))，对 Logit 模型改进又可得到改进的 Logit 模型。非集计模型具有如下特点：

(a) 高效、低成本。其基本研究对象是产生交通活动的个人，因此在样本量较小的情况下，仍可对模型进行准确标定。此外，可准确描述个人的出行选择。

(b) 操作简单、建模方便。其逻辑性强，易理解，可利用相关软件进行处理，减少工作量。

(c) 可同时包含多种属性变量，可对研究问题进行更细致的分析处理，提高模型的精度。

(d) 可移植性高。出行个体具有共同性，因此其时间、地区转移性较强。

通过对集计模型与非集计模型的比较分析可知(表 4-4)，非集计模型能够更深层次地利用调查数据，充分反映个人社会经济特性与出行选择，模型构建所需的数据量小，科学性强、灵活性高。集计模型则是将一定范围内出行者社会经济特性与出行选择取平均值，描述的是一定区域内社会经济特性与出行选择的常见状态，忽略了一小部分特殊情况。在研究区域内需要以大量数据为基础进行研究分析时，集计模型的可靠性更高。

表 4-4 两种模型的对比

类别	集计模型	非集计模型
调查单位	个体出行	个体出行
研究单位	交通小区	出行个人
自变量	各小区数据	每个个体数据
常用方法	回归分析法	极大似然估计法等
适用对象	特定区域	任意
研究内容	交通发生、吸引；交通分布；交通方式划分；交通分配	出行强度；目的地选择；出行方式选择；路径选择

结合实际问题需要和模型精度要求，应正确地将集计模型和非集计模型联系起来。

例如，对小区或特定群体的集合体进行研究，对其相关属性的取值近似按照个体标准进行，则计算结果就越接近非集计模型。因此，在实际研究过程中不能简单地将两者对立，可在一定条件下将两种不同思路融合到一起使问题能够得到更好的解决。

3) 模型建立

(1) 问题描述及模型假设。

区域多制式轨道交通枢纽布局优化问题就是给定一个都市圈或城市群区域，已知近期城市群或都市圈综合客运网络现状和规划、城市群内轨道交通客运需求、不同类别轨道交通枢纽备选点及其服务能力最大值，从备选站点中选出合理的枢纽位置，以满足区域内轨道交通客流需求并实现系统广义费用最小化。本节以衔接两种轨道交通方式的枢纽选址为例，建立优化模型。

为便于模型建立，特进行以下假设：①城市轨道交通规划线网已知，研究市域(郊)铁路与城市轨道交通衔接站点位置；②研究对象为轨道交通客流，即轨道交通 OD 已知；③轨道交通列车规定上下行对称开行，客流具有对称性；④市域(郊)铁路呈公交化运营。

(2) 参数定义。

模型相关集合的定义见表 4-5，模型相关参数的定义见表 4-6，模型的决策变量定义见表 4-7。

表 4-5 模型相关集合的定义

符号	定义
A_1	已有轨道交通线路集合
N_1	已有轨道交通车站集合
G_1	$G_1=(N_1,A_1)$，已有轨道线网集合
A_2	新引入轨道线路集合
N_2	备选轨道交通车站集合
G_2	$G_2=(N_2,A_2)$，新增轨道交通线网集合
G	$G=G_1\cup G_2$，区域轨道交通线网集合
A	$A=A_1\cup A_2$，区域轨道交通线路集合
N	$N=N_1\cup N_2$，区域轨道交通车站集合
OD	$\mathrm{OD}=\{(o_1,d_1),\cdots,(o_k,d_k)\}\subset S\times S$，区域轨道交通旅客出行 OD 集合
P	区域轨道交通旅客出行路径集合
P_{od}	区域轨道交通旅客出行 OD 间可行路径集合，路径 $p_{od}\in P_{od}$，$P_{od}\in P$
$S^{p_{od}}$	每条可行路径 p_{od} 上的路段集合
$\theta^+(n),\theta^-(n)$	车站 n 衔接的轨道集合

表 4-6　模型相关参数的定义

符号	定义	单位
c_{ij}	轨道交通弧 (i,j) 引入换乘枢纽的固定费用	元/km
F_j	新增换乘枢纽的固定费用	元
p	(o,d) 间的可行路径 p ，$p\in P_{od}$	—
$\omega_{o,d}$	(o,d) 间的客流量	人/天
δ_{ij}^{p}	$\delta_{ij}^{p}=1$，若弧 (i,j) 属于 (o,d) 间的可行路径 p ， $\delta_{ij}^{p}=0$，否则	—
f_{ij}^{v}	线路 (i,j) 上列车的运行频率	列/h
cap_m	轨道交通方式 m 单位列车的载客量	人/列
μ_{od}^{p}	(o,d) 间路径 p 的换乘站数量	—
r_{ij}^{lv}	列车 v 在弧 (i,j) 上的运行时间	min
t_u	旅客在换乘站 u 从线路 1 换乘到线路 2 的换乘步行时间	min
$V_{o,d}^{p}$	OD 间旅客选择路径 p 的在车时间	min
$W_{o,d}^{p}$	OD 间旅客选择路径 p 的等待时间	min
T_{od}^{trans}	OD 间旅客选择路径 p 的换乘时间	min
β_{ij}	拥挤系数	—
β_v	旅客在车时间费用系数	—
β_T	换乘惩罚系数	—
β_T'	换乘时间费用系数	—
β_W	等待时间费用系数	—
C_{od}^{p}	OD 间旅客选择路径 p 所花费的广义费用总和： $C_{od}^{p}=\beta_v V_{o,d}^{p}+\beta_W W_{o,d}^{p}+\beta_T'\mu_{od}^{p}+\beta_T T_{od}^{\text{trans}}$	min

表 4-7　模型的决策变量定义

符号	定义	单位
y_{ij}	如果轨道交通弧 (i,j) 引入枢纽车站 $y_{ij}=1$，否则 $y_{ij}=0$	—
$x_{o,d}^{p}$	$x_{o,d}^{p}=1$，如果 OD 间旅客选择路径 p ，否则 $x_{o,d}^{p}=0$	—
$\omega_{o,d}^{p}$	OD 间选择路径 p 的客流量，$\omega_{o,d}^{p}=\sum\limits_{p\in P_{od}}\omega_{o,d}x_{o,d}^{p}$	人

(3) 模型。

模型以系统总的广义费用最小为目标，建立优化模型：

$$\text{Min}\sum_{(i,j)\in A_2} y_{ij}\left(F_j+c_{ij}\right)+\sum_{(o,d)\in \text{OD}}\sum_{p\in P_{od}}\omega_{o,d}x_{o,d}^{p}C_{od}^{p} \tag{4-47}$$

约束条件如下。

① OD 间每个旅客只能选择一条路径：

$$\sum_{p\in P_{od}} x_{o,d}^{p} = 1, \quad \forall (o,d) \in \mathrm{OD} \tag{4-48}$$

② 运输能力限制：

$$\omega_{ij} = \sum_{(o,d)\in \mathrm{OD}} \sum_{p\in P_{od}} \omega_{o,d}^{p} \delta_{ij}^{p} \leqslant \sum_{m} f_{ij}^{v} \cdot \mathrm{cap}_{m} \cdot y_{ij}, \quad \forall (i,j) \in A \tag{4-49}$$

③ 不同定义客流之间的关系：

$$\omega_{o,d}\omega_{o,d}^{p} = \sum_{p\in P_{od}} \omega_{o,d}^{p} x_{o,d}^{p}, \quad \forall (o,d) \in \mathrm{OD}, \forall t \in T_0 \tag{4-50}$$

④ 流量守恒：

$$\sum_{(j,i)\in \theta^{+}(i)} \omega_{ji}^{od} - \sum_{(i,j)\in \theta^{-}(i)} \omega_{ij}^{od} = 0, \quad \forall i,j \in N \setminus \{o,d\} \tag{4-51}$$

⑤ 0-1 变量：

$$y_{ij} \in \{0,1\}, \quad x_{o,d}^{p} \in \{0,1\}, \quad \forall (i,j) \in A \tag{4-52}$$

4) 模型求解

由前面的优化模型可知，该模型为混合整数规划模型。其中，目标函数中含有决策变量的乘积为非线性规划。可通过引入极大值 M 将模型线性化处理后，在优化软件 CPLEX 中进行精确求解。CPLEX 软件自带优化引擎，能求解线性规划、二次规划、带约束的二次规划和二阶锥规划等四类基本问题以及相应的混合整数规划问题，具有执行速度快等特点，其自带的语言简单易懂且与众多优化软件及语言兼容，目前在运筹学、交通运输学等领域中已得到广泛应用。

4.3 区域轨道交通应急运维资源协同调配技术

4.3.1 区域轨道交通应急运维资源配置现状与问题

1. 应急运维资源配置现状[95]

应急运维资源是指实施应急维修工作必需的条件和保障维修工作完成的其他条件[96]。结合轨道交通维护维修工作的特点，大致可以分为两大类：一类是必要条件，如应急维修人员、应急维修工作消耗的备品备件等；另一类是保障应急维修工作的其他条件，如应急维修救援点、应急维修的工作章程等。

1) 应急资源分类

在《国家突发公共事件总体应急预案》中要求应急管理部门提供的大类应急保障分为人力资源、物资保障、交通运输、财力保障、医疗卫生、治安维护、基本生活、人员防护、公共设施保障、科技支撑及通信保障，由此可以将应急救援资源划分为资金资源、人力资源、设备资源、物资资源、信息资源、技术资源和特殊资源七大类[97]。在物资资源方面，按用途将物资资源分为十三类，包括防护用品、生命支持、生命救助、临时食宿、救援运载、污染清理、动力燃料、器材工具、工程设备、照明设备、交通运输、通信广播和工程材料。本节将应急物资总结分类，如表 4-8 所示。

表 4-8　应急物资基本分类

分类	高速铁路	地铁	城轨	有轨电车
通信广播类设备	无线通信	无线通信	广播	广播
动力燃料类设备	配电	气源	燃料	通用
器材工具类设备	起重	消防	声光报警	通用
工程材料类设备	防水防雨抢修	临时建筑构筑物	防洪	通用
运营事故类应急工具	液压起复设备	螺杆支撑架	简易组合式	通用

2) 应急救援站配置

应急救援站(点)根据线路运营管理需要设立，可以依托各维修工区作为应急救援站(简称应急站)。城市轨道交通应急救援站的选址问题随着城市轨道交通的发展经历了三个阶段：单线运营阶段、初级网络化运营阶段和全面网络化运营阶段[98]。

单线运营阶段的设备维修及管理相对简单，运营管理者根据自身的线路特点建立相应的管理模式，在进行应急维修时，常根据线路设备故障的特征来建立应急站。初级网络化运营阶段，当建立应急救援站时仍基于单线运营的基础，当发生应急事件需要其他线路的维修人员支援时，需要向不同运营公司的管理部门报告，以统一协调资源，决策层级较多，应急事件处理的效率不高。全面网络化运营阶段，统一管理多条运营线路，在选择应急救援站及资源配置时，统一协调各种资源(如专业设备、人力和救援工具)，降低运营成本，节省应急救援时间，提高城市轨道交通线网整体的运维效率。

我国高速铁路的基础设施维护和维修管理基本上按专业系统的分工进行独立管理，主要进行工务、电务和供电等设备设施检查、养护、维修等具体工作，而维修工区就是实施维护维修作业的基层生产单位。

由于所处的位置不同、管辖范围内的设备种类和数量不同，所以高速铁路维修工区在实际设置时距离不同。电务专业中的通信维修工区的管辖范围普遍较大，大多在 80km 以上。各铁路局的供电专业维修工区除受地理条件影响外，管辖范围差别不大。而一些车站处于山区地带，所属的维修工区在距离较远的车站附近，此类维修工区管辖范围较大[99,100]。

2. 应急运维资源配置问题[95]

1) 需求站点覆盖率有待提高

由于原来的应急救援站不是从区域轨道交通多制式全局的角度设置的，救援站往往是根据单线的应急需要设置的，所以应急救援站的覆盖范围远远不能满足现实要求，且救援时间约束要求未达到。例如，重庆城市轨道交通线网，目前多在线路中段设置应急救援设施点，还未形成分布均匀、覆盖全面、布局合理的应急救援站系统。

2) 偏远站点救援困难

我国城市轨道交通线网的特点之一是城郊线多、里程长，城市中心区交通拥堵，道路运输能力有限，偏远的城郊线地段应急救援和物资配送难度加大[101]；而对高速铁路的应急维修来说也存在同样的问题，维修工区管辖范围较长，例如，《高速铁路无砟轨道线路维修规则》中明确规定，工务养护区的管辖范围一般为100km左右，一些地处山区的车站若需要抢修，则大大增加了抢险救援的时间和难度。

3) 多制式间资源共享应急管理不足

目前，应急管理系统仍存在一些不足，主要有两个方面。一方面，管理不是统一和集中的。应急救援站一般由各条线路的运营分公司管理，在区域轨道交通整体运营中救援的效率相对较低，因此需要尽快将分线运营的管理模式发展为区域轨道交通整体化管理。另一方面，缺乏专业的管理团队。在应急维修和救援方面，运营公司尚未建立专业、完善的管理团队，运营分公司则由其他工作人员兼职进行应急维修与救援，其中许多人员没有接受过专业培训与考核，综合素质水平有待提高，在应急救援中的响应能力有待提高[102]。

4) 应急维修资源共享困难

目前，由于运营公司管理体系、设备设施不同以及维修人员的专业技术能力等问题，难以实现区域轨道交通多制式之间维修人员和物资的共享。维护维修资源重复分散，存在“小而全”的局面，很难形成真正意义上的综合维修[103]。从设备应急维修的角度来看，维修力量分散在不同运营公司，存在无法集中人力物力进行应急处置的问题。从员工培训角度来看，专业的分散使得维修员工的技能和综合知识更加单一，这限制了员工对系统的全面熟悉和综合技能的发展，影响设备维修整体工作效率的提高和发展。随着轨道交通向区域轨道交通整体发展，专业技术界线模糊，维修人员难以快速准确地判断故障专业类型，不仅影响应急维修的效率，还影响区域轨道交通路网的可用性和安全保障水平。

4.3.2　基于资源共享的区域轨道交通应急资源配置方法

多制式轨道交通间的应急资源共享是区域轨道交通应急响应与运维效率提升的重要途径。本节以资源共享为基础，通过建立应急资源配置优化模型，实现区域轨道交通应急资源配置优化。

突发事故发生以后，应急人员和物资赶到事故现场的时间越短，则事故被解决的时间越短，事故造成的影响和损失就越小，对于应急服务系统的应急响应效率的主要评价标准是应急救援时间[104]，本节提到的“应急救援时间”指应急人员和物资从应急站到达事故现场或者需要应急处置的点(简称需求站或需求点)在路程上所花费的时间。因此，最小化应急救援时间是区域轨道交通应急站选址的首要目标。

区域轨道交通应急资源优化配置模型基于改进的 P-中位模型建立。P-中位模型[105]是在应急服务设施点数目有一定限制的情况下，通过应急服务点的优化选址，使应急物资从最近设施点到达各个需求点的平均时间最短。以往单制式轨道交通应急资源配置使用传统P-中位模型进行配置优化，本节引入多制式轨道交通站点资源量改进P-中位模型。

根据一定的限制确定应急服务站的数量，约束条件为所有需求站都需要在规定的最大应急救援约束时间内被最近的应急服务站覆盖。原则上多制式轨道交通路网中的每一个车站都有发生故障的可能，因此每个车站都应该视作需求站，这样约束条件即任何一个车站都必须在允许的最大救援时间之内得到救援。优化目标为应急维修人员自应急服务站到达对应需求站的平均时间最短，即平均应急救援时间最短。

1. 未带资源约束的配置优化模型

下面根据前面提到的几个因素来确定选址模型确立的假设条件，应急站的选址主要遵循“区域管理，就近救援”的原则，定义数学模型符号如表 4-9 所示，设立如下几个假设条件[106,107]：

(1) 路网及车站已知，区域内每个车站都是需求站，车站之间的区间不会产生应急需求。

(2) 应急站总数设定为 m，应急站的位置可以在所有车站中选取(m 的设定方式如下：设需求站数量与应急站数量之比为 $q(5 \leqslant q \leqslant 10)$，为保证应急站数量达到最低要求，当计算出的应急站数目不是整数时采用向上取整得到整数结果)。

(3) 每次事故只需要来自一个应急站的救援，不考虑一个应急站覆盖范围内同时发生多个事故的情况。

(4) 突发事件出现时，对应应急站的应急人员会选择地面交通沿直线最短路径以一定的平均速度赶往需求点。

(5) 要求应急人员物资从应急站到需求点的应急救援时间不超过事先给定的最大应急救援约束时间 $T_{\max}$。

表 4-9　数学模型符号说明

符号	含义
i	需求站编号
j	应急站编号
n	区域内车站数量(需求站数量)
m	应急站数量
q	需求站数量与应急站数量之比
t_{ij}	应急站 j 到需求站 i 的救援时间
x_{ij}	决策变量，若需求站 i 归属应急站 j，则为 1；否则为 0
y_j	决策变量，若备选站 j(即车站 j)被选为应急站，则为 1；否则为 0
$T_{\max}$	最大应急救援约束时间

在模型假设条件基础上，单制式轨道交通应急资源配置优化时采用传统 P-中位模型建立以下模型。

1) 目标函数

目标函数为

$$\min Z=\sum_{i=1}^{n}\sum_{j=1}^{m}t_{ij}x_{ij} \tag{4-53}$$

表示优化目标为应急站到各个需求站间的平均时间最短(等价于总时间最短)。

2) 约束条件

约束条件为

$$\sum_{j=1}^{m}x_{ij}=1 \tag{4-54}$$

表示每个需求点只隶属于一个应急站。

$$\frac{n}{m}=q,\quad 5\leqslant q\leqslant 10 \tag{4-55}$$

表示应急站数量有一定限制。

$$x_{ij}\leqslant y_j,\quad \forall i,j \tag{4-56}$$

表示在提供应急服务前先建立应急站点，即只有当车站 j 被选为应急站时，车站 i 才能被车站 j 救援。

$$x_{ij}(t_{ij}-T_{\max})\leqslant 0,\quad \forall i,j \tag{4-57}$$

表示所有应急救援必须满足最大救援时间的约束，即如果应急站 j 对需求站 i 进行救援，其救援时间 t_{ij} 不能超过最大应急救援时间约束 $T_{\max}$。

$$x_{ij},\quad y_j\in\{0,1\},\quad \forall i,j \tag{4-58}$$

表示变量的 0-1 约束。

3) 决策变量

决策变量为

$$y_j=\begin{cases}1, & j\text{站被选为应急站}\\ 0, & \text{其他}\end{cases}$$
$$x_{ij}=\begin{cases}1, & \text{需求站}i\text{被应急站}j\text{覆盖}\\ 0, & \text{其他}\end{cases} \tag{4-59}$$

其中，y_j 的取值确定了应急站的选址结果；x_{ij} 的取值确定了应急站与需求站之间的隶属关系。

2. 带资源约束的配置优化模型

多制式应急资源优化配置时，模型确立在以上假设条件的基础上去掉“每次事故只需要来自一个应急站的救援”，例如，高速铁路产生应急需求时，可能需要多个地铁应急站的应急资源供应。如表 4-10 所示，多制式应急资源配置优化模型引入了需求站资源

需求量 H_i 和应急站资源供应量 S_j，不同制式轨道交通站点的资源需求量和供应量有所不同。

表 4-10　补充数学模型符号说明

符号	含义
H_i	需求站 i 的资源需求量
S_j	应急站 j 的资源供应量
c_i	变量，若车站 i 为高速铁路站或者普通铁路站，则为 1；否则，为 0

1) 目标函数

目标函数为

$$\min Z = \sum_{i=1}^{n} \max_{j}(t_{ij} x_{ij}) \tag{4-60}$$

如式(4-60)所示，由于采用多制式应急资源配置优化，每次事故可能需要多个应急站的救援，完成一次应急救援的救援时间是由其中耗时最大的应急站的救援时间决定的。优化目标依然为应急站到各个需求站间的平均时间最短(等价于总时间最短)。

2) 约束条件

约束条件为

$$\sum_{j=1}^{m} x_{ij} S_j \geqslant H_i \tag{4-61}$$

表示应急站的资源供应量应满足需求站的资源需求量。

单制式资源配置模型中的约束条件 $\sum_{j=1}^{m} x_{ij} = 1$ 应该去掉，此时需求站可能隶属于多个应急站。

3. 求解

对带资源约束的资源配置优化模型求解需要先对优化问题的性质进行分析。本书的优化变量为 x_{ij} 和 y_j，其相关约束条件均为线性函数，因此可行域是凸集。对于优化目标函数，由约束条件可知，Z 是 x_{ij} 的线性组合，因此目标函数为凸函数，于是本书的优化问题为凸优化问题。

凸优化问题的求解方法已较为成熟，本节使用 MATLAB 软件的 CVX 工具箱进行求解，CVX 将 MATLAB 转换为一种建模语言，允许使用 MATLAB 表达式指定约束条件和目标函数，高效求解凸优化问题。

4.3.3　基于 AnyLogic 的应急资源配置优化方法仿真验证

4.3.2 节实现了区域轨道交通的应急资源配置优化，本节将通过仿真建模的方式验证配置优化效果。首先对验证场景及仿真方案进行设计，然后给出基于 AnyLogic 仿真软件的具体实现方法，最后对比资源配置优化前后的仿真效果。

1. 验证场景及方案

1) 关键设备选取

区域轨道交通应急资源配置优化的仿真验证环节中以故障处理完成时间为指标，因此需要选取一个典型设备作为仿真建模中的故障设备。道岔是列车从一股道转向另一股道的线路连接设备，是决定列车运行进路的关键设备，是铁路信号的主要控制对象之一。道岔作为关键地面信号设备，是集中监测系统的重点关注对象，轨道交通运行的安全性直接受其工作状态的影响。

目前，由于我国轨道交通路网规模的逐年扩大及客货运输量逐年增长，道岔的运行表现出数量庞大、运行频繁、所处环境恶劣、负荷冲击大等特点，易发生道岔运行故障，造成列车运行安全隐患。道岔由于数量多、限制列车速度、行车安全性低，因此与曲线、接头并称为轨道的三大薄弱环节[108]。

由轨道交通事故案例统计及现场调研情况来看，道岔及转辙机故障率较高，且故障后影响线路正常运行，轻则造成晚点，重则造成停运、清客，道岔及转辙机故障对抢修的运维效率要求较高，所以以此类设备为代表展开应急资源配置优化方法的仿真验证。

2) 仿真场景设计

本节应急维修事件只考虑道岔故障引发的应急处置，所以设置下列仿真前提[109]。

(1) 需求站：高速铁路和普通铁路方面，由于路网规模较大，这里从高速铁路线路中选择成渝铁路、兰渝铁路、遂渝铁路的部分站点；地铁方面，选址重庆地铁 1 号线、6 号线的部分站点。

(2) 每个需求站只隶属于一个应急站。

(3) 同一覆盖区域内不存在两个需求站同时需要应急救援。

在特定区域内，通过设置失效时间函数，需求站有一定概率失效(单一故障)，产生应急救援需求，所属的应急站做出救援反应，派出救援人员赶往需求站(平均速度为 30km/h)。仿真场景的流程大致是需求产生→应急响应→赶往现场→现场维修，主要对比单制式未优化、单制式优化、多制式共享优化三种情况下的应急维修时间。

2. 区域轨道交通应急维修流程仿真模型设计与实现

AnyLogic 软件既是一款面向对象的基于 Java 的仿真软件，又具有可视化的建模界面，以模块化的方式构建复杂交互式动态仿真，支持基于主体的建模，也支持二次开发并与其他软件协同仿真。AnyLogic 软件提供了多种建模方法，包括系统动力学建模、离散事件建模和基于智能体建模[110]。

本书采用 AnyLogic8.3.2 版基于智能体进行仿真模拟，图 4-8 为该软件对区域轨道交通应急维修流程进行仿真模拟时的操作界面。

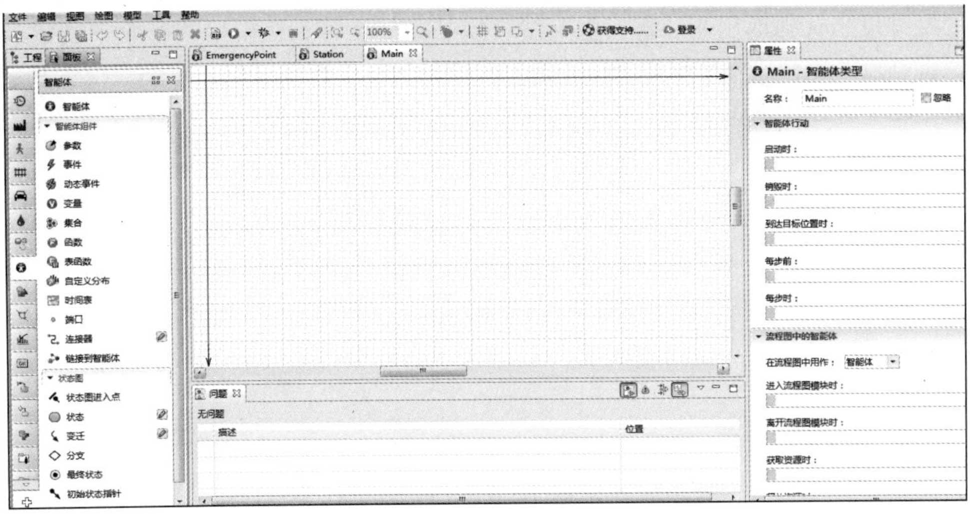

图 4-8　仿真操作界面

构建模型的具体步骤如下。

1) 添加背景

在 AnyLogic 软件中创建一个新的模型，在操作面板中的空间标记选择 GIS(地理信息系统)地图[111]，以 GIS 地图为背景的智能体与一般的智能体有很多差别，因为 GIS 地图不仅有大量的地理信息，而且有一定的承载能力，可以使智能体在 GIS 背景下实现动态表现，甚至对某些智能体进行动态控制。默认情况下，GIS 地图使用图块显示世界地图。这里使用 GIS 地图的默认配置，如图 4-9 所示，通过双击地图区域缩放拖拉地图找到重庆地区，本模型运行仿真背景将在此区域内进行。

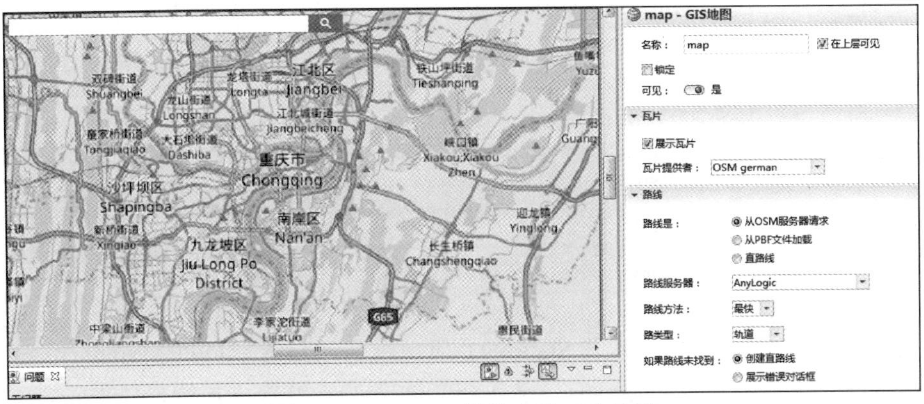

图 4-9　AnyLogic 软件中的 GIS 地图

2) 构建仿真环境

GIS 属于信息系统的一类，不同在于它能运作和处理地理参照数据。GIS 地图可以定义地理环境中的智能体，将模型坐标和 GIS 经纬度建立起关系，使智能体在空间(经度、维度)中有实际(x,y)坐标。

利用百度地图的拾取坐标系统，如图 4-10 所示，将部分高速铁路站点以及重庆地铁站点的经纬度坐标抓取出来，查找重庆沙坪坝站具体坐标，在模型数据库中创建或导入表格，将站点的坐标放入数据库表中，根据表中的坐标生成模型的需求站点位置和应急站点位置。图 4-11 为运用百度地图拾取坐标系统统计的重庆地铁 1 号线站点坐标数据库表。

图 4-10　百度地图拾取坐标系统

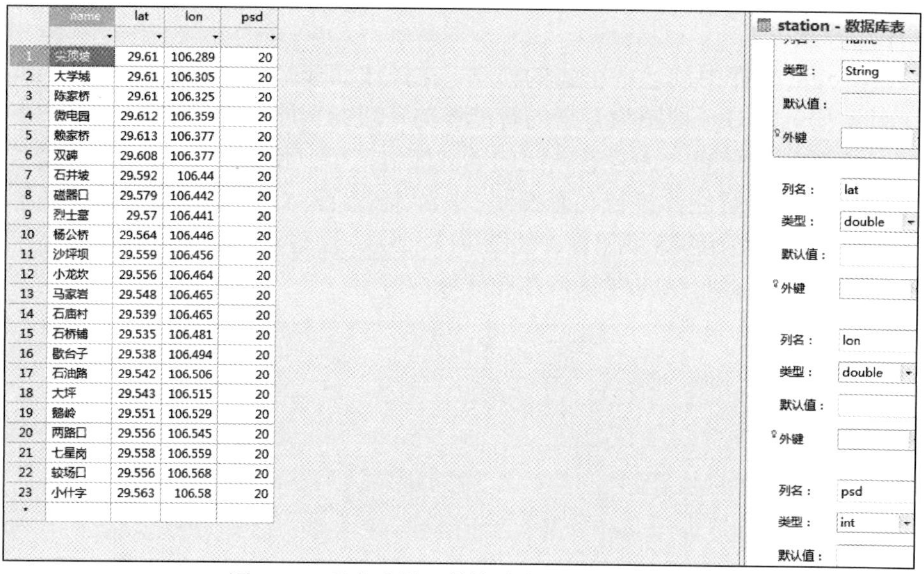

	name	lat	lon	psd
1	尖顶坡	29.61	106.289	20
2	大学城	29.61	106.305	20
3	陈家桥	29.61	106.325	20
4	微电园	29.612	106.359	20
5	赖家桥	29.613	106.377	20
6	双碑	29.608	106.377	20
7	石井坡	29.592	106.44	20
8	磁器口	29.579	106.442	20
9	烈士墓	29.57	106.441	20
10	杨公桥	29.564	106.446	20
11	沙坪坝	29.559	106.456	20
12	小龙坎	29.556	106.464	20
13	马家岩	29.548	106.465	20
14	石庙村	29.539	106.465	20
15	石桥铺	29.535	106.481	20
16	歇台子	29.538	106.494	20
17	石油路	29.542	106.506	20
18	大坪	29.543	106.515	20
19	鹅岭	29.551	106.529	20
20	两路口	29.556	106.545	20
21	七星岗	29.558	106.559	20
22	较场口	29.556	106.568	20
23	小什字	29.563	106.58	20

station - 数据库表

列名	类型	默认值	外键
name	String		
lat	double		
lon	double		
psd	int		

图 4-11　重庆地铁 1 号线站点坐标数据库表

3) 建立模型流程

在模型中建立需求站智能体群 Stations、应急维修站点智能体群 MaintenancePoints、应急服务需求智能体 ServiceRequest、设备智能体 PSD、维修人员智能体 Worker。

每一个需求站点都设置了一定数量的设备，设备的运行状态变化由状态图来表示，当某一站点的设备由正常的 Normal 状态变为故障的 Failure 状态时，故障设备所在站点会发送一个需求信息给应急维修站点。图 4-12 为设备运行状态图。

应急维修站点的 FindServiceman 行动图开始寻找站内可用的维修人员，当找到维修人员时，会发送一个信息给维修人员，维修人员这个智能体内的状态图会由在维修站点这个状态变为赶往需求点这个状态，在到达站点的故障设备位置时变为维修服务状态，

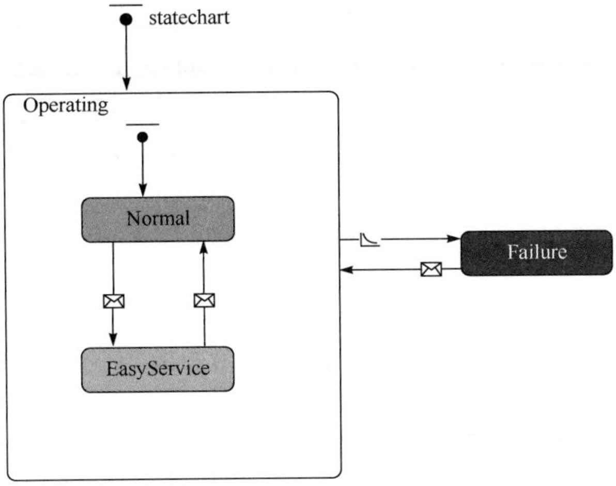

图 4-12　设备运行状态图

经过固定时间的维修服务后，人员的维修工作完成，会发送一个“Repaired”消息给设备，设备由故障状态变回正常状态，维修人员返回应急维修中心，如图 4-13 所示，此时一次应急处置流程结束[112-114]。

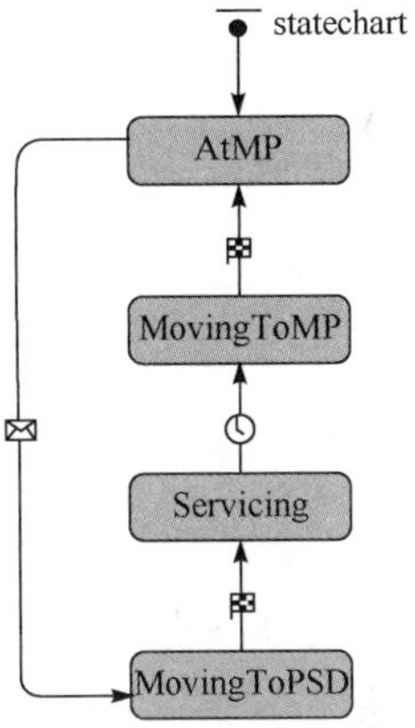

图 4-13　维修人员状态图

4) 主要仿真对象属性

模型中的主要仿真对象有应急站、需求站、设备、维修人员，如表 4-11 所示，其中维修人员的速度属性依靠设置仿真软件自带的智能体初始速度来定义。应急站和需求站的主要属性都包括名称和位置，通过先添加参数 name、lat、lon，再利用数据库中设置参数对应的列名，将仿真用到的站点名称和经纬度坐标添加到对应列，定义名称和位置属性。而需求站归属于应急站这个属性通过在需求站智能体中添加一个变量 owner，将 owner 的类型选为对应的应急站即可。

表 4-11　主要仿真对象属性

对象分类	对象	主要属性	参数/函数/变量	功能简述
车站	应急站	名称、位置	参数：name、lat、lon	应急资源所在点
车站	需求站	名称、位置 所属应急站	参数：name、lat、lon 变量：owner	模型救援对象
设备	设备	故障类型	简单故障(easy)、复杂故障(difficult)	仿真设备设置两种不同故障类型
设备	设备	故障率	参数：MTTE(简单故障频率)；MTTD(复杂故障频率)	设备状态改变决定维修处置时间开始与结束
维修人员	维修人员	速度	变量：owner	应急响应后赶往需求站维修

本模型中对设备智能体设置了两种故障类型，简单定义为 easy 故障和 difficult 故障，

其对应的故障发生频率为 MTTE 和 MTTD[115]。如图 4-14 所示，easy 故障的首次发生时间在 0～14 天，复发时间按照每星期 5 次的故障频率随机发生故障。difficult 故障的首次发生时间在 0～14 天，复发时间按照每星期 1 次的故障频率随机发生故障。

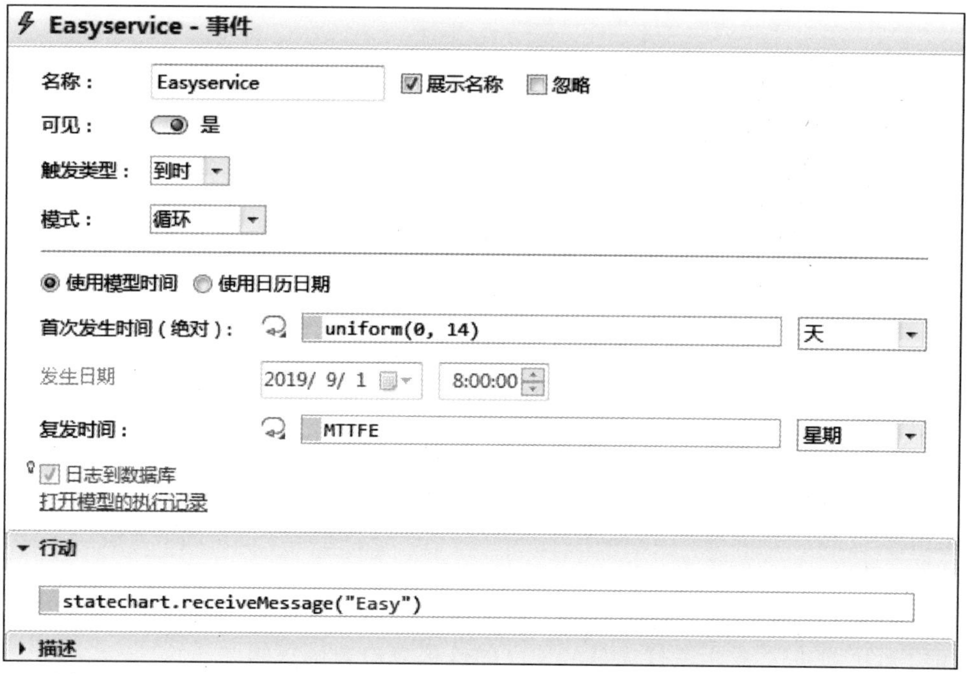

图 4-14　设备智能体中 easy 故障频率的设置

3. 基于仿真的区域轨道交通应急资源配置优化方法验证

本节设计的仿真系统可以对应急运维流程进行仿真模拟，设定需求站和应急救援站，对设备设计不同故障率的两种故障，可以通过仿真模型得到应急触发的时间点和故障恢复的时间点，由于仿真模型中将应急触发、应急响应和设备故障对应的现场维修时间固定，所以应急运维的耗时主要由路程时间和故障类型决定。

由于仿真模型中使用的是 GIS 地图，运行仿真模型时维修人员智能体所走的路径为 GIS 中指定的地图路径。

1) 区域轨道交通运维现状情况

首先对区域轨道交通应急资源配置未优化时的运维现状情况进行模拟，以重庆地铁 1 号线杨公桥站作为应急救援站点，需求站点有成渝高速铁路沙坪坝火车站、兰渝铁路重庆西火车站、重庆地铁 1 号线沙坪坝站、杨公桥站、烈士墓站及磁器口站，以需求站内设备 easy 故障和 difficult 故障两种不同故障类型的维修恢复时间为结果，进行多次实验，计算当前资源配置情况下的平均运维时间。图 4-15 为应急资源配置未优化时的仿真模型。

如图 4-15 所示，仿真 6 个需求站 200 天的运维情况，其中，磁器口站产生 easy 需求 42 次，difficult 需求 16 次；沙坪坝站产生 easy 需求 39 次，difficult 需求 15 次；杨公桥站产生 easy 需求 30 次，difficult 需求 13 次；烈士墓站产生 easy 需求 27 次，difficult 需

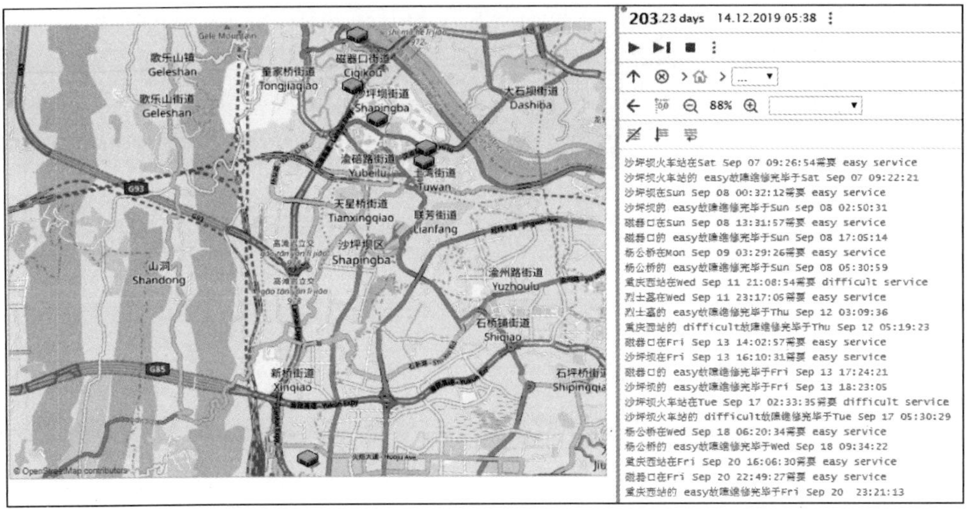

图 4-15　应急资源配置未优化时的仿真模型

求 11 次；重庆西火车站产生 easy 需求 33 次，difficult 需求 16 次；沙坪坝火车站产生 easy 需求 35 次，difficult 需求 13 次。对每个站 200 天内不同类型故障的处理时间进行统计，计算其平均值，表 4-12 为应急资源配置未优化时仿真的平均运维时间。

表 4-12　应急资源配置未优化时仿真的平均运维时间

需求站	easy 故障处理耗时/min	difficult 故障处理耗时/min
重庆西火车站	431	490
沙坪坝火车站	138	189
沙坪坝站	126	173
杨公桥站	147	192
烈士墓站	180	233
磁器口站	212	267

2) 区域轨道交通运维优化情况

对多制式轨道交通应急资源共享时的应急运维流程进行模拟，此时应急救援站为成渝高速铁路沙坪坝火车站，所覆盖的需求点与应急资源配置未优化情况下相同，多制式需求点可共享应急救援站及站内应急维修人员。图 4-16 为多制式应急资源共享时的仿真模型。

如图 4-16 所示，仿真 6 个需求站 200 天的运维情况，其中磁器口站产生 easy 需求 27 次，difficult 需求 13 次；沙坪坝站产生 easy 需求 33 次，difficult 需求 14 次；杨公桥站产生 easy 需求 40 次，difficult 需求 16 次；烈士墓站产生 easy 需求 28 次，difficult 需求 11 次；重庆西火车站产生 easy 需求 31 次，difficult 需求 17 次；沙坪坝火车站产生 easy 需求 34 次，difficult 需求 10 次。对每个站 200 天内不同类型故障的处理时间进行统计，计算其平均值，表 4-13 为多制式应急资源共享时仿真的平均运维时间。

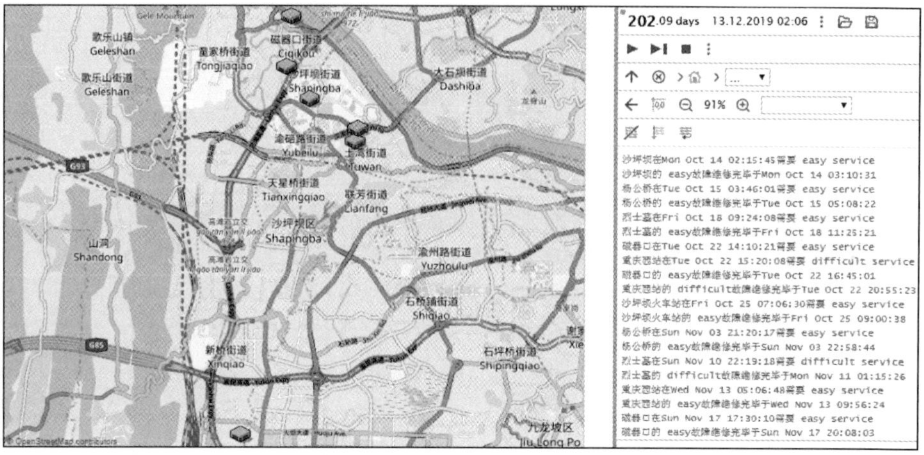

图 4-16　多制式应急资源共享时的仿真模型

表 4-13　多制式应急资源共享时仿真的平均运维时间

需求站	easy 故障处理耗时/min	difficult 故障处理耗时/min
重庆西火车站	266	317
沙坪坝火车站	50	108
沙坪坝站	75	127
杨公桥站	93	151
烈士墓站	122	179
磁器口站	154	216

如表 4-14 所示，应急资源配置未优化时仿真出的平均运维时间除重庆西火车站外，其余各站 easy 故障平均处理完成时间均在 125～215min，difficult 故障平均处理完成时间均在 170～260min。而通过应急资源配置优化，除重庆西火车站外，其余各站 easy 故障平均处理完成时间缩短至 50～155min，而 difficult 故障平均处理完成时间也缩短至 105～220min，重庆西火车站优化前后的平均运维时间差异更加明显。由优化前后仿真的平均运维时间对比可看出，在多制式轨道交通应急资源共享时的应急运维流程耗时明显少于未优化情况，验证了区域轨道交通应急资源配置优化方法的有效性。

表 4-14　优化前后仿真实验数据的对比

需求站	优化前 easy 故障处理耗时/min	优化后 easy 故障处理耗时/min	优化前 difficult 故障处理耗时/min	优化后 difficult 故障处理耗时/min
重庆西火车站	431	266	490	317
沙坪坝火车站	138	50	189	108
沙坪坝站	126	75	173	127
杨公桥站	147	93	192	151
烈士墓站	180	122	223	179
磁器口站	212	154	257	216

第 5 章　区域轨道交通决策协同关键技术

本章在区域轨道交通信息协同、资源协同的基础上进行决策协同，综合考虑运行费用、差异性运行时间费用和跨线惩罚费用等因素，构建区域轨道交通客流路径选择模型，自动决策区域轨道交通路网中各运输通道的运输组织模式；通过构建区域多制式轨道交通开行方案备选集，提出考虑拥挤度的区域多制式轨道交通开行方案编制技术；根据多制式复合网络运行维护特征，提出复合网络运营维护模式跨制式协同决策技术，同时构建多制式协同应急响应预案库，提出复合网络应急联动处置决策技术。

5.1　复合网络运输组织模式决策技术

5.1.1　复合网络运输组织模式现状分析与问题提出

区域多制式轨道交通网络化运营对于运输组织模式的确定方法较为模糊，更多的研究及运营经验是针对某一条线路的，而单一线路运输组织模式对整个路网的影响考虑较少。而运输组织模式的确定对于区域运输网络非常重要，如何确定区域内不同运输通道最优的运输组织模式对于提升区域网络化运营具有非常重要的意义[116]。因此，本章提出基于网络客流输送路径选择模型的运输组织模式决策方法，构建区域轨道交通客流输送路径选择模型，研究基于客流输送路径并结合运输通道的定位及距离等多重因素的运输组织模式确定方法。

为了更合理、更贴近实际地描述轨道交通客流输送路径选择问题，本节提出以下研究假设。

(1) 研究中需构建运输网络，相同的车站用一个节点表示。但是对于部分车站虽然名称相同，但是属于不同的线路且列车不能通过轨道实现联通，此时则用多个节点分别表示，如图 5-1 所示。采用该方式可有效避免不存在的环形路径。

车站 S1-快线与 S1-普线间不具备列车互联互通的运输条件，则分别设置 2 个节点。对车站 S2、S3、S4 具备列车通行条件的情况分别只设置 1 个节点。

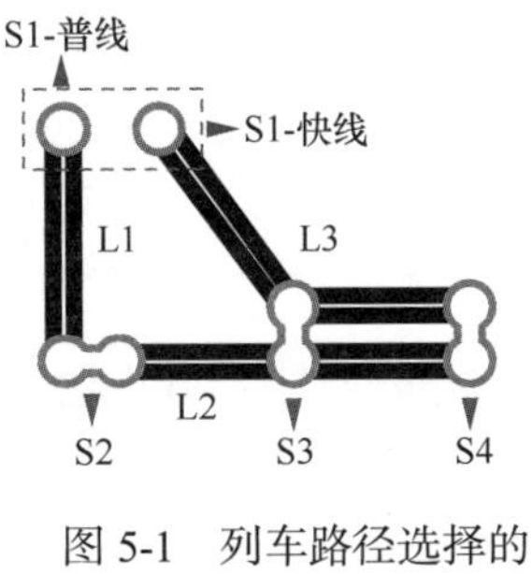

图 5-1　列车路径选择的运输网络构建示例

(2) 线路建设成本和机车车辆成本是在较长的运营期内分摊的，所以在研究中不考虑施工成本和机车车辆成本。

(3) 由于假设(1)中部分车站不能联通设置为 2 个车站，而获取的 OD 客流量数据并未对此区分，研究中将客流量按照平均值处理。例如，S1—S2 间的客流量分为 S1-快线—S2 以及 S1-普线—S2。

假设(1)的提出是为了避免出现环形列车路径；为了更合理地刻画运营期内列车路径的差异性提出假设(2)；假设(3)用于说明客流与列车运行路径的关系。

5.1.2　区域轨道交通客流输送路径选择模型的构建

1. 模型相关参数定义

根据区域轨道交通网络特征可构建有向运输网络 $\text{PN}=(N,E)$，其中，N 为网络中的节点集合，弧段集合 E 中包含运行弧和换乘弧。该网络基于 L-Space 的思路进行构建，此时每条弧 $\{u,v\}$ 是由有直接连接关系的节点 u 和 v 形成的。假设每条弧 $\{u,v\}$ 的基本运行时间 t_{uv} 和跨线运输时不同线路间的速度差引起的差异化运行时间 t_{uv}^{v} 已经通过调研及运营经验获取。弧段的广义费用 c_{uv} 主要由行车费用、差异化运行时间费用以及跨线惩罚费用三部分组成。$R\subseteq N\times N$ 表示网络中所有的 OD 对，q_{ij} 表示一个 OD 对间的客流量。所有的客流量通过最短路径输送，其中最短路径根据 Dijkstra 算法搜索得到。模型中涉及的相关集合、参数和变量的定义如表 5-1 所示。

表 5-1　集合、参数和变量的定义

类型	变量及定义
集合	R：研究路网中所有 OD 对的集合 V：所有 OD 对客流量的集合
	K_i, K_j：节点 i (j)连接的节点数量 $N_{R_{ij}}$：路径 R_{ij} 中的节点集合
	$K_i^{\text{up}}, K_i^{\text{dn}}$：上行(下行)方向与节点 i 连接的节点数量
	$K_j^{\text{up}}, K_j^{\text{dn}}$：上行(下行)方向与节点 j 连接的节点数量
	B_e, B_n：每个节点和弧段的最大运输能力
参数	q_{ij}：由 i 到 j 可被最短路径服务的直达客流
	c_{ij}：每列由 i 到 j 的车最短路径的运营费用
	y_{ij}^{e}：0-1 变量，由 i 到 j 的最短路径是否包含弧段 e，若包含，则 y_{ij}^{e}=1 z_{ij}^{n}：0-1 变量，由 i 到 j 的最短路径是否包含节点 n，若包含，则 z_{ij}^{n}=1
	L：列车定员
	θ：运输的旅客中直达客流的比例
	M：研究路网可运送的直达客流的最大值(通过模型 M1 求解得到)
变量	x_{ij}：节点 i 和 j 是否配对，$x_{ij}\in\{0,1\}$ b_{ij}^{e}：0-1 变量，若由 i 到 j 的最短路径被选择且该路径中包含弧段 e，则 b_{ij}^{e}=1，否则为 0 w_{ij}^{n}：0-1 变量，若由 i 到 j 的最短路径被选择且该路径中包含弧段 n，则 w_{ij}^{n}=1，否则为 0

本章共阐述了 2 个模型用于解决轨道交通客流输送路径的选择问题。基于无向图的

模型 M1 以直达客流最大为目标，模型中仅考虑了每个节点连接的弧段总数量。通过模型 M1 得到的直达客流的最大值将用于模型 M2。模型 M2 以广义运营费用最小为研究目标，同时模型中考虑了节点能力约束、弧段能力约束和直达客流比例等。模型 M1 和模型 M2 的区别如表 5-2 所示。

表 5-2　模型 M1 和模型 M2 的区别

模型	M1	M2
网络	无向网络	有向网络
目标	直达客流最大	广义运营费用最小
约束	连接弧段数量关系	连接弧段数量关系； 节点能力； 弧段能力； 直达客流
求解结果	配对的节点； 无向路径； 直达客流	配对的节点； 无向路径； 广义运营费用

2. 模型 M1 的构建——直达客流最大

为了解决客流输送路径的问题，建立了基本模型——模型 M1[117]，该模型以直达客流最大为目标。模型 M1 基于无向图根据节点配对结果和路径得到客流输送路径方案，公式如下：

$$\begin{cases}\max Q = \sum\limits_{i\in \mathrm{PN}}\sum\limits_{j\in \mathrm{PN}} q_{ij}\cdot x_{ij} \\ \sum\limits_{j\in \mathrm{PN}, i\neq j} x_{ij} \leqslant K_i, \quad \forall i,j\in \mathrm{PN} \\ \sum\limits_{i\in \mathrm{PN}, i\neq j} x_{ij} \leqslant K_j, \quad \forall i,j\in \mathrm{PN}\end{cases} \tag{5-1}$$

式(5-1)确保通过任何节点的路径数量不超过该节点连接的弧段数。

$$x_{ij} = \begin{cases}1, & i\text{ 和 }j\text{ 配对} \\ 0, & i\text{ 和 }j\text{ 不配对}\end{cases}, \quad \forall i,j\in \mathrm{PN} \tag{5-2}$$

表示变量 $x_{ij}\in\{0,1\}$ 的取值规则。

$$q_{ij} > 0, \quad \forall i,j\in \mathrm{PN} \tag{5-3}$$

用来表示客流量必须大于 0。该模型的目标函数是以旅客为导向的，$\sum\limits_{i\in \mathrm{PN}}\sum\limits_{j\in \mathrm{PN}} q_{ij}\cdot x_{ij}$ 表示经过最短路径的所有客流量，其中 q_{ij} 表示所有能够被 i 到 j 的最短路径输送的客流量。

模型 M1 以直达客流最大为目标，在模型优化求解过程中节点数量多、运输距离长的路径将被选择，因为这种路径能够服务更多的 OD 对，然而这样的优化结果将影响运输的快速性和高效性。可见，该模型并不适用于网络规模大、多种运输制式紧密联系的轨道交通网络。另外，该模型缺少对区间运输能力的约束，将带来运输能力不均衡、运输组织复杂度增加等问题。

3. 模型 M2 的构建——广义运营费用最小

以广义运营费用最小为研究目标的区域轨道交通客流输送方案模型(模型 M2)充分考虑了直达客流的比例和运输能力的限制。为了说明研究思路及方法，需要对本节涉及的部分概念进行详细说明。①跨线列车，是指列车运行路径包含两条或更多的线路，同时该路径包含的线路为不同制式的线路；②不同制式线路间的差异性运行时间。若列车为跨线列车，则列车在不同制式线路上的运行速度存在差异。差异性运行时间是指列车在更高速线路上的运行时间与跨线列车在低速线路上的运行时间的差值。具有跨线运营条件且存在不同运营速度跨线的区段的差异性运行时间将体现在列车运行路径上。

如图 5-2 所示，对于列车运行路径 $A \to B \to C$，弧段 AB 产生差异性运行时间，该弧段的差异性运行时间可通过以下公式计算得到：

$$t_{BC}^{\mathrm{VACANT}} = t_{BC}^{v_1} - t_{BC}^{v_2} \tag{5-4}$$

该式表示若由于跨线的原因 BC 区段产生差异性运行时间。

模型 M1 中的约束仅能表示入节点和出节点的关系，不能科学刻画有向轨道交通网络，因此运输网络的结构表示需进一步修正。采用图 5-3 中的节点构建方式，同一节点扩展为用上行入节点、下行入节点、上行出节点、下行出节点四个节点表示。如图 5-3 所示，图 5-3(a)为基本节点，图 5-3(b)为入节点和出节点，完整的节点表达如图 5-3(c)所示。

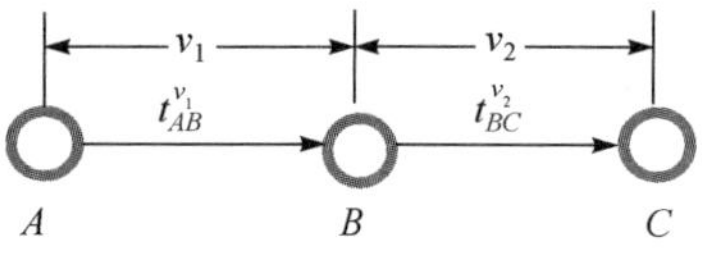

图 5-2　差异性运行时间示例

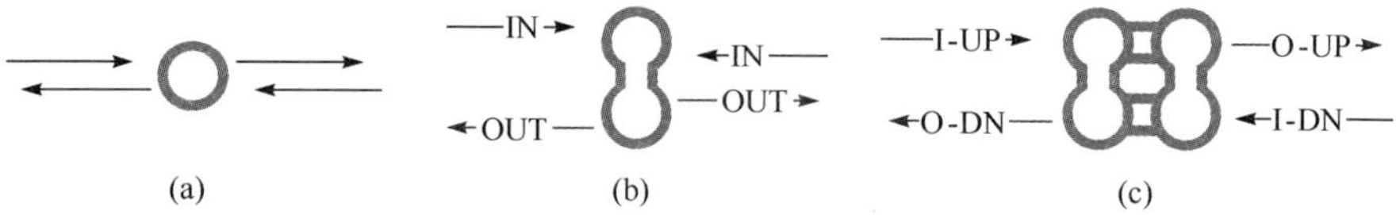

图 5-3　PN 中节点的扩展表示

增加以下约束用以描述通过不同方向节点的列车进路数量不超过该节点所连接的线路：

$$\begin{cases} \sum\limits_{j\in \mathrm{PN}, i\neq j} x_{ij} \leqslant K_i^{\mathrm{up}}, & \sum\limits_{j\in \mathrm{PN}, i\neq j} x_{ij} \leqslant K_i^{\mathrm{dn}} \\ \sum\limits_{i\in \mathrm{PN}} x_{ij} \leqslant K_i^{\mathrm{up}}, & \sum\limits_{i\in \mathrm{PN}, i\neq j} x_{ij} \leqslant K_j^{\mathrm{dn}} \end{cases} \tag{5-5}$$

由于直达客流和换乘客流的分劈，用以下约束限制研究路网中直达客流的比例。M 表示研究路网中可运输的直达客流的最大值，可通过模型 M1 得到。用 θ 表示直达客流的比例，θ 的取值范围为 0～1。

$$\sum_{i\in \mathrm{PN}} \sum_{j\in \mathrm{PN}} x_{ij} \cdot q_{ij} \geqslant \theta \cdot M \tag{5-6}$$

运营费用包含路径运行费用 c_{ij}^t 、差异性运行时间费用 c_{ij}^v 和跨线运营惩罚费用 c_{ij}^p 。运行费用用运行时间与单位时间费用的乘积表示，运营速度不同时单位时间的费用也不同。每条路径的差异性运行时间费用通过差异性运行时间与成本系数的乘积表示。跨线运营惩罚费用与跨线的次数直接相关。

广义运营费用为

$$c_{ij} = c_{ij}^t + c_{ij}^v + c_{ij}^p \tag{5-7}$$

运行费用为

$$c_{ij}^t = \sum_v \sum_i \sum_j t_{ij}^v \cdot c^v \tag{5-8}$$

差异性运行时间费用为

$$c_{ij}^v = t_{ij}^v \cdot c^v \tag{5-9}$$

跨线运营惩罚费用为

$$c_{ij}^p = f_{ij} \cdot c^p \tag{5-10}$$

表 5-3 列举了部分参数的取值。

表 5-3　费用相关参数

参数	取值	说明
c^{200}	3410 元/h	运营速度为 200km/h
c^{250}	5950 元/h	运营速度为 250km/h 及以上
c^v	2.8×10^{-3} 元/h	与最大运营速度的对比

模型 M2 的目标函数如下：

$$\begin{cases} \min \sum\limits_{i\in \mathrm{PN}} \sum\limits_{j\in \mathrm{PN}} x_{ij} \cdot \dfrac{q_{ij}}{L} \cdot c_{ij} \\ \sum\limits_{i\in \mathrm{PN}} \sum\limits_{j\in \mathrm{PN}} x_{ij} \cdot y_{ij}^e \cdot q_{ij} \leqslant B_e \\ \sum\limits_{i\in \mathrm{PN}} \sum\limits_{j\in \mathrm{PN}} x_{ij} \cdot z_{ij}^n \cdot q_{ij} \leqslant B_n \end{cases} \tag{5-11}$$

该式表示节点和弧段的运输能力限制。

$$q_{ij} \geqslant 0, \quad B_e, B_n \geqslant 0, \quad \theta \in (0,1] \tag{5-12}$$

该式表示客流量和运输能力需大于 0。

$$x_{ij} = \begin{cases} 1, & i\text{ 和 }j\text{ 配对} \\ 0, & i\text{ 和 }j\text{ 不配对} \end{cases}, \quad \forall i, j \in \mathrm{PN} \tag{5-13}$$

该式表示节点 i 和 j 是否配对。

$$y_{ij}^{e}=\begin{cases}1, & i\text{到}j\text{的路径包含弧段}e\\0, & i\text{到}j\text{的路径不包含弧段}e\end{cases},\quad \forall i,j,e\in \mathrm{PN} \tag{5-14}$$

该式表示节点 i 到 j 的最短路径是否包含弧段 e。

$$z_{ij}^{n}=\begin{cases}1, & i\text{到}j\text{的路径包含节点}n\\0, & i\text{到}j\text{的路径不包含节点}n\end{cases},\quad \forall i,j,n\in \mathrm{PN} \tag{5-15}$$

该式表示节点 i 到 j 的最短路径是否包含节点 n。

模型 M2 中增加了变量 y_{ij}^{e} 和 z_{ij}^{n}，使得模型的计算难度增加。计算的每次迭代中需根据客流分配结果不断判断运输能力，由此带来计算的复杂性和计算时间的延长。为了降低算法的复杂度，这里引入了其他扩展变量。通过引入变量 b_{ij}^{e}、w_{ij}^{n} 将上述约束转化如下：

$$\begin{cases}\sum\limits_{i\in N}\sum\limits_{j\in N} b_{ij}^{e}\cdot q_{ij}\leqslant B_e\\ \sum\limits_{i\in N}\sum\limits_{j\in N} w_{ij}^{n}\cdot q_{ij}\leqslant B_n\\ b_{ij}^{e}=\begin{cases}1, & i\text{到}j\text{的最短路径被选择且该路径中包含弧段}e\\0, & \text{其他}\end{cases}\\ w_{ij}^{n}=\begin{cases}1, & i\text{到}j\text{的最短路径被选择且该路径中包含节点}n\\0, & \text{其他}\end{cases}\end{cases} \tag{5-16}$$

4. 模型求解算法

(1) 由 i 到 j 的路径 R_{ij} 输送的最大直达客流可根据 $V_{R_{ij}}=\sum\limits_{i\neq j,j=i+1}^{j} q_{ij}$ 计算得到。R_{ij} 中包含 $N_{R_{ij}}$ 个节点，该路径中任意两个节点组成的 OD 对的客流均可由 R_{ij} 输送，最多有 $\dfrac{N_{R_{ij}}(N_{R_{ij}}-1)}{2}$ 个 OD 对可被路径 R_{ij} 输送。

(2) 公式 $V_{n-n+1}=\sum\limits_{n\in N_{R_{ij}},i\leqslant n<j}^{N_{R_{ij}}} q_{nj}$ 表示每条最短路径中每个弧段的客流量，R_{ij} 上的客流共分配到 $N_{R_{ij}}-1$ 个弧段上。

(3) 每条最短路径的每个节点的客流量可分别用公式 $V_{\substack{n-\text{out}-\text{up}\\ n-\text{out}-\text{dn}}}=\sum\limits_{n\in N_{R_{ij}},i\leqslant n<j}^{N_{R_{ij}}} q_{nj}$ 和 $V_{\substack{n-\text{in}-\text{up}\\ n-\text{in}-\text{dn}}}=\sum\limits_{n\in N_{R_{ij}},i<n\leqslant j}^{N_{R_{ij}}} q_{in}$ 计算得到，该路径上客流分配过程中共有 $2N_{R_{ij}}$ 个节点。

模型 M2 的优化算法流程如图 5-4 所示，在考虑衔接弧段及直达客流的约束下得到模型的初始解 X，涉及的节点能力和弧段能力的约束依托客流分配过程判断。每个弧段的客流量和每个节点的客流量基于被选定的路径计算得到。如果没有达到容量限制，那么基于初始解继续优化，直到多次迭代得到最优解。

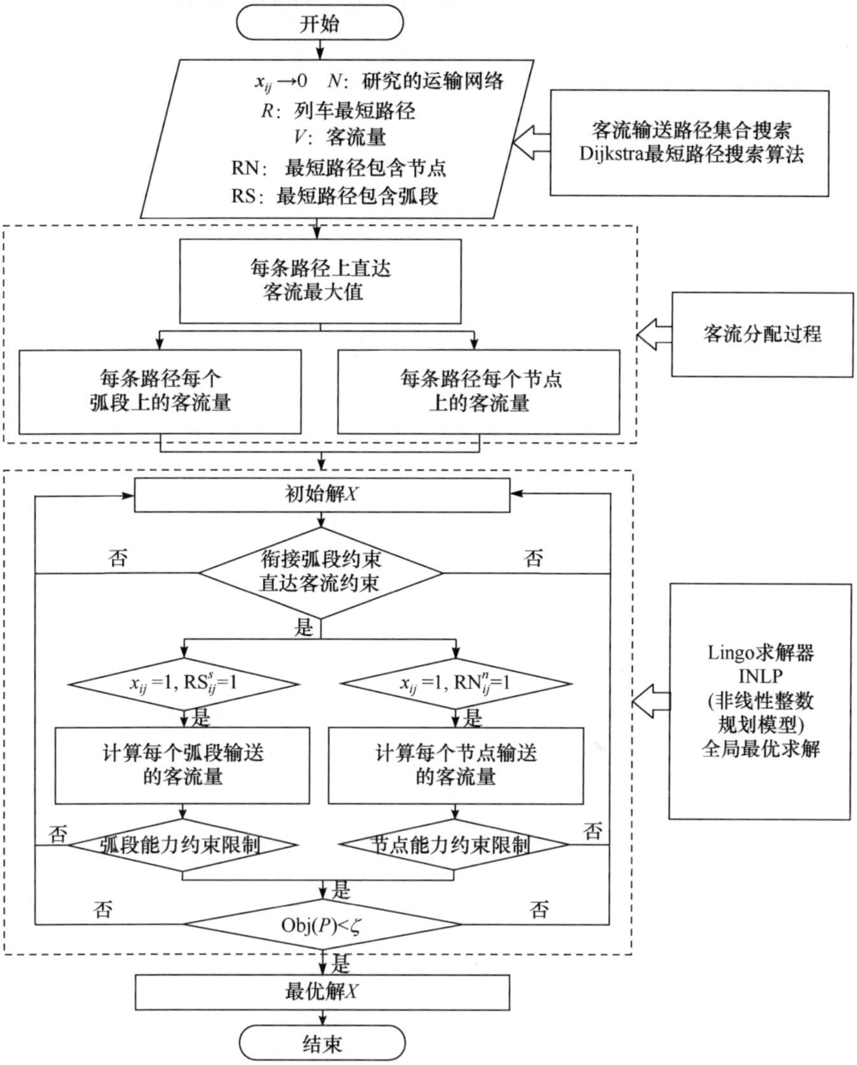

图 5-4　模型 M2 的优化算法流程

增加了弧段和节点的能力约束后，在迭代过程中运送大量客流的长路径将被其他路径取代。计算结果显示可输送更多 OD 对的长路径将被有选择地放弃，可输送相对较少 OD 对的路径将被选择，该结果与实际运营经验相同，尤其是快速轨道交通，运输距离更长、可输送更多 OD 对的路径比例较低。

5. 运输组织模式决策流程

基于模型 M2 的求解结果可针对研究路网中主要运输通道的运输模式做出决策，决策步骤可分为以下几步。

(1) 运输通道运输定位分析。根据划分后的运输通道，通过轨道交通制式、规划文件、通道走向、通道运输距离、站点布设以及服务的客流等明确线路的定位。

(2) 主要运输通道划分。根据研究的路网范围及运输通道的定位确定主要的运输通道。不能连通的轨道交通线路需视为多个运输通道，连通关系紧密的线路需根据实际运输组织及服务客流划分运输通道。

(3) 基于客流输送路径选择的运输模式确定。根据运输通道划分结果，再结合客流输送路径基本可确定该通道的运输组织模式。通道与其他连通通道存在连续的输送路径，则贯通运营(跨线)为该通道内运输组织模式之一。若通道内存在 3 条及以上客流输送路径，则需分析大小交路及灵活编组的运输组织模式。

5.1.3　案例研究分析

1. 案例基本描述

基于网络客流输送路径选择模型的运输组织模式决策方法应用于某区域中部分轨道交通组成的网络(图 5-5)，选定的研究范围内共有 19 个车站，其中 S1-普线和 S1-快线是不同制式线路的两个车站。根据模型的构建方法，该运输服务网络中共有 76 个节点、36 条弧段和 341 个 OD 对。模型中客流需求数据由 OD 客流矩阵给出，并且该矩阵给出了所有节点对之间每天的出行需求。

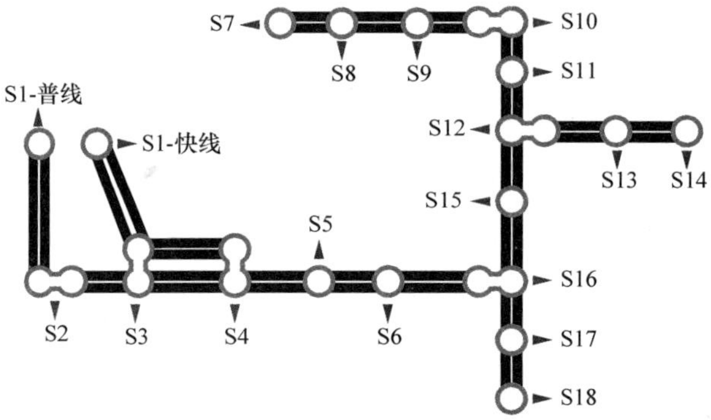

图 5-5　研究路网拓扑结构

基于该实例，模型中共有 49104 个变量和 36667 个约束。其中，模型用到的最短路径算法和每条路径客流分配结果是根据 C#编程实现的，利用 Lingo 11.0 求解器中的全局最优算法可求解非线性规划模型。求解器是在一台 3.2GHz 的 PC 上执行的，它的处理器是 Intel(R)Core(TM)i5-3470，内存为 16GB，运行为 Windows7(64 位)。

2. 求解结果及敏感性分析

1) 直达客流比例与运营费用关系分析

由图 5-6 可以看出，直达客流与运营费用的增长成正比，如果实现更多客流的直达运输，则运营费用将增加更多。客流满足直达的比例大于 80%，运营费用增速明显，直达比例在 85%以上时，运营费用基本呈现指数型增长。可见，网络中可通过直达满足的客流比例范围为 50%～80%。

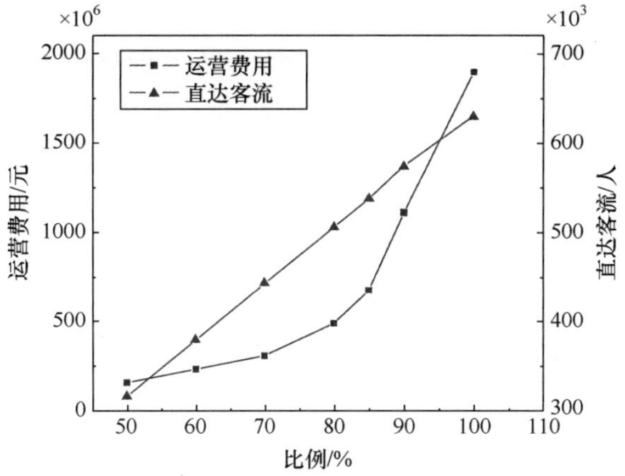

图 5-6　直达客流与运营费用之间的关系

2) 客流输送路径特点分析

这里对比分析不同直达客流比例下得到的客流输送路径的路径数量、路径平均节点数量和平均跨线次数等参数。如表 5-4 所示，当直达客流比例降低时，将有更多的客流输送路径被选择，路径平均节点数量、平均跨线次数均降低。同时，如图 5-7 所示，直达客流比例超过 90%时，这些统计数据变化速度加快，运输组织难度大幅提升，可见该路网中直达客流比例不应高于 90%。

表 5-4　不同直达客流比例下参数的对比

直达客流比例/%	路径数量	路径平均节点数量	平均跨线次数
100	9	5.000	0.667
90	9	4.778	0.444
85	11	4.545	0.364
80	15	3.333	0.267
70	21	2.550	0.190
60	22	2.409	0.182
50	20	2.350	0.250

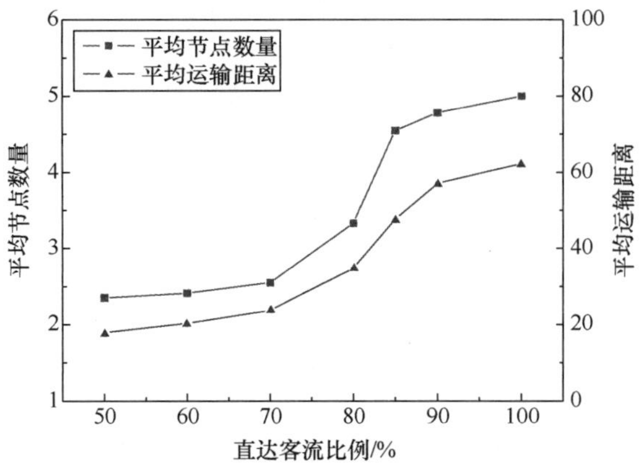

图 5-7　随直达客流比例变化的平均节点数量和平均运输距离

3) 运输组织模式决策

随着直达客流比例的降低，长距离输送路径被短距离路径代替。直达客流比例为 100%时，最长客流输送路径为 S1-快线→S3→S4→S5→S6→S16→S15→S12→S11→S10→S9→S8→S7，总运营费用和运输组织难度都大幅增加。随着直达客流比例降低，图 5-8(b)中最长客流输送路径由 2 条较短的路径代替，如图 5-8(c)所示。优化结果显示出客流输送路径优化的过程与客流空间分布的不平衡性紧密相关。图 5-8(d)中的最优结果表明，S10↔S16 通道客流空间分布不均衡现象突出，可适当考虑采用大小交路的运输模式。通过与该路网的客流输送的实际方案进行对比可以发现，实际方案与模型中直达客流比例为 90%时的优化结果基本相符。

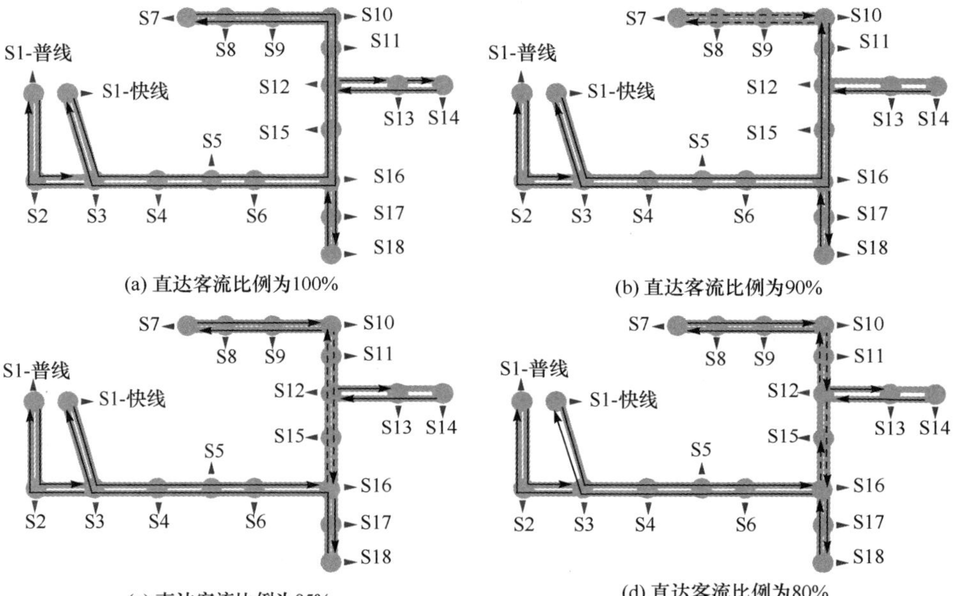

(a) 直达客流比例为100%　(b) 直达客流比例为90%　(c) 直达客流比例为85%　(d) 直达客流比例为80%

图 5-8　不同直达客流比例下客流输送路径的优化结果

运用优化模型 M2 可得到针对该研究路网的最优结果，基于该最优解可进一步分析运输组织模式(表 5-5)。是否跨线、是否大小交路运行等运输模式是根据客流输送路径优化结果以及结合线路距离和线路定位等因素确定的。轨道交通网络化运营时，部分运输通道中存在较大比例的跨线列车，同时路径优化结果可推断运输通道是否需要组织大小交路的运输组织模式。

表 5-5　研究路网运输通道运输模式分析

主要运输通道	是否跨线	是否大小交路运行
S12—S14	否	S12—S13 S12—S14
S7—S10	否	否
S1 普线—S3	否	否

续表

主要运输通道	是否跨线	是否大小交路运行
S1 快线—S16—S18	是	S1 快线—S16 S16—S18 S18—S1 快线
S10—S16	否	否

5.2　复合网络开行方案编制决策技术

5.2.1　复合网络开行方案现状分析与问题提出

随着铁路网络化运营的不断推进[118]，旅客出行需求更加多样化、个性化，列车开行方案也更加复杂化。网络开行方案的编制方法主要有基于数理方法的开行方案编制和基于备选集的开行方案编制。在既有的研究中，基于备选集的开行方案编制主要用于高速铁路网络、普速铁路网络的开行方案编制。由于高速铁路网络、普速铁路网络开行方案的多样性十分显著，以服务中长距离旅客为主，开行方案备选集制定时更侧重于服务的高速性和可达性，主要通过 K 短路径、客流强度、服务水平综合等制定。

区域轨道交通运输网络主要由干线铁路、城际铁路、市域(郊)铁路和城市轨道交通等组成。一个区域内城市轨道交通、市域(郊)铁路、城际铁路承担了区域内大部分的运输任务，这几种轨道交通方式的开行方案均具有较短运输距离、高频率的服务特征，同时存在一定的差异，如表 5-6 所示。城市轨道交通开行方案具有站站停的特征，市域(郊)线、城际线开行方案一般是站站停与跳站停的结合，高速铁路线以跳站停的方式为主。

表 5-6　不同制式轨道交通开行方案的特征

轨道交通	开行方案的特征		
	开行方案种类	列车服务频率	停站方案
城市轨道	单一	线高	站站停
市域(郊)线	↓	↓	站站停+跳站停
城际线			站站停+跳站停
高速铁路线	多样	低	跳站停

区域轨道交通网络在编制开行方案时，区域内普速铁路、高速铁路的线路运营里程较短，且城市轨道、市域(郊)线路占比高，使区域开行方案的灵活性较差，旅客同一时段出行时间差异性较小。因此，既有的从旅客角度出发的优化目标不能适应区域轨道交通开行方案的特点。已有研究表明，除了行程时间和出行费用，行程时间可靠度和拥挤度是影响公共交通服务水平的两大主要因素[119,120]。轨道交通的行程时间可靠度较高，根据既有的运营模式，地铁、轻轨、有轨电车的服务频率高、正点率高，而市域(郊)铁路、城

际铁路和高速铁路严格按照时刻表运行，每个车站的到发准点率均较高，可见区域内不同制式的轨道交通的行程时间可靠度均较高且差异性很小。拥挤度则成为影响不同制式轨道交通服务水平最为主要的因素。

本章提供一种适用于区域内多制式轨道交通网络化列车开行方案备选集的制定方法，根据区域轨道交通网络特征，总结出区域内多制式轨道交通网络化列车开行方案备选集的组成，并刻画组成成分与备选集的关系，提出区域内多制式轨道交通网络备选集的制定流程。在区域轨道交通开行方案备选集的基础上，重点描述区域内不同种类的轨道交通特征，结合旅客全出行链的过程，挖掘不同制式轨道交通在区间、车站的拥挤度的差异性特征，刻画拥挤系数，依托区域多制式轨道交通开行方案备选集构建以网络拥挤系数和列车开行成本为双目标的基于拥挤感知的区域多制式轨道交通开行方案编制模型。

5.2.2　区域轨道交通网络化开行方案备选集的制定

1. 区域轨道交通网络化开行方案备选集的生成流程

区域轨道交通网络化开行方案的备选集 L 主要由两部分组成：一部分为站站停开行方案备选集 L_3；另一部分为跳站停开行方案备选集 L_4，可表示为

$$L = L_3 \cup L_4 \tag{5-17}$$

上述站站停开行方案备选集 L_3 又分为单一线路站站停开行方案备选集 L_1 和多条线路跨线站站停开行方案备选集 L_2，可表示为

$$L_3 = L_1 \cup L_2 \tag{5-18}$$

制定开行方案备选集均以区域轨道交通基础网络结构数据、区域轨道交通网络的客流结构为输入，跳站停的开行方案备选集则以基础网络结构、客流结构以及站站停开行方案备选集为输入。区域轨道交通网络化开行方案备选集的组成及生成流程如图 5-9 所示。

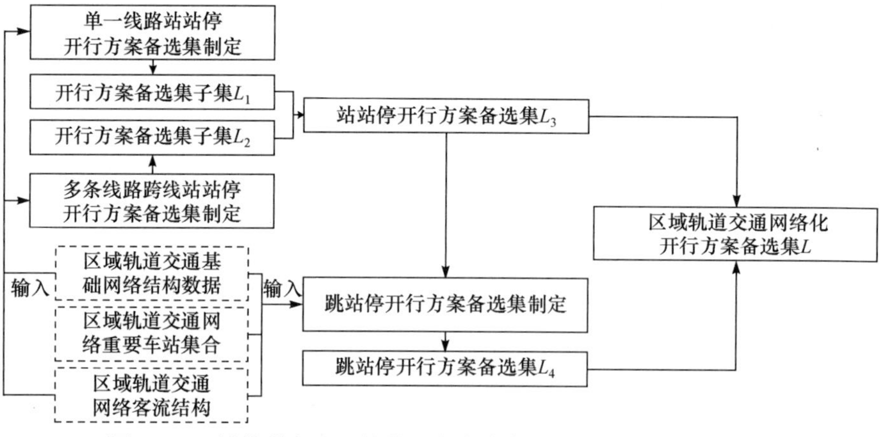

图 5-9　区域轨道交通网络化开行方案备选集的组成及生成流程

2. 单一制式单一线路站站停开行方案备选集的制定

部分单一制式单一线路的开行方案上行(或下行)只有一种方案线，方案线从线路的始

发站到终到站且站站停。此外，受到客流结构、车辆段位置等因素的影响，部分单一制式单一线路存在一种或多种小交路的开行方案线。以图 5-10 为例，线路 *AB* 的始发站和终到站为 *A*、*B* 站，根据客流特征和该线路车辆段的分布，可确定开行方案线主要有 *A*-*B*、*A*-*F*、*D*-*B*，以上行方向为例，该线路站站停的开行方案可用图中直线表示，形成的交路形式如图 5-10 中弧线所示。

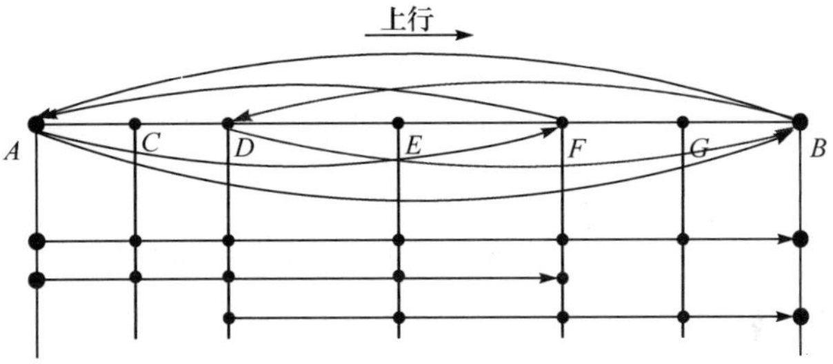

图 5-10　单一制式单一线路站站停开行方案线图示

根据上述分析，单一制式单一线路站站停开行方案备选集的重点是确定该线路的交路形式，根据每种交路形式以及沿线车站即可确定站站停的开行方案线。图 5-11 为单一制式单一线路站站停开行方案备选集的制定流程。

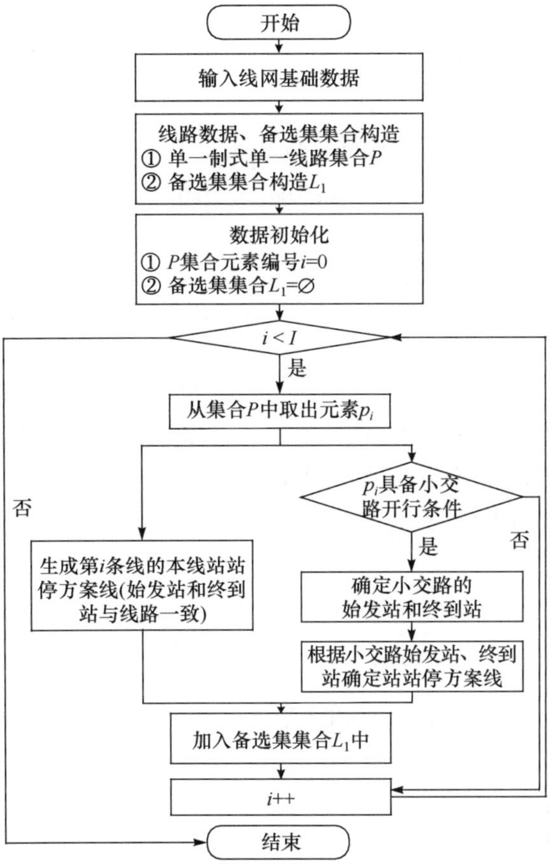

图 5-11　单一制式单一线路站站停开行方案备选集的制定流程

单一制式单一线路站站停开行方案备选集制定流程可描述如下。

步骤 1　输入研究区域的多制式轨道交通网络的基础数据。基础数据主要包括研究区域的所有线路、车站以及相互连通关系，也包括以基础设施可达性为基准的运输网络数据。转至步骤 2。

步骤 2　根据基础数据构造线路数据集合，单一制式的单一线路组成的集合 P 可表示为 $P=\{p_0,p_1,\cdots,p_{I-1}\}$ 。

构造开行方案备选集 L_1 ，备选集是由区域范围内合理的开行方案线组成的，备选集中的元素包括开行方案线的始发站、终到站及所有经停站。在备选集中，方案线中所有的车站按顺序排列。转至步骤 3。

步骤 3　对数据进行初始化。分别将集合 P 中元素的编号初始化为 0，将备选集 L_1 初始化，设为空集。转至步骤 4。

步骤 4　判断集合 P 中元素的编号 i 与集合中元素数量 I 的关系。若满足 $i<I$ ，则转入步骤 5；否则，流程结束。

步骤 5　从集合 P 中取出相应的元素 p_i 。转至步骤 6 和步骤 7。

步骤 6　根据元素 p_i 生成与其对应的站站停方案线，方案线始发站、终到站及经停站与线路走向完全一致。转至步骤 10。

步骤 7　判断元素 p_i 是否具备小交路的开行条件。若具备开行条件，则转至步骤 8；否则，转至步骤 11。其中，小交路开行条件的决定因素主要有线路中车站的折返线条件、客流分布不均衡系数和车辆段布局等。

步骤 8　根据 p_i 的线路数据以及具有折返线的车站确定小交路的始发站、终到站。

步骤 9　根据小交路的始发站和终到站以及线路数据确定站站停的开行方案线。转至步骤 10。

步骤 10　将生成的站站停开行方案线加入备选集 L_1 中。

步骤 11　集合 P 中元素的编号 $i++$ 。转至步骤 4。

3. 多制式多线路站站停跨线开行方案备选集的制定

对于多制式多线路的线路，根据线路情况、客流结构等确定站站停的开行方案线的始发站和终到站。根据基础数据构造具有衔接关系的多条线路集合 Q ，该集合可定义为 $Q=\{q_0,q_1,\cdots,q_{J-1}\}$ ， Q 中的元素 q_j 是由多个(2～3 个)具有互通关系的线路组成的，该元素包括两种形式的表达：

(1)　$q_j=\{p_e,p_f\},X_{p_e,p_f}=1$ ，表示线路 p_e 和 p_f 具备互联互通的运营条件；

(2)　$q_j=\{p_e,p_k,p_f\},X_{p_e,p_k}=1$ 且 $X_{p_k,p_f}=1$ ，表示线路 p_e 和 p_k 、 p_k 和 p_f 均具备互联互通的运营条件。形式(1)和(2)所有的元素共同组成集合 Q 。

构造开行方案备选集 L_2 。备选集是由区域范围内合理的开行方案线组成的，备选集中的元素包括开行方案线的始发站、终到站及所有经停站。多制式多线路站站停跨线开行方案备选集的制定流程是依次取出具有物理衔接关系的多条线路的集合 Q 中的元素，根据信号制式、线路条件和客流特征等综合确定并依次判断每个元素是否具备跨线列车开行条件。若具备跨线列车开行条件，接着根据线路走向和经过站点确定相应的站站停开行方案线，并将确定的方案线加入备选集 L_2。详细流程如图 5-12 所示。

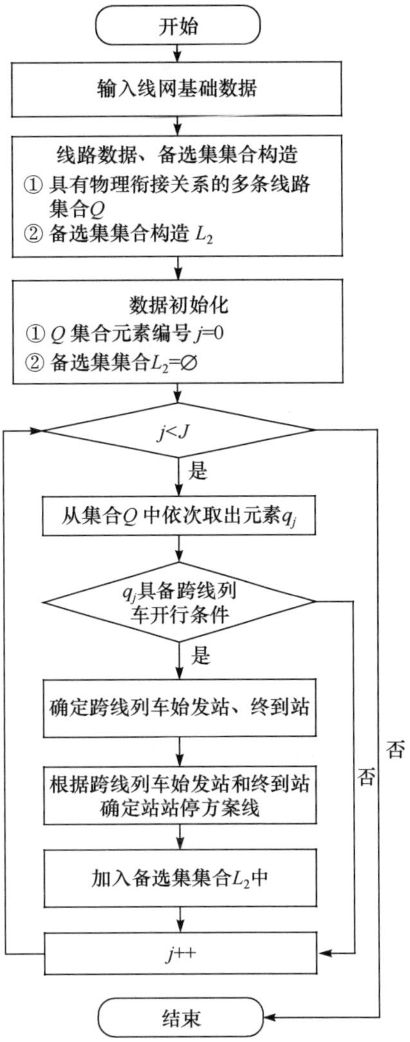

图 5-12　多制式多线路站站停跨线开行方案备选集的制定流程

4. 基于站站停的区域轨道交通网络跳站停开行方案备选集的制定

区域轨道交通网络跳站停开行方案备选集以上述制定的多制式多线路站站停跨线开行方案备选集 L_2 为输入。构造区域轨道交通网络跳站停开行方案备选集 L_4，备选集中的元素包括开行方案线的始发站、终到站及所有经停站。同时，输入研究区域网络中的重要车站集合 N，该集合中重要车站主要根据车站规模、车站属性、车站对网络的影响等因素综合确定。

制定备选集 L_4 时需依次取出备选集 L_2 中的元素(开行方案线)，每个元素均含有始发站、终到站与所有的经停站。首先判断每个元素中重要车站的数量，根据客流时空分布不均衡系数、重要车站客流强度等判断该方案线是否具备跳站停的开行条件，详细流程如图 5-13 所示。

区域轨道交通网络跳站停开行方案备选集制定流程可描述如下。

步骤 1　构造大站停开行方案备选集 L_4，备选集中的元素包括开行方案线的始发站、终到站及所有经停站。在备选集中，方案线中所有车站按顺序排列。转至步骤 2。

步骤 2　对数据进行初始化。将集合 L_3 中元素的编号初始化为 0，将备选集 L_4 初始化，设为空集。转至步骤 3。

步骤 3　输入站站停方案线形成的开行方案备选集 L_3，其中 $L_3 = L_1 \cup L_2$。转至步骤 4。

步骤 4　判断集合 L_3 中元素的编号 k 与集合中元素数量 M 的关系。若满足 $k < M$，则转入步骤 5；否则，流程结束。

步骤 5　从集合 L_3 中取出元素 l_k。转至步骤 7。

步骤 6　输入研究网络中的重要车站集合 N，转至步骤 7。其中，重要车站的确定主要根据车站规模、客运量、车站在网络中的位置、车站的衔接作用等综合确定。

步骤 7　根据元素 l_k 中车站信息和重要车站集合，判断元素 l_k 中的重要车站数量，若大于 S 个，则转至步骤 8；否则，转至步骤 11。

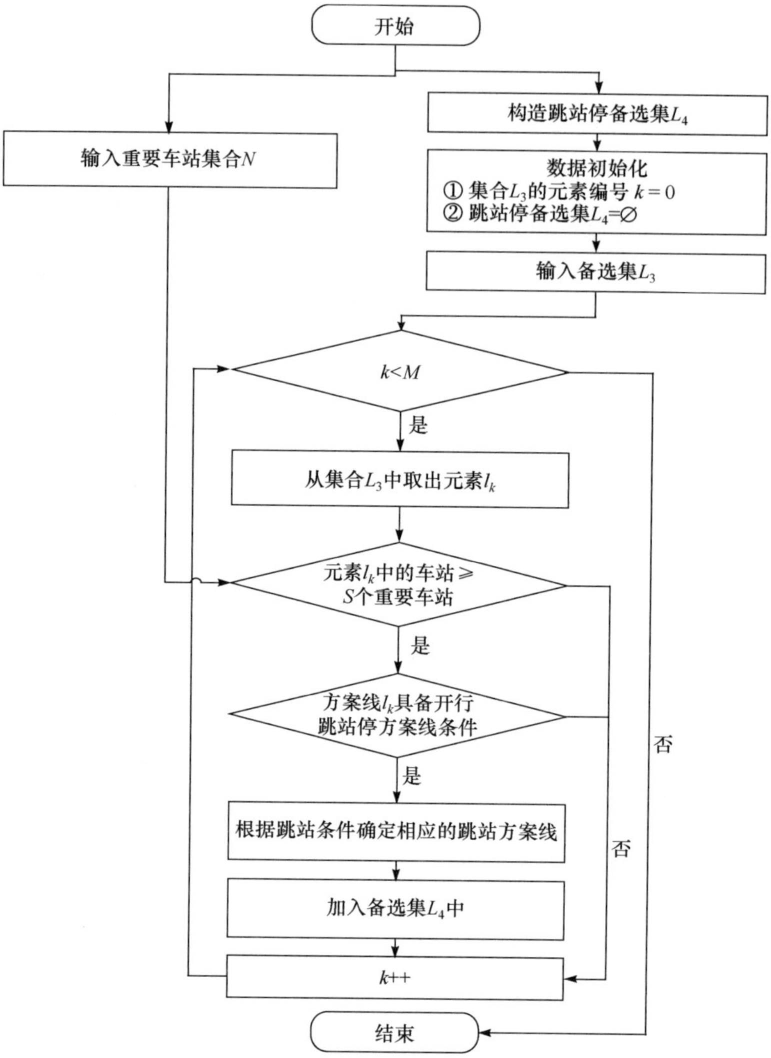

图 5-13　区域轨道交通网络跳站停开行方案备选集的制定流程

步骤 8　判断开行方案线 l_k 是否具备跳站停开行的条件，若具备该条件则转至步骤 9；否则转至步骤 11。

步骤 9　根据跳站停应具备的条件确定方案线 l_k 相应的跳站方案，生成跳站停的开行方案线，包括方案线 l_k 的始发站、终到站以及该方案线中的重要车站。转至步骤 10。

步骤 10　将生成的跳站停方案线加入备选集 L_4 中。转至步骤 11。

步骤 11　集合 L_3 中元素的编号 $k++$。转至步骤 4。

5.2.3　基于拥挤感知的区域多制式轨道交通开行方案的编制

1. 问题描述

拥挤度既是反映公共交通服务水平的关键因素，也是旅客出行舒适性较为重要的因素。区域多制式轨道交通开行方案编制需综合考虑运营方和旅客的利益。运营方最为关心的是在保证一定服务水平下的开行方案的运营费用，运营费用主要受到开行频率和列车开行路径的影响。

开行方案编制中旅客的出行费用包括刚性出行费用和柔性出行费用。刚性出行费用包括旅客出行时间和出行票价等；柔性出行费用则主要受安全性和舒适性的影响。刚性出行费用在制定区域多制式轨道交通开行方案备选集时已充分考虑，柔性出行费用的关键在于舒适性，根据既有研究及分析，本书主要采用拥挤系数刻画柔性出行费用。刻画拥挤系数时综合考虑区间拥挤程度和车站拥挤程度，同时考虑不同制式轨道交通在区间、车站的拥挤程度的差异性。

1) 区域轨道交通分类

区域内主要制式的轨道交通包括地铁、轻轨、有轨电车、市域(郊)铁路、城际铁路和普速铁路和高速铁路等。根据运输组织特征可将区域轨道交通分为三类，如表 5-7 所示。

表 5-7　区域轨道交通分类

区域轨道交通分类	种类	特征			
		服务频率	运行速度	是否以时刻表为导向	是否允许超员
Ⅰ类	地铁、轻轨、有轨电车	高	低	否	允许
Ⅱ类	市域(郊)铁路、普速铁路	较高	较高	是	允许部分
Ⅲ类	城际铁路和高速铁路	较高	高	是	不允许

(1) Ⅰ类轨道交通提供高频率的运输服务，列车运行速度比较低，一般时速不高于 100km/h；乘客选择该类轨道交通出行时不以列车时刻表为导向，遵循“即到即走”的出行规律；该类别中主要包含地铁、轻轨和有轨电车等轨道交通制式；列车均允许超员，根据实际运营经验，部分城市部分区段超员甚至超过 20%。

(2) Ⅱ类轨道交通主要包括市域(郊)铁路和普速铁路，列车服务频率较高，设计速度低于 200km/h，旅客按照列车时刻表出行，列车允许存在部分超员的情况，超员情况可根据售票环节得到严格控制。

(3) Ⅲ类轨道交通主要指城际铁路和高速铁路，列车服务频率同样较高，列车时速可达 200km/h 以上，旅客严格按照列车时刻表安排出行，一般不允许存在超员的情况。

2) 不同类型轨道交通拥挤系数刻画

拥挤系数分为区间拥挤系数和车站拥挤系数两部分，旅客出行过程中对不同类型的轨道交通的拥挤感知存在一定的差异。区间拥挤系数是指旅客乘车途中在列车内的拥挤程度，由于不同种类轨道交通运输特征各异，所以刻画旅客的拥挤感知也存在较大差异。

第Ⅰ、Ⅱ类轨道交通列车均允许超员，除普速铁路列车外其他类型列车座席设置较少，既有研究中，旅客对车内的拥挤感知与客流密度呈强相关关系，拥挤感知多通过客流密度反映。邵敏华等[121]的研究中，车内不拥挤与拥挤的分级阈值为 3.6 人/m^2，拥挤与非常拥挤的分级阈值为 6.2 人/m^2。基于此，旅客人均占有面积的阈值分别为 0.278m^2/人和 0.161m²/人。根据旅客人均占有面积可将拥挤系数设为分段函数，即旅客人均占有面积大于等于 0.278m²/人时，拥挤系数为 0，而考虑到列车容量限制以及运输服务水平的保障，旅客人均占有面积小于等于 0.161m²/人时，拥挤系数为 1，旅客人均占有面积介于二者之间，则采用线性关系表达(图 5-14)。

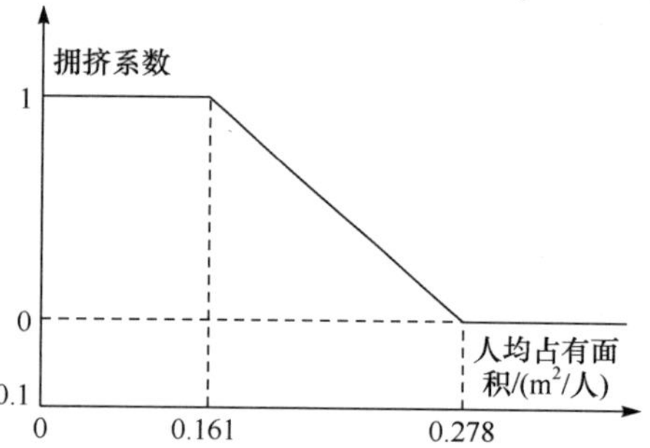

图 5-14 人均占有面积与拥挤系数的关系

由于第Ⅲ类轨道交通列车不允许超员，意味着旅客均有座席，旅客出行的拥挤系数明显低于第Ⅰ、Ⅱ类轨道交通，此时将最大拥挤系数设为 0.5，最小拥挤系数设为 0，实际的拥挤系数与列车满载率成正比关系。

车站内以站台拥挤最为显著，旅客在不同制式轨道交通站台的拥挤感知基本类似，拥挤系数均用站台旅客人均占有面积表示，根据既有研究，研究者均用旅客人均占有面积反映服务水平。根据旅客人均占有面积可将拥挤系数设为分段函数，将服务水平 E 级时旅客人均占有面积[122]对应的拥挤系数定义为 1，将服务水平 A 级时旅客人均占有面积对应的拥挤系数定义为 0，即旅客人均占有面积大于等于 3.247m²/人时，拥挤系数为 0，旅客人均占有面积小于等于 0.464m²/人时，拥挤系数为 1，介于二者之间，则采用线性关系表达。

2. 区域多制式轨道交通开行方案编制模型

1) 研究假设

(1) 根据实际运营经验，研究范围内一个区间有且仅有某一种类型的轨道交通与之对应，不存在同一区间属于两种及以上类型轨道交通的情况。研究范围内的换乘车站视为不同的车站，车站集合中的车站有且仅有某一种类型的轨道交通与之对应。如图 5-15 所示，车站 A 在车站集合中分别为 A1/A2/A3，这些车站通过换乘通道等设施设备实现旅客的换乘，部分车站可实现过轨运输。

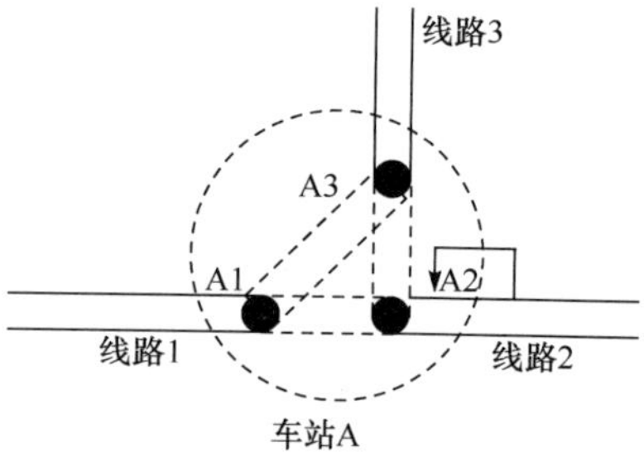

图 5-15 多制式车站关系

(2) 车站的站台、换乘通道、换乘大厅、扶梯等重要设施设备在客流拥挤方面均有不同的表现，其中站台客流的拥挤度和无序度尤为复杂。研究中仅考虑站台拥挤度，同时用相邻断面客流量差和交换客流客流量系数 ε 的乘积表示站台拥挤人数。

如图 5-16 所示，研究时段内在车站 i 交换的客流量 $\hat{V}_i$ 表示为

$$\hat{V}_i = \varepsilon \cdot \left| V_{i-1,i} - V_{i,i+1} \right| \tag{5-19}$$

其中，$V_{i-1,i}$、$V_{i,i+1}$ 分别是车站 i 紧邻区间的客流量。

一般地，在车站 i 交换的实际客流量大于 $\left| V_{i-1,i} - V_{i,i+1} \right|$，此时乘以交换客流客流量系数 ε 表示实际的交换客流量，该参数可根据车站属性和调研获取。

(3) 区域开行方案以客流在网络中各区段的分布情况为基础，考虑到研究的复杂性，

研究中区间拥挤系数表示时将研究时段内区段的客流量平均分配到每列列车上，而不是将区段的客流量准确匹配到每列列车上。

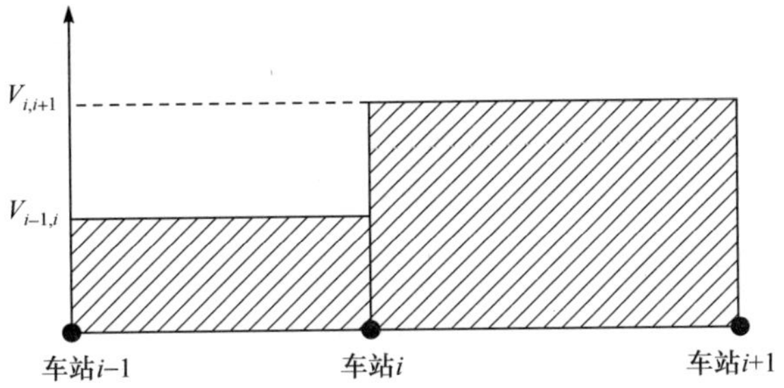

图 5-16　相邻区间断面客流量关系

2) 模型构建

根据区域轨道交通网络化开行方案的备选集制定方法确定区域内开行方案的备选集，并基于备选集构建区域多制式轨道交通开行方案编制模型。基于区域轨道交通网络化开行方案的备选集，形成开行方案编制的列车集合，集合中的每个元素代表一类列车，每类列车包括列车路径(始发站、终到站和所有的中间站)、列车运行的所有区间以及在每个车站的经停时间和每个区间的运行时间。

模型构建思路如图 5-17 所示。模型将备选集和区域内所有区间的断面客流量作为基础数据输入。模型以旅客拥挤系数和列车开行成本为双优化目标，综合考虑满足旅客出行需求、区间车站能力限制、列车开行频率范围等约束，得到备选集内列车是否开行及开行频率，进而得到考虑拥挤度的区域多制式轨道交通开行方案。

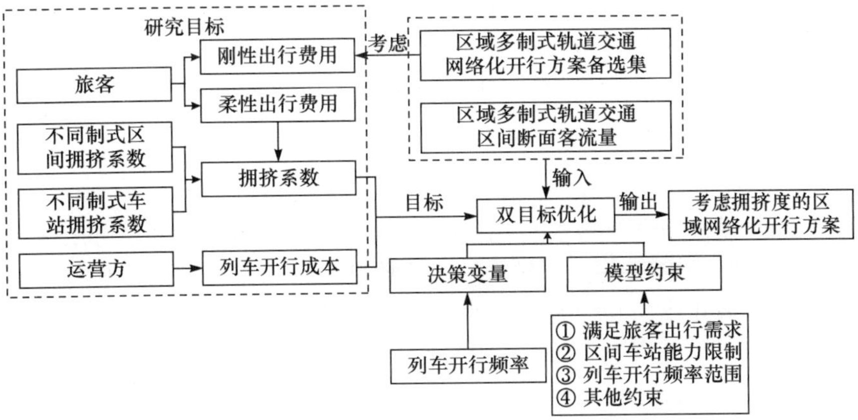

图 5-17　模型构建思路

(1) 变量定义。

① 集合类。列车集合可用Q表示，其中l表示列车集合中第l类列车，$l \in Q$；区间集合用E表示，元素i表示一个区间，$i \in E$，该集合中共有M个元素；车站集合用S表示，元素j表示一个车站，$j \in S$，该集合中共有N个元素。

② 变量类。f_l表示列车l的服务频率；δ_i表示区间i的拥挤系数；η_j表示车站j的

拥挤系数；δ_i^k 表示第 k 种轨道交通方式在区间 i 的拥挤系数；$\bar{V}_i$ 表示区间 i 列车的平均载客人数；θ_i 表示区间 i 所有列车的平均满载率；TS_i 表示区间 i 的旅客人均占有面积，m^2/人；PS_j 表示车站站台 j 的旅客人均占有面积，m^2/人。

③ 参数类。c_l 表示列车 l 的开行成本；$f_l^{\min}$ 表示列车 l 允许开行的最小服务频率；$f_l^{\max}$ 表示列车 l 允许开行的最大服务频率；D_l 表示列车 l 的定员；V_i 表示区间 i 的断面客流量；t_i 表示列车在区间 i 的平均运行时间；V_j 表示车站 j 内的每列车的平均交换客流量；t_j 表示列车在车站 j 的平均停站时间；P_l 表示列车所属的轨道交通类型，$P_l \in \{1,2,3\}$，分别表示属于第Ⅰ、Ⅱ、Ⅲ类轨道交通；AT_i 表示区间 i 列车的有效面积，m^2；AP_j 表示车站 j 的站台有效面积，m^2；ε_j 表示车站 j 交换客流客流量系数；w_i^k 表示 0-1 变量，$w_i^k = 1$ 表示区间 i 属于第 k 种轨道交通方式，$w_i^k = 0$ 表示区间 i 不属于第 k 种轨道交通方式；x_i^l 表示 0-1 变量，$x_i^l = 1$ 表示列车 l 的运行区间包括区间 i，否则表示列车 l 的运行区间不包括区间 i；r_i^j 表示 0-1 变量，$r_i^j = 1$ 表示区间 i 的起点车站为 j；s_i^j 表示 0-1 变量，$s_i^j = 1$ 表示区间 i 的末端车站为 j；y_j^l 表示 0-1 变量，$y_j^l = 1$ 表示列车 l 的运行路径中包括车站 j；γ_l 表示列车 l 允许的最大超载率；Φ_i 表示区间 i 的最大运输能力；Γ_j 表示车站 j 的最大运输能力；α_1、β_1 表示区间拥挤系数线性函数的参数，可通过调研及数学分析得到；α_2、β_2 表示车站拥挤系数线性函数的参数，可通过调研及数学分析得到。

(2) 决策变量及目标函数。

该模型的决策变量是列车集合中第 l 类列车的开行服务频率 f_l，f_l 的取值范围为全体自然数，$f_l = 0$ 时表示第 l 类列车不开行，否则表示第 l 类列车在研究时段内开行 f_l 列。

模型目标函数是最小化开行方案的开行费用，开行方案的开行费用可用所有备选集每类列车的开行频率与每类列车开行费用的乘积的总和表示：

$$\min \sum_{l=0}^{L-1} f_l \cdot c_l \tag{5-20}$$

模型目标函数是最小化旅客所有的拥挤系数，其中区间拥挤系数可用区间拥挤感知系数与区间拥挤时间的乘积表示，车站拥挤系数可用车站拥挤感知系数与车站拥挤时间的乘积表示，二者加和作为开行方案总的拥挤系数。区间 i 的拥挤系数可用式(5-21)计算得到，即

$$\min \sum_{i=0}^{M-1} \delta_i \cdot V_i \cdot t_i + \sum_{j=0}^{N-1} \eta_j \cdot V_j \cdot t_j, \quad \delta_i = \sum_{k=0}^{2} \delta_i^k \cdot w_i^k \tag{5-21}$$

(3) 模型约束。

① 区间拥挤的模型表示。

根据不同轨道交通制式的拥挤表现分析，第Ⅰ、Ⅱ类轨道交通区间拥挤系数的表示如下：

$$\delta_i^{0(1)}=\begin{cases}0, & \mathrm{TS}_i \geqslant 0.278\\ \alpha_1\cdot \mathrm{TS}_i+\beta_1, & 0.161<\mathrm{TS}_i<0.278\\ 1, & \mathrm{TS}_i \leqslant 0.161\end{cases} \tag{5-22}$$

根据假设，区间 i 的旅客人均占有面积是根据列车的区间 i 列车的有效面积与该区间列车的平均载客人数的比值计算得到，即

$$\mathrm{TS}_i=\frac{\mathrm{AT}_i}{\bar{V}_i} \tag{5-23}$$

该区间 i 列车的平均载客人数则表示为

$$\bar{V}_i=\frac{V_i}{\sum_{l=0}^{L-1} f_l\cdot x_i^l} \tag{5-24}$$

第Ⅲ类轨道交通区间拥挤系数的表示如下：

$$\delta_i^2=\frac{\theta_i}{2} \tag{5-25}$$

其中，平均满载率可用该区间客流量与该区间所有列车可提供的载客量计算得到，即

$$\theta_i=\frac{V_i}{\sum_{l=0}^{L-1} f_l\cdot x_i^l\cdot D_l} \tag{5-26}$$

② 车站拥挤的模型表示。

车站 j 的拥挤系数可表示为

$$\eta_j=\begin{cases}0, & \mathrm{PS}_j \geqslant 3.247\\ \alpha_2\cdot \mathrm{PS}_j+\beta_2, & 0.464<\mathrm{PS}_j<3.247\\ 1, & \mathrm{PS}_j \leqslant 0.464\end{cases} \tag{5-27}$$

车站站台 j 的旅客人均占有面积则是通过车站站台有效面积与车站 j 列车的平均交换客流量的比值计算得到的，即

$$\mathrm{PS}_j=\frac{\mathrm{AP}_j}{V_j} \tag{5-28}$$

车站 j 列车的平均交换客流量将车站紧邻区间断面客流量差值乘以交换客流客流量系数平均到经过该车站的每列列车上，即

$$V_j=\frac{\varepsilon_j\cdot\left|\sum_{i=0}^{M-1} V_i\cdot r_i^j-\sum_{i=0}^{M-1} V_i\cdot s_i^j\right|}{\sum_{l=0}^{L-1} f_l\cdot y_j^l} \tag{5-29}$$

③ 列车与客流关系的模型表示。

$$\sum_{l=0}^{L-1} f_l \cdot x_i^l \cdot D_l \cdot (1+\gamma_l) \geqslant V_i \tag{5-30}$$

式(5-30)表示开行的列车需满足各区间的客流需求。与单一制式开行方案编制不同，由于区域中存在多种不同制式的轨道交通，每种轨道交通列车在可否超员、超员比例方面存在较大差异，特加入参数γ_l，使得该公式更符合区域多制式轨道交通的特征。

$$\gamma_l = \begin{cases} 0.2, & P_l = 1 \\ 0.1, & P_l = 2 \\ 0, & P_l = 3 \end{cases} \tag{5-31}$$

式(5-31)表示不同类轨道交通最大超载率的取值，根据实际经验，第Ⅰ类轨道交通超员率一般不大于 20%，第Ⅱ类轨道交通超员率一般不大于 10%，而第Ⅲ类轨道交通一般不允许存在超员的情况，此时$\gamma_l = 0$。

$$f_l^{\min} \leqslant f_l \leqslant f_l^{\max} \tag{5-32}$$

式(5-32)表示第l类列车的开行服务频率应处于一定合理的范围。

开行方案需满足在每个区间、每个车站的能力约束，即

$$\begin{cases} \sum_{l=0}^{L-1} f_l \cdot x_i^l \cdot D_l \cdot (1+\gamma_l) \leqslant \varPhi_i \\ \sum_{l=0}^{L-1} f_l \cdot y_j^l \leqslant \varGamma_j \end{cases} \tag{5-33}$$

此外，模型中主要参数变量还需满足以下约束：

$$f_l \in \mathbb{N}, \quad w_i^k, x_i^l, y_j^l, r_i^j, s_i^j \in \{0,1\} \tag{5-34}$$

3. 区域多制式轨道交通开行方案编制模型优化及求解

1) 模型优化

前面构建了用于解决区域多制式轨道交通开行方案的非线性整数规划模型，非线性约束越多，模型表示越复杂，模型求解难度越大。为进一步简化约束表达、降低模型求解难度，这里对模型中部分重要的约束进行改进。

引入 sign 函数，可将编制的非线性整数规划模型进行简化，得

$$\operatorname{sign}(x) = \begin{cases} -1, & x < 0 \\ 1, & x \geqslant 0 \end{cases} \tag{5-35}$$

$$\delta_i^{0(1)} = \frac{1-\operatorname{sign}(\mathrm{TS}_i - 0.278)}{2} \times \left[\frac{1-\operatorname{sign}(\mathrm{TS}_i - 0.161)}{2} \times 1 + \frac{1-\operatorname{sign}(\mathrm{TS}_i - 0.161)}{2} \times (\alpha_1 \cdot \mathrm{TS}_i + \beta_1) \right]$$

简化后的模型更为简易规范，但是求解时仍会存在多重 sign 函数相乘计算的过程，此时根据模型中的条件特征进一步将式(5-35)进行简化，得

$$\begin{cases}\delta_i^{0(1)} = \min\left\{1, \max\left\{0, \alpha_1 \cdot \mathrm{TS}_i + \beta_1\right\}\right\} \\ \eta_j = \min\left\{1, \max\left\{0, \alpha_2 \cdot \mathrm{PS}_j + \beta_2\right\}\right\}\end{cases} \tag{5-36}$$

其中，TS_i、$\alpha_1 \cdot \mathrm{TS}_i + \beta_1$ 和 $\delta_i^{0(1)}$ 的关系如表 5-8 所示。

表 5-8　式(5-35)与式(5-36)的等价验证

TS_i 范围	$\alpha_1 \cdot \mathrm{TS}_i + \beta_1$ 范围	$\delta_i^{0(1)}$ 取值范围
$\mathrm{TS}_i \leqslant 0.161$	$\alpha_1 \cdot \mathrm{TS}_i + \beta_1 \geqslant 1$	$\delta_i^{0(1)} = 1$
$0.161 < \mathrm{TS}_i < 0.278$	$0 < \alpha_1 \cdot \mathrm{TS}_i + \beta_1 < 1$	$\delta_i^{0(1)} = \alpha_1 \cdot \mathrm{TS}_i + \beta_1$
$\mathrm{TS}_i \geqslant 0.278$	$\alpha_1 \cdot \mathrm{TS}_i + \beta_1 < 0$	$\delta_i^{0(1)} = 0$

2) 模型求解

基于拥挤感知的区域多制式轨道交通开行方案编制模型为双目标规划模型，该模型存在多种求解方法，这里采用目标规划法实现双目标向单目标转化，转化流程如下。

步骤 1　单目标优化求解。以最小化开行方案的开行费用、最小化旅客所有的拥挤系数求解模型，分别得到相应的最优目标值 u_1^* 、u_2^* 。

步骤 2　双目标优化目标函数构造。首先，构造综合考虑开行费用和拥挤系数的目标函数，式(5-37)表示目标规划法的目标函数基本结构，e_p 表示第 p 个优先级，ω_{pq}^- 、ω_{pq}^+ 表示在同一优先级中不同目标的正、负偏差变量的权系数，d_q^+ / d_q^- 分别为与期望值相比的目标超过值和不足值，即正、负偏差变量。

分别为两个目标赋予优先因子和权系数，开行费用和拥挤系数在区域轨道交通运营中均十分重要，优先因子取为 1，由于现有模型中开行费用和拥挤系数均为最小值，在双目标优化时可超过单目标的最小值，此时目标函数确定如下：

$$\begin{gathered}\min Z = \sum_{p=1}^{2} e_p \sum_{q=1}^{2} (\omega_{pq}^- d_q^- + \omega_{pq}^+ d_q^+) \\ \min Z = d_1^- + d_2^-\end{gathered} \tag{5-37}$$

步骤 3　双目标优化模型构造。构建优化目标集合 $U = \{u_1, u_2\}$ ，u_1 、u_2 分别为双目标优化后的开行费用和拥挤系数，与单一目标求解得到的值的关系如下：

$$\begin{gathered}u_1 + d_1^- - d_1^+ = u_1^* \\ u_2 + d_2^- - d_2^+ = u_2^*\end{gathered} \tag{5-38}$$

步骤 4　双目标优化模型求解。根据修改后的模型采用 Lingo 中 Global Sever 求取模型最优解，在求解时可适当增加 d_1^+ 、d_2^+ 取值范围的约束，此时得到的解为综合考虑开行方案的开行费用和拥挤系数以及实际开行方案导向的最优解。

5.2.4　案例研究分析

1. 案例介绍

选取重庆市西南方向相关线路作为研究对象，由重庆地铁 5 号线南段(Ⅰ类线路) 11.2km、江跳线(Ⅱ类线路)28.22km 和渝昆高速铁路重庆段(Ⅲ类线路)100km 共同构成区域局部多制式轨道交通网络，路网结构如图 5-18 所示。路网中共有 18 个车站和 30 个区间(分上下行)，其中重庆西站、跳磴站为多制式换乘车站。

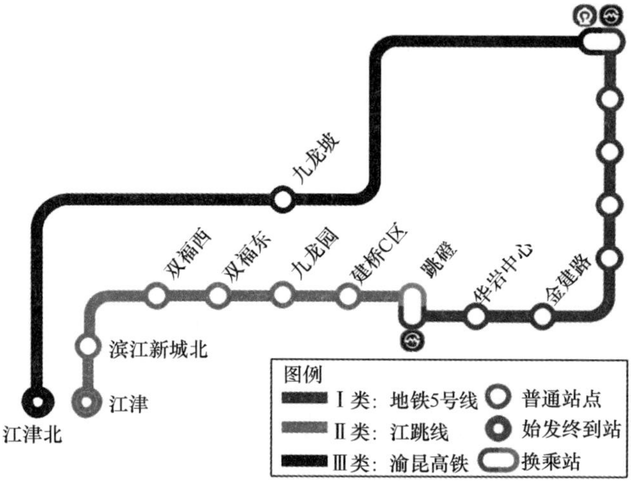

图 5-18　研究路网结构

根据实际情况，重庆地铁 5 号线和江跳线具备在跳磴站进行过轨运输的条件，即江津—重庆西可组织直通列车开行。通过区域多制式轨道交通开行方案备选集构建方法得到与该路网对应的 20 列列车，其中站站停列车 8 列，大站停列车 12 列。

区域范围内列车运行距离较短，列车开行费用最为重要的影响因素是列车开行距离，列车开行距离越长，列车开行费用越高。模型中列车开行费用用列车开行距离间接表示，同时由于备选集中存在部分列车的运行路径相同，仅在停靠车站和停站次数有差异；根据既有研究，列车运行时应保持较为平滑的速度曲线、减少列车加减速次数[123]，全线制动电阻能耗占牵引能耗的 6%～12%，列车起停次数越多列车耗能越多。模型中针对这部分列车，通过与站站停列车停站次数对比，按照 12%进行比例折算。

目前，网络中线路均处于建设未运营状态，模型中的客流量采用的是各线路初期预测的高峰小时断面客流量数据。

2. 求解结果分析

基于选取的路网将模型数据结构化，采用 Lingo 的 Global Solver 分别以开行费用最少、拥挤系数最小以及双目标最优求解得出开行方案，其中双目标规划可在 2s 内迭代得到全局最优解。不同优化目标下计算结果对比如表 5-9 所示。开行费用的最小值为 2133.6，拥挤系数的最小值为 1384.1×10^3，但是控制一个目标最小时，与其对立的一方均会有大幅的增长。采用双目标优化后，开行费用与拥挤系数均有所增长但是开行费用涨幅控制在 25%以内，拥挤系数涨幅控制在 35%以内。

表 5-9　不同优化目标下主要参数对比

优化目标	开行费用最少	拥挤系数最小	双目标
开行费用	2133.6	4390.9	2712.9
拥挤系数×10^3	25608.5	1384.1	2157.1
开行列车数量/列	58	119	85
列车平均走行距离/km	38.3	38.5	33.3

综合优化列车开行费用和拥挤系数后，如图 5-19 所示，高峰小时共开行列车 85 列，列车的平均走行距离缩减为 33.3km，可见开行服务频率提升且有利于加快列车周转速度。

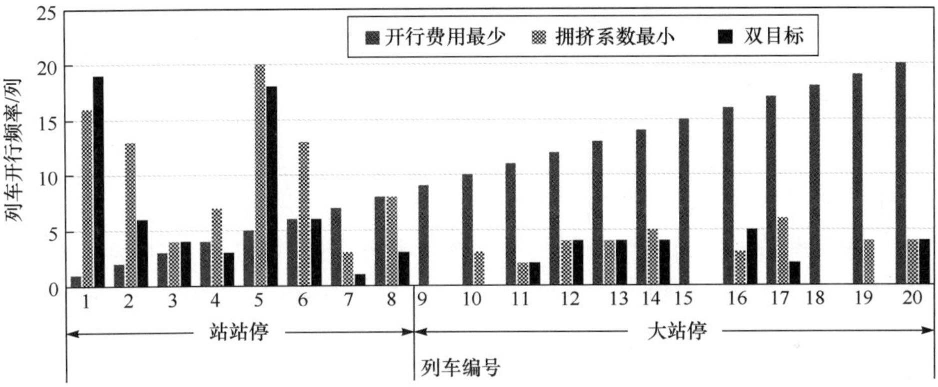

图 5-19　不同优化目标下列车开行情况

通过对比分析三种情景下区间满载率(图 5-20)可以发现，以开行费用最少为目标时有 13%的区间满载率超过 1，40%的区间满载率大于等于 0.7。以拥挤系数最小为目标时求解得到的列车都接近最大发车频率，绝大部分区间满载率均低于 0.5。采用双目标优化后，高峰小时 13%的区间满载率为 0.7～1，50%以上的区间满载率低于 0.5。

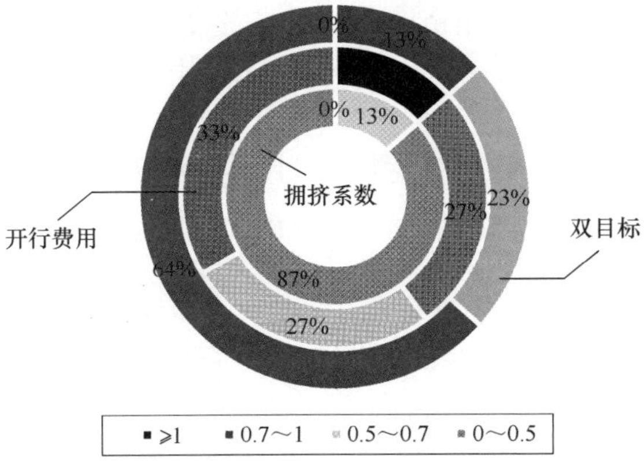

图 5-20　不同优化目标下区间满载率分布

针对区域内不同种类的轨道交通线路(图 5-21)，三种优化目标下，Ⅲ类区间平均满载率均较高，由于区域内不同种类轨道交通服务的旅客存在较大差异，Ⅲ类较Ⅰ类、Ⅱ类列车开行距离有大幅提升，在优化开行费用时则Ⅲ类线路开行的列车数量较少，Ⅲ类线路的平均满载率较高。该策略也与既有的Ⅲ类线路运营组织模式类似，需尽量保证列车的上座率，且Ⅲ类线路平均满载率虽较高，但是乘客均配有座位，舒适性得到一定的保障。此外，区间平均满载率最高的是Ⅰ类区间，Ⅱ类整体区间平均满载率较低。

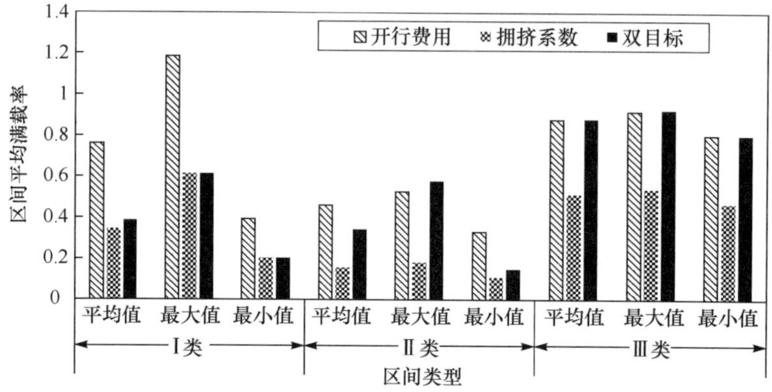

图 5-21　不同种类线路的区间平均满载率

案例中以线路规划初期的客流量为基础，求解不同优化目标下的列车开行方案。由开行费用、拥挤系数、开行列车和区间平均满载率等主要参数的对比可知，双目标优化后得到的计算结果基本符合研究的区域内多制式轨道交通运输网络的初期规划特征。

5.3　复合网络运营维护计划决策技术

5.3.1　基于 LMDP 的网格化维修规划编制模型

在区域轨道交通系统运营过程中起到关键作用，以及对系统安全性、可维修性、可靠性、互操作性等有重要影响的设备，称为区域轨道交通关键设备。在对设备进行重要程度划分时，主要根据设备故障及其维修时对生产、成本、安全、维修等方面的影响程度和造成后果的大小等进行分析和评估，从而确定设备对系统的重要程度。根据故障时对人身安全的影响程度、设备故障后对行车产生的影响程度、设备故障后平均恢复时间、设备经济价值、设备故障频率等划分要素，区域轨道交通关键设备包括联锁设备、转辙机、轨道、道岔、自动扶梯、桥梁和接触网/轨等。本节以轨道设备为例，对其进行深入研究。

本节旨在解决现有管理制度针对大范围的设备的统一管理模式，缺乏对维修规划的统筹编制等问题，将设备劣化状态的不确定性、不同检查方式的检测误差不同等因素考虑在内，结合设备状态劣化的异质性特征，编制出有差异的维修规划，更符合实际情况，更具有针对性、指导性，以辅助合理分配维修资源与控制维修成本。

1. 现状分析及问题提出

铁路钢轨是铁路轨道设备的重要部件，具有承载轮重、横向上引导车轮和提供光滑的运行表面等功能，它的强度和状态直接关系到铁路运输的安全、平稳和畅通。铁路轨道维修规划的优化编制，对于避免安排“过维修”“欠维修”等不合适的工作，以及合理配置维保资源、降低成本、保障行车安全等具有重要意义。

我国《铁路线路修理规则》对铁路轨道年度维修计划、月维修计划和日维修计划等有明确规定，较少涉及维修规划相关内容，对于较长时间段内维修规划的编制，铁路现场缺乏相关管理规定。对于不同管辖单位的维修与大修任务量，现场管理人员通常按年拟订，并常用百分比表示。

铁路轨道设备维修规划、维修计划编制建模大多采用组合优化方法[124-131]。例如，Caetano 和 Teixeira[125,126]提出了两个多目标铁路轨道维修规划优化编制模型，分别以轨道可靠性和成本的权衡为优化目标，以全生命周期成本最少、由维修造成的不可用性最小为优化目标。郭然等[128]提出了一个针对路网的铁路轨道维修计划优化编制模型，该模型利用整数规划方法完整。周宇和许玉德[129]采用 0-1 整数规划，提出了一个以轨道状态最优为目标的综合维修计划编制模型。李海锋和许玉德[130]提出了一个基于铁路线路维修规则的铁路轨道综合维修计划优化编制模型。许玉德和曾学贵[131]采用整数规划方法，提出了一个以年度 TQI 平均值最小为目标函数的铁路轨道综合维修计划优化编制模型。

以上研究均假设提出的模型能准确预测轨道设备未来的状态，这忽略了轨道设备未来劣化状态的不确定性。隐形马尔可夫决策过程(latent Markov decision process，LMDP)方法能以状态转移概率的形式描述交通设备状态劣化的不确定性，以观测概率的形式描述不同检查方式的检查误差，确定出规划周期内的检查策略和维修策略。目前，采用 LMDP 方法的交通基础设施的维修规划编制，多用于道路路面，在铁路轨道设备的研究较少[132-134]。

基于铁路基础设施网格化管理思想，本书将线性、连续的铁路轨道设备，按照一定长度划分为若干相邻等长的小区段，这些小区段称为轨道网格。以轨道网格作为基本研究对象，利用 LMDP 方法，提出一个新的基于 LMDP 网格化维修规划编制模型(LMDP-based optimal repair planning model，LMDP-ORPM)。本书的创新点体现在以下两方面：①解决铁路轨道维修规划编制问题时，采用了 LMDP 方法，将轨道劣化状态的不确定性、不同检查方式的检测误差不同等因素考虑在内；②为了使编制的维修规划更具针对性，基于铁路轨道状态劣化的异质性，对每个轨道网格的状态劣化规律进行了个性化的描述。

2. 基于 LMDP 网格化维修规划编制模型

本书提出的基于 LMDP 网格化维修规划编制模型——LMDP-ORPM，以轨道网格为基本研究对象，由以下两个子模型构成：①铁路轨道网格化状态劣化规律子模型，用于预测轨道网格的未来状态；②铁路轨道网格化维修决策子模型，用于确定轨道网格的检查规划、维修规划。

1) 铁路轨道网格化状态劣化规律子模型

本模型将以轨道网格为基本研究对象，采用多阶段 Markov 模型，综合考虑各类异质性因素影响，充分利用轨道网格的历史伤损数据，个性化地描述轨道网格的状态劣化规律，为维修规划的优化编制奠定基础。

铁路轨道随着上道服役时间的增长，轨道伤损状态不断劣化。轨道在上道初期，劣化速度较慢，随着累计通过总重的增加，劣化速度逐渐加快[135]。轨道在不同的生命周期阶段，其劣化速度不同，因此本书将轨道网格的状态劣化过程细分为若干阶段，并将整体状态划分为若干状态等级。

影响铁路轨道状态劣化的各类异质性因素都与空间位置存在着密切的关系，不同空间位置所对应的异质性因素一般不同。基于空间位置的建模，是把握铁路轨道状态劣化的有效途径。为充分反映各类异质性因素对铁路轨道状态劣化规律的影响，本模型以轨道网格为基本研究对象，利用该网格的异质性因素数据定义其寿命分布的失效率，在此基础上，采用 Markov 随机过程理论，描述在相邻两次检查间的轨道状态等级变化的不确定性，轨道在不同状态劣化阶段中的寿命分布规律采用不同的寿命分布函数进行描述。

轨道网格在日期 t_A 的状态等级 $X(t_A)=i$，则在日期 t_B 的 $X(t_B)=j$ 的 Markov 转移概率为

$$\mathrm{prob}[X(t_B)=j \mid X(t_A)=i]=\pi_{ij} \tag{5-39}$$

其中，t_A、t_B 分别为该轨道网格相邻两次的检查日期，轨道网格检查周期 $Z=t_B-t_A$。

本书采用 Yoshitane 和 Kobayashi 等[136,137]提出的多阶段指数 Markov 模型，确定轨道网格的状态转移概率 $\pi_{ij}\ (i\leqslant j, i=1,2,\cdots,S-1,\ j=2,3,\cdots,S)$，$S$ 为状态等级的总数，则 π_{ij} 为

$$\begin{aligned}
\pi_{ij} &= \mathrm{prob}[X(t_B)=j \mid X(t_A)=i] \\
&= \int_0^Z \int_0^{Z-z_i} \cdots \int_0^{Z-\sum_{m=i}^{j-2} z_m} q_j\left(z_i,\cdots,z_{j-1} \mid \varsigma_i \geqslant y\right) \mathrm{d}z_i \cdots \mathrm{d}z_{j-1} \\
&= \int_0^Z \int_0^{Z-z_i} \cdots \int_0^{Z-\sum_{m=i}^{j-2} z_m} \frac{f_i(z_i+y_i)}{R_i(y_i)} \prod_{m=i+1}^{j-1} f_m(z_m) R_j\left(Z-\sum_{m=i}^{j-1} z_m\right) \mathrm{d}z_i \cdots \mathrm{d}z_{j-1} \\
&= \sum_{h=i}^{j} \prod_{m=i}^{h-1} \frac{\theta_m}{\theta_m-\theta_h} \prod_{m=h}^{j-1} \frac{\theta_m}{\theta_{m+1}-\theta_h} \exp(-\theta_h Z)
\end{aligned} \tag{5-40}$$

其中，z_i 为时间长度，月；$z_i\in[0,Z]$ 表示在一个检查周期 Z 内经过 z_i 轨道网格的状态等级由 i 劣化到 i+1；y_i 为轨道网格已在状态等级 i 停留的时间长度，月；ς_i 为轨道网格状态等级 i 的生存时间，即轨道网格能够维持在状态等级 i 的时间长度，月。

同时，有

$$\begin{cases}
\prod_{m=i}^{h-1} \dfrac{\theta_m}{\theta_m-\theta_h}=1, & h=i \\
\prod_{m=h}^{j-1} \dfrac{\theta_m}{\theta_{m+1}-\theta_h}=1, & h=j
\end{cases} \tag{5-41}$$

$f_i(\varsigma_i)$ 为轨道网格状态等级 i 经过时间 ς_i 劣化到状态等级 i+1 的概率密度函数：

$$f_i(\varsigma_i)=\theta_i \exp(-\theta_i \varsigma_i) \tag{5-42}$$

$R_i(\varsigma_i)$为轨道网格状态等级 i 经过时间 ς_i 相应的生存概率：

$$\begin{gathered} R_i(\varsigma_i) = \exp\left(-\theta_{失i}\varsigma_i\right) \\ \theta_i = \chi\beta_i \end{gathered} \tag{5-43}$$

其中，$\theta_{失i}$ 为轨道网格由状态等级 i 劣化到 i+1 的失效率，i=1,2,⋯,$S-1$；χ 为轨道网格的异质性因素；β_i 为 χ 对轨道网格由状态等级 i 劣化到 i+1 的影响程度，i=1,2,⋯,$S-1$，可采用轨道历史数据计算得到。

2) 铁路轨道网格化维修决策子模型

本模型将在准确把握轨道网格状态劣化规律的基础上，采用 LMDP 方法，以一个较长规划周期内的期望总成本最小为目标函数，建立基于状态的维修策略模型，确定出规划周期内的最优检查规划和维修规划。

作者依据以下两点分析，选择采用 LMDP 方法：①LMDP 强调系统在下一个时刻的状态，只与当前时刻的状态、当前时刻采取的行动有关，与之前时刻的状态无关，且这种关系是以概率的形式描述的；②LMDP 中的系统状态细分为真实状态(或隐藏状态)和观测状态，且以概率的形式描述真实状态与观测状态之间的关系。

(1) 基于状态的轨道维修策略模型的关键要素。

基于状态的轨道维修策略模型，采用 LMDP 进行构建，其关键要素为

$$\left\{\wp, \mathfrak{I}, \eta_{ik}^m, \aleph, \pi_{ij}(a), R_t, \delta\right\} \tag{5-44}$$

① $\wp=[1,2,\cdots,S]$ 表示轨道网格有限的状态等级集合。S 表示状态等级的总数。X_t 表示在 t 时刻的轨道网格的状态等级，$X_t\in\wp$。$X_t=1$ 表示轨道网格刚上道服役或经过大修维修，处于最好的状态。

② $\mathfrak{I}=[0,1]$ 表示轨道网格有限检查方式的检查活动集合。C_t 表示在 t 时刻采取的检查活动，$C_t\in\mathfrak{I}$。$C_t=m$ 表示在 t 时刻采取了检查方式为 m 的检查活动。C_t 的取值规则如下：

$$C_t=\begin{cases}0, & \text{不采取检查活动} \\ 1, & \text{采取钢轨探伤检查活动}\end{cases} \tag{5-45}$$

③ η_{ik}^m 是轨道网格在不同方式检测活动下的状态观测概率。η_{ik}^m 表示当轨道网格在 t 时刻的真实状态为 i，采取检测活动 $C_t=m$ 时，轨道网格的观测状态为 k 的概率，即

$$\eta_{ik}^m = P\left(\hat{X}_t=k \mid X_t=i, C_t=m\right) \tag{5-46}$$

若不采取检查活动，则 C_t=0，对于真实状态为 j 的轨道网格，其观测状态为任意状态的概率是相等的，即轨道网格的各个状态都有相同的概率被观测到[132]：

$$\eta_{jk}^0 = P(\hat{X}_t=k \mid X_t=j, C_t=0)=\frac{1}{S} \tag{5-47}$$

④ $\aleph$ 表示轨道网格有限维修类型的维修活动集合。A_t 表示在 t 时刻采取的维修活动，$A_t\in\aleph$。$A_t=a$ 表示在 t 时刻采取了维修类型为 a 的维修活动。A_t=0 表示在 t 时刻不采取维修活动。

⑤ $\pi_{ij}(a)$是不同类型维修活动作用下轨道网格状态转移概率。$\pi_{ij}(a)$表示当轨道网格在 t 时刻的真实状态为 i，采取维修活动 $A_t = a$ 时，在 t+1 时刻轨道网格状态为 j 的概率，如式(5-48)所示。状态转移概率$\pi_{ij}(A_t)$随维修活动 A_t 的不同而变化。若不采取维修活动，则 $A_t = 0$，轨道网格状态转移概率$\pi_{ij}(0)$可由 5.3.1 节提出的状态劣化模型得到。

$$\pi_{ij}(a) = P(X_{t+1} = j \mid X_t = i, A_t = a)$$

$$\sum_{j=1}^{S} \pi_{ij}(a) = 1 \tag{5-48}$$

$$\pi_{ij}(a) \geqslant 0$$

⑥ R_t 是检查、维修活动的成本函数。R_t 表示轨道网格在 t 时刻采取维修活动 A_t 的成本 $\xi_1(X_t, A_t)$，与在 t+1 时刻采取检查活动 C_{t+1} 的成本 $\xi_2(C_{t+1})$ 之和，即

$$R_t = g(X_t, A_t, C_{t+1}) = \xi_1(X_t, A_t) + \xi_2(C_{t+1}), \quad t = 1,2,\cdots,T-1 \tag{5-49}$$

其中，T 为规划周期结束日期。

R_T 为轨道网格在日期 T 采取维修活动 A_T 的成本 $\xi_1(X_T, A_T)$，即

$$R_T = \xi_1(X_T, A_T) \tag{5-50}$$

其中，维修成本 $\xi_1(X_T, A_T)$ 由轨道网格状态 X_T、采取的维修活动 A_T 决定。若在日期 T 不采取维修活动，则 $A_T = 0$，$\xi_1(X_T, 0)$ 表示由轨道网格状态 X_T 持续劣化导致的损耗。检查成本 $\xi_2(C_T)$ 由采取的检查活动 C_T 决定，当在日期 T 不采取检查活动时，C_T=0，相应的检查成本 $\xi_2(0)=0$。

⑦ δ 表示成本随时间推移的折扣率，用于衡量未来成本相对于当前成本的重要程度，其含义是 t 时刻的维修成本仅价值 t−1 时刻的 δ，δ<1 表明当前成本比未来成本更具有价值。

(2) 规划周期内的决策变量。

模型 LMDP-ORPM 在整个规划周期内的决策变量包括以下两部分。①维修决策：决定在日期 t 采取维修活动 $A_t\,(1 \leqslant t \leqslant T)$ 的类型；②检查决策：决定在日期 t+1 是否采取检查活动 $C_{t+1}\,(2 \leqslant t \leqslant T)$。

假设轨道网格初始状态 X_1 已知，轨道网格在一个规划周期内的检查决策与维修决策过程示意图如图 5-22 所示。在 t 时刻，管理者根据轨道网格状态 X_t，决定采取的维修活动 A_t、检查活动 C_{t+1}；在 t+1 时刻，根据状态转移概率 $\pi_{ij}(A_t)$，轨道网格的状态由 X_t 转移到 X_{t+1}，管理者根据轨道网格状态 X_{t+1}，决定采取的维修活动 A_{t+1}、检查活动 C_{t+2}；然后以此类推一直循环到 T 时刻，管理者根据轨道网格状态 X_T，决定采取的维修活动 A_T，整个维修决策过程结束。在上述整个维修决策过程中，每个时刻 t 都会产生相应的检查、维修成本 $R_t\,(1 \leqslant t \leqslant T)$。

$I_t\,(1 \leqslant t \leqslant T+1)$ 表示由轨道网格从初始时刻到 t 时刻时间跨度内的维修活动、检查活动、观测状态构成的向量，可通过如下公式递归确定：

$$\begin{cases} I_t = \left(I_{t-1}, A_{t-1}, C_t, \hat{X}_t\right), \quad t \in [2,3,\cdots,T] \\ I_1 = (X_1) \\ I_{T+1} = (I_T, A_T) \end{cases} \tag{5-51}$$

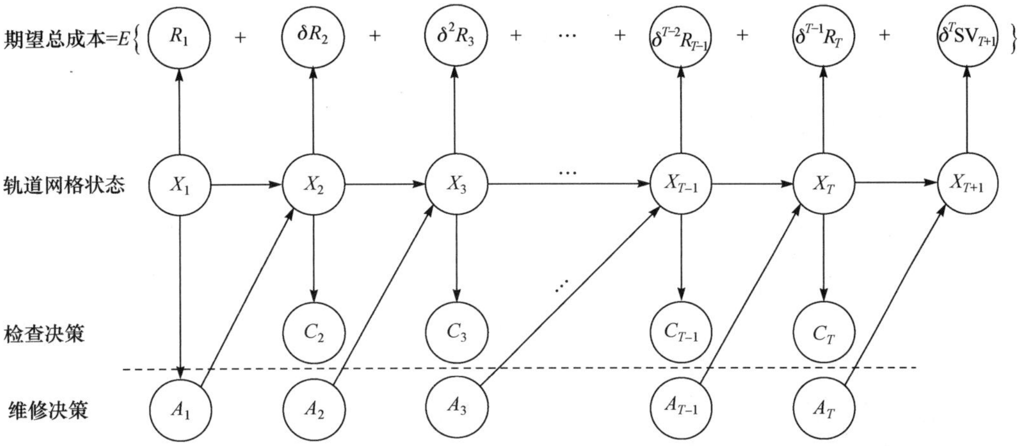

图 5-22　轨道网格在给定规划周期内的检查决策与维修决策过程示意图

I_{T+1} 表示轨道网格从初始时刻到 T+1 时刻时间跨度(即整个规划周期)内的维修活动、检查活动、观测状态构成的向量，即

$$I_{T+1} = \left(X_1, A_1, C_2, \hat{X}_2, A_2, C_3, \cdots, A_{t-1}, C_T, \hat{X}_T, A_T\right) \tag{5-52}$$

(3) 规划周期内的期望总成本函数。

模型 LMDP-ORPM 在整个规划周期内的总成本由以下两部分构成：①检查、维修活动的成本 $g\left(X_t, A_t, C_{t+1}\right)$，它是轨道网格状态 X_t、维修活动 A_t、检查活动 C_{t+1} 的函数；②规划周期结束时的轨道网格剩余价值 $\mathrm{SV}_{T+1} = u\left(X_{T+1}\right)$，它是规划周期结束时轨道网格状态 X_{T+1} 的函数，如图 5-22 所示。轨道网格的剩余价值由该轨道网格里程范围内全部轨道的状态决定，是指规划周期结束时该轨道网格里程范围内全部轨道的使用价值。规划周期结束时轨道网格的状态越好，相应的剩余价值越大。

模型 LMDP-ORPM 的目标是确定出一组最佳的检查、维修策略，使得整个规划周期内的期望总成本最小。$v_t\left(I_t\right)$ 表示从 t 时刻开始至规划周期结束时的最小期望总成本。$v_t\left(I_t\right)$ 可通过式(5-53)和式(5-54)递归得到。

当 $1 \leqslant t \leqslant T-1$ 时，$v_t\left(I_t\right)$ 由检查、维修活动的成本 R_t，以及 $t+1$ 时刻的 $v_{t+1}\left(I_{t+1}\right)$ 决定，即

$$\begin{aligned} v_t\left(I_t\right) &= \min_{A_t \in \aleph, C_{t+1} \in \mathfrak{I}} \left\{E_{X_t|I_t}\left[g\left(X_t, A_t, C_{t+1}\right)\right] + \delta E_{I_{t+1}|I_t}\left[v_{t+1}\left(I_{t+1}\right)\right]\right\} \\ &= \min_{A_t \in \aleph, C_{t+1} \in \mathfrak{I}} \left\{\sum_{i=1}^{S} P\left(X_t = i \mid I_t\right) g\left(i, A_t, C_{t+1}\right)\right. \\ &\quad \left. + \delta \sum_{i=1}^{S} P\left(X_t = i \mid I_t\right) \sum_{j=1}^{S} \pi_{ij}\left(A_t\right) \sum_{k=1}^{S} \eta_{ij}^{C_{t+1}} v_{t+1}\left(I_{t+1}\right)\right\} \end{aligned} \tag{5-53}$$

当 $t=T$ 时，$v_T\left(I_T\right)$ 由检查、维修活动的成本 R_T，以及规划周期结束时的轨道网格剩余价值 SV_{T+1} 决定，即

$$\begin{aligned} v_T\left(I_T\right) &= \min_{A_T\in\aleph}\left\{E_{X_T|I_T}\left[g\left(X_T,A_T\right)\right]+\delta E_{X_{T+1}|I_{T+1}}\left[-u\left(X_{T+1}\right)\right]\right\} \\ &= \min_{A_T\in\aleph}\left\{\sum_{i=1}^{S}P\left(X_T=i\mid I_T\right)g\left(X_T,A_T\right)+\delta\sum_{j=1}^{S}P\left(X_{T+1}=j\mid I_{T+1}\right)\left(-u\left(j\right)\right)\right\} \end{aligned} \quad (5\text{-}54)$$

其中，$E_{Y|W}[\bullet]$ 表示在给定 W 条件下，所有可能 Y 相应 $[\bullet]$ 的平均值。

3. 实例验证

1) 背景介绍

本实例收集整理了2010年1月～2016年1月某区域铁路上下行K1397+000～K1720+000范围内的 47304 条轨道伤损数据，以该里程范围内的 648 个轨道网格为基本对象，研究这些轨道网格个性化的状态劣化规律，在此基础上求解 10 年规划周期内的轨道网格的最优检查策略和维修策略，对模型 LMDP-ORPM 的有效性进行验证。本实例中轨道网格的长度设置为 1km，以便于模型 LMDP-ORPM 的分析结果与铁路现场实际情况进行对比。规划周期的基本粒度是年，整个规划周期的时间长度为 10，T=10。

根据标准《钢轨伤损分类》(TB/T 1778—2010)[138]，钢轨设备的伤损病害等级分为 4 级，分别是不到轻伤、轻伤、重伤和折断。钢轨设备是轨道重要的组成部分，本章中轨道网格状态的划分根据钢轨状态决定。在本实例中，基于现场的调研情况，轨道网格状态划分为 3 个劣化等级，$\wp=[1,2,3]$，对应等级的划分标准、等级名称及其大修策略详见表 5-10。例如，某轨道网格内的钢轨重伤根数小于 2，相应的状态等级为 1，对应的策略为不采取大修活动。

表 5-10　轨道网格状态等级划分标准、等级名称及其大修策略

状态等级	划分标准	等级名称	大修策略
3	轨道网格重伤根数≥5	严重	立即安排大修
2	2≤轨道网格重伤根数＜5	差	预警，纳入大修计划
1	轨道网格重伤根数＜2	良好	不采取大修活动

在本实例中，某区域铁路轨道网格的检查方式包括以下两类。

(1) 不采取检查活动，C=0。相应的轨道网格状态观测概率 η_{ik}^{0} 为

$$\eta_{ik}^{0}=P\left(\hat{X}_t=k\mid X_t=i,C_t=0\right)=\frac{1}{3} \quad (5\text{-}55)$$

(2) 轨道探伤检查，C=1，相应的轨道网格状态观测概率 η_{ik}^{1} 如式(5-56)所示。兰州铁路局一般按照 1 次/月的频率，定期地组织安排某区域铁路的钢轨探伤检查活动。在本实例中，若第 t 年的检测活动的检测方式 $C_t=1$，表明第 t 年内的各月都采取钢轨探伤活动。

$$\eta_{ik}^{1}=\begin{cases}P\left(\hat{X}_t=k\mid X_t=i,C_t=1\right)=1, & i=k\\ P\left(\hat{X}_t=k\mid X_t=i,C_t=1\right)=0, & i\neq k\end{cases} \tag{5-56}$$

在本实例中，轨道网格维修活动的类型包括两类：①不采取维修活动，A=0，$\pi_{ij}\left(A=0\right)$表示相应的轨道网格状态转移概率，可利用铁路轨道网格化状态劣化规律子模型得到；②整体更换钢轨大修作业，A=1，$\pi_{ij}\left(A=1\right)$表示相应的轨道网格状态转移概率。根据现场调研，可得到某区域铁路轨道不同类型维修活动的费用。本实例中成本随时间推移的折扣率δ取 0.9。

2) 模型结果分析

(1) 状态劣化规律子模型结果分析。

在本实例中，采用以下三类异质性因素确定轨道网格G_k的失效率θ_i^k：小半径曲线(半径$r\leqslant 600\text{m}$)地段长度占比χ_1^k、大坡道地段(坡度$|i|\geqslant 12‰$)长度占比χ_2^k、归一化通过总重χ_3^k。

表 5-11 给出了求解出的模型 LMDP-ORPM 中的待估参数$\beta=\left(\beta_{1,1},\beta_{1,2},\beta_{1,3},\beta_{2,1},\beta_{2,2},\beta_{2,3}\right)$的值。在此基础上，结合上述公式，可知在不采取维修活动条件下的各个轨道网格G_k的状态转移概率。

表 5-11　影响某区域铁路轨道网格状态劣化的异质性因素标定系数

序号	$\beta_{i,1}$	$\beta_{i,2}$	$\beta_{i,3}$
1	2.092×10^{-3} $\left(1.733\times10^{-4}\right)$	5.610×10^{-4} $\left(8.177\times10^{-5}\right)$	6.713×10^{-4} $\left(2.739\times10^{-5}\right)$
2	1.479×10^{-3} $\left(4.469\times10^{-4}\right)$	3.006×10^{-4} $\left(7.938\times10^{-5}\right)$	8.464×10^{-4} $\left(1.419\times10^{-4}\right)$

注：$\left(\bullet\right)$中的值表示待估参数的标准差。

RMD_i^k表示轨道网格G_k在状态等级i内的预期停留时间($i=1,2$；$k=1,2,\cdots,K$)，可用残余函数确定，即

$$\text{RMD}_i^k=\int_0^\infty S_i^k\left(t\right)\text{d}t=\int_0^\infty\exp\left(-\theta_i^k t\right)\text{d}t=\frac{1}{\theta_i^k}=\frac{1}{\chi^k\beta_i} \tag{5-57}$$

轨道网格G_k的使用寿命SL_{EMM}^k为各劣化等级RMD_i^k之和，即

$$\text{SL}_{\text{EMM}}^k=\sum_{i=1}^{2}\text{RMD}_i^k \tag{5-58}$$

根据得到的待估参数β、式(5-57)和式(5-58)，可评估出本实例中某区域铁路各轨道网格的使用寿命。

图 5-23 展示了轨道网格使用寿命随里程的变化趋势。图中的轨道网格位于某区域铁

路上下行 1560～1610km 里程范围内，是全部研究对象的一部分。分析图 5-23 可知，处于不同空间位置的轨道网格状态劣化规律不同、状态转移概率不同、使用寿命不同；上行与下行轨道网格的使用寿命随里程的变化趋势基本一致。

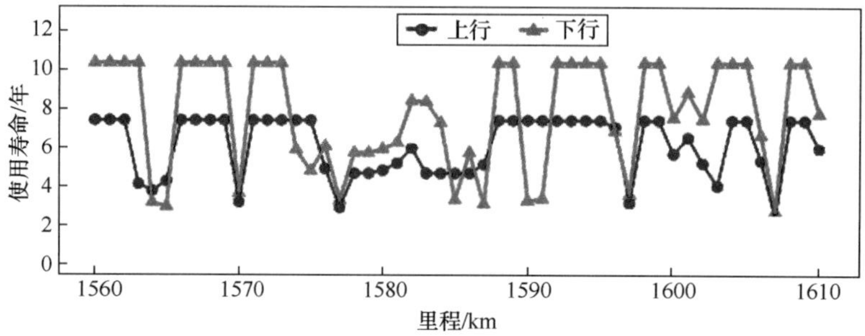

图 5-23　某区域铁路上下行 1560～1610km 里程范围内网格使用寿命对比图

本实例采用轨道上道服役日期、更换报废日期数据，统计计算轨道的真实使用寿命。①轨道网格整体角度对比，计算出的全部研究对象的平均真实使用寿命是 7.57 年，模型 LMDP-ORPM 评估出的全部研究对象的平均使用寿命是 7.61 年；②轨道网格个体角度对比，全部研究对象(648 个轨道网格单元)中仅有 94 个轨道网格评估使用寿命与真实使用寿命差别在 3 年以上，占总体的 14.5%。因此，上述计算结果表明，评估出的轨道网格寿命整体上与真实寿命非常接近，可满足铁路现场轨道管理需求。

(2) 维修决策子模型结果分析。

以某区域铁路上行 K1595+000～K1596+000 范围内的轨道网格(简写为“轨道网格 RG-A”)为例，进行以 10 年为周期的轨道维修规划的优化编制。轨道网格 RG-A 的异质性因素 χ_1^k 和 χ_2^k 均为 0，χ_3^k 为 1，故在不采取维修活动条件下的相邻两年的状态转移概率 $\pi_{ij}(A=0)$ 如表 5-12 所示。

表 5-12　RG-A 的状态转移概率(不采取维修活动)

当前状态	下一日期状态		
	1	2	3
1	0.7847	0.1841	0.0312
2	0	0.7380	0.2620
3	0	0	1

假设轨道网格 RG-A 在初始日期(t=1)前，刚采取了整体更换钢轨大修作业，则在日期 t=1 时该轨道网格状态等级为 1，不需要采取钢轨探伤检查活动。经计算，10 年规划周期内的期望总成本最小值 $v_1(I_1)$ 为 232.64 万元，相应的检查策略、维修策略如下。

① 求解出的最优检查策略见式(5-59)。轨道网格 RG-A 在 $[3,4,\cdots,8]$ 采取钢轨探伤检查活动，在 $[1,2]\cup[9,10]$ 不采取检查活动。

$$C_t^{\text{RG-A}}=\begin{cases}0, & t\in[1,2]\cup[9,10]\\1, & t\in[3,4,\cdots,8]\end{cases} \tag{5-59}$$

② 求解出的最优维修策略见式(5-60)。轨道网格 RG-A 在第 8 年采取整体更换钢轨大修活动，在$[1,2,\cdots,7]\cup[9,10]$不采取大修活动。

$$A_t^{\text{RG-A}}=\begin{cases}0, & t\in[1,2,\cdots,7]\cup[9,10]\\ 1, & t=8\end{cases} \tag{5-60}$$

为验证模型 LMDP-ORPM 的有效性，本实例将对比分析模型 LMDP-ORPM 与中国铁路既有管理方法的计算结果。根据兰州铁路局的实施细则，位于某区域铁路上行 K1595+000～K1596+000 里程范围处的轨道网格 RG-A，基本上是按照 1 次/月的检查频次，定期组织实施钢轨探伤的检查活动。相应的检查策略如下：

$$C_t^{\text{RG-A}}=1,\quad t\in[1,2,\cdots,10] \tag{5-61}$$

中国铁路既有管理办法判定是否成段更换钢轨大修作业的重要依据是钢轨上道后至需要更换前的累计通过总重是否达到阈值。轨道网格 RG-A 的累计通过总重阈值为 700 Mt，年平均通过总重为 96.588Mt，故其成段更换钢轨大修周期为 7.2 年。相应的维修策略如下：

$$A_t^{\text{RG-A}}=\begin{cases}0, & t\in[1,2,\cdots,6]\cup[8,10]\\ 1, & t=7\end{cases} \tag{5-62}$$

通过对比上述公式可得到以下结论。

(1) 模型 LMDP-ORPM 确定出的轨道网格 RG-A 钢轨探伤检查活动次数少于中国铁路既有管理方法规定的检查次数，检查计划编制更灵活。

(2) 模型 LMDP-ORPM 确定出的轨道网格 RG-A 整体更换钢轨大修活动规划与中国铁路既有管理方法的区别是：前者是基于轨道网格个性化的状态劣化规律和 10 年规划周期内的总成本最小确定的，而后者则仅考虑了累计通过总重阈值。

(3) 两种维修规划编制模型确定出的整体更换钢轨大修作业的次数是相同的；相较于中国铁路既有管理方法，模型 LMDP-ORPM 确定出的采取大修活动的时刻推迟了 1 年。

(4) 对于与轨道网格 RG-A 有相同年平均通过总重的其他某区域铁路轨道网格，中国铁路既有管理方法编制出的维修规划是相同的，但模型 LMDP-ORPM 考虑了更多的异质性因素，因此编制出的维修规划是有差异的，更具针对性。

综上分析，模型 LMDP-ORPM 在准确把握轨道网格状态个性化的劣化规律的基础上，基于轨道状态、成本，编制出轨道网格在一个较长规划周期内的维修规划，相较于基于阈值的中国铁路既有管理方法，实现了整个规划周期内的维修资源的优化分配。

5.3.2　区域轨道交通系统运维模型

现阶段，对轨道交通维护维修优化方法的研究更多关注于维修物资资源的配置优化和维修工区的设置优化，很少涉及维护维修流程优化，不能满足轨道交通系统这个复杂动态系统维护维修的需求。所以，在现有维护维修流程的基础上，考虑区域内多制式轨道交通协同发展，以及工务、电务和供电等部门相互配合，运用仿真软件对维修流程建模分析，得到系统维护维修流程可优化的环节，进行流程优化，提高维护维修效率，降低运维成本，实现区域内各制式交通的实时智能联动管理，最大限度地提升区域总体运能、提高服务质量，使区域轨道交通水平达到新的高度。

1. 维修对象建模方法

1) 设备列表

在网络运营下，设备故障以数量级增长，而引起运营事故的设备故障主要包括车辆设备故障、通信信号故障、供电故障、线路故障和机电故障。其中，车辆设备故障在所有设备故障中发生频率最高，而制动装置和车门是故障事故发生最频繁的位置，占车辆设备故障的 70%以上。通信、信号系统是直接为城市轨道交通运营和管理服务的，当发生紧急情况同时通信、信号系统的电源发生故障或通信设备本身发生故障时，各种行车、票务及控制信息出现间断性不可靠传输，会引发事故或使事态扩大。可见，对于这些故障设备的维护维修非常重要，可选择其中的设备作为建模时应急处理场景使用。

某些故障率较高的设备同样是建模时重点考虑的对象，例如，根据某轨道集团统计数据，2017 年全年 AFC 系统报修系统共接修 6991 件，自动检票机接修 1137 件，半自动售票机接修 1480 件，自动售票机接修 3928 件，车站计算机、票务工作站接修为 446 件，自动售票机为故障率最高的设备。这类设备故障虽然不会直接导致运营事故等严重后果，但它较高的故障率对于设备维护维修流程优化方法研究很有代表性和参考价值。

2) 维修属性

对象属性列表如表 5-13 所示，对于建模中涉及的设备，主要考虑它的典型故障，即故障率较高的一类或几类故障。故障的发生可以通过设置设备失效函数来实现，设备失效函数由设备维护周期、设备故障率、前一次维护时间等因素影响。有了设备的典型故障，再根据设备的专业划分选择派出的维修人员专业以及此类故障所需的备品备件。

表 5-13 对象属性列表

属性名称	属性类型	属性描述
设备类型	String	设备所属的专业
设备名称	String	设备名称(ID)
设备位置	Double	设备所在的坐标位置
故障类型	String	引起设备失效的典型故障
故障率	Double	不同故障类型对应发生的概率
维修资源需求	Enum	某一设备发生故障时，维修此类故障所需的维修人员专业、级别和数量；所需备件种类和数量；所需的维修时间

设备智能体中的状态图可以实现设备由正常工作到故障再到修复的状态变化，通过设备失效时间函数设置设备某种故障的对应发生概率，设备由正常状态变为失效状态时发出维修请求，维修资源到达现场，利用“到时”触发条件将设备再转为正常状态(图 5-24)。

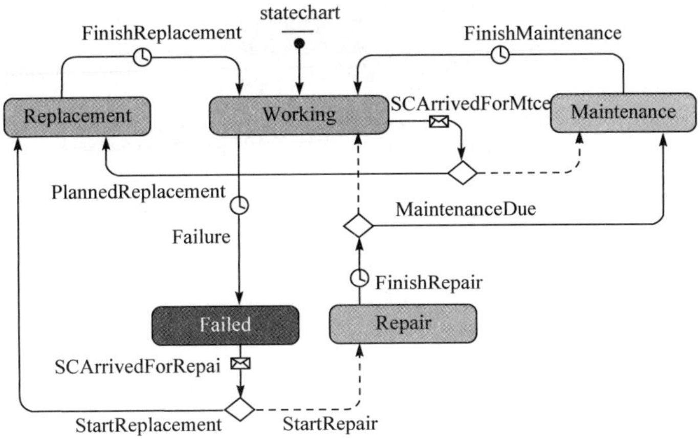

图 5-24　运维设备状态图

2. 维修资源建模方法

1) 维修人员建模

维修人员按专业划分可分为车辆、通信信号、工务、供电、AFC、机电专业。日常维保工作主要由运营公司的维修工班完成，以重庆轨道交通集团运营一公司的 AFC 工班和信号工班为例，通常情况下每个工班由 1 个工班长、1 个安全员和 8～10 个员工组成。

维修流程：车站值班员发现站内设备故障后电话告知生产调度，生产调度给附近相关专业工班打电话报修，维修人员接到通知后进行登记(纸质/电子记录)，乘坐地铁赶到现场，在发生故障的车站办理手续，进行维修作业。整个维修流程所花费的时间与故障的种类和严重程度有关，一般较小的故障在接到报修后半个小时之内就能完成。

当司机发现列车出现故障且无法自行恢复后，将情况汇报给线网管控中心，由线网管控中心通知相关运营公司生产调度室，生产调度室联系对应车站值班人员，车站值班人员通知维修工班维修。若维修人员能够处理故障，则在站终点进行处理；若无法处理故障，则通知车站值班人员进行换车。另外，较大的故障可通知大修公司进行维修。大修公司在各个车辆段均设置有工作人员。

而各个流程的时间根据故障的位置、维修人员的位置、行调沟通时间等的不同区别较大。

在仿真建模时，应考虑维修人员的专业、级别、成本等属性，利用 Statechart 状态图让维修人员对维修请求做出反应。如图 5-25 所示，当位于维修中心的人员收到故障维修请求时，赶到故障发生地点进行维修，根据设置的故障维修时间完成维修任务，若有其他维修任务在等待，则赶往下一地点，否则返回维修中心。

2) 备品备件建模

不同设备故障类型所需的备品备件不尽相同，常用的备品备件在维修工班一般都有保存，特殊备品备件会在线路车间的备品备件库保存。备品备件的种类决定了它的成本和订货周期等。

备品备件在现实情况中需要考虑的因素较多，如自动售票机、ATP 设备等因运行时间长、老化严重且型号设备早已停产等因素，备件采购困难，也因厂家定制，很多备件

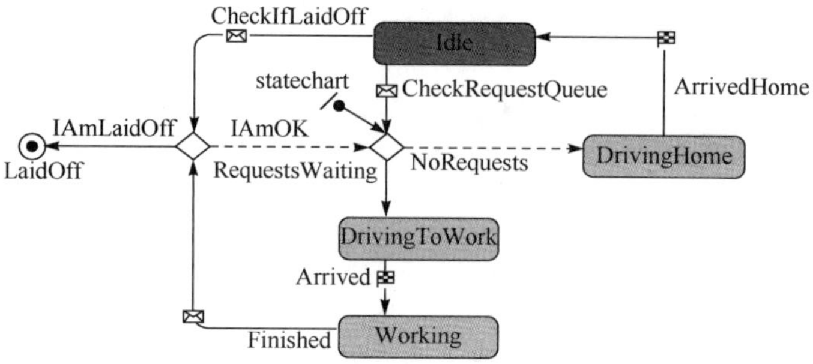

图 5-25　维修人员工作状态图

找不到替代件，所以很多设备处于运行-故障-维修-运行-故障的循环中，因此增加了设备的故障率，建模中将酌情考虑这些因素。

3) 工班点建模

信号上的故障较少，所以每一条线路上设置了两个值班点。而 AFC 的故障率较高，约占日常总故障的 80%，因此全线设置了 4 个工班，每个工班又分为 2 个点进行值班，共 8 个点。每个工班负责处理 6 个车站的设备故障，工班点属性列表如表 5-14 所示。

表 5-14　工班点属性列表

属性名	属性类型	属性描述
位置	Double	工班点所在的坐标位置
维修人员容量	Int	工班点所能承载维修人员最大容量
维修人员集合	Int	工班点的所有维修人员的集合
排班表	Table Function	工班点维修人员排班表(工班长和安全员只上白班)

例如，重庆地铁 1 号线沙坪坝站的 AFC 维修工班由 1 个工班长、1 个安全员和 8 个维修人员组成，因为分为 2 个点值班，且工班长和安全员只上白班，8 名工人 4 班 2 运转，所以 1 个值班点白天只有工班长或安全员加一名维修人员值班，夜晚是两名维修人员值班。

4) 备件库建模

备品备件管理是以保证维修需要为前提的，为了降低备品备件相关的各项成本，要尽可能减少备品备件的储备数量。目前地铁的库存管理主要依靠四个方面：安全库存管理、线路布点管理、定期检测管理和软件定期备份管理。备品备件也以安全库存为考虑，根据 ABC 分类法，结合系统总量来编制备品备件清单，从而进行管理。备件库属性列表如表 5-15 所示。

表 5-15　备件库属性列表

属性名	属性类型	属性描述
位置	Double	备件库所在的坐标位置
备件容量	Int	备件库所能存储的备品备件最大容量
备件集合	Int	备件库当前存储备件的集合
库存管理策略	Table Function	管理备品备件库存，包括种类、数量、订货周期等

以重庆轨道交通集团备品备件的管理层级为例，备品备件管理层级如图 5-26 所示。从整体上可以划分为两大级别：集团总公司库房和各个线路车间、集中站。维修工班主要是从车间领取相应的维修物资，保存一些常用的维修零部件和工具。备品备件有专门的信息系统进行管理，包括领取、报备等，在备品备件较少的情况下，系统会进行提示。备品备件可以进行跨线调配，但是维修人员隶属于不同的运营公司，所以目前没有进行过跨线调度。

图 5-26　重庆轨道交通集团备品备件的管理层级

在对一公司进行调研中发现，重庆地铁 1 号线和环线虽然是同属于一个运营公司，但是其信号设备种类大不相同。

5.4　区域轨道交通应急维修协同决策技术

5.4.1　区域轨道交通应急维修现状分析

1. 高速铁路/城际铁路应急维修流程现状

高速铁路/城际铁路发生设备故障时，有关单位(人员)立即向列车调度员(非常站控时为车站值班员)汇报。设备故障处理按以下程序办理(以工务设备故障为例)[139]，如图 5-27 所示。

(1) 列车调度员(车站值班员)发现设备故障时，应立即按规定采取措施，并通知综合设施调度，综合设施调度应立即通知铁路局工务处领导、工务段调度和驻调度所联络员，并了解详细情况，协调相关工作。工务段调度马上通知值班段长和车间，确定作业负责人。

(2) 工务段值班段长立即组织车间人员进行检查、抢修。

(3) 作业负责人组织抢修人员进行准备工作，并携带机具和材料赶往通知的故障地点。

(4) 抢修人员到达现场，上线前由作业负责人确定本线封锁和邻线限速(不超过 160km/h)的起止里程，并在第一时间通知驻调度所(站)联络员；驻调度所(站)联络员根据作业负责人的报告在《行车设备检查登记簿》内进行登记，列车调度员(车站值班员)根据登记要求办理。

(5) 作业负责人接到调度命令并与驻调度所(站)联络员核实后，立即组织上线检修和排除故障，向驻调度所(站)联络员报告情况，并向工务段调度汇报。

报告的主要内容有：作业负责人姓名、职务；故障的区间、行别、里程(××公里××米，或车站名、道岔股道编号)；故障的主要情况及影响范围；故障的处理方案。

2. 地铁/单轨应急维修流程现状

地铁/单轨应急维修按照是否需要占用运营线路分为两类：一类是不需要占用运营线

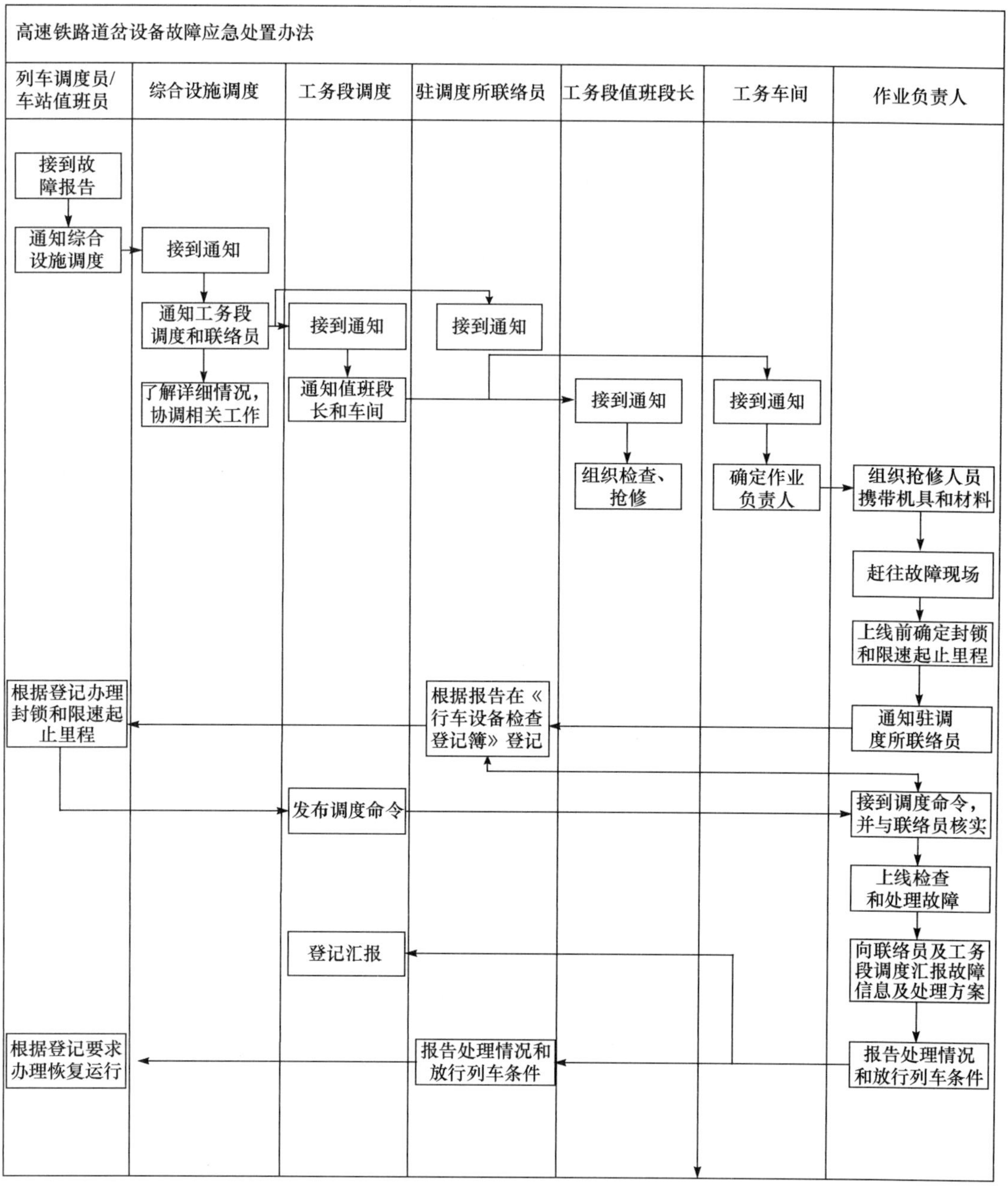

图 5-27　高速铁路道岔设备故障应急处置办法

路的；另一类是需要占用运营线路的。列车设备故障或事故影响列车正常运行时所进行的各种应急维修施工作业，故需要按照占用线路施工作业管理办法和相应的处理程序进行处置。如果故障不涉及线路上列车的运营，那么由相关部门根据故障的严重程度采取相应的措施进行处理。不需要占用运营线路的主要是地面设备设施故障，需要占用运营线路的主要是车辆设备及线路设备，例如，地铁/单轨道岔故障应急抢修流程如图 5-28 所示。

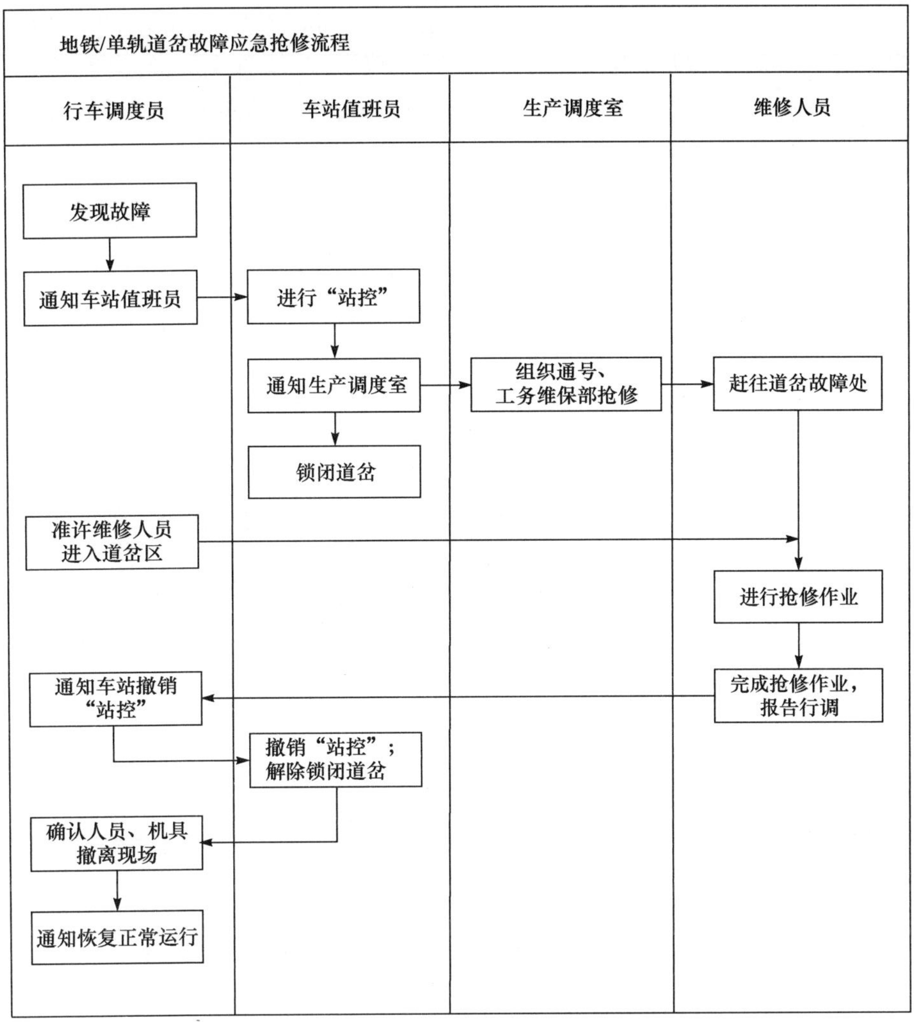

图 5-28　地铁/单轨道岔故障应急抢修流程

从现状来看，轨道交通各制式之间的应急维修流程虽有所不同，但都是在单一交通制式内应急处置，缺乏多制式间的协同操作。而通过分析轨道交通应急维修资源的配置现状，发现存在多制式轨道交通间应急资源共享困难等问题，影响应急维修的效率，限制了区域轨道交通的整体发展。

5.4.2　区域轨道交通应急响应与维修效率评价及提升途径

1. 应急响应与运维效率评价方法

“应急响应与运维效率”理解为“应急响应与应急运维效率”，这里的“运维”特指“应急维修”；这里的“效率”特指“时间效率”，时间效率的提升意味着处理时间的缩短。为了细致分析有效的提升点，有必要将整个应急响应与运维过程进行分段分析：应急响应与运维流程分为应急触发、应急响应、应急维修与应急疏散。应急触发是指从故障的发生到发现的阶段；应急响应是发现故障以后，到应急人员开始动作、组织抢修的阶段；应急维修是从维修人员接到命令赶往现场开始，到维修完成的阶段，包括维修人员赶往现场和现场维修两个步骤；应急疏散是对因故障导致的滞留旅客进行疏导的阶段。应急疏散是与应急维修的过程并行的[140-142]。

根据现场调研及专家经验，对应急运维流程各阶段耗时的平均时间做了大致估计，得出了大致耗时占比，从图 5-29 和表 5-16 可以看出，应急维修的耗时占比最大，其中现场维修工作比较依赖故障诊断技术和维修人员的专业技术，而维修人员赶往现场这一环节时间占比较大，同时与具体故障类型关系不大，体现出应急维修资源配置对应急响应与运维效率具有较大影响，是需要重点优化的环节。

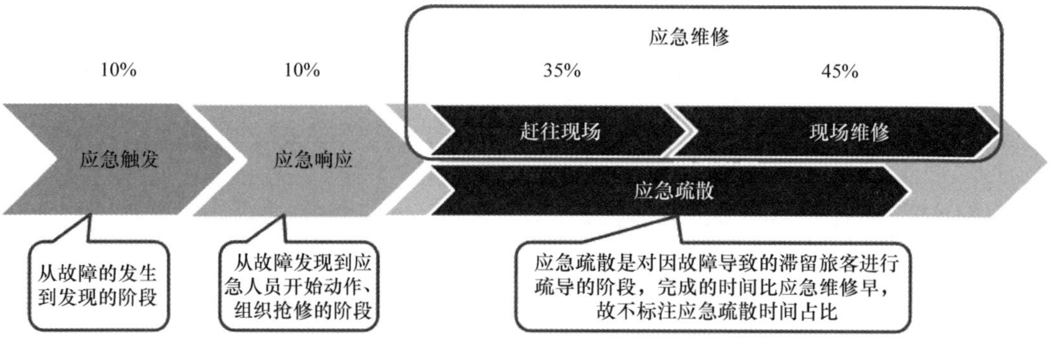

图 5-29　应急运维流程各阶段耗时占比

表 5-16　应急运维流程各阶段分析

阶段名称	阶段定义	时间大致占比	是否与故障类型强相关
应急触发	从故障的发生到发现的阶段	10%	是
应急响应	发现故障以后，到应急人员开始动作、组织抢修的阶段	10%	否
应急维修：赶往现场	维修人员从出发点到故障现场	35%	否
应急维修：现场维修	现场检修，排除故障	45%	是
应急疏散	对因故障导致的滞留旅客进行疏导的阶段	不确定	否

2. 应急响应与运维效率现状分析

高速铁路以及地铁发生突发事件后，各个部门的工作人员按照应急预案中规定的应急处置程序执行自己的工作任务，将现有流程按时间段进行划分，分析每个时间段处置工作中可能存在的问题或可优化的部分[143-147]，本节以与地铁站交汇处的某高速铁路线路道岔故障为例进行说明。

1) 应急触发

从设备的故障发生到工作人员发现故障，这段时间属于应急触发时间。根据现场调研情况，设备的故障发现主要是由使用部门发现的，道岔设备故障的发现主要有两种方式：一种是道岔故障附近站点的行车值班员在设备工作状态指示台上发现道岔设备出现故障；另一种是运行到故障道岔附近的列车司机通过司机工作台上的故障报送，发现道岔故障。

平均故障发现时间为 10min，但根据具体情况反映，故障发生时一般有报警机制，故障发生后影响范围越来越大更容易发现，如影响正常行车的故障可能马上就会被发现处理，而在发车频率不高或设备故障没有那么严重时(如红灯闪时)，司机和站点值班员发现故障的时间可能会稍微延长至 10～20min，取平均时间为 10min。

2) 应急响应

应急响应阶段主要指信息通知阶段，从发现故障到维修人员接到通知。根据在重庆轨道集团现场调研时与工作人员沟通得知，目前重庆轨道交通的故障通知方式主要是根据故障严重性判断选择，一般故障可由电话通知所需的专业部门，例如，道岔发生一般故障，司机发现故障报给车站及调度人员，调度人员电话通知工务段值班段长，当需要多种专业配合时，如转辙机故障会涉及多个专业，综合设施调度会通过发短信的方式一对多地通知各个专业部门。若发生较大的故障，信息通知方式会上升至短信平台，不只是发给某个专业部门，应急指挥中心也会收到短信通知，事发铁路局执行应急预案。

应急抢修强调信息传递时间要短，许多信息通报步骤是并行处理的，通常在发现故障到维修单位接到通知大约为 10min。

3) 应急维修

应急维修主要有四个阶段：作业前准备、赶往现场、进行抢修、完成抢修并报告。

抢修人员准备工作主要有点名准备、人员安排、准备机具[148]，统计某高速铁路部门维修工区作业准备时间，其平均值为 12min。

根据现场调研时维修人员反映，在赶往故障现场的路上花费的时间较多，故障现场最近工区的维修人员可选择以轨道作业车为出行方式，或选择汽车为出行方式，维修人员乘坐汽车到达离故障点最近的作业门处，由作业门进入轨行区，步行至应急维修工作现场。各铁路局对管辖范围内维修工区设置距离差异较大，选取平均维修工区设置距离为 60km。铁路总公司对轨道车的运行速度规定为 80km/h，各铁路局对其行驶速度做出进一步限制，取轨道车速度为 60km/h[149]。

假设维修工区到故障点的铁路线路距离约为 30km，选轨道车出行时大约需要 30min 路程时间赶到故障现场；当采取汽车为出行方式时，汽车不可能像轨道车沿铁路直线行走，汽车行驶约 45min 到达故障点。

道岔故障等需要进入轨行区作业的，需要申请进入轨行区的作业令，然后等待调度员发布准许进入轨行区，维修人员才能到达故障点进行处理。如果故障严重且进入轨行区需要断电的作业，则需要调度所协调相关部门断电后，经确认断电后，才会发布准入令，这个协调过程比较复杂，需要 10～20min，此处取平均时间为 15min。

维修人员在现场要对设备进行故障诊断，如果故障类型比较复杂，则需要调用大型机具配合。采用汽车将大型机具运输到故障点，按上述人员路程时间计算，可得大型机具的路程时间约为 45min，现场设备故障维修需要耗时约为 60min。

应急维修阶段总共耗时 162min。其中，准备工作耗时 12min，轨道车出行路程耗时

30min，轨行区准入令耗时 15min，大型机具调度耗时 45min，故障处理耗时 60min。

4) 应急疏散

列车调度员通知车站停止售检票，并将停运车站及停线原因告知全线。应急疏散在应急预案启动时就已经开始疏散，所以应急疏散与应急响应、应急维修并行。

3. 应急响应与运维效率提升途径

1) 多制式轨道交通应急联动处置

高速铁路/城际铁路站点间距离长，维修工区管辖范围大，发生故障时应急维修效率不高，维修资源调配耗时长，若可以利用铁路线路及站点附近的城市轨道维修资源，则资源调配速度快，将大大提升高速铁路/城际铁路的维修效率，加快正常运营恢复时间，提高速铁路路线路可用性。

图 5-30 为成渝地区轨道交通复合线网图节选。重庆轨道交通线路与成渝高速铁路重庆段的线路距离较近，其中轨道交通 1 号线和环线的部分站点直线距离较短，甚至环线的民安大道站与铁路线路直线距离不足 1km，分布在这些站点的维修工班及相关备品备件通过实现多制式维修资源共享，为多制式协同运维提升运维效率提供了可能。

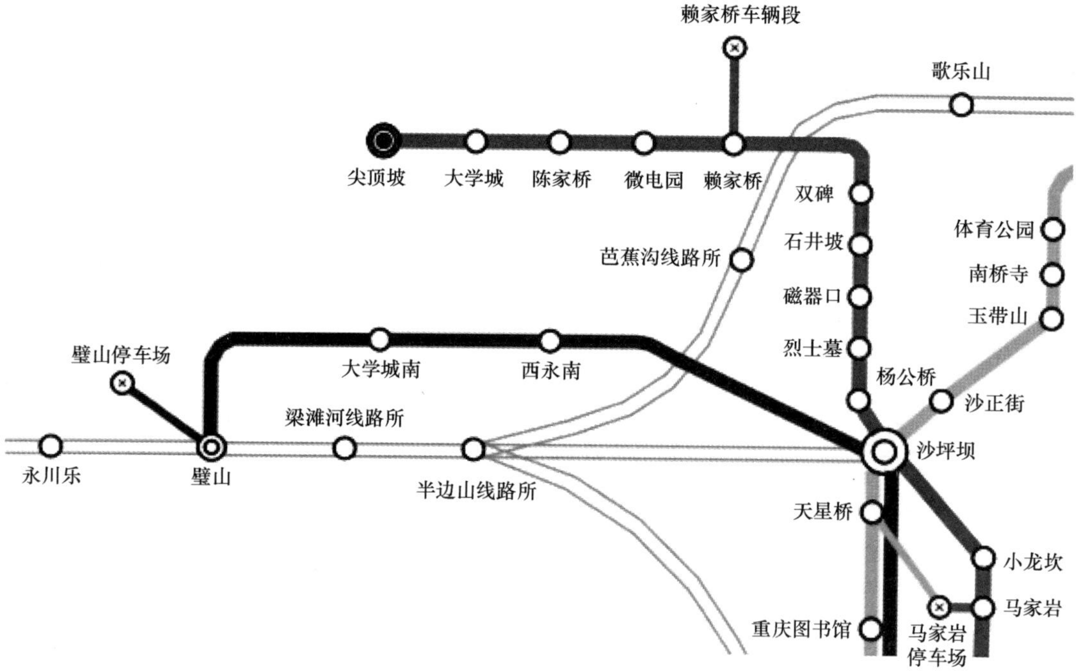

图 5-30　成渝地区轨道交通复合线网图节选

区域轨道交通多制式应急联动处置流程如图 5-31 所示。高速铁路/城际铁路的维保部门接到故障信息，根据故障严重性及故障点距离判断启用应急联动处置预案，告知上层的协同应急中心；协同应急中心负责铁路部门与城市轨道公司协调与信息传递工作，具体实施方案还是由各自制式部门决定。

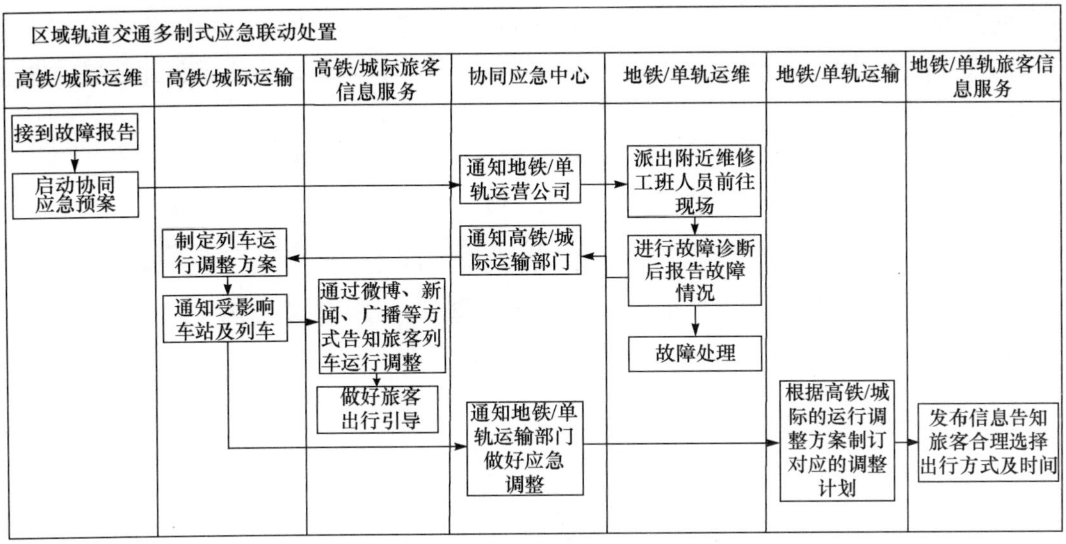

图 5-31　区域轨道交通多制式应急联动处置流程

协同应急中心将高速铁路/城际铁路的故障通知给地铁/单轨运营公司，公司依据故障点及故障设备专业派出附近的对应专业维修人员，在地铁/单轨维修人员进行故障诊断后将信息上报，高速铁路/城际铁路运输部门依据诊断信息、影响范围及预计故障处理时间制订列车运行调整方案，将方案告知受影响车站及列车，并且通过新闻、广播等媒介告知站内站外旅客，合理引导旅客出行。地铁/单轨运输部门也会就高速铁路/城际铁路列车晚点或突发大客流等事件提前做好应急准备，制订对应的列车运行调整方案，并告知旅客在晚点列车到达时刻合理选择出行方式，做好旅客引导工作。

2) 应急运维流程优化

本书提出的应急运维流程优化手段主要是从一般性技术改进及流程优化角度来考虑的，下面按各阶段提出对应的提升途径。

(1) 应急触发。

在应急触发阶段的优化目标是在故障发生时及时发现故障。以地铁道岔故障为例，目前的故障发现一方面是通过列车司机发现，时间不定；另一方面是通过行车调度员发现，时间为 10～30min。主要提升途径为通过智能监测手段，实时监测设备运行状态，在设备异常时及时报警，缩短发现故障的时间[150,151]。

(2) 应急响应。

在应急响应阶段的优化目标是减少信息传递环节，提升信息传递速度。目前的信息传递在通常情况下是单对单传递，紧急情况下是一对多传递，涉及的部门较多，信息传递方法仍以短信、通话为主。主要提升途径为基于互联网技术设计并研发符合实际需求、人性化、便捷的应急响应系统。另外，还需要提前制订好应急预案，并定期进行模拟演练，针对不同的复杂情况执行应急预案程序，使工作人员在真正进行应急响应处置时做到冷静有序处置，减少不必要的时间延误。

(3) 应急维修。

应急维修阶段分为赶往现场和现场维修两部分进行优化，如图 5-32 所示。赶往现场部分的提升途径是：通过维修流程的优化提升应急维修效率；通过应急维修资源配置全局协同优化配置与调度提升维修效率。现场维修部分的提升途径为通过智能故障诊断提升应急维修效率[152-154]。

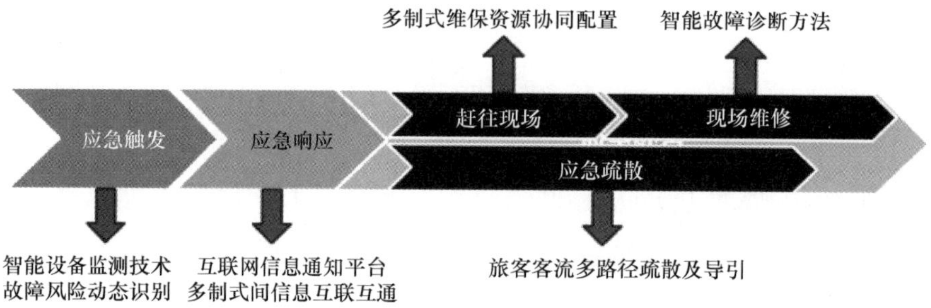

图 5-32　应急响应与运维效率提升途径

赶往现场的时间主要受到应急资源配置、调拨的影响，具体到多制式区域轨道交通，还需要在全局互操作性的基础上，实现多方式之间相互联动，从而降低运维成本并提升应急响应和运维效率，缩短应急响应时间。

在实现多制式应急资源配置的基础上，还需要基于大数据分析和信息共享，实现各制式轨道交通应急资源位置、种类、数量等信息的实时分享，以及利用跨制式间的互操作性，实现故障发生后应急处置联动和应急资源调配协同，可以针对事故及关键环节故障有效进行处理，缩短相应时间。

(4) 应急疏散。

在应急疏散阶段，要对因故障滞留的旅客进行疏散。主要提升途径为：通过应急条件下多制式轨道交通协同优化调度，充分利用复合路网多路径冗余特性，提升突发客流疏散能力及风险控制能力；通过与应急运输调度相配合的旅客客流多路径疏散方案及导引措施，提升突发客流疏散能力及风险控制能力。

4. 应急响应与运维效率提升效果分析

1) 应急触发

由于采用智能设备监测系统对设备实时监测，车站值班员可在 5min 内发现设备异常报警。

2) 应急响应

车站值班员马上通过值班室内的互联网信息平台将智能监测系统所显示的设备异常情况通知平台告知综合设施调度及调度所人员，同时信息会通知到故障点最近的维修工区，这个信息传递过程是一对多并行处理，所以各单位接到信息的时间可控制在 5min 内。

3) 应急维修

利用城轨公司部署的工务维修工班，且工班点备有常用的工务维修设备，工班点工作人员搭乘地铁赶往故障所处地铁站，再通过步行到高速铁路站，整个路上花费的时间约为 20min。现场诊断设备故障情况，若需要用到大型机具，可从城轨物资中心调用，汽车平均 25min 就能将所需的机具及备品备件送达现场，而从高速铁路维修基地调用大型机具则需要平均 45min。若是一般故障，可由具备处置能力的城轨工务维修人员维修处理；若故障较为复杂，可在故障诊断后简单处理，等待协同运维中心的维修专家一起处置。

4) 应急疏散

疏散的乘客启用公交接驳的方式，将乘客运到最近的火车站等待铁路行车调度安排车次，尽量减少乘客损失。

由单次事件来看，现在依据多制式应急联动处置流程调用城轨工班协助，最多可将时间缩短为 142min，包括应急触发时间 5min、应急响应时间 5min、应急维修时间 132min。

由表 5-17 可以看出，依靠区域轨道交通应急维修资源共享，多制式轨道交通应急处置协同操作，此次应急处置事件中维修人员和应急物资调配的路程时间共节约 30min，事件整体处置时间由 182min 缩短到 142min，应急运维处置效率明显提升。

表 5-17　各阶段提升效果

阶段	优化前时间/min	优化后时间/min	提升途径
应急触发	10	5	智能设备监测系统
应急响应	10	5	互联网信息平台
应急维修(准备工作)	12	12	—
应急维修(人员赶往现场)	30	20	多制式应急资源共享
应急维修(轨行区准入令)	15	15	—
应急维修(物资赶往现场)	45	25	多制式应急资源共享
应急维修(故障处理)	60	60	—

5.5　复合网络全局运输效能评估技术

区域轨道交通协同运输与综合服务需要满足旅客出行、运营主体、政府监管等多方面、多层次的需求，集中体现于区域轨道交通系统的整体性能之中，表现在系统自身的总体效能和所提供的服务质量两个方面。因此，有必要针对区域轨道交通系统整体性能，结合区域轨道交通运输组织、安全保障、信息服务等方面的功能点，从系统总体效能和服务质量两方面着手提出区域轨道交通协同运输与综合服务的评价理论和方法，明确其中关键指标的有效提升路径。

5.5.1　指标选取的原则及功能

1. 评价指标选取原则

(1) 全面性与代表性相结合。评价指标体系应该具有足够的涵盖面，可根据指标的内容和特点分为综合性评价指标与单向要素评价指标，并具有代表性。

(2) 定性与定量分析相结合。为了提高评价的准确性和可操作性，指标体系应尽可能选择可量化指标，对于难以量化的重要指标需采取一定的方法进行量化处理。

(3) 规范性与适用性相结合。评价指标的选取应考虑其数据和信息的规范性与可获取性，尽量与行业标准或惯例接轨。利用现有行业规范定义、认可的指标以及经过甄别的统计数据，既便于数据的对比和处理，也更贴合实际情况。

(4) 动态性和静态性相结合。区域轨道交通协同运输与服务的评价是一个不断变化的动态过程，要求评价指标的选取要能充分考虑到系统和自身的动态性，并能灵活地根据实际变化的需要进行修改和完善。

(5) 时效性和预见性。所选评价指标应能被及时地统计或测量，且区分不同的适用时段，以免决策出现偏差。评价指标应能表述当前一段时间的协同运输与服务状态，对未来状态的变化具有一定的预见性。

(6) 可比性和灵敏性。所选评价指标应能在区分制式、时段和区域的不同条件下进行横向和纵向的比较分析，且具有一定的敏感性，即指标能够根据运输状态的波动而产生相应变化，灵敏地反映出当前运输组织与管理存在的问题。

2. 指标体系核心功能

建立区域轨道交通协同运输与服务评价指标体系，最根本的目的是辅助轨道交通运营管理者实时、全面、准确地掌握系统运营的全局状态以及为满足旅客出行需求所提供服务的质量。该评价指标体系的具体功能如下。

(1) 显示协同运输与服务状态，辅助态势推演。通过对单个指标及多个指标同时进行综合评价，可以反映出整个区域轨道交通协同运输与服务的状态。同时，可以对同一时段的不同轨道交通制式运营状态，或不同时段同一轨道交通制式运营状态进行横向和纵向的对比分析，也可以通过对指标数据及评价结果的历史统计拟合出系统协同运输与服务状态曲线图，对系统未来某一阶段的运营状态或相关指标进行预测分析或态势推演。

(2) 监测协同运输与服务状态并进行预警。结合与区域轨道交通相关的技术、运营或安全规范，以运营管理者对于系统效能、旅客对于出行服务水平的要求为标准，对协同运输与服务评价指标设置预警值或参考值。当某个指标值或综合评价值超过相应的预警值或偏离参考值达到一定程度时，系统便会自动报警并提醒运营管理者，并分析可能导致指标处于失效状态的原因，及时采取相应措施进行调整恢复。

(3) 评价协同运输与服务优化措施的实施效果并建立反馈机制。根据区域轨道交通协同运输与服务评价结果建立反馈机制，反映当前协同运输组织方法的有效程度以及旅客出行服务需求的满足程度。如果某个评价指标或综合评价结果，在采取一系列优化措施后仍处于原来的状态或没有达到预期目标，那么说明该措施是无效或低效的，需要运营管理者分析反馈结果后重新调整或改进优化措施，再重新进行评价得到新的反馈结果进入下一轮的分析与调整。

5.5.2 指标体系的构成

遵循指标选取的原则和科学性要求，结合旅客对轨道交通运输服务的感知，从区域轨道交通系统的自身性能出发构建两级指标体系。在指标设计过程中，尽可能剔除不易量化、难操作的指标，将彼此有重叠、交叉的指标进行拆分，同时保留部分从不同维度进行描述的综合性指标。

1. 一级指标

区域轨道交通系统的性能可以从两个方面来描述。一方面是系统的总体效能，从提供运输服务的角度反映系统自身的状态属性、适应环境的能力以及通过协同理论与方法提高服务质量的能力；另一方面是系统的服务质量，从运输服务感知角度反映系统为旅客提供高效、快速、便捷、安全、舒适的运输服务的能力。总体效能是服务质量的基础，服务质量是总体效能的目标。因此，选取两个一级指标即系统的总体效能和服务质量。

2. 二级指标

在区域轨道交通协同运输与服务的需求分析基础上，结合 RAMSI 系统性能评估与增强理论以及旅客出行链全过程中对运输服务的感知，从多个角度进一步析取总体效能和服务质量所对应的二级指标。

在系统总体效能层面共析取 9 项二级指标进行描述，分别是区域路网总体运能、高峰时段旅客输送能力、区域轨道交通系统可靠度、区域轨道交通系统可用度、平均能力恢复时间、平均服务水平恢复时间、应急响应与运维效率、运营安全事故率和跨制式信息交换效率。在系统服务质量层面共析取 8 项二级指标进行描述，分别是区域轨道交通正点率、跨方式旅行时间、旅客平均换乘次数、跨制式列车开行比例、车站拥挤度、列车拥挤度与上座率、即时信息服务旅程覆盖率和信息服务智能终端覆盖率。

区域轨道交通协同运输与综合服务评价指标体系的构成如图 5-33 所示。

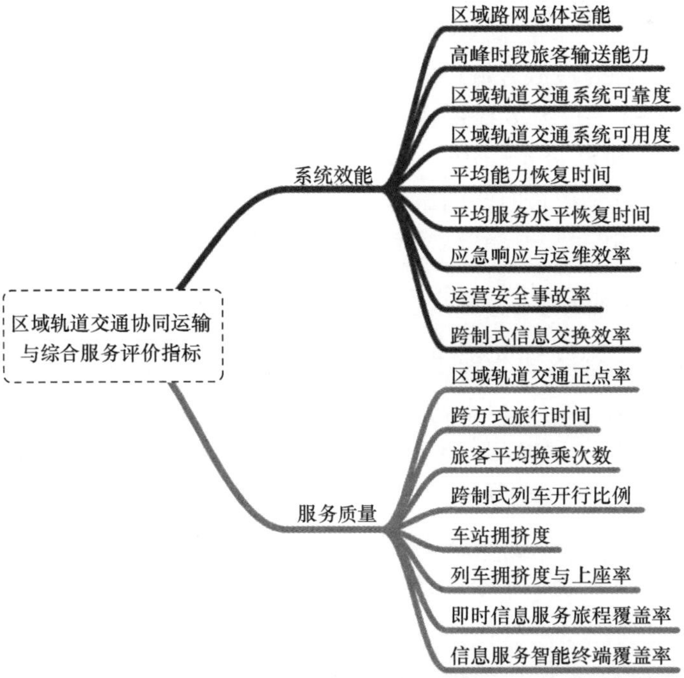

图 5-33　区域轨道交通协同运输与综合服务评价指标体系的构成

5.5.3 指标定义及量化方法

1. 区域路网总体运能

区域路网总体运能是指在一定的固定设备、移动设备、运输组织方法、服务水平和客流需求结构下，受线路能力制约的区域轨道交通系统内所有车站在一定时间内(小时(h)，天(d))所能完成的旅客发送量(含始发进站量和中转量)总和进行衡量，即

$$C\_\text{network}=\sum_{s=1}^{S}(\text{Org}_s+\text{Trs}_s) \tag{5-63}$$

其中，C_network 为多制式区域轨道交通路网总体运能，人次/h 或人次/天；S 为多制式区域轨道交通路网中的车站总数，个；Org_s 为多制式区域轨道交通路网中，第 s 个车站在受线路能力制约的情形下，单位时间内能够达到的旅客始发进站量，人次/h 或人次/天；Trs_s 为多制式区域轨道交通路网中，第 s 个车站在受线路能力制约的情形下，单位时间内能够达到的旅客中转量，人次/h 或人次/天。

2. 高峰时段旅客输送能力

高峰时段旅客输送能力是指系统在高峰时段内基于一定的线网结构、依靠一定程度的基础设施设备、运输组织方法，在保证一定旅客服务水平和满足一定客流需求结构下，在高峰时段(城市轨道交通高峰时段和国家铁路高峰时段)内所能完成的旅客发送量(含始发进站量和中转量)的总和，即

$$C\_\text{peak}=\sum_{i=1}^{T}\sum_{s=1}^{S}(\text{Org}\_\text{peak}\_q_{si}+\text{Trs}\_\text{peak}\_q_{si}) \tag{5-64}$$

其中，C_peak 为高峰时段旅客输送能力，人次；S 为多制式区域轨道交通路网中的车站总数，个；$\text{Org}\_\text{peak}\_q_{si}$ 为多制式区域轨道交通路网中，第 s 个车站高峰时段内第 i 个单位时间内旅客始发进站量，人次/h；$\text{Trs}\_\text{peak}\_q_{si}$ 为多制式区域轨道交通路网中，第 s 个车站高峰时段内第 i 个单位时间内旅客中转量，人次/h；T 为多制式轨道交通路网中，高峰时段持续时间，h。

3. 区域轨道交通系统可靠度

区域轨道交通车站服务可靠性反映在为旅客提供运输服务的可靠度上，系统可靠度越高，系统成功输送旅客的概率也就越高，因此可通过区域轨道交通输送旅客成功率反映系统的可靠度。采用一段时间内区域轨道交通车站成功输送旅客的数目与区域轨道出行总需求之比计算，计算公式为

$$\beta_{\text{Success}}=\frac{\sum\limits_{o\in S}\sum\limits_{d\in S,o\neq d}v_{od}-\sum\limits_{o\in S}\sum\limits_{d\in S,o\neq d}v_{od}^{\text{affect}}}{\sum\limits_{o\in S}\sum\limits_{d\in S,o\neq d}v_{od}} \tag{5-65}$$

其中，β_{Success} 为研究时段内，区域轨道交通输送旅客成功率；o,d 分别为区域轨道交通

中出发地车站和目的地车站；v_{od} 为出发地为 o 车站 、目的地为 d 车站的出行需求总量，人次；S 为区域轨道交通路网中的车站集合；v_{od}^{affect} 为研究时段内，安全事故影响(旅客不可承受范围内的影响)到的从车站 o 到车站 d 的旅客出行量，人次。

式(5-65)中，分子表示区域轨道交通在研究时段内，成功输送的旅客出行量；分母表示区域轨道交通在研究时段内的总出行量；分子中的被减项为研究时段内区域轨道交通车站和区间发生安全事故导致(旅客不可承受范围内的影响)影响到的旅客出行量。

4. 区域轨道交通系统可用度

区域轨道交通系统可用度是指区域轨道交通系统在规定运营时段内任意随机时刻需要开始执行任务时，处于正常工作状态(全局不失效且服务水平处于规定标准以上)的程度和能力。它反映了系统的可用性程度，在取值上等于研究时间内区域轨道交通系统在规定运营时段内，保持正常工作状态(全局不失效且服务水平处于规定标准以上)的时长占规定的总运营时长的比例，即

$$R\_\text{availability} = \frac{\sum_{m=1}^{M}(t\_\text{nstateend}_m - t\_\text{nstatestart}_m)}{T\_\text{operation}} \times 100\% \tag{5-66}$$

其中，$R\_\text{availability}$ 为区域轨道交通系统可用度，%；M 为研究时段内，区域轨道交通系统处于正常工作状态的时段数目，个；$t\_\text{nstatestart}_m$ 为区域轨道交通系统第 m 个正常工作时段的开始时刻，精确到分钟；$t\_\text{nstateend}_m$ 为区域轨道交通系统第 m 个正常工作时段的结束时刻，精确到分钟；$T\_\text{operation}$ 为研究时段内，区域轨道交通系统的运营时间总和。

5. 平均能力恢复时间

平均能力恢复时间是指一定时间内区域轨道交通系统在发生全局失效后，通过实施特殊运输组织和应急维修处置，使系统运输能力恢复到预定水平所耗费的平均时间。平均能力恢复时间反映了系统自身的运维效率，是系统可维护性能力的重要量度，即

$$\begin{cases} T\_\text{acr} = \dfrac{\sum_{r=1}^{R}\xi_r \cdot T\_\text{acr}_r}{\sum_{r=1}^{R}\xi_r} \\ T\_\text{acr}_r = \dfrac{\sum_{a=1}^{A_r}(\text{ta}\_\text{normal}_a - \text{ta}\_\text{hppn}_a)}{60A_r} \end{cases} \tag{5-67}$$

其中，T_acr 为多制式区域轨道交通系统的平均能力恢复时间，min；R 为区域轨道交通系统所发生的安全事故或不可容忍的安全风险类型数；T_acr_r 为区域轨道交通系统在发生第 r 类的安全事故或不可容忍的安全风险时的平均能力恢复时间，min；ξ_r 为第 r 类的安全事故或不可容忍的安全风险的权重值，取值在区间 $(0,1]$ 内；A_r 为研究时段内，系统

所发生的第 r 类安全事故或不可容忍的安全风险的次数；$\mathrm{ta\_hppn}_a$ 为研究时段内，系统第 r 类、第 a 次安全事故或不可容忍的安全风险的发生时刻，精确到秒；$\mathrm{ta\_normal}_a$ 为研究时段内，系统第 r 类、第 a 次安全事故或不可容忍的安全风险发生后，系统服务水平恢复到一定水平以上的时刻，精确到秒。

6. 平均服务水平恢复时间

平均服务水平恢复时间是指在一定时间内，区域轨道交通发生全局失效后，通过实施特殊运输组织和应急维修处置后，使系统服务水平恢复到预定等级所耗费的平均时间。平均服务水平恢复时间反映了系统服务的恢复水平，是系统可维护性体现的重要指标，即

$$\begin{cases} T\_\mathrm{asr} = \dfrac{\sum\limits_{r=1}^{R} \xi_r \cdot T\_\mathrm{asr}_r}{\sum\limits_{r=1}^{R} \xi_r} \\ T\_\mathrm{asr}_r = \dfrac{\sum\limits_{a=1}^{A_r} (\mathrm{ta\_normal}_a - \mathrm{ta\_hppn}_a)}{60 A_r} \end{cases} \tag{5-68}$$

其中，T_asr 为多制式区域轨道交通系统的平均服务水平恢复时间，min；R 为区域轨道交通系统所发生的安全事故或不可容忍的安全风险类型数；T_asr_r 为区域轨道交通系统在发生第 r 类的安全事故或不可容忍的安全风险时的平均服务水平恢复时间，min；ξ_r 为第 r 类的安全事故或不可容忍的安全风险的权重值，取值在区间 (0,1] 内；A_r 为研究时段内，系统所发生的第 r 类安全事故或不可容忍的安全风险的次数；$\mathrm{ta\_hppn}_a$ 为研究时段内，系统第 r 类、第 a 次安全事故或不可容忍的安全风险的发生时刻，精确到秒；$\mathrm{ta\_normal}_a$ 为研究时段内，系统第 r 类、第 a 次安全事故或不可容忍的安全风险发生后，系统服务水平恢复到一定水平以上的时刻，精确到秒。

7. 应急响应与运维效率

应急响应与运维效率是指在一定的安全保障资源约束下，区域轨道交通系统在发生安全事故或不可容忍的安全风险时，进行应急响应和与之相关的系统应急维护的作业时间效率。它是系统的安全性和可维护性的度量，其测量方法可用系统单位时间内能够处理的安全事故或不可容忍的安全风险次数来衡量，即

$$\begin{cases} E\_\mathrm{emg} = \dfrac{\sum\limits_{r=1}^{R} \xi_r \cdot E\_\mathrm{emg}_r}{\sum\limits_{r=1}^{R} \xi_r} \\ E\_\mathrm{emg}_r = \dfrac{60 A_r}{\sum\limits_{a=1}^{A_r} (\mathrm{ta\_normal}_a - \mathrm{ta\_hppn}_a)} \end{cases} \tag{5-69}$$

其中，E_emg 为多制式区域轨道交通系统的应急响应与运维效率，次/min；R 为区域轨道交通系统所发生的安全事故或不可容忍的安全风险类型数；E_emg_r 为区域轨道交通系统在发生第 r 类的安全事故或不可容忍的安全风险时的应急响应与运维效率；ξ_r 为第 r 类的安全事故或不可容忍的安全风险的权重值，取值在区间 (0,1] 内；A_r 为研究时段内，系统所发生的第 r 类安全事故或不可容忍的安全风险的次数；$\mathrm{ta\_hppn}_a$ 为研究时段内，系统第 r 类、第 a 次安全事故或不可容忍的安全风险的发生时刻，精确到秒；$\mathrm{ta\_normal}_a$ 为研究时段内，系统第 r 类、第 a 次安全事故或不可容忍的安全风险发生后，系统服务水平恢复到一定水平以上的时刻，精确到秒。

8. 运营安全事故率

运营安全事故率是指区域轨道交通系统多制式间在运输组织和安全保障等方面存在跨制式不协调的技术问题，所导致的运营安全事故发生频率。其中，区域轨道交通系统的运营安全事故是指系统运营过程中所发生的伤害人身安全和健康、严重损坏设施设备、造成直接经济损失、出现 5min 以上(包含)的停运事件、OD 不可达或系统服务水平降低至特定标准以下的事件。它是区域轨道交通系统整体安全性的度量，在具体测量可用单位时间内，在运输组织和安全保障等方面存在跨制式不协调的技术问题，而导致系统安全事故发生的次数，即

$$F\_\mathrm{techaccident}=\frac{A\_\mathrm{tech}}{T\_\mathrm{study}} \tag{5-70}$$

其中，$F\_\mathrm{techaccident}$ 为区域轨道交通系统因技术原因导致的运营安全事故率，次/月或次/年；A_tech 为在研究时段内，系统在协同联动、联合运输组织和综合安全保障等方面存在跨制式不协调等技术问题，所导致的系统安全事故发生次数，次；T_study 为选取的研究时段长度，月或年。

另外，因技术原因导致的轨道交通运营安全事故率，也可用单位的运营里程下，在运输组织和安全保障等方面存在跨制式不协调的技术问题，而导致的系统安全事故发生次数来表示：

$$F\_\mathrm{techaccident}=\frac{A\_\mathrm{tech}}{\mathrm{Mile\_operation}} \tag{5-71}$$

其中，$F\_\mathrm{techaccident}$ 为区域轨道交通系统因技术原因导致的运营安全事故率，次/(万车 · km)；A_tech 为在研究时段内，系统在协同联动、联合运输组织和安全保障等方面存在跨制式不协调的技术问题，所导致的系统安全事故发生次数，次；$\mathrm{Mile\_operation}$ 为在研究时段内，多制式区域轨道交通系统的总运营里程，万车 · 公里。

9. 跨制式信息交换效率

跨制式信息交换效率是指单位时间内多制式轨道交通系统间的平均各类信息的传递量或各类单个信息在多制式轨道交通系统间的平均传递时间，其体现了多制式间信息传递和共享的效率。跨制式信息交换效率可用系统单位时间内能够传递的运行计划信息、

列车实时定位信息、运力资源信息、客流状态信息和调度命令信息等各类信息传递量来衡量，即

$$\begin{cases} \eta\_\text{eis} = \dfrac{\sum_{r=1}^{R} I_r \cdot \eta\_\text{eis}_r}{\sum_{r=1}^{R} I_r} \\ \eta\_\text{eis}_r = \dfrac{\sum_{a=1}^{A_r} (\text{ta\_receive} - \text{ta\_send})}{60 A_r} \end{cases} \tag{5-72}$$

其中，η_eis 为多制式区域轨道交通系统的信息共享效率，条/min；R 为多制式区域轨道交通系统间传递的信息类型；η_eis_r 为多制式区域轨道交通系统间第 r 类信息的信息共享效率，条/min；I_r 为第 r 类信息占多制式区域轨道交通系统间传递的所有信息的权重值，取值在区间 $(0,1]$ 内；A_r 为研究时段内，系统间传递的第 r 类信息的次数；ta_send 为研究时段内，系统间传递第 r 类信息的信息发出时刻，精确到秒；ta_receive 为研究时段内，系统间第 r 类信息的信息接收时刻，精确到秒。

10. 区域轨道交通正点率

区域轨道交通正点率是指一定时间内区域轨道交通网络中正点列车数占网络实际总开行列车数的比例，用以表示运营列车按规定时间正点运行的程度。它反映了列车运行和运输组织服务水平的可靠性。区域轨道交通正点率一般用终到正点率表示，其取值为在一定时间内区域轨道交通网络中终到正点列车数与网络实际开行列车数的比值，即

$$\begin{cases} R\_\text{punctuality\_arrv} = \dfrac{\sum_{l=1}^{L}\sum_{k=1}^{K_l} \delta(|\text{tt\_arrv}_{lk} - \text{tt\_arrv\_}s_{lk}|, \varepsilon\_\text{arrv}_l)}{\sum_{l=1}^{L} K_l} \times 100\% \\ \delta(x,\varepsilon) = \begin{cases} 1, & 0 \leqslant x \leqslant \varepsilon \\ 0, & x > \varepsilon \end{cases} \end{cases} \tag{5-73}$$

其中，$R\_\text{punctuality\_arrv}$ 为多制式区域轨道交通系统中的列车平均终到正点率，%；L 为多制式区域轨道交通路网运营线路条数；K_l 为研究时段内，区域轨道交通系统第 l 条运营线路开行列车数，其中跨线列车计入其终到站点所在的运营线路；tt_arrv_{lk} 为第 l 条运营线路、第 k 列开行列车的实际终到时刻，精确至秒；$\text{tt\_arrv\_}s_{lk}$ 为第 l 条运营线路、第 k 列开行列车的计划终到时刻，精确至秒；$\varepsilon\_\text{arrv}_l$ 为区域轨道交通系统第 l 条运营线路列车终到正点的允许误差，s。

11. 跨方式旅行时间

跨方式旅行时间是指在包含多方式(城市轨道交通、市域/城际铁路、高速铁路/普速铁路等)的区域轨道交通系统中，一定出行结构的旅客利用超过一种轨道交通方式出行，

从进始发站点至出目的站点所耗费的平均时间。它衡量了旅客在复合运输网络中跨方式出行的快捷程度，在数值上等于一定时间段内，区域轨道交通系统中所有的 OD 对(起讫点组合)间跨方式出行时间的加权平均值。其中，特定 OD 对间的跨方式出行时间，为该 OD 对间所有跨方式旅行耗费时间的均值，即

$$\begin{cases} T\_\text{travel}\_c = \dfrac{\sum\limits_{o=1}^{S}\sum\limits_{d=1}^{S} v\_c_{od} \cdot T\_\text{travel}\_c_{od}}{\sum\limits_{o=1}^{S}\sum\limits_{d=1}^{S} v\_c_{od}} \\ T\_\text{travel}\_c_{od} = \dfrac{1}{v\_c_{od}} \sum\limits_{q=1}^{v\_c_{od}} (t\_\text{out}\_c_{od,q} - tp\_\text{in}\_c_{od,q}) \end{cases} \tag{5-74}$$

其中，T_travel_c 为在区域轨道交通系统中旅客的平均跨方式旅行时间，min；S 为区域轨道交通路网中的车站总数，个；v_c_{od} 为出发地为 o 车站、目的地为 d 车站的跨方式总出行量，人次；$T\_\text{travel}\_c_{od}$ 为在区域轨道交通系统中车站 o 、d 间平均跨方式旅行时间，min；$tp\_\text{in}\_c_{od,q}$ 为出发地为 o 车站、目的地为 d 车站的第 q 人次跨方式出行进入起始车站的时间点，精确到分钟；$t\_\text{out}\_c_{od,q}$ 为出发地为 o 车站 、目的地为 d 车站的第 q 人次跨方式出行到达目的车站的时间点，精确到分钟。

12. 旅客平均换乘次数

旅客平均换乘次数反映了旅客出行的便捷性，旅客出行过程中的平均换乘次数越少，旅客出行的直达性和便捷性也就越强。通过一天内区域轨道交通内的总换乘次数与总出行量的比值可计算区域轨道交通旅客平均换乘次数，即

$$\alpha_{\text{Transfer}} = \frac{\sum\limits_{i \in v_{od}} \sum\limits_{o \in S} \sum\limits_{d \in S, d \neq o} n_i^{\text{Transfer}}}{\sum\limits_{o \in S} \sum\limits_{d \in S, d \neq o} v_{od}} \tag{5-75}$$

其中，α_{Transfer} 为区域轨道旅客平均换乘次数指标；v_{od} 为出发地为 o 车站 、目的地为 d 车站的总出行量，人次；i 为出发地为 o 车站 、目的地为 d 车站的第 i 次出行，$i \in v_{od}$；o,d 分别为出发地车站和目的地车站；S 为区域轨道交通路网中的车站集合；n_i^{Transfer} 为出发地为 o 车站、目的地为 d 车站第 i 次出行的换乘次数。

13. 跨制式列车开行比例

区域轨道交通跨制式旅客出行过程中的换乘走行、换乘等待，以及换乘安检等一系列作业极大地影响了区域轨道交通旅客的服务水平。开行跨制式旅客列车能减少旅客的换乘次数和换乘作业，为旅客提供直达运输服务，提高旅客运输服务水平。因此，将跨制式列车开行比例作为反映旅客运输服务水平的一个指标，可采用式(5-76)计算区域轨道交通跨制式列车开行比例：

$$\mu_{\text{Train}}^{\text{cross}} = \frac{n_{\text{Train}}^{\text{cross}}}{n_{\text{Train}}^{\text{all}}} \tag{5-76}$$

其中，$\mu_{\text{Train}}^{\text{cross}}$ 为研究时段内区域轨道交通跨制式列车开行比例；$n_{\text{Train}}^{\text{cross}}$ 为研究时段内区域轨道交通开行的跨制式列车数目，次；$n_{\text{Train}}^{\text{all}}$ 为研究时段内区域轨道交通开行的列车数目，次。

14. 车站拥挤度

车站拥挤度是指区域轨道交通系统包含的铁路或城市轨道交通车站内部，乘客对于个人周围空余面积大小或与其他人和物之间的距离大小的主观感知。

车站拥挤度可以用单位时间车站内乘客的平均占用面积与标准占用面积的比值来表示，比值越大则拥挤度越小，反之则拥挤度越大。其中，标准占用面积可参考轨道交通设施建设规范中规定的每人平均占用面积标准或关于拥挤度评级的其他权威性规范。具体计算方法如下：

$$c_{\text{station}} = \frac{m_{\text{station}}}{(p_{\text{arrival}} + p_{\text{transfer}} + p_{\text{surplus}} + p_{\text{on-off}}) \cdot S_{\text{station}}} \tag{5-77}$$

其中，c_{station} 为单位时间内的车站拥挤度；m_{station} 为车站建筑面积；p_{arrival} 为进站旅客人数；p_{transfer} 为换乘旅客人数；p_{surplus} 为上一单位时间结束时站内余留人数；$p_{\text{on-off}}$ 为单位时间内上车人数与下车人数的差值；S_{station} 为标准占用面积。

15. 列车拥挤度与上座率

城市轨道交通的列车拥挤度和市域(郊)铁路、国家铁路线路的上座率反映了旅客乘车过程中的舒适性。拥挤度和上座率越低，旅客出行过程中的可用空间越大，可获得的服务越强，出行的舒适性也就越强。

1) 城市轨道交通网络列车拥挤度

城市轨道交通网络列车拥挤度是高峰小时平均断面客运量与线路实际运输能力的比值，可采用式(5-78)计算城市轨道交通线路 l_i 的列车拥挤度：

$$\mu_{l_i}^{\text{crowd}} = \frac{\sum_{i \in M_{l_i}} \text{flow}_i}{\text{Num}_{l_i} \cdot \sum_{j \in N_{l_i}^{\text{train}}} n_j^{\text{train}} \cdot A_{\text{cap}}} \tag{5-78}$$

其中，$\mu_{l_i}^{\text{crowd}}$ 为区域轨道交通中城市轨道交通线路 l_i 的列车拥挤度指标；i 为线路 l_i 的第 i 个区间，$i \in M_{l_i}$；M_{l_i} 为线路 l_i 的区间集合；flow_i 为第 i 个区间上的高峰断面客运量，人次；Num_{l_i} 为线路 l_i 上的区间数目；$N_{l_i}^{\text{train}}$ 为线路 l_i 上运行的客运列车集合；j 为线路 l_i 上运行的第 j 列客运列车，$j \in N_{l_i}^{\text{train}}$；$n_j^{\text{train}}$ 为线路 l_i 上第 j 列运行列车的编组辆数；A_{cap} 为线路 l_i 上车辆定员数，人。

可通过所有线路中列车拥挤度的平均值反映区域轨道交通内城市轨道交通网络的列

车拥挤度，即

$$\mu_{\text{urban}}^{\text{crowd}}=\frac{\sum_{l_i\in L_{\text{urban}}}\mu_{l_i}^{\text{crowd}}}{\text{Num}_{L_{\text{urban}}}} \tag{5-79}$$

其中，$\mu_{\text{urban}}^{\text{crowd}}$ 为区域轨道交通中城市轨道交通网络的列车拥挤度指标；L_{urban} 为城市轨道交通线路的集合；l_i 为城市轨道交通线路中的第 i 条线路，$l_i\in L_{\text{urban}}$；$\mu_{l_i}^{\text{crowd}}$ 为城市轨道交通线路 l_i 的列车拥挤度指标；$\text{Num}_{L_{\text{urban}}}$ 为城市轨道交通线路的条数。

2) 市域(郊)铁路、国家铁路线路的上座率

可通过一天内区域轨道交通系统内市域(郊)铁路、国家铁路线路的客运里程数与座位里程数之间的关系来计算市域(郊)铁路和国家铁路线路的上座率指标，即

$$\beta_{\text{Occupancy}}=\frac{\sum_{l_i\in L}\sum_{o\in l_i}\sum_{d\in l_i,d\neq o}v_{od}^{l_i}\cdot d_{od}^{l_i}}{\sum_{l_i\in L}\sum_{j\in N_{l_i}^{\text{train}}}n_j^{l_i}\cdot A_{\text{seat}}\cdot d_j} \tag{5-80}$$

其中，$\beta_{\text{Occupancy}}$ 为市域(郊)铁路、国家铁路线路的上座率指标；L 为区域轨道交通内市域(郊)铁路、国家铁路线路的运输线路集合；l_i 为运输线路集合中的第 i 条线路；o,d 分别为运输线路中第 i 条线路的出发地车站和目的地车站；$v_{od}^{l_i}$ 为第 i 条线路上出发地为 o 车站 、目的地为 d 车站的旅客出行量，人次；$d_{od}^{l_i}$ 为第 i 条线路上出发地为 o 车站、目的地为 d 车站的里程，km；$N_{l_i}^{\text{train}}$ 为第 i 条线路上运行的客运列车集合；j 为第 j 列运行的客运列车，$j\in N_{l_i}^{\text{train}}$；$n_j^{l_i}$ 为第 i 条线路上第 j 列运行列车的编组辆数；d_j 为第 j 列客运列车的行驶里程，km；A_{seat} 为客运车辆的座位数。

16. 即时信息服务旅程覆盖率

即时信息服务旅程覆盖率是指在区域轨道交通系统中，针对区域轨道交通旅客出行的即时信息服务，对旅客出行链中的不同类型旅程环节的覆盖程度。可以通过具备即时旅客信息服务覆盖能力的旅程类型数目占系统总旅程环节类型数目的比例进行衡量，具体计算方法如下：

$$\text{Rc\_journey}=\frac{U_{\text{information}}}{U}\times 100\% \tag{5-81}$$

其中，Rc_journey 为区域轨道交通系统即时信息服务的旅程覆盖率，%；$U_{\text{information}}$ 为多制式区域轨道交通系统中即时信息服务所覆盖的旅程环节类型数，类；U 为区域轨道交通系统中的旅程环节类型总数，类。

17. 信息服务智能终端覆盖率

信息服务智能终端覆盖率是指在区域轨道交通系统中为旅客所提供的信息服务，对旅客出行过程中的不同类型信息服务终端的支持程度，可表示为支持智能终端类型数占

需要覆盖的智能终端类型总数的百分比：

$$\text{Rc\_termination} = \frac{H_{\text{information}}}{H} \times 100\% \tag{5-82}$$

其中，Rc_termination 为区域轨道交通系统信息服务的智能终端覆盖率，%；$H_{\text{information}}$ 为区域轨道交通系统中，信息服务所支持的智能终端类型数，类；H 为区域轨道交通信息服务需要覆盖的智能终端类型数，类。

第 6 章　区域轨道交通服务协同关键技术

为了有效提升区域轨道交通协同运输与服务智能化水平，需要为公众提供一站式、交互式、个性化、智能化的信息服务。本章从旅客跨方式全出行链入手，针对出行前、出行中、出行后的部分关键环节开展研究，包括用户需求发现与个性化信息推送、基于自然语言的旅客需求理解和关联服务、面向旅客的室内定位与增强现实出行导航、面向多制式区域轨道交通的一体化虚拟票务等技术，以有效、高效的服务提升服务质量。

6.1　多制式出行最优路径规划技术

6.1.1　区域轨道交通多制式出行规划模型

区域轨道交通多制式出行规划模型[155]是出行规划算法研究的基础，本节在充分调研现有模型的优缺点的基础上，提出了以 Time-Expand 模型和 Time-Dependent 模型为基础进行区域轨道交通多制式出行规划模型研究的思路。

1. 基于时间拓展模型的多制式出行规划模型[156]

1) 标准时间拓展模型

基于时间扩展图的时间拓展模型公认是 Schulz 在 2000 年提出的，时间扩展图就是一个简单的非负权值的有向图，但是不同的点被赋予了不同的含义，每一个点都代表了一个事件的发生(列车到达或者离开)，点的最基本的属性就是事件发生的时间、点所属的车站以及点所代表的列车。对于每个节点，有以下几个标志：time(v) 表示节点代表事件的发生时间，数值为该时间相对于零点的分钟数，为 0～1439；station(v) 表示节点所属的车站；train(v) 表示节点所代表的车次。

用五元组 $c=(Z,S_d,S_a,t_d,t_a)$ 来描述列车时刻表，表示有一趟列车 Z 在时刻 t_d 从车站 S_d 出发，在时刻 t_a 到达下一个停靠车站 S_a。于是，列车时刻表被建模成一系列五元组的集合。对于每一个五元组，都将生成一个到达节点 v 和一个出发节点 u，其属性设置为

$$\begin{aligned}&\text{time}(v)=t_a,\quad \text{time}(u)=t_d\\&\text{station}(v)=S_a,\quad \text{station}(u)=S_d\\&\text{train}(u)=\text{train}(v)=Z\end{aligned}$$

为了引入对换乘事件的考虑，假定在车站 S 所需要的最小换乘时间为 transfer(S)，在图中引入一种新的节点：换乘节点。换乘节点所代表的时间与相应的出发节点一致。每产生一个出发节点，将对应地生成一个换乘节点并把换乘节点与相应的出发节点相连。当所有节点插入完毕之后，把属于同一个车站 S 的所有换乘节点按照 time(v) 进行排序，假定排序后的

序列为$v_1, v_2, \cdots, v_k$，插入边$(v_i, v_{i+1})\ (1 \leqslant i \leqslant k-1)$，然后遍历所有满足$\mathrm{station}(u) \in S$的到达节点$u$，在换乘节点序列中找到最小的$i$满足$\mathrm{time}(v_i) - \mathrm{time}(u) \geqslant \mathrm{transfer}(S)$，插入边$(u, v_i)$。一个标准的时间扩展图如图 6-1 所示。

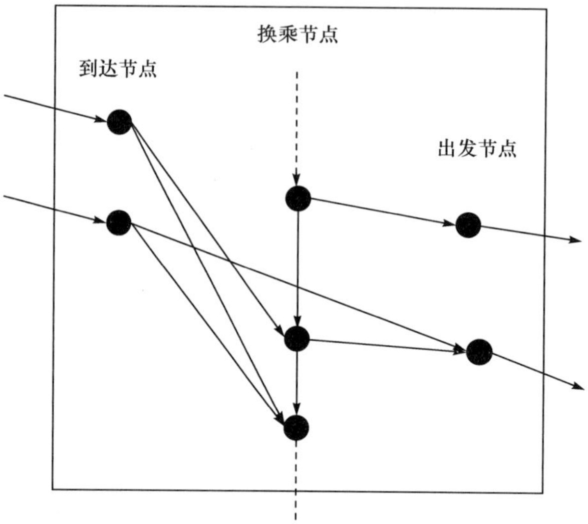

图 6-1　标准的时间扩展图

基本的时间拓展模型无法处理站间换乘的问题。站间换乘，就是指两个车站S_1和车站S_2相隔非常近，这使得旅客乘坐某一趟列车到达车站S_1之后，可以通过步行或者乘坐公交车等方式到达车站S_2，然后乘坐从S_2出发的列车去往目的地。2008 年，Pajor 对模型进行了改进，引入了 Foot-Edge，使得模型能够处理站间换乘的问题。Foot-Edge 从车站S_1的到达节点指向车站S_2的换乘节点，同样要满足最小换乘时间的要求。加入 Foot-Edge 后的时间拓展模型如图 6-2 所示。

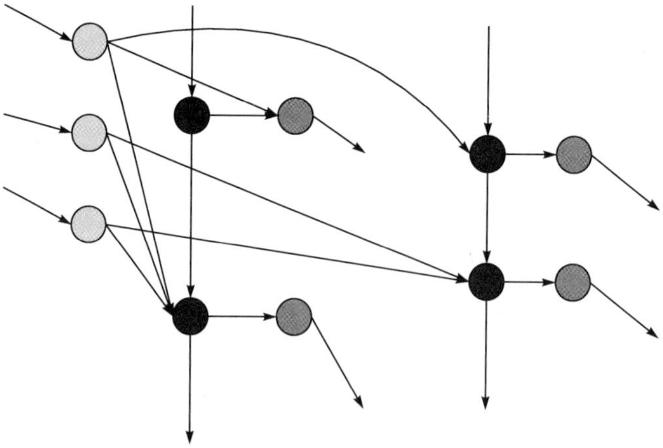

图 6-2　增加了 Foot-Edge 的时间拓展模型

2) 基于铁路的时间拓展模型

标准的时间拓展模型中假定路网的最顶层结构是车站，并且列车是每天都开行的，显然与我国轨道交通网实际情况不相符。因此，需要对标准的时间拓展模型进行改进，使其能够准确地描述轨道交通网。通过对路网基础数据进行分析可知，对模型的改进主要包括以下四个方面。

(1) 车次与全车次。在标准的时间拓展模型中，假定车次是一趟列车的唯一标识，即一趟列车的车次在旅途中是不改变的。但是实际情况中存在车次改变的情况，例如，K77 次列车，从始发站唐山出发时车次为 K77，但当列车到达九台，再次出发时车次变为 K76。因此，车次是无法唯一标识一趟列车的。轨道交通网中采用全车次来对列车进行标识，同一趟列车的全车次一定是完全一样的。为了解决这个问题，需将每个点的 train(v) 改为全车次。

(2) 车站属性的更改。标准的时间拓展模型假定车站是最顶层的结构。而我国轨道交通网的最顶层结构是城市，一个城市里往往包含多个车站。当旅客设定从某个城市出发时，同一城市内的所有车站都可以作为出发点。因此，需要在标准的时间拓展模型上增加站和城市的对应关系，使得旅客既可以选择以特定车站为出发点，也可选择城市为出发点。

(3) 换乘规则的改变。标准的时间拓展模型假定每个车站都可以换乘，这显然与实际情况不符。为了解决这个问题，本书为每个车站添加了一个新的属性来标识一个车站是否为“大站”。“大站”，就是指那些经停列车较多且候车比较方便的车站，本书只允许旅客在这些车站换乘。另外，标准的时间拓展模型也提到了同城换乘的问题，并通过 Foot-Edge 解决了这个问题。但是，标准的时间拓展模型通过两个车站的物理距离来判断是否可进行同城换乘，而实际情况中应考虑两个车站间换乘的便捷程度，因此为每个车站增加一个属性用以标识其是否能够换乘。

(4) 列车开行周期。标准的时间拓展模型假定了列车每天都开行，因此标准的时间拓展模型的时刻表是不需要考虑天数的，时间扩展图中只有一天的节点，而且对任意节点，有 $\text{time}(v) \in [0,1439]$，其表示节点代表事件的发生时间与一天的零点之间的分钟数。实际情况中，列车的开行存在着一定的周期，因此引入了扩展时刻表，通过在扩展时刻表上建立时间拓展模型解决列车开行周期的问题。

在此基础上，即可得到基于轨道交通网的时间拓展模型。

3) 基于多制式轨道交通的时间拓展模型

多制式轨道交通虽然各有特点，但都是基于时刻表的，因此对于其他制式轨道交通都可以按照与铁路网相似的方法来建立符合我国实际情况的时间拓展模型。本章采用多层模型来处理多制式轨道交通联运问题，并且层与层之间通过换乘方式进行连通。

2. 基于时间依赖模型的多制式出行规划模型[157]

1) 标准时间依赖模型

2001 年，Brodal 和 Jacob 建立了满足 FIFO 要求的时间依赖模型，该模型可以使用传统的标号设置和 Dijkstra 方法，但他们仅给出了数学的推导和理论的证明，并没有具体的实现细节以及实验依据。随后 Pyrga、Schulz、Wagner 和 Zaroliagis 在 2004 年对之前讲述的数学模型进行了实际的扩展，以德国铁路网络模型为基础数据，给出了较为详细的细节实现，使得时间依赖模型架构进一步清晰。

时间依赖模型以时间依赖图为基础，该图是一个二元组 $G=(V,E)$，每个节点 $v \in V$ 代

表一个车站或者经过它的类车节点。若两个类车节点 A、B 之间有基础连接，则它们之间对应一条边 e，这条边的权重函数为 $f_{(A,B)}(t)-t$，其中 t 为从车站 A 的 v 节点出发的时刻，而函数 $f_{(A,B)}:T\to T$ 满足 $f_{(A,B)}(t)=t'$，t' 是从节点 v 在时刻 t 出发到达车站 B 的时刻。可以发现，对于不同的时刻 t，$f_{(A,B)}(t)-t$ 的值是可能发生改变的，因此边的权值是需要进行动态计算的。

当固定换乘时间时，模型根据列车运行的线路，将起始到终止及经停的每一站均相同的列车以及速度等级相同的列车合并为一类；对所有的列车进行分类，每类车每经过一个车站时，均形成一个节点，该节点和原始车站一起，构成整个图的所有节点。

将整个模型的图记为 $G=(V,E)$，标记集合 S 为所有车站节点组成的集合，对于一系列节点 $s_0,s_1,s_2,\cdots,s_{k-1}$ $(k>0)$ 为一类车从 $\text{station}(s_0)$ 出发，然后依次访问 $\text{station}(s_1)$，$\text{station}(s_2),\cdots,\text{station}(s_{k-1})$ 的节点。需要注意的是，$\text{station}(s_i)\neq\text{station}(s_j)(s_i\neq s_j, i\neq j, 0\leqslant i,j\leqslant k-1)$ 的情况是有可能发生的，如某列车开行时形成了环。

固定换乘时间下的时间依赖模型(图 6-3)的定义如下：对于任何一个 $u\in S$，令集合 Σ_u 为在 $\text{station}(u)$ 中不同的类车节点。P_u 代表每一个经过 $\text{station}(u)$ 的 $P\in\Sigma_u$ 的节点集合，同时令 $P=\bigcup_{u\in S}P_u$。于是节点的集合 V 可以表示为 $V=S\cup P$，对于 $u\in S$，令 $p_i^u(0\leqslant i<|P_u|)$ 代表第 i 类车在 $\text{station}(u)$ 的类车节点。

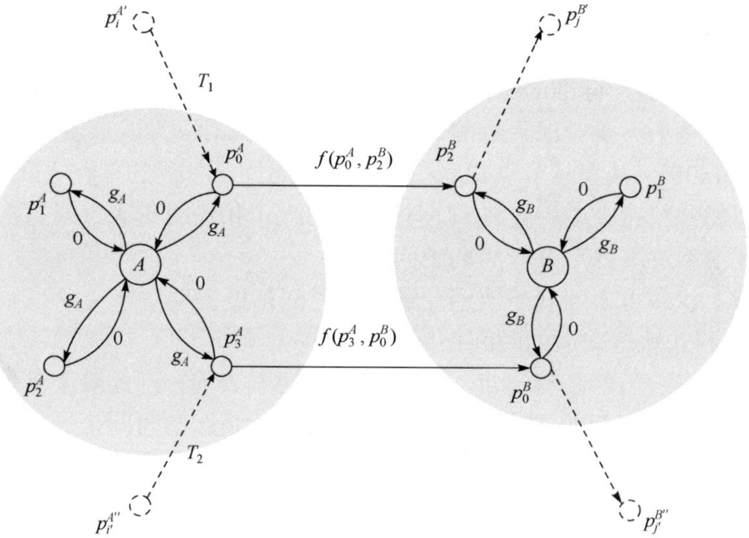

图 6-3　固定换乘时间下的时间依赖模型

对于图 G 中边的集合 $E=A\cup D\cup\bar{D}\cup R$，包含如下四种需要换乘的边：

$$A=\bigcup_{u\in S}A_u,\quad A_u=\bigcup_{0\leqslant i<P_u}\{(p_i^u,u)\}$$

$$D=\bigcup_{u\in S}D_u,\quad D_u=\bigcup_{0\leqslant i<P_u}\{(u,p_i^u)\}$$

$$\bar{D}=\bigcup_{u\in S}\bar{D}_u,\quad \bar{D}_u=\varnothing$$

$$R=\bigcup_{u,v\in S,0\leqslant i<P_u,0\leqslant j<P_v}\{(p_i^u,p_j^v)\}$$

$\text{station}(u)$ 和 $\text{station}(v)$ 是由同一类车访问的节点，p_i^u、p_j^v 是两个相邻的类车节点。称 $e \in R$ 为行车弧段，称 $e \in A \cup D \cup \bar{D}$ 为换乘弧段。以下模型均基于下面两个假设。

假设 1　u 和 v 是 S 的两个节点，$p_i^u \in P_u$ 且 $p_j^v \in P_v$，于是有 $(p_i^u, p_j^v) \in R$。如果 d_1、d_2 是离开 p_i^u 节点的两个出发时间，a_1、a_2 是到达 p_j^v 的两个到达时间，则有 $d_1 \leqslant d_2 \Rightarrow a_1 \leqslant a_2$。

假设 2　对于任意一个车站 $u \in S$ 和 $p_i^u \in P_u$，存在 $(x, p_i^u) \in R$，其中 $x \in V$，记 $\delta_x^{u_i}$ 是到达 p_i^u 的最小时间间隔，τ_u 是在 $\text{station}(u)$ 换乘时所需要的最大换乘时间，同时必须保证 $\delta_x^{u_i} \geqslant \tau_u$ 成立。

假设 1 即限定不可能有两辆属于同一类车在相邻两站之间发生超车的现象。假设离开类车节点的第一辆车是一个慢车，然后离开该类车节点的车是一个快车，则会发生中途超车的现象，这是模型所不允许的，这在建立模型的时候是可以避免发生的，如果两辆车的起始站和经停站均相同，但是速度不同，可以将它们分成两类车节点，这也就是起始选取按照经停站和速度等级将车进行分类的原因。而假设 2 的目的是保证在换乘时间不相同时，不会出现后到车站先出车站的情况。

2) 基于铁路的时间依赖模型

我国铁路存在着同一城市车站之间的换乘情况，因此在建立模型时通过采用加入城市虚节点的方法将可以同城换乘的车站节点和城市节点互连，并且引入同城换乘时间这一参数。同时，在综合考虑结算站、列车开行周期等问题的基础上，提出的适合我国铁路的时间依赖模型定义如下：对于任何一个 $u \in S$，令集合 Σ_u 为在 $\text{station}(u)$ 中不同的类车节点。P_u 代表每一个经过 $\text{station}(u)$ 的 $P \in \Sigma_u$ 的节点集合，同时令 $P = \bigcup_{u \in S} P_u$。$S_x$ 代表城市 x 中拥有的所有可以同城换乘的车站，Q 代表所有城市的集合。于是节点的集合 V 可以表示为 $V = S \cup P \cup Q$。对于 $u \in S$，令 $p_i^u (0 \leqslant i < |P_u|)$ 代表第 i 类车在 $\text{station}(u)$ 的类车节点。对于 $x \in Q$，令 $u_i^x (0 \leqslant x < |S_x|)$ 代表第 i 站在 $\text{city}(x)$ 的车站节点。对于图 G 中边的集合 $E = A \cup D \cup I \cup O \cup R$，包含如下五种需要换乘的边：

$$A = \bigcup_{u \in S} A_u, \quad A_u = \bigcup_{0 \leqslant i < |P_u|} \{(p_i^u, u)\}$$

$$D = \bigcup_{u \in S} D_u, \quad D_u = \bigcup_{0 \leqslant i < |P_u|} \{(u, p_i^u)\}$$

$$I = \bigcup_{x \in Q} I_x, \quad I_x = \bigcup_{0 \leqslant i < |S_x|} \{(u_i^x, x)\}$$

$$O = \bigcup_{x \in Q} O_x, \quad O_x = \bigcup_{0 \leqslant i < |S_x|} \{(x, u_i^x)\}$$

$$R = \bigcup_{u, v \in S, 0 \leqslant i < |P_u|, 0 \leqslant j < |P_v|} \{(p_i^u, p_j^v)\}$$

$\text{station}(u)$ 和 $\text{station}(v)$ 是由同一类车访问的节点，p_i^u、p_j^v 是两个相邻的类车节点。称 $e \in R$ 为行车弧段，称 $e \in A \cup D \cup I \cup O$ 为换乘弧段。欲使该模型成立需要满足基础模型的假设 1 的条件。

3) 基于多制式轨道交通的时间拓展模型

与时间依赖模型类似，本章拟采用多层模型的方法建立基于多制式轨道交通的时间拓展模型，层与层之间通过换乘方式进行连通。

6.1.2　区域轨道交通多制式出行规划算法

区域轨道交通多制式出行规划算法研究的目的是根据旅客的需求和不同的偏好为旅客提供多样化的出行方法推荐服务。由于时间依赖模型的特点，采用改进的时间依赖模型对轨道交通网络进行建模时，其节点和边的数目非常庞大，而采用 Time-Dependent 模型进行建模后，节点和弧数虽然减少，但算法的复杂度却急剧上升。若进一步考虑多制式出行模型，模型的复杂度和算法的复杂度将进一步增加。目前，无论学术界还是工业界，大规模网络 K 优路径问题的快速实时算法都是难题。针对这一问题，通过大量的调研，在对当前使用较为广泛的规划算法进行分析的基础上，提出了基于 Dijkstra 算法的标号思想的区域轨道交通多制式出行规划算法。不同的旅客对于出行规划的需求也不同，有些旅客对时间比较敏感，有些旅客则对价格较为敏感，因此需要针对不同的需求进行考虑。通过对旅客需求进行分析，本节总结了四种旅客最基本的偏好且针对其分别求取最优方案和K优方案。总结得到的四种针对旅客不同需求的基本搜索条件为到达目的地的时间最早、旅程所花费的时间最短、旅程中换乘次数最少和旅程票价最低，同时在其基础上考虑了多目标优化问题。

1. 现有出行规划算法研究

本节对当前常用的路径搜索算法进行了研究和实现，充分地分析了现有算法的优缺点。算法名称、实现方法以及时间复杂度如表 6-1 所示。

表 6-1　常用的路径搜索算法对比

算法类别	算法名称	实现方法	时间复杂度
线性规划法	最小成本流法(一对一、一对多、多对多)	矩阵	$O(mn)$
标号标定算法	Dijkstra 算法(一对多)	队列	$O(n^2)$
		Dial's	$O(m+nC)$
		二元堆	$O(m\lg n)$
		d 元堆	$O(m\log_d^n), d=\frac{m}{n}$
		斐波那契堆	$O(m+n\lg n)$
		Johnson's(边长为整数)	$O(m\log\lg C)$
		Radix 堆	$O(m+n\lg(nC))$
		A*	运用成本函数，减少对顶点的扫描次数
	单向图(一对多)	拓扑排序	$O(m)$，非常高效
	双向 Dijkstra 算法(一对一)	复杂度不变，但在实际应用中非常高效	
标号改正算法	Bellman-Ford(一对多)	链表	$O(mnC)$
		队列	$O(mn)$
		双向队列	$O(\min\{nmC, m^2n\})$实际应用中非常高效，贴近线性
	多对多	反复调用"一对多"算法	$O(n S(n, m, C))$，适用于稀疏网络

续表

算法类别	算法名称	实现方法	时间复杂度
标号改正算法	多对多	Floyd-Warshall	$O(n^3)$，适用于稠密网络
K 最短路径算法(寻找两点间的 K 条最短路径)	一对一	$O(m+n\lg n+k)$	
	多对多	$O(m+n\lg n+kn)$	

可以看出，Dijkstra 算法及其变种算法在大规模网络下的效率要远远高于线性规划算法，因此本节基于 Dijkstra 算法的标号思想提出了区域轨道交通多制式出行规划算法。

2. 基于时间拓展模型和时间依赖模型的最优路径出行规划算法[155,156]

1) 问题描述

在时间 $[t_1,t_2]$ 内从城市 S_1 出发去城市 S_2 有很多种方案，可以用 $f=(\mathrm{ST}_{1a},\mathrm{ST}_{1d},Z_1,t_{1a},t_{1d},\mathrm{ST}_{2a},\mathrm{ST}_{2d},Z_2,t_{2a},t_{2d},\cdots,\mathrm{ST}_{(n-1)a},\mathrm{ST}_{(n-1)d},Z_{n-1},t_{(n-1)a},t_{(n-1)d})$ 来表示一个可行的方案，说明旅客在 t_{1d} 时刻乘坐 Z_1 从车站 ST_{1d} 出发，在时刻 t_{1a} 到达 ST_{1a}。然后，在时刻 t_{2d} 乘坐 Z_2 从车站 ST_{2d} 出发，在时刻 t_{2a} 到达 ST_{2a}，…，最终在时刻 $t_{(n-1)d}$ 乘坐 Z_{n-1} 出发，在时刻 $t_{(n-1)a}$ 到达 $\mathrm{ST}_{(n-1)a}$。显然，为了保证这是一个合理的方案，以下条件必须满足：

$$\mathrm{ST}_{1d}=S_1$$
$$\mathrm{ST}_{(n-1)a}=S_2$$
$$t_{1d}\in[t_1,t_2]$$
$$\mathrm{ST}_{ia}\equiv \mathrm{ST}_{(i+1)d}\text{或者}\mathrm{ST}_{ia}\text{与}\mathrm{ST}_{(i+1)d}\text{可进行同城换乘}$$

令 $F=\{f\mid f\text{为在时间}[t_1,t_2]\text{从}S_1\text{出发去}S_2\text{的方案}\}$，即 F 是所有在时间 $[t_1,t_2]$ 从城市 S_1 出发去城市 S_2 的方案的集合，那么对于旅客，其中就有一些方案是优于其他方案的，用 $\mathrm{Value}(f)$ 表示旅客在某种判断标准下对方案 f 的评价，那么最优问题可以转换成一个优化问题：

$$\min_{f\in F}\mathrm{Value}(f) \tag{6-1}$$

旅客的偏好不同，其对应的 $\mathrm{Value}(f)$ 的计算也有不同的标准，这些标准引出了不同的规划问题。当目标是最早到达时，可以得到 $\mathrm{Value}(f)=t_{(n-1)a}$；当目标是行程最短时，可以得到 $\mathrm{Value}(f)=t_{(n-1)a}-t_{1d}$；当目标是换乘次数较少时，定义 $\mathrm{trans}_i=\begin{cases}1, & Z_i\neq Z_{i-1}\\ 0, & Z_i=Z_{i-1}\end{cases}$，$\mathrm{trans}_i$ 表明旅客在 ST_{ia} 是否需要换乘，则 $\mathrm{Value}(f)=\sum_{i=2}^{n-1}\mathrm{trans}_i$；对于票价最低问题，用 price_i 表示乘坐 Z_i 从 ST_{id} 到 ST_{ia} 的价格，则 $\mathrm{Value}(f)=\sum_{i=1}^{n-1}\mathrm{price}_i$。另外，考虑到旅客并不会只有一个判断标准，其会在综合考虑各种标准且选择出一个最满意的方案，因此引入了 Pareto 最优行程规划问题，用 λ_1、λ_2、λ_3、λ_4 分别表示旅客对到达时间、旅途时间、换乘次数、票价的偏好，那么 Pareto 最优行程规划问题可取

$$\text{Value}(f) = \lambda_1 t_{(n-1)a} + \lambda_2 (t_{(n-1)a} - t_{1d}) + \lambda_3 \sum_{i=2}^{n-1} \text{trans}_i + \lambda_4 \sum_{i=1}^{n-1} \text{price}_i \tag{6-2}$$

2) 单目标出行规划算法

由问题描述易得，每个可行方案 f 与时间拓展图中的从 S_1 到 S_2 的一条路径 $P(f)$ 存在一一对应关系，因此对于不同的出行目标，只需在时间拓展图中设置合适的权值使得 $\text{cost}(P(f)) = \text{Value}(f)$，即可将问题转换为搜索最短路径问题，采用最短路径搜索算法求解。

用 T 表示优先队列，T.insert 表示往 T 中插入一个元素，T.deleteMin 表示删除 T 中权值最小的元素，T.decreaseKey 表示减小 T 中指定元素的权值。用 pre 记录每个点的前继节点。通过 Dijkstra 算法可以得到一条最短路径 P，然后把 P 映射成一个方案 f 即可。算法的伪代码如下：

```
for each v in V
    flag[v] = 0
end
for each v s.t. CITY(v) = S1
    T.insert(v, 0)
    pre[v] = -1
    flag[v] = 1
end
while T.empty() == false
    (v, key) = T.deleteMin();
    flag[u]=2
    if CITY(v) == S2
        遍历pre[v]生成路径
        return
    end
    for(v, u) ∈ E
    if flag[u]==0
        T.insert(u, key+cost(v, u))
        flag[u]=1
        pre[u]=v
    else
        if flag[u]==1&&T.getKey(u)>key+cost(v, u)
            T.decreaseKey(u, key+cost(v, u))
            pre[u]=v
        end
    end
end
```

3) 多目标 Pareto 出行规划算法

在实际情况下，单一的目标很难准确地描述旅客的需求，旅客对不同的目标可能存在不同的偏好，因此需要综合考虑多种目标。另外，数学意义上的最优解在实际中不一定是最优的，甚至可能是比较差的选择。例如，旅客的目标是行程时间最短，很有可能计算得出的方案需要大量的换乘。在最少换乘问题上，则很容易出现“南辕北辙”的问题，例如，从天津去上海，计算得到的结果可能会出现先从天津去大连，再从大连去上海的情况。显然，这些解在数学上确实是最优解，但对于旅客，都不是理智的选择，不能出现在推荐方案中。

本节以换乘次数和出行时间为例处理 Pareto 最优问题，则问题为：给定两个城市 S_1 和 S_2 以及一个出发时间区间 $[t_1, t_2]$，目标是找到换乘和行程综合起来权值最小的方案。

这个问题等价于下面的优化问题：

$$\text{Value}(f) = \lambda_1 (t_{(n-1)a} - t_{1d}) + \lambda_2 \sum_{i=2}^{n-1} \text{trans}_i \tag{6-3}$$

与单目标出行规划类似，这个问题也可使用 Dijkstra 算法来求解，这里不再详述。

3. 基于时间拓展模型和时间依赖模型的 K 优路径出行规划算法[155,157]

1) 问题描述

K 优路径出行规划算法问题是在所有出行方案集合 F 中寻找 K 个使得 Value(f) 最小的方案，即找到一个集合 F_k 满足以下方面：

(1) $F_k \subseteq F$，而且如果 $|F| \leqslant K$，那么 $F_k = F$，否则 $|F_k| = K$；

(2) 对于任意 $f_1 \in F_k$，$f_2 \in F - F_k$，有 $\text{Value}(f_1) < \text{Value}(f_2)$。

与基于时间拓展模型的最优路径出行规划算法相似，随着 Value(f) 取值的不同，K 优路径问题也可分为 K 出行时间最短问题、K 到达时间最早问题、K 少换乘问题以及多目标 Pareto K 优路径问题。时间扩展图和时间依赖图实际上是非负权值的有向图，因此解决基于时间依赖模型和时间拓展模型的 K 优路径问题的基础就是非负权值有向图的点对点 K 优路径问题。该问题定义如下：

定义　非负权值有向图的点对点 K 优路径问题：在图 $G = (V, E)$ 中，给定两个点 s 和 t，搜索从 s 到 t 的所有路径中权值最小的 K 条路径。

更形式化地说，用 P 表示从 s 到 t 的所有路径的集合，目标是找到一个集合 P_k 满足以下方面：

(1) $P_k \subseteq P$，而且如果 $|P| \leqslant K$，那么 $P_k = P$，否则 $|P_k| = K$；

(2) 对于任意 $p_1 \in P_k$，$p_2 \in P - P_k$，有 $\text{cost}(p_1) < \text{cost}(p_2)$。

2) 非负权值有向图的点对点 K 优路径算法

该算法先求解从起点到其他点的最短路径距离，然后从终点出发反向查找，在标记过的点集中寻找前 K 短路径。

给定有向图 $G = (V, E)$、源点 s 和终点 t，用 $\text{cost}(u, v)$ 表示边 (u, v) 的权值，其中 u、$v \in V, (u, v) \in E$。对于任意的 $u \in V$，Distance(u)表示从点 s 到点 u 的最短路径距离。Q

表示 Open 表，T 表示 Close 表，R 表示路径集合，R 中的每一个元素由一个三元组 $(P(s,v_1,t),\text{key},\text{postKey})$ 组成，其中 $P(s,v_1,t)$ 为一条从 s 到 t 且经过 v_1 的最短路径，用 $\{v_1,\cdots,v_k,t\}$ 表示，key 表示这条路径的总权值，postKey 表示从 v_1 到 t 的子路径的总权值，num 表示已找到的路径数。

该算法分为两步：one-to-all 和回溯。其中，one-to-all 用于求解起点到其他点的最短路径距离；回溯过程是通过反向查找确定前 K 短路径。下面分别介绍这两步的具体操作。

在 one-to-all 阶段中，利用 Dijkstra 算法确定从源点 s 到其他任意节点 u 的最短路径距离 Distance(u)，这里采用 Open 表和 Close 表的方式来实现 Dijkstra 算法，算法伪代码如下：

```
Q.insert(s, 0)
while !Q.empty()
   (v, key) = Q.deleteMin();
   T = T ∪ {v};
   Distance(v) = key;
   for  (v,u) ∈ E
   if u in Q and cost(v, u) + key < Q.getKey(u)
       Q.decreaseKey(u, cost(v, u) + key);
   else if u not in Q and u not in T
        Q.insert(u, cost(v, u) + key);
   end
end
```

在回溯阶段，首先初始化 R 为仅含一个三元组 $(\{t\},\text{Distance}(t),0)$ 的集合，并初始化变量 $\text{num}=0$。假设目前已经回溯到点 v_1，用集合 $\{v_1,\cdots,v_k,t\}$ 表示 v_1 到 t 的路径。因此，s 到 t 的路径由两段组成，前半段为从 s 到 v_1 的最短路径，这条路径在 one-to-all 过程中被确定，后半段路径为 $\{v_1,\cdots,v_k,t\}$。

然后重复以下步骤：

(1) 删除 R 中 key 值最小的元素。

(2) 如果 $v_1=s$，那么记录找到了第 num 短路径，然后 num 加 1。

(3) 如果 $v_1\neq s$，对所有满足 $(v,v_1)\in E$ 的点，若在 one-to-all 中得到距离标签 Distance(v)，将 b=$(\{v,v_1,\cdots,v_k,t\},\text{Distance}(V)\text{+postKey+cost}(v,v_1),\text{postKey+cost}(v,v_1))$ 插入 R 中。如果 R 中的元素数目超过了 K，那么删除 R 中 key 值最大的元素直到 R 中的元素数目为 K。

(4) 当 $R=\varnothing$ (此时没有更多的路径可供搜索)或 num=K(此时已经找到了前 K 短路径)时，回溯过程结束。

回溯过程的伪代码如下(其中 R.insert(b)表示将三元组 b 插入 R 中；R.deleteMax()表示删除 R 中 key 值最大的元素；R.deleteMin()表示删除 R 中 key 值最小的元素，并返回这个三元组)：

```
R={({t}, Distance(t), 0)}  num=0
while(num < k && R!=∅)
{
  c = ({v_1,···,v_k, t}, key, postKey)=R.deleteMin();
 if v_1==s
 {
    num++;
    continue;
 }
else
 {
   for each (v,v_1) ∈ E
   {
    b = ({v, v_1,···,v_k, t}, Distance(v) + postKey + cost(v, v_1), postKey + cost(v, v_1))
    R.insert(b)
   }
   while(R.num > k)
    R.deleteMax();
 }
}
```

不同目标的 K 优路径出行规划算法和多目标 Pareto K 优路径出行规划算法均可以上述算法为基础进行设计，与最优路径问题不同，由于需要找到多条备选的方案，在设计时需要针对不同的问题进行特殊处理。

4. 算法应用过程中需要考虑的跨制式的特点

在算法原理层面上，跨制式轨道交通和多制式一致，基于时间拓展模型和时间依赖模型的最优化出行规划算法与 K 优路径出行规划算法在原理层面上没有变化。在算法应用层面需要考虑跨制式、多制式和单制式轨道交通的区别，按照其模型特点调整模型参数及约束，更加合理地将算法进行实际应用。

不同制式的轨道交通具有不同的特点，在实际应用算法时我们需要根据其特点进行一定的处理。首先，相较于铁路系统，地铁在路径规划上有更强的可取代性。在地铁的出行规划中需要考虑其在时间上相较于高速铁路的裕度更宽，如没有赶上这一辆地铁可以选择继续等待下一辆地铁，同时大多数地铁没有准确的发车时间表和到站时间表，但是铁路必须严格遵守发车时间。因此，在参数的选择上需要考虑其运营的特点，选择地铁进行换乘时间约束需要适度放松，铁路则必须严格遵守时间。其次，铁路现阶段的运营特点决定了如果列车晚点，乘客将在站内造成聚集的情况比较严重，在地铁中由于发车间隔较短影响较小。不同制式的轨道交通在设计算法参数时应当考虑到不同制式出现特殊情况时对目标函数的影响是不同的。再次，在多目标优化的目标设计上铁路和地铁有所不同，地铁更加注重出行时间、换乘次数等，费用问题一般不考虑，因为在现有的运营机制下始发站和终点站一致时不考虑站间换乘的情况费用是一样的，但是在铁路系统中相同的始发站和终点站费用相差可能会很大。最后，在考虑地铁中的换乘时应当更多地考虑到站间换乘的问题，相较于铁路系统，在地铁中的站间换乘更加频繁，且对目标函数的影响更大。

跨制式路径规划同时考虑城市之内的路径及城市之间的路径，在模型的应用上采用分层结构，以换乘车站作为层与层之间的连接点。例如，从北京五道口地铁站前往上海五角场地铁站，可以采用 3 层结构，第一层计算北京到上海的 K 优路径规划，第二层计算五道口地铁站到这 K 个路径规划的出发站的 K 优路径，第三层计算这 K 个路径规划的终点站到五角场地铁站的 K 优路径。最后，在这些路径中挑选目标函数最优解即可得到最终的路径规划结果。但是在每一层的模型中采用的参数是不同的，每一层的目标函数和最终的目标函数也是不同的，需要针对不同层的特点进行调整。

6.1.3　区域轨道交通多制式出行规划体系结构

1. 高性能中间件技术

高性能中间件技术[158]是高性能系统框架的核心内容，进行高性能中间件技术研究的主要目的是为出行规划系统后台 C/S/S 三层体系的开发提供稳定、可靠和安全的支撑环境与解决方案，涉及的关键技术有网络通信软件框架和安全管理与身份认证。

1) 网络通信软件框架

针对区域轨道交通多制式出行规划系统的需求，本节设计了三种网络通信软件框架，分别为多进程、多线程和线程池三种框架。框架综合运用 L/F 线程池模式、Epoll 事件处理机制和基于 Continuation 的函数执行机制等三项关键技术，使中间件使用较少的系统资源就能处理或转发大量来自客户端的请求。前两种框架中，服务端或中间件对来自客户端的每一个 Socket 连接使用一个进程或一个线程进行处理，在系统资源利用和程序开发方面各有优劣，同时在远程系统调用和远程数据库访问中各有优劣。

图 6-4 为中间件对客户端高并发请求的调度模型。当线程池服务器框架收到客户连接请求后，首先为该连接分配一个 TCB，然后进行 Accept 连接，成功后将 Socket 与 TCB 绑定并提交到 Epoll 队列进行事件处理。Epoll 收到客户端的请求后，激活一个线程处理这个请求。TPool 框架对应用服务或数据库服务初始化一个连接池，供 Epoll 事件选取。为保证线程池资源的高效利用，使用 Continuation 函数调用机制处理这些请求与服务端的交互，线程池调用连接池的资源发送请求后，由于 Continuation 机制的存在，它们可以待任务处理回到 do_epoll 状态后，回到线程池，继续处理 Epoll 分派的任务。由于 Continuation 函数调用机制的使用，线程为任务分配系统资源与服务端处理请求呈并行状态，可大大提高并发请求处理的效率。

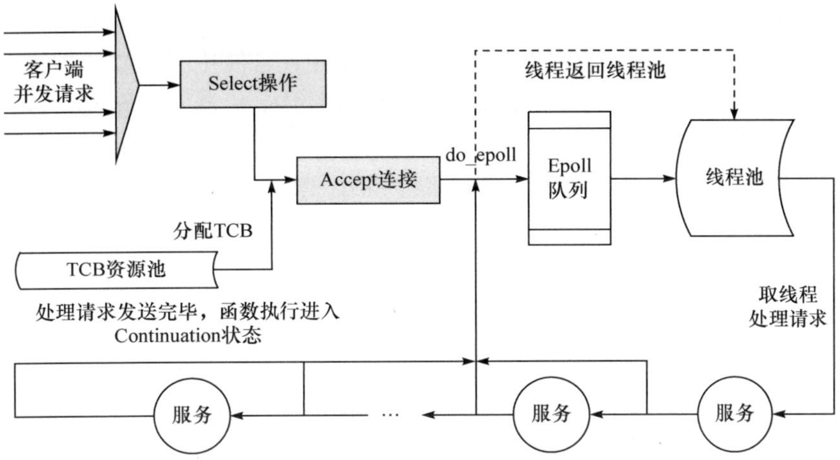

图 6-4　高并发请求的调度模型

由于连接池资源的有限性，TPool 模型使用了 mod_sc 和 mod_db 两种高级资源管理器，以及附加的 Ready 队列、Wait 队列和守候线程来解决资源利用的问题。当并发请求压力较大时，如果连接池中有空闲连接，则线程通过高级资源管理器将请求直接交给连接，将运行模式切换到 do_epoll 模式后，回归线程池。当连接池中无可用连接时，线程则将请求交给高级资源管理器，回到线程池中继续等待 Epoll 事件处理任务。高级资源管理器将未处理的请求放入 Wait 队列，当连接池中有可用的连接时，高级资源管理器从 TCB 资源池中取出一个 TCB，并与该任务绑定，放入 Ready 队列中等待 Epoll 机制的处理。在 TPool 框架的使用过程中，Ready 队列中的请求数量会随着客户端并发连接数量的密集增加而增大。与新收到的请求相比，队列中的请求在优先级方面更高，因此同样需要 Epoll 事件通知机制，调用线程池中的线程处理。

2) 安全管理与身份认证

系统的功能涉及旅客票务的查询甚至购买，所以对于区域轨道交通多制式出行规划系统，需要对客户端请求的数据包进行加密和解密处理，以保证用户请求和处理结果在系统各主机之间的通信和传输满足安全性、可靠性和快速性的需求，并且需要使用合适的算法对数据包进行加密/解密操作。加密/解密算法的选取和使用，不仅对系统的通信安全性产生重要影响，也间接影响到系统处理用户请求的效率。

(1) Enigma 加密算法。

Enigma 加密算法是一种回转轮加密技术，它在文件系统、网络通信等方面得到了广泛的应用。该算法于第二次世界大战时期被德国人广泛采用。德军使用了 Enigma 加密的多种变体，但基本上所有的 Enigma 密码机都是由 3 个转轮、1 个反射器和 1 个线路连接板构成的。3 个转轮技术的引入，使得不重复的方向个数高达 26^3=17576 个。使用 Enigma 密码机发送一条消息，发信人首先要调节 3 个转轮的方向，使它们处于 17576 个方向中的一个，然后依次键入明文，并把闪亮的字母依次记下来，就可以把加密后的消息用电报的方式发送出去；当收信方收到电文后，使用一台相同的 Enigma 密码机，按照原来的约定，把转轮的方向调到发信方相同的初始方向上，然后依次输入收到的电文，把闪亮的字母依次记下来，就得到明文。

固定位置的转轮由于只具备 17576 个不同的位置，若使用多台破解器同时破解，还是容易得到破解后的明文的。在 Enigma 密码机的设计中，机器 3 个转轮可以拆卸互相交换，那么不同位置的可能性增加了 6 倍，而键盘和第一个转轮之间还设计了一个连接板，这个连接板允许使用者用一根连线把某个字母和另一个字母连接起来，这样这个字母的信号在进入转轮之前就会转变为另一个字母的信号。带连接板、反射器的一种典型 Enigma 密码机的结构如图 6-5 所示。

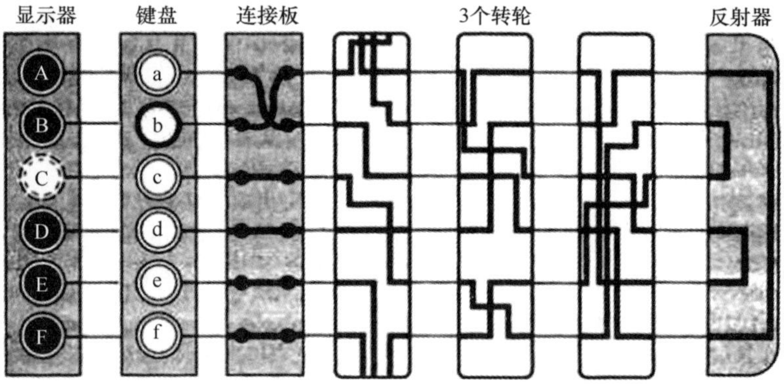

图 6-5　带连接板和反射器的典型 Enigma 密码机的结构

相比于最初的 Enigma 密码机采用电机形式的转轮，计算机时代的 Enigma 机制已经出现了较大的变化——它只有一个编码转轮，含 256 个点位，而反射器也有 256 个点位，并且同样可以旋转，所以也称为反射轮，它的序列周期是 64K，比 Enigma 密码机大；它的表函数有 256×64K，比 Enigma 密码机大很多。最重要的是，密码轮和反射轮是根据密钥生成的，理论上它们的组合最多可以有 $256!\times\prod_{n=1}^{127}(2n+1)$ 个，比现代密码学中 DES 等算法的 64 位和 128 位大得多，如果想暴力破解攻击转轮几乎是不可能的，这是 Enigma 体系的根本安全性所在。然而，Enigma 体系在现代密码学中仍被认为是不够安全的，原因之一是转轮生成的环节只使用了 56 位的快速加密字符串，加上可选的 Salt 参数，其长度最终也不过 70 位，远没有发挥 Enigma 体系的能力。

(2) 改进的 Enigma 加密算法。

通过对基于单一转轮思想的 Enigma 加密算法的源代码进行分析可以看出，其转轮的初始位置是固定的，每次转轮旋转也较为规律，这样的机制直接导致系统的加密有明显的周期性，从而存在一个 256×64KB 表，只要采用暴力破解法得到这个表，即可破解加密算法，所以基于单一转轮的 Enigma 加密算法是不安全的。

然而，算法中利用编码轮 t_1 及其逆轮 t_2，以及 t_3 反射轮的巧妙思想，为解决基本 Enigma 存在的问题提供了可能性。一种可行的方法就是改进转轮的初始位置，使得 n_1、n_2 两个轮的初值变得不固定。为增加其随机性，不妨使两个轮的初值与消息长度 len 和转轮编号 t 相关，而转轮每次的旋转因子也与 len 和 t 相关，当初始位置变得不确定后，自然无法通过明文、密文的关系来推断 t 了。基本 Enigma 加密算法中明文与密文 $C=T(M, \text{pos})$ 的二维函数关系，在改进的加密程序中已经变为三维关系，即 $C=T(M, \text{pos}, \text{len})$，对于每一个报文的长度，都存在一个二维表与之一一对应。虽然序列周期仍为 64KB，但是由于引入了消息长度这一维度的因子，大大增加了加密算法的破译难度。改进的 Enigma 加密算法能够在保证系统高性能的基础上提供一定的加密安全性，是兼顾安全与效率的解决方案。

2. 负载均衡技术[158]

高性能中间件已经能够为算法服务和数据库业务的开展提供较为可靠的系统框架，而系统的大部分功能也能够实现。然而，由于机制不够完善，还不能满足可靠性、可用性和稳定性三方面的需求，在系统规模增大后，综合利用系统资源达到较高系统性能的能力还不够强。因此，在经过调研之后直接选用 Linux 虚拟服务器(LVS)作为研究基础，并配合辅助管理软件 Keepalived 进行系统高可用性方面的研究。

LVS 提供的 10 种调度算法中，以加权最小连接数(WLC)最为常用。负载调度器在收到大量新的连接请求后，根据服务器当前活动连接数和已设定好服务器的权重，分配新的连接。WLC 算法只考虑活动连接数，并且服务器的权重不能根据负载情况自适应调整，属于静态负载均衡算法。当来自客户端的请求类型较多且使用的计算服务效率差别较大时，WLC 算法在均衡效果上会打折扣。因此，本节提出一种动态负载均衡算法(图 6-6)，将服务器的连接数作为调整的指标，同时综合考虑服务器的性能指标和网络情况。使用服务器性能模型对这些指标进行整合，得到的结果可以反映出服务器的实时负载情况。负载调度器通过对服务器性能指标的实时监控，再通过负载评估模型进行计算，可以动态调整各个服务器的权重，根据新权重分配新的连接。

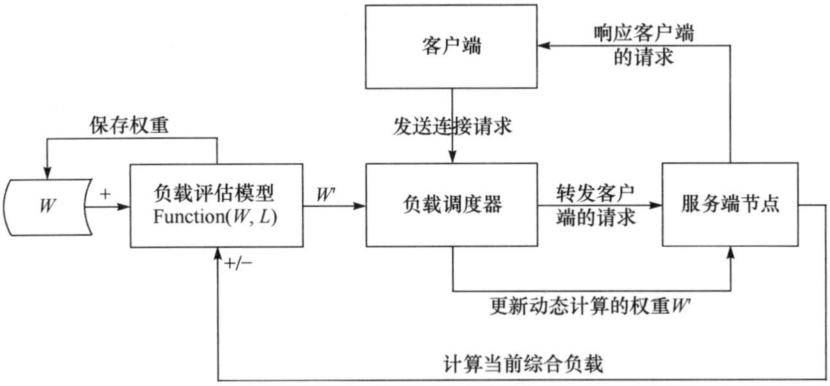

图 6-6　动态负载均衡模型

服务器池的每个服务器都运行一个实时采集系统信息的服务，负载调度器按一定的周期向这些服务器采集信息 L，并根据此前的权重向量 W，由负载评估模型 Function(W, L)计算新的权重，并在负载调度器的服务器池列表中更新权重，而这时的新权重代表当前状态下服务器的处理能力。动态负载均衡模型解决了原有算法权重固定的问题，通过负载评估模块计算新权重，提升了负载均衡效果。除了使用负反馈方法，动态负载均衡算法还使用了平滑指数预测法并根据权重的历史信息对当前可能的权重进行预测，从而减轻外界干扰对负载采集模块的干扰，提高算法的稳定性。

3. 合作缓存技术[158]

负载均衡技术的引入，解决了 Web 服务器和算法服务器资源合理利用的问题，Web 请求和计算请求都能够得到及时的响应，提高了系统的性能。在区域轨道交通多制式出行规划系统中，虽然负载均衡技术能有效地利用系统的处理能力，但是对大批量的 Web 请求的处理依然不够科学。因为大量的查询结果在一个时段之内有可能被大量用户反复查询，若这些请求都占用 Web 服务器和算法服务器的开销，将会造成一段时间内大量重复的工作，对整个系统的性能而言是极为不利的。此外，Web 服务器通过 DNS 直接暴露在 Internet 上，并没有隔离措施，对整个系统的安全存在较大的威胁。因此，需要对合作缓存与代理技术进行研究。

Web 缓存系统的性能取决于客户群的大小，客户访问量越大，缓存的内容被再次请求的可能性就越高，这对节省网络带宽和提高 Web 服务器工作效率都是极为有利的。典型的合作缓存体系结构有层次式、分布式和混合式，其结构分别如图 6-7～图 6-9 所示。

不同合作缓存结构的优缺点如表 6-2 所示。可以看出，混合式合作缓存结合了层次式合作缓存和分布式合作缓存的优点，在合理设置结构的情况下能够极大地提高效率，降低冗余度。

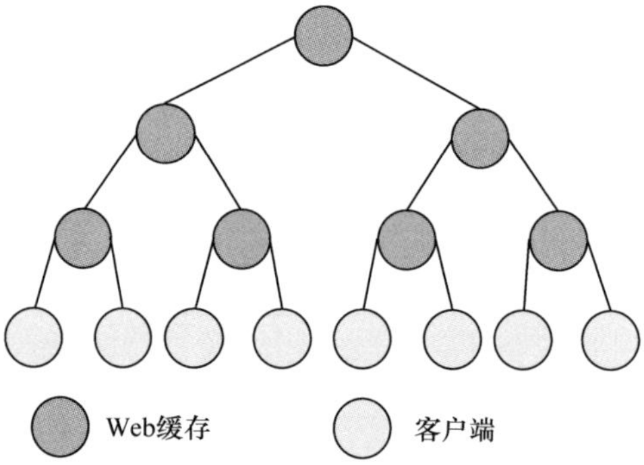

图 6-7　层次式合作缓存拓扑结构

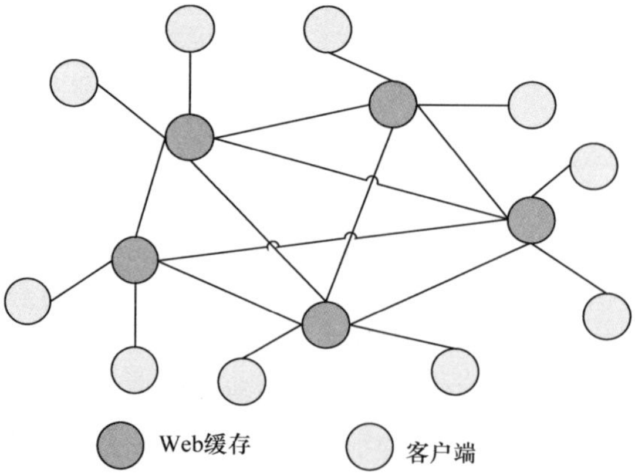

图 6-8　分布式合作缓存拓扑结构

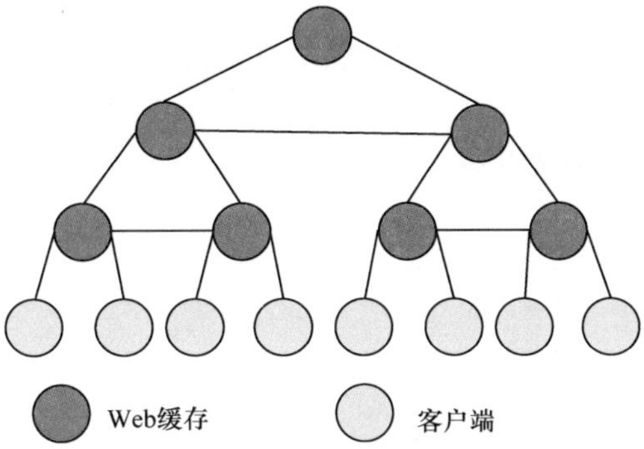

图 6-9　混合式合作缓存拓扑结构

表 6-2　不同合作缓存结构的优缺点

缓存结构	优点	缺点
层次式合作缓存	结构简单明了	① 每一级 Cache 的延迟时间为线性组合，高层 Cache 可能带来较长时间排队延迟；② 缓存服务器在网络中的关键节点上，需要相互合作从而带来开销；③ 空间开销大、冗余
分布式合作缓存	空间利用率高、容错性好	连接次数过多；带宽需求大；管理复杂
混合式合作缓存	结合层次式合作缓存和分布式合作缓存的优点	结构和配置复杂

Squid 是一种在 Linux 系统下使用的优秀代理服务器软件，与 Linux 系统下其他代理软件如 Apache、Socks、TIS FWTK 和 delegate 相比，其下载安装简单，配置简单灵活，支持缓存和多种协议。采用 IPchains+Squid 解决方案，可以获得通过缓存高性能的同时能够无缝地访问 Internet。因此，本节采用基于 Squid 搭建混合式合作缓存系统的方案。

6.2　复合网络虚拟票务与信用登乘技术

6.2.1　基于人脸识别和信用登乘的跨制式虚拟票务

针对区域轨道交通的现状，本节对基于人脸识别的跨制式虚拟票务和信用登乘方案进行研究，旨在探求轨道交通高效进、出站检票的乘车方式，提升乘客的出行效率。

1. 无席位轨道交通乘车方案

目前无席位轨道交通进站的安检与检票是两个独立的过程，若把这两个环节结合起来，则能进一步提高进站效率。无席位轨道交通乘车方案流程如图 6-10 所示。整个流程基于现阶段支持虚拟票务和信用登乘的地铁 APP 功能，增加了人脸信息与身份证信息关联、云写入进站出站信息、信用控制(简称信控)提醒的功能模块。

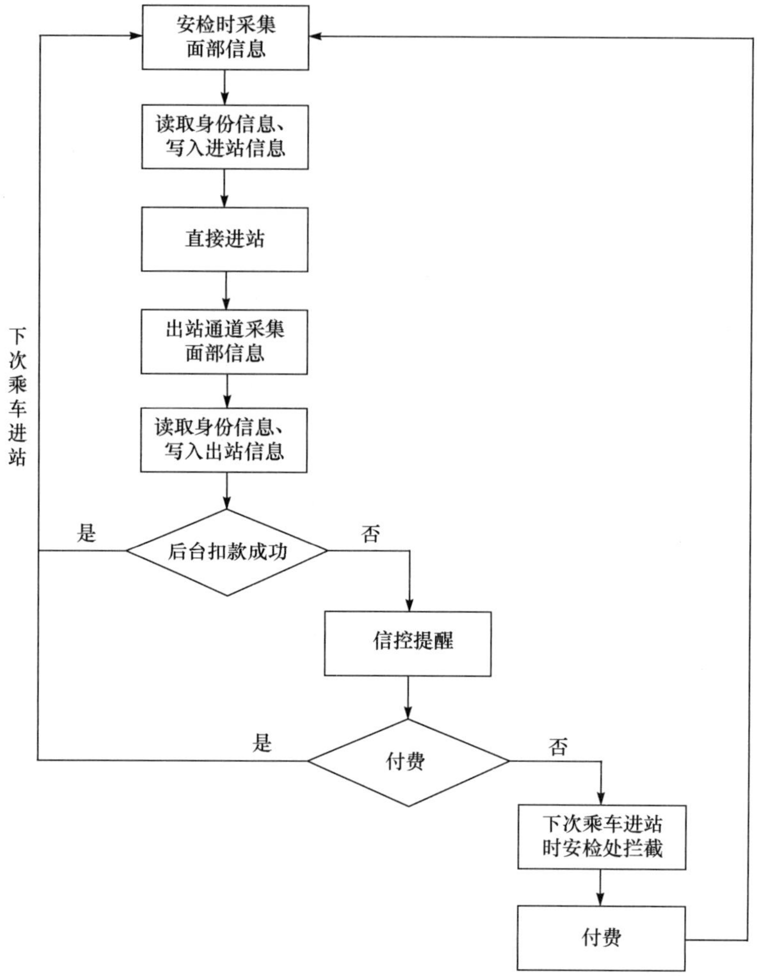

图 6-10　无席位轨道交通乘车方案流程

安检处布放采集人脸信息的摄像头，安检时的停留时间可用来完成人脸识别，采集到的面部信息直接与身份证信息关联，并在相应的身份证信息中云写入乘客的进站信息，包括进站时间、进站地点等。出站通道两侧布放摄像头，乘客通过出站通道时，摄像头直接采集乘客面部信息，根据面部信息定位到身份证信息，从而读取到乘客的进站信息，并云写入乘客的出站信息。后台服务器根据读取到的进、出站信息，计算乘车费用并对相应的账户进行扣款。若扣款失败，软件会对该账户的手机发送信控提醒信息，提醒乘客及时付费，以免耽误下次行程。若乘客在下次乘车之前没有完成上次行程的付费，则该乘客在下次乘客安检时刷脸认证失败，在安检处被拦截，乘客完成付费后即可进站。

2. 有席位轨道交通乘车方案

由于席位限制，这类轨道交通出行前需要提前购票，获得席位资格，所以需要在进站时对未购票或不符合进站信息的乘客进行拦截，与无席位轨道交通乘车方案相比，有席位轨道交通乘车方案增加了提前购票和进站核对购票信息的环节，其他环节与无席位轨道交通乘车方案相同。

乘客在出行前需要成功购买车票，安检时摄像头采集面部信息，采集到的面部信息直接与身份证信息关联，并根据相应的身份证信息读取乘客购票信息，同时对购票信息进行核验，对未购票、不符合乘车时间、购票信息与进站地点不符的乘客进行拦截。出站通道两侧布放摄像头，采集通过出站通道的乘客面部信息，根据相应的身份证信息读取乘客购票信息，同时对购票信息进行核验，对不符合出站信息的乘客进行记录，并发送信控提醒信息，购票信息不符的乘客需要在官网补交乘车费用，否则在下次乘车进站时会在安检处拦截。有席位轨道交通乘车方案流程如图 6-11 所示。

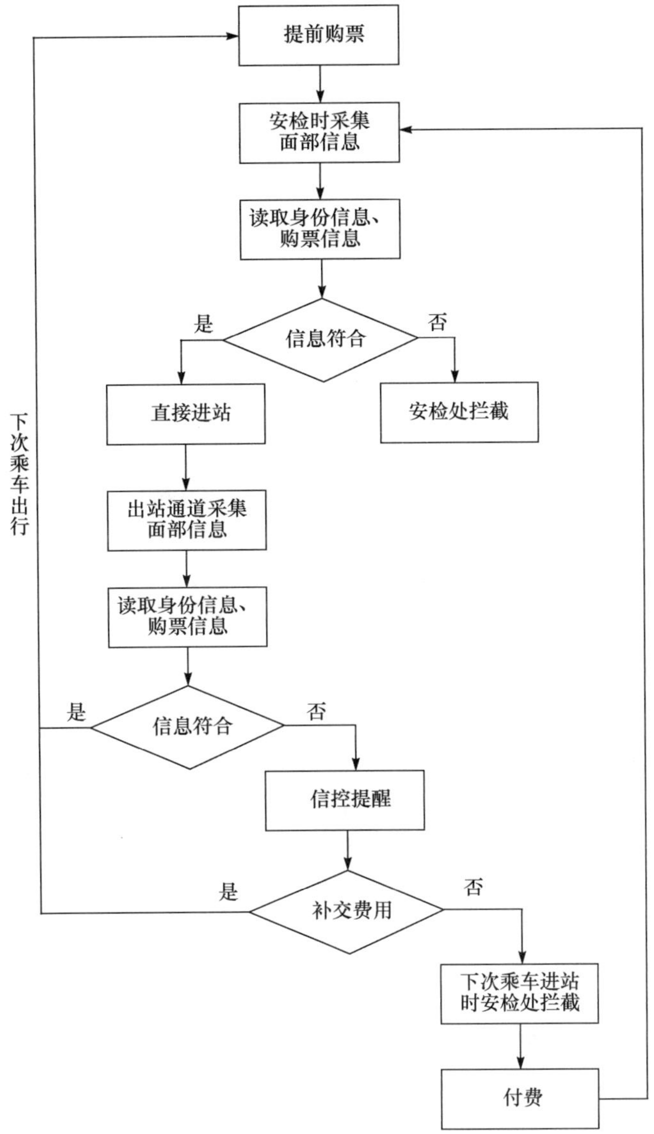

图 6-11　有席位轨道交通乘车方案流程

3. 跨制式轨道交通换乘方案

基于无席位和有席位的轨道交通乘车方案，轨道交通的跨制式换乘效率将显著提升。跨制式轨道交通换乘方案流程如图 6-12 所示，乘客从城市 A 到城市 B，分别经过无席位、有席位、无席位这三种制式的乘车方式，其中出站都是基于人脸识别的无感出站。此外，乘客在第一次乘坐轨道交通出行时已经通过了安检，在不出站的情况下无须再次安检，因此在换乘过程中可以设置专用换乘通道，即乘客换乘时可以免去安检环节直接通过专用换乘通道进站。但由于有席位轨道交通不能免去进站拦截过程，所以从无席位轨道交通向有席位轨道交通换乘时，依然要通过闸机。假设乘客人均通过安检时间约为 10s，检票过闸时间约为 3s，则该方案从城市 A 到城市 B 的换乘中，安检时间和检票时间共 13s，与现阶段轨道交通的换乘方案相比，时间减少了 72.9%。

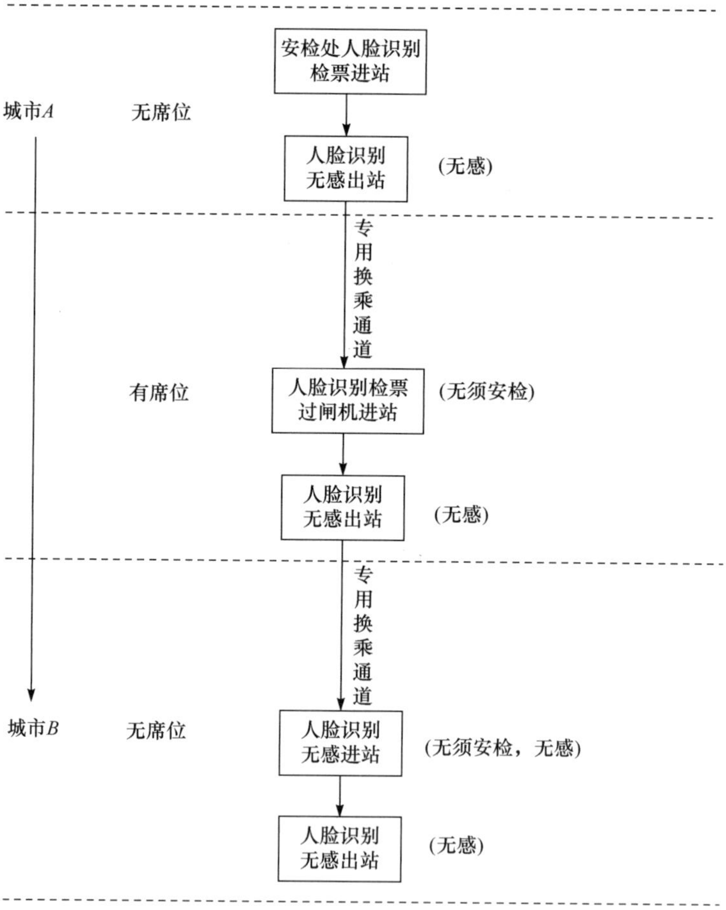

图 6-12　跨制式轨道交通换乘方案流程

4. 方案的特点和问题

该跨制式虚拟票务乘车方案与现阶段轨道交通的乘车机制相比具有如下特点。

(1) 进站无独立的检票环节，身份验证与安检同时进行。

(2) 全程乘客无须使用实体票、身份证或二维码等乘车凭证，因此能够实现无感检票。

(3) 出站不被拦截，无须布放闸机，乘客可以快速且无感出站。

(4) 有信控提醒功能，对需要补交费用的乘客进行短信或其他方式的提醒，能够让乘客尽快付费，减小乘客进站被拦截的概率，从而避免安检时造成拥堵。

(5) 乘客多种出行方式换乘更加流畅，换乘中增加了专用换乘通道，免去了部分冗余环节，大大提升了换乘效率。

(6) 进站安检处布放 1 或 2 个闸机，以便对人脸识别系统发生故障或部分乘客人脸无法识别成功等问题做出应急处理，使无法顺利完成人脸识别的乘客也可通过闸机进站。

此外，该方案在提升乘客出行效率的同时也有一些需要解决的问题。

(1) 对人脸识别技术的要求高，人脸识别需能够满足大范围、长距离识别的要求，对识别速度和精准度要求较高，并且要求对不同光照、姿态等条件都有较强的鲁棒性。

(2) 进站安检处拦截时，人工拦截代替机器拦截可能会有隐患。

(3) 摄像头的布放、闸机的拆除和安装带来的成本问题。

(4) 信用登乘引发的部分资金流失问题。

(5) 乘客隐私问题，需要增加更多的安全防护机制和管理机制，保证乘客隐私不受侵害。

6.2.2　虚拟票务技术优化

1. 人脸识别与步态识别融合

人脸检测是指在图像中确定人脸是否存在并对其进行定位的过程。方案中实名制虚拟票检票系统所采集的视频图像中人脸位置未知且多变，因此需要从图像中找到人脸并将其从背景中分离出来。考虑到检票模块的实时性和准确性要求，人脸检测算法应具有检测速率高、检测精准度高、计算复杂度低的特点。与此同时，还需要有效完成单人和多人人脸图像检测。此外，由于不同角度的人脸特征不同，还需要进行多角度人脸识别。基于以上问题，为了能够实现个人信息的精准确认，人脸识别与步态识别技术融合有一定的必要性。将人脸特征和步态特征相结合是计算机身份识别技术发展的研究方向，5G 的到来也为人脸识别技术和步态识别技术的融合铺平了道路。

人脸识别技术和步态识别技术两者的应用场合与使用条件相似，都不需要被测试者主动配合，可以秘密地对被测试者进行身份识别，且两种技术生物特征的影响因素不同。一般情况下当其中一种生物特征受到影响因素干扰时，另一种生物特征仍然可以正常发挥作用。例如，被测试者戴假发、化妆或面部有遮挡时，其人脸特征会发生变化，但步态特征不会发生变化，当被测试者受伤或生病时，其步态特征可能发生变化，但人脸特征不会受到影响。人脸识别适合近距离，步态识别适合远距离，因此人脸识别技术和步态识别技术具有互补性。

人脸识别的正面识别率较高，步态识别的侧面识别率较高，因此应将二维侧面步态和正面人脸特征融合。二维步态识别只需单个摄像机进行拍摄提取信息，三维步态识别则是在两个或两个以上的摄像机拍摄的多维视频中进行三维模型跟踪，能够更好地进行隐秘的视频身份识别。步态识别技术和人脸识别技术的融合具体体现在用摄像机提取图像时，远距离时提取步态信息，近距离时提取人脸信息[159]。

2. 基于人脸识别的智能安检门

由于方案中将检票环节与安检环节融合到一起，即用人工拦截代替机器拦截。人工拦截可能会产生一些不确定的隐患，如可能会引发乘客的不满情绪，甚至由此引发拒检纠纷、肢体冲突等，或者引发因安检拦截疏忽而让信用度较低的乘客有机可乘的问题。此外，轨道交通对进站乘客采取“普检”措施，即配置通过式金属探测门，辅以持金属探测装置的安检员，对通过金属探测门后的报警部位进行进一步检查。若安检人员严格执行安检标准，一名手检员一小时仅能安检约 300 人，与大客流量的车站成千上万的进站量严重不匹配。

带有拦截功能和人脸识别功能的智能安检门则可以缓解该问题。将乘客按照对轨道交通的潜在威胁、订单支付情况以及信用积分情况划分为三类，通过后台对比，按照白名单乘客免检、普通乘客正常检、黑名单乘客报警并重点检的原则对乘客身份进行认证，免去人工安检拦截的过程，而黑名单乘客会被直接拦截在安检门外，遇到被拦截的情况再由工作人员处理。这样既可大大缩短安检通过时间，也可减少对黑名单乘客拦截不及时的情况发生。

3. 人脸识别多处布点

除了在进站和出站布置人脸识别的摄像头，在站内、车门、车上也可布放多个人脸识别的摄像头作为进站时人脸识别的补充，这样可以对黑名单乘客进行实时追踪。

6.3 基于自然语言的服务信息交互技术

随着技术日新月异的发展，各种人造机器成为人类的亲密伙伴，人与计算机的交流变得越来越重要。为了和计算机交流，让计算机明白人类的需求，人类发明了很多语言，但是这些语言只是少数专业人员使用。随着人工智能的发展，越来越需要计算机能和普通人进行交流，特别是在轨道交通领域存在大量的旅客对信息的查询情况，通过人机对话系统，可满足旅客和计算机进行顺畅交互的需求，提高旅客对信息获取的便捷程度，降低车站工作人员咨询服务的强度。

人机对话的研究最早可以追溯到 1950 年图灵在 Mind 上发表的文章 *Computing Machinery and Intelligence*[160]。文章开篇提出了“机器能思考吗？”的设问，并通过让机器参与一个模仿游戏来验证“机器”能否“思考”，这就是后来被人们广泛熟知的图灵测试。图灵测试的实现和操作方式是以人机对话的形式进行的，测试者借助某种装置以对话的方式与人类和对话系统进行交谈，当测试结束后，如果有 30%以上的测试者不能正确区分对话系统和人的回复(即将对话系统的回复误判成人的回复)，那么称该对话系统通过了图灵测试，拥有了人的智能[161]。

20 世纪 60 年代，麻省理工学院的人工智能实验室利用大量的规则建立了一个名为

ELIZA 的聊天机器人。很多人认为 ELIZA 不能通过图灵测试，因为规则系统并不能支持真正的开放与对话。尽管 ELIZA 在当时产生了很大的影响，但它并没有推动聊天机器人研究的进一步发展[161]。此后，仍有一些基于规则系统的聊天机器人出现，如 1972 年的 PARRY 和 1995 年的 Alice-bot。1997 年，一款名为 Jabberwacky 的聊天机器人出现在互联网上，其目的仍然是想通过图灵测试，但其设计原理却是通过与人的交流来让机器学习对话。与 ELIZA 相比，这是一个很大的进步[162]。90 年代，Seneff 等开发了机票自动预订系统，该系统通过与用户进行多轮对话来获取用户需求(如出发地、出发日期、航班号等)，以帮助用户预订机票[162]。以上两个系统分别代表了两类不同的对话系统，前者属于非任务型驱动的对话系统，后者属于任务型驱动的对话系统。

6.3.1 自然语言对话系统

根据应用场景，对话系统大致可以分为两组：非面向任务的对话系统(即聊天机器人)和面向任务的对话系统[163]。

非面向任务的对话系统(即聊天机器人)根据用户的喜好以及当前的情绪等给出不同的回复，这类对话通常是多轮交互，上下文相关，语义也是非结构化的，一般为开放领域对话。尽管非面向任务的对话系统看起来是用于聊天的，但是它在许多现实应用中占据主要部分，网购对话情景中有接近 80%是闲聊消息。

面向任务的对话系统则是针对一个特定的应用领域，帮助用户完成特定的操作任务，它具有相对比较清晰的业务语义单元定义、本体结构以及用户目标范畴，如电影搜索、航班信息查询以及预订住宿或饭店等。这类对话大多是多轮对话，需要结合上下文对用户的意图进行理解。

被广泛应用在对话系统中的方法就是把对话回答当作一个流水线(pipeline)(图 6-13)，系统首先理解人类给的信息，用一个内部状态表示它；然后考虑对话状态，并根据策略给出一些回应；最后这个回应被转化为自然语言的形式。尽管自然语言理解用统计模型处理，但是大多数应用的对话系统把人工特征或手写规则用于状态和回答空间表示、意图检测和槽填充。这样不仅使部署一个对话系统变得费时以及昂贵，还限制了它在其他领域的使用。近年来，随着大数据和深度学习技术的发展，许多基于深度学习的算法以高维分布式学习特征表示来解决这些问题，并且有了显著提高。除此之外，有研究尝试

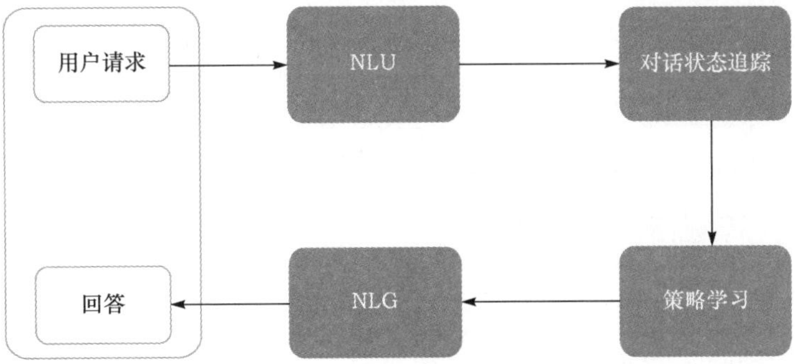

图 6-13　对话系统的流水线方法

建立端到端的对话系统，该方法可以扩增传统管道系统中的状态空间表示以及产生被标注的特定任务的数据集以外的对话。

本节将论述一种面向智能轨道交通应用的智能对话系统，该系统基于轨道交通出行服务需求，其功能适用于乘客采用自然语言询问轨道交通领域的出行相关问题，系统可根据查询意图以自然语言的形式返回相应的问答结果。智能轨道交通对话系统可以根据具体的应用场景(如火车站、地铁站、机场快轨等)满足人们的不同出行需求。

如图 6-14 所示，智能轨道交通对话系统的典型功能包括线路查询、站点查询、天气查询、公共设施查询以及票务查询系统(如 12306 系统)等常见功能查询。各功能需求的具体描述如下。

(1) 线路查询：查询轨道交通线路以及站点附近的公共交通线路及换乘信息等。

(2) 站点查询：查询轨道交通站点信息以及站点附近的公共交通站点信息。

(3) 天气查询：可以查询轨道交通线路及站点周边的天气信息。

(4) 公共设施查询：可以查询地铁站中常见的公共设施的位置。

(5) 票务查询：可以查询公共票务系统上可查询的功能，如余票查询、票价查询、起售时间查询、车次情况查询。

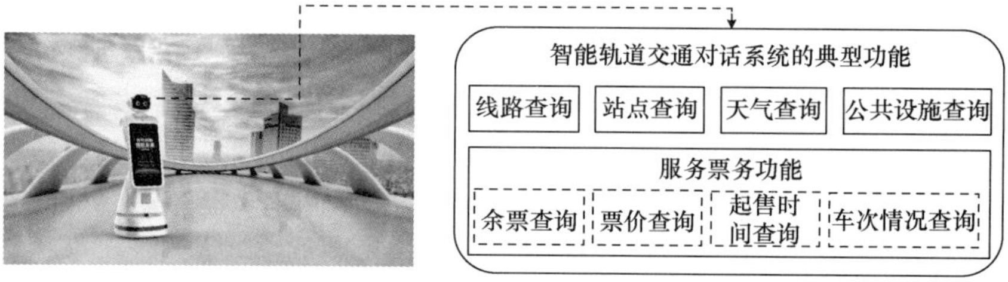

图 6-14　智能轨道交通对话系统常见的功能需求

业界常采用流水线技术实现智能对话系统，即将对话系统分成多个模块进行设计与实现，其总体设计框架如图 6-15 所示。对话系统分为自然语言理解模块、对话管理模块、自然语言生成模块。各个模块的功能如下。

(1) 自然语言理解模块：分析用户输入的信息并理解其意图。

(2) 对话管理模块：包括对话状态跟踪和策略学习两部分。其中，对话状态跟踪的目的是管理每轮对话的输入和对话历史，然后输出当前的对话状态；策略学习则是根据当前的对话状态学习下一个对话动作。

(3) 自然语言生成模块：根据上一步选择的动作以自然语言的形式回答用户。

可以采用开源框架 Rasa①开发智能轨道交通对话系统，其中 Rasa NLU 是自然语言理解框架，用来实现自然语言理解模块的意图识别和实体识别。Rasa Core 则是对话管理框架，主要用来实现对话管理模块的对话状态跟踪和策略学习。

下面给出每一个模块的常用技术的相关介绍。

① https://github.com/RasaHQ/rasa。

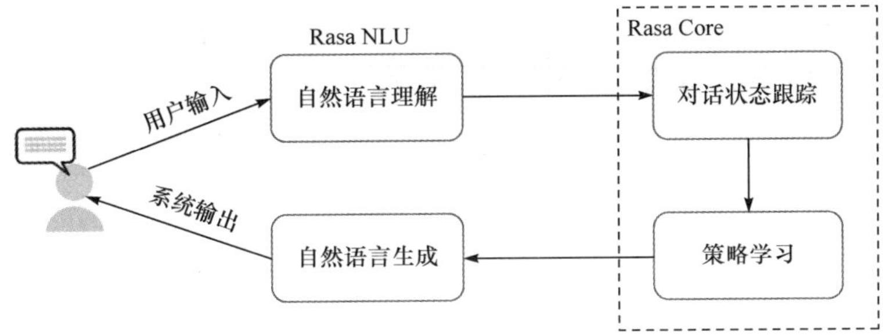

图 6-15　智能轨道交通对话系统的总体设计框架

1. 自然语言理解模块

给定一个自然语言表达，自然语言理解模块将其映射成语义槽。语义槽是根据不同的场景预定义的，表 6-3 列举了一个自然语言表示的典型例子，其中，“北京”和“上海”是被特定为语义槽值的地理位置，领域和意图也分别被指定。一般有两种类型的表示，一类是语言表达层面类别，如用户意图和语言表达种类；另一类是单词层面的信息提取，如命名实体识别和槽填充。

表 6-3　自然语言表示的一个典型例子

句子	北京	到	上海	余票	有	多少
槽	出发地	O	目的地	O	O	O
意图	余票查询					
领域	交通领域					

意图检测是用来检测用户表达的意图，它将用户语言表达分类成预定的意图之一。一般地将意图检测看作文本分类问题，当前主要有两种方法用来识别查询意图：①基于规则的方法用预定义的规则将查询语句和意图相匹配，尽管这个方法通常是比较准确的，但是由于规则数量的限制而不能检测到更多查询的意图，除此之外，设计一个新规则需要耗费更多的人力和时间；②统计方法是另一个流行的用于意图检测的方法，其中包括监督式学习方法和非监督式学习方法，监督式学习方法中，用一组查询及其意图训练分类器，给定一个查询，分类器就可以确定其意图。然而，这些方法的前提是需要设计很多特征——特征工程，这需要很多领域知识。

槽填充是自然语言理解的另一个具有挑战性的难题，不像意图检测，它通常被定义为一个序列标注问题，即句子中的每个单词都被赋予语义标签。序列标注模型广泛应用于文本处理相关领域，以得到自然语言序列对应的标签序列。对话系统中利用序列标注的方法对自然语言序列进行分词、词性标注、命名实体识别或者槽填充等工作，例如，槽填充的输入是一个包含单词序列的句子，输出是一个每个单词对应的槽序列。当前用于解决序列标注问题的流行方法包括最大熵马尔可夫模型、条件随机场、支持向量机和循环神经网络等。另外，将神经网络模型自动提取特征的优点与机器学习模型计算联合概率的方式结合在一起得到混合模型，这也是目前学术界常用的方法。

由自然语言理解部分产生的语义表示进一步由对话管理部分处理，一个典型的对话管理部分包含两个步骤：对话状态跟踪和策略学习。

2. 对话状态跟踪

对话状态跟踪是对话系统中的核心部分，它在每轮对话中估计用户目标。一个对话状态表示直到时间点的一段对话，典型的状态结构一般称为槽填充或者语义框架。已经被广泛应用在商业系统实现上的传统方法经常采用手写规则来挑选可能性最大的结果。然而，这些基于规则的系统被证明经常会出现一些错误，因为可能性最大的结果并不总是最合理的。

统计式对话系统维持一组多个对话状态的假设，面临着噪声和歧义的问题。在对话状态跟踪中，结果是对每轮对话的每个槽的概率分布形式。很多不同的统计方法，如鲁棒的手工规则、条件随机场、最大熵模型和网络式排名已经出现在对话状态跟踪共享任务中。

除此之外，深度学习技术也可以应用在对话状态跟踪中。

3. 策略学习

以状态跟踪器的状态表示为条件，策略学习即产生下一个可能的系统动作，无论是监督学习还是强化学习都可以用来优化策略学习。一个基于规则的代理可以用来启动系统，然后对规则生成的动作进行监督式学习。在网购场景中，如果对话状态是“推荐”，则触发“推荐”操作，系统会检索商品数据库中的商品；如果对话状态是“比较”，系统就会比较目标商品。另外，对话策略也可以通过强化学习进行端到端的进一步训练[164]。

4. 自然语言生成模块

自然语言生成模块将一个抽象的对话动作转换为自然语言表达。一个好的生成器通常依赖于充分性、流畅性、可读性和多样性等几个因素。目前对于自然语言生成模块，通常有三种解决方案：基于人工模板、基于检索和基于深度学习的序列到序列生成模型。

基于人工模板的方法主要用于个人助理，优点是在具体特定的领域内回答较为准确，但是不同场景的可移植性和可拓展性差。基于检索的方法主要用于娱乐聊天和问答系统，优点是答案没有语法错误，缺点是对话连续性差，容易出现答非所问的情况。基于深度学习的序列到序列生成模型主要用于智能聊天机器人，其优点是数据驱动，省去语言理解的过程，但是需要大量语料支持。

自然语言生成模块是对话系统的核心内容，下面将对其中不同的解决方法进行详细的介绍。

6.3.2　端到端的方法

许多传统面向任务的对话系统的特定领域的手工规则很难适应新的领域，面向任务的对话系统的传统管道方法主要有两个局限：一个是信用分配问题，最终用户的反馈很难传播到每个上游模块；另一个是过程相互依赖，一个模块的输入取决于另一个模块的输出。当调整一个模块适应一个新环境或者重新训练新数据时，所有的其他模块都需要被调整以确保全局优化，槽和特征也需要相应改变，这个过程需要大量的人力。随着近几年端到端的神经生成模型的发展，有许多研究尝试为面向任务的对话系统构建一个端到端的训练框架。与传统管道方法不同，端到端的模型用一个单独的模块以及和结构化的外部数据库交互。端到端的方法将对话系统学习视为学习从对话历史到系统回答的映射问题，并且应用“编码器-解码器”(encoder-decoder)模型训练整个模型。然而，端到端的方法以一个监督式的方式被训练——不仅需要大量的训练数据，而且缺乏对训练数据的对话控制的探索，难以鲁棒地找到一个好的策略。

面向任务的系统通常需要查询外部知识库。先前的系统通过向知识库发送一个符号化的查询以基于其属性检索条目来实现，这个方法有两个缺点：①检索结果不包含任何关于语义分析中的不确定性信息；②检索操作是不可区分的，因此解析器和对话策略分别被训练。所以，在部署系统后，用户反馈端到端学习变得困难。

目前，端到端的方法在实际应用中的效果并不理想，所以如何提高端到端系统的效果仍是一个值得研究的方向。

1. 基于人工模板的方法

基于人工模板的方法通过人工设定对话场景，并对每个场景编写针对性的对话模板，回复的最终形式是填充一个大多数的内容已经给定的模板，只有一些具体的参数需要填充，该方法的优点是回答较为准确，缺点是过多的人工标注和模板的编写工作导致移植性差，需要逐个场景去扩展[164]。

2010 年，苹果公司在 iPhone4S 上推出的个人语音助理 Siri，在 NLG 环节采用了基于人工模板的技术，Siri 包含的众多数据、模型和计算模块可以划分为输入系统、活跃本体、执行系统、服务系统和输出系统 5 个子系统。活跃本体内存放的数据和模型包括领域模型、用户个性化信息、语言模式、词汇表和领域实体数据库等。其中，领域模型包括某个垂直领域内的概念、实体、关系、属性和实例的内部表示，即本体。词汇表用于维护 Siri 中的表层单词到领域模型或者任务模型中定义的概念、关系、属性的映射关系，即人工编写的特定领域的对话模板。执行系统将用户的文本表示解析为内部用户意图之后调用活跃本体中的数据拼装对话，引导用户输入和生成输出结果。通过这种方法，Siri 根据几个垂直领域的领域模型和人工编写的对话模板完成固定的任务，通过引导用户输入能得到较高的成功率，对于解决不了的问题，Siri 则直接调用搜索引擎。

2. 基于检索的方法

基于检索的方法从候选回答中挑选出一个回答。基于检索的方法的关键就是信息-回答匹配，匹配算法必须克服信息和回答之间的差异。

1) 单轮对话匹配

早期基于检索的聊天机器人的研究主要集中于单轮对话的回答选择，只有一条信息用来挑选合适的回答。如图 6-16 所示，将问题和候选回答表示为句向量，然后进行匹配，选取匹配值最高的那一个回答。

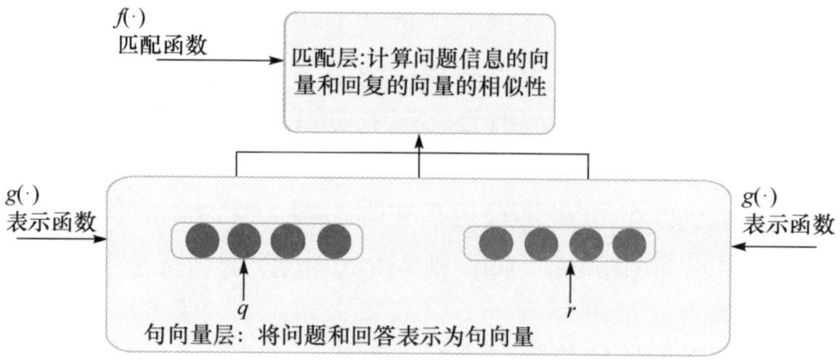

图 6-16　基于检索的方法框架一

2) 多轮回答匹配

近年来，基于检索的多轮对话越来越受到关注。在多轮回答选择中，将当前消息和先前的对话作为输入。选择一个自然的且与整个上下文相关的回答，重要的是在先前的对话中识别重要信息并正确地模拟对话关系以确保对话的一致性。可将上下文(所有先前的语音和当前消息的串联)和候选回答分别编码成上下文向量和回答向量，然后根据这两个向量计算匹配度分值，还可以对语句级别上下文向量执行上下文-回答匹配。另外，在处理过程中不仅从词级别和序列级别考虑候选答案和上下文的相关性，还可以考虑上下文内容之间的联系。

3. 基于深度学习的方法

基于深度学习的方法通常不依赖于特定的答案库或者模板，而是依据从大量语料中学习到的语言能力来进行对话，根据问题内容直接生成回答的方法。基于深度学习的方法的最大优势就是利用强大的计算和抽象能力自动从海量的数据源中归纳、抽取对解决问题有价值的知识和特征，使这一过程对问题的解决者来说透明化。

当前基于深度学习方法的对话系统多采用了“编码器-解码器”框架(图 6-17)，下面首先介绍“编码器-解码器”模型，它也是神经生成模型的基础。然后，对融合对话上下文、改进回答多样性、结合外部知识库、交互学习和评估进行介绍。

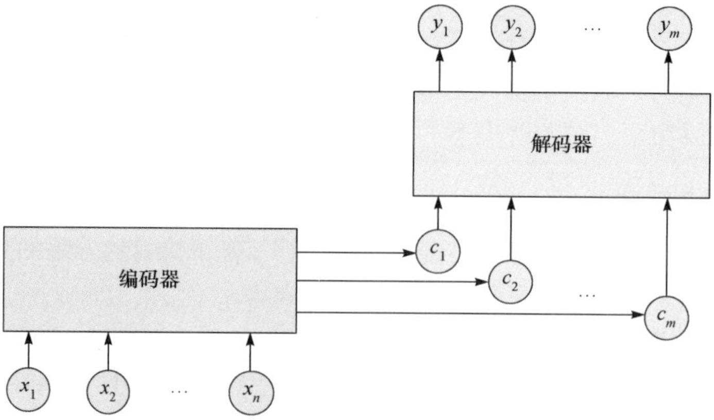

图 6-17　一个典型的“编码器-解码器”模型

1) “编码器-解码器”框架

“编码器-解码器”框架也称为序列到序列(Seq2Seq)模型，如图 6-17 所示。在这个模型中，给定一个段落(通常是一个句子) $X=(x_1,x_2,\cdots,x_n)$ 和一个目标答案 A 作为输入，该问题生成模型的目标是生成对应的问题 $Y=(y_1,y_2,\cdots,y_m)$ 作为段落 X 中的目标答案 A 的提问，换言之，找到了最好的问题 $\bar{Y}$ (即给定段落 X 和答案 A)的最大化条件似然概率。

总体来说，深度学习模型使用了神经网络表达对话历史以及产生合适的回答。这些模型能够利用大量数据来学习有意义的自然语言表达和生成策略，同时需要的领域知识和手工规则比较少。但是，这种生成模型需要巨大规模的训练语料，并且每回合对话中没有考虑到上下文关系，只根据输入信息生成回答。

2) 序列到序列+上下文模型

一般聊天中并不是简单的一问一答，回答时往往要参考上下文聊天信息的内容，将上下文(context)信息考虑进去能更好地解决上下文敏感回答生成的问题。一个很直接的想法就是把上下文和输入信息(message)拼接起来形成一个长的输入提供给编码器，但是直接拼接起来形成的输入很长，而对于循环神经网络模型，输入的线型序列长度越长，模型效果越差[165]。

常见的方法是把提供上下文信息的对话历史考虑进去，将对话分为上下文、输入信息、回答。其中，为了保持上下文信息，编码器的输入为对话中上下文和输入信息的词袋，并且编码器网络最后一层的输出向量参与到解码器的每个隐层计算中，从而解决上下文敏感回答生成的问题。

融合方法 1(图 6-18)对上下文和输入信息不做明显区分，直接拼接成一个输入；而融合方法 2(图 6-19)则明确区分了上下文和输入信息，在前向神经网络的第一层分别对其进行编码，拼接结果作为深层网络后续隐含层的输入。

3) 最大化互信息模型

在对话系统中，传统的序列到序列模型通常会倾向于产生一些“安全的”和“平常的”回复，如“我不知道”或者“我很好”之类的句子，这并不能使产生的回复多元化。虽然那些有意义的回复或者特别的回复都能产生在候选集里，但是其得分排名往往很低。

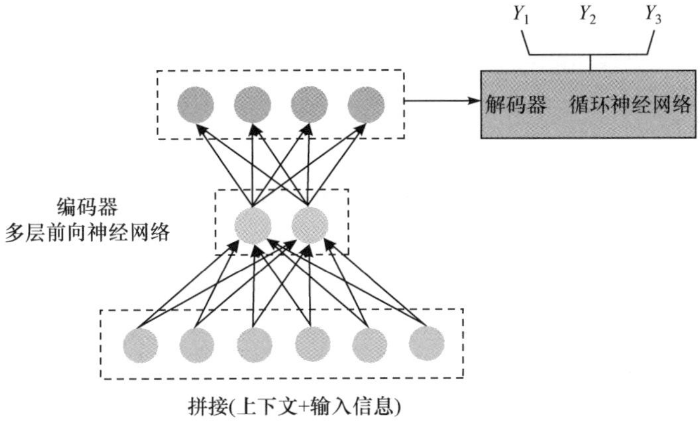

图 6-18　融合方法 1

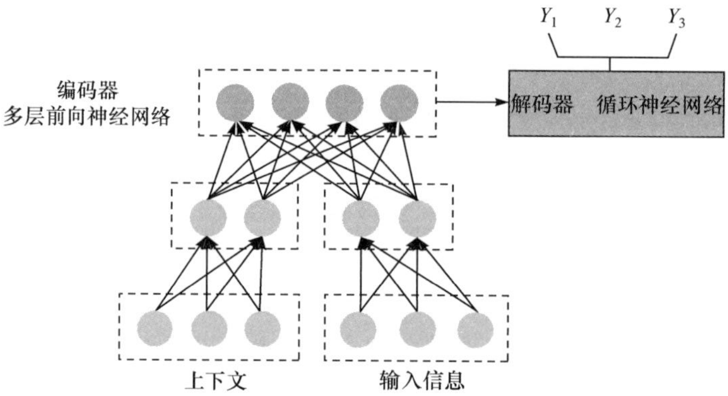

图 6-19　融合方法 2

出现这种情况的原因在于模型损失的优化方向会使这些经常出现的句子的可能性非常高，为了解决这个损失问题，有人提出了用最大化互信息模型来代替传统序列到序列模型的损失函数。

4) TA-Seq2Seq 模型

有学者注意到人们经常将他们的对话与主题相关的概念联系起来，并根据这些概念创建他们的回答，因此提出了一个 TA-Seq2Seq 模型。该模型的核心思想是通过引入隐狄利克雷分配(latent Dirichlet allocation，LDA)模型结合序列到序列模型来产生更有信息含量、更为多样性及更话题相关的对话回答。其采用的思路是在现有的带注意力机制的序列到序列模型架构上，通过联合输入信息的注意力和主题注意力来共同影响对话的回答的生成，主要意图是通过引入先验知识到序列到序列模型来产生更高质量的回答。

5) 用户嵌入模型

对话系统作为一个虚拟人物，相关的个性化信息如年龄、性别、爱好等应该维护回答的一致性。而利用经典的序列到序列模型训练出的对话系统往往很难保持这种一致性，如表 6-4 所示，这是因为序列到序列模型训练的都是单句输入信息对单句回答的映射关系，并没有统一维护聊天助手的个人信息，不能保证每次相同的问题产生完全相同的回答。

表 6-4　利用推特 2500 万训练数据经过序列到序列模型训练后产生的结果

输入信息	你住在哪里
回答	我住在北京
输入信息	你住在哪个城市
回答	我住在上海
输入信息	你现在生活在哪个国家
回答	日本
输入信息	你多大了
回答	16，你呢
输入信息	你的年龄是多少
回答	18

在模型中考虑个性化信息，如用户画像、年龄、背景等，构建出一个个性化的序列到序列模型，我们称之为用户嵌入模型。该模型可为不同的用户，以及同一个用户对不同的对象自然语言生成不同风格的回答。

整体技术框架仍然采用序列到序列架构，基本思路是把聊天助手的个性信息导入解码器的输出过程中，因为无法对用户信息显式地建模，所以采用一种嵌入方法，通过训练来得到用户向量。解码器部分通过计算长短期记忆网络中的门向量，将用户向量的信息加载。

表 6-5 和表 6-6 展示了同样依靠推特数据训练得到的模型，其中用户 1 采用了用户嵌入模型，用户 2 是普通的序列到序列模型，可以看到用户嵌入模型在解决多轮对话一致性问题上表现突出。

表 6-5　Speaker 模型产生的结果

用户 1	
输入信息	你住在哪里
回答	我住在北京
输入信息	你住在哪个城市
回答	我住在北京
输入信息	你现在生活在哪个国家
回答	中国
输入信息	你多大了
回答	18，你呢
输入信息	你的年龄是多少
回答	18

表 6-6　普通的序列到序列模型产生的结果

用户 2	
输入信息	你住在哪里
回答	我住在上海
输入信息	你住在哪个城市
回答	我住在北京
输入信息	你现在生活在哪个国家
回答	日本
输入信息	你多大了
回答	我 18 岁
输入信息	你的年龄是多少
回答	16

深度学习解决此类问题的技术思想就是把对话系统的个性信息在解码阶段体现出来，以此达到维护个性一致的目的。

4. 混合方法

基于检索的系统通常给出精确但直率的答案，而基于生成的系统则倾向于提供流畅但无意义的回复，因此可以将这两种方法结合起来，利用一个序列到序列模型来优化检索和生成模型的联合结果。如图 6-20 所示，框架包括三种模型：检索模型、生成模型和重排模型。检索模型的输入特征是单词，而生成模型和重排模型的输入特征是单词向量表示，生成模型和重排模型建立于同一序列到序列结构，前者生成输出，后者则是对输入问题的候选答案进行评分。首先使用检索模型检索一组 k 候选问答对；然后将每个问题 q 与其候选答案 r_i 配对，并为每一个问答对使用重排模型中的计分公式计算置信度得分；最后使用得分最高的答案 r 和一个阈值 T 比较，若该答案得分大于该阈值，则采用答案 r，否则输出一个基于生成模型的回复。

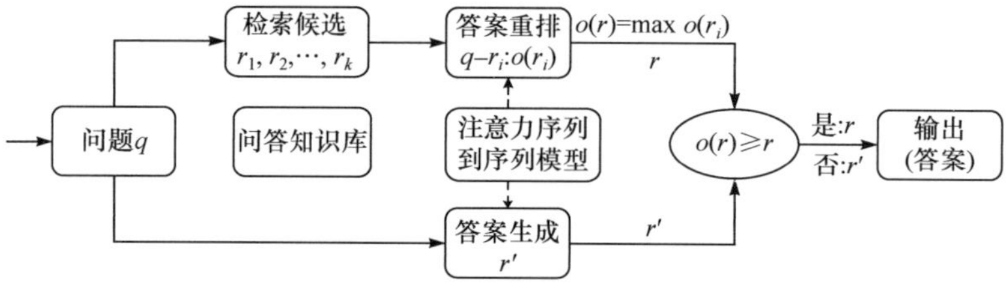

图 6-20　联合模型的整体框架

总体来说，这种结合检索模型和生成模型的基于序列到序列的重排方法优于两种模型。混合方法可以结合两个模型的优点。

5. 总结

深度学习已经变成对话系统中的基础技术。近年来，端到端的框架不仅在非面向任务的聊天对话系统中广泛应用，而且在面向任务的聊天对话框架中变得流行起来。深度学习可以充分利用大量数据，并且有可能构建一个完整的智能对话系统。

但是，目前端到端模型还未完善，尽管近些年取得了不错的进展，但是仍存在一些问题，未来可能的研究方向有以下两方面。

(1) 迅速热身。虽然近些年学术界对端到端模型的研究日益增长，但是在实际的对话工程中，尤其在新领域的预热阶段，仍然需要传统的流水线方法。日常对话数据是相当庞大的，但是对于特定领域的对话数据相当有限。此外，特定领域对话数据的收集和对话系统的构建都是十分耗费人力的。基于神经网络的模型在利用大量数据方面表现更好，我们需要新的方式来弥补热身阶段的不足。

(2) 深度理解。目前基于神经网络的对话系统主要依赖于大量不同类型的注释数据、结构化的知识库和对话数据。它们通过一次又一次模仿一个回复来学习说话，就像婴儿一样，这导致回复缺乏多样性，而且有时是没有意义的。因此，对话智能体应通过对语言和现实世界的深度理解来更加有效地学习。具体来说，一项很有潜力的工作是：对话智能体能够从人的指导中学习，摆脱反复的训练。互联网上有大量的知识，如果对话智能体更聪明一些，就能够利用这种非结构化的知识资源来理解。

6.4　基于增强现实的出行辅助导航技术

6.4.1　基于增强现实的出行辅助导航技术方案

1. 三维建模技术

在三维建模方面，采用基于 HTML5 和 WebGL 标准开发的三维可视化模型，可以基本实现在三维场景中显示需要定位的人员位置，并且可以随意切换视角，视角也可以跟随任何一个人。同时，开发环境自身对可视化界面的设备兼容性很好，可以轻松适应 PC、Android、IOS，不需要在设备中安装任何插件即可在浏览器中流畅查看轨道交通站点的三维场景。

在 HTML5 中使用三维的基础是 WebGL，它是一个 OpenGL 的浏览器子集，支持大部分的主要三维功能接口。目前最新的浏览器都有较好的支持，其中 IE 版本需要到 11。相对来说，Chrome 对 WebGL 的支持较好，效率较高。

2. 室内定位技术

各种定位技术的对比如表 6-7 所示。

表 6-7　各种定位技术的对比

项目	GPS	Active Bat	RFID	WLAN	ZigBee	蓝牙	UWB
物理模型	无线电	无线电+红外	无线电	无线电	无线电	无线电	无线电
场景	室外	室内+室外	室内+室外	室内+室外	室内+室外	室内+室外	室内+室外
精度	1～10m	5cm	10～50m	3～10m	2～10m	1～10m	10cm
范围	很大	10～50m	10～50m	50m	100m	10m	400m
功耗	高	极高	极低	高	低	中	中
成本	极低	高	低	中	低	低	中
定位速率	快	慢	快	慢	慢	中	快
穿透性	差	一般	一般	一般	较差	较差	较高
抗干扰性	高	一般	高	一般	一般	一般	高
是否需要额外设备	否	是	是	是	是	是	是
其他	精度受建筑影响较大，需要大量测量处理	安装设备太多使得实现成本过高，实现难度较大	三维定位效果较差	采用 RSSI 测量，受环境影响大	容易受 WiFi、蓝牙等的干扰	距离较短，设备铺设数量极大	实现成本较高，系统部署时间短，维护方便

UWB 技术是超带宽技术[166]，也可称为脉冲无线电，它的通信频率很高，频带为 3.1～10.6GHz，脉冲带宽大于 500MHz。在数据通信方面可以实现无载波通信，主要是由于 UWB 的脉冲宽度很窄，其产生和消失时间仅为数百微秒至数纳秒以下，而在 1ns 的时间内光也只能传播约 30cm 的距离。

UWB 在定位方面具有低功耗、对信道衰落(如多径、非视距等信道)不敏感、抗干扰能力强、不会对同一环境下的其他设备产生干扰、穿透性较强(能在穿透一堵砖墙的环境进行定位)等优势，也具有很高的定位准确度和定位精度，经过大量的试验测试，发现当信号接收基站的数量为 4 时，可以达到 0.5m 的检测准确度，甚至在较理想环境中可以达到 0.3m 的定位精度。

由表 6-7 及上述分析可知，UWB 定位方法在精度、定位速度、安装便捷性、抗干扰性、实时性、穿透性方面都有不同程度的优势，比较适合于本研究的应用场景，结合信号到达时间差(TDOA)技术可以在室内精确地定位需要定位的人员位置。同时，为了更好地适应室内环境的复杂性，可采取三维定位的方法，在具体的建筑中构建与之相匹配的三维模型，进而在其基础上加入定位所获取到的三维数据，实现室内的实时三维定位。

3. 路径规划技术

各种路径规划算法的对比如表 6-8 所示。

表 6-8　各种路径规划算法的对比

类别	算法	常规优点	常规缺点	开发难度	外部设备数量
传统算法	模拟退火算法	灵活、运行效率高、初始条件限制少	收敛速度慢、随机性	中	较少
	Dijkstra 算法	层层扩散、任意位置可规划	路径不能确保最优	较小	较少
	最佳优先搜索(BFS)算法	代价优化，速度较快	路径不能确保最优	小	较少
	A*算法	扩展节点少，鲁棒性好，对环境信息反应快	无自身节点限制	较小	较少
	人工势场法	路径平滑安全、描述简单	易陷入局部最优	中	较少
	模糊逻辑算法	一致性、稳定性和连续性	在线调整困难，应变性差	大	较少
	禁忌搜索算法	一定可以得到最优解	禁忌表构建困难	较大	较少
图形学算法	C 空间法	容易求得最短路径	缺乏灵活性，局部路径规划能力差	较小	多
	自由空间法	灵活度较高	复杂度受环境影响大	较大	多
	栅格(grid)法	简单可行	适用面较窄，需结合其他算法	小	多
	Voronoi 图	有效避障	不适于大型环境	较大	多
智能仿生学算法	蚁群算法	全局优化能力强、易于用计算机实现	易陷入局部最优解、计算量大	大	较少

续表

类别	算法	常规优点	常规缺点	开发难度	外部设备数量
智能仿生学算法	神经网络算法	鲁棒性好、学习能力强	泛化能力差，需结合其他算法	较大	较少
	遗传算法	易于与其他算法相结合	运算效率不高	大	较少
	粒子群算法	鲁棒性好、收敛速度快	易陷入局部最优解	大	较少

从表 6-8 中的对比可知，智能仿生学算法通常具有较好的适应能力，但是其对计算能力的要求以及对系统开发的难易程度不可估量，特别是在轨道交通这种对安全性、稳定性要求极高的环境；而图形学算法需要系统具有较强的视觉感知以及处理能力，这对现有的线路搭建造成巨大的难度。反观传统算法，虽然其自适应能力以及空间感知能力较差，但是其对系统的要求较低，只要能有固定的位置坐标以及障碍物的位置，即可对路径进行比较合理的规划。其中，A*算法在三维模型场景以及数字虚拟坐标场景中均可实现目标位置的路径规划。

综上所述，A*算法具有良好的性能与准确性，算法稳定，鲁棒性高，对室内不同环境反应迅速，可扩展节点，算法参数调优方便，能够在占用较少的硬件性能的情况下，更加快速地计算出室内最优路径。

A*算法引入了一个估价函数，每次并不把所有可展开节点展开，而是用估价函数对所有可展开节点估价，找出选取估价最少的节点。这样就可以优先搜索到可能性较大的节点，从而提高搜索过程的效率。算法的估价函数可表示为

$$f(v)=g(v)+h^*(v) \tag{6-4}$$

其中，$g(v)$是从起始节点到节点 v 的实际费用；$h^*(v)$是从起始节点到目标节点 v 的最小费用的估计。函数 $h^*(v)$ 的值不能高于起始节点到目标节点 v 的实际最小费用。注意到，若 $h^*(v)=0$，即不利用任何的全局信息[167,168]。

A*算法的步骤如下：

(1) 把起始节点 s 放入 Open 表，记 $f=h$，令 Close 为空表。

(2) 若 Open 为空表，则宣告失败。

(3) 选取 Open 表中未设置过的具有最小值 f 的节点为最佳节点 n，并把它放入 Close 表。

(4) 若 n 为一目标节点，则成功求得一解。

(5) 若 n 不是目标节点，则进行扩展，产生后继节点 x。

(6) 对每个 x 进行下列过程：

① 计算 $g(x)$。

② 如果 $x\in$ Open，则比较两个 x 的估计值。如果新的 x 估计值小，则记下较小的估计值，修改 Open 表，并将 n 记为 x 的父节点。

③ 若 x 在 Close 表中，则比较两个 x 的估计值。如果新的 x 估计值小，则记下较小的估计值，并将 n 记为 x 的父节点，修改 Close 表，把 x 放入 Open 表。

④ 若 x 既不在 Close 表中，又不在 Open 表中，则将 n 记为 x 的父节点，把它放入

Open 表中。

⑤ 将 n 插入 Close 表，按照估价值对 Open 表进行排序。

⑥ 返回步骤(2)。

4. AR 导航技术

1) AR 库算法技术

本章研究的区域轨道交通出行辅助导航的服务对象为出行乘客，因此 AR 技术实现主要在移动端，对于 AR 导航技术的移动端开发采用 HTML+原生的方式，通过内嵌浏览器显示网页的方式来实现。对当前既有的支持目标图像识别、即时图像识别的算法插件进行对比和研究，对于不同算法的优缺点对比如表 6-9 所示。

表 6-9　各种 AR 技术的对比

AR 库	常规优点	常规缺点	开发难度	设备性能要求	机型限制
ARCore	模型显示稳定、识别度高	支持机型暂时较少	较大	高	有
Vuforia	多目标跟踪	对象要求高，需要支持 ARCore	中	低	无
网易洞见	即时场景投放，显示效果好	性能要求较高，比较不稳定	较大	高	无
EasyAR	多目标跟踪	性能要求较高，稳定性较差	中	高	无
ARToolkit	方向跟踪	部分功能难以集成	中	中	无
Wikitude	支持框架广泛、稳定	—	中	低	无
Kudan	即时视频图像识别	—	高	中	无
MAXST	集成效果较好，模型显示较稳定	不能用于测距	中	中	无

根据区域轨道交通出行辅助导航的服务对象特点，可以得出一些筛选条件：对设备需要具有普适性，算法软件必须具有较好的稳定性，且需具备距离测量。由此对于 Wikitude 和 Kudan，由于 Kudan 的人力开发成本较高，选择 Wikitude 的 AR 库进行系统的 AR 部分功能开发。

2) AR 导航技术

增强现实室内导航需要利用移动端摄像头、传感器、UWB 定位系统等共同协作完成数据的获取以及导航的显示，其主要形成过程如图 6-21 所示。首先通过移动端摄像头获取真实环境的数据，利用传感器获取用户位姿数据，并利用 UWB 定位系统获取实时室内位置信息，然后将获取的数据传送至地图服务引擎中，进行场景生成，最后将生成的场景图像发送给移动端显示器。

增强现实电子地图的显示过程也是实时确定虚拟信息和真实环境相对位置关系的过程，最终利用屏幕将“无缝融合”的导航呈现给用户[169]。从数学角度来讲，基于地理信息的增强现实过程涉及多个坐标关系的转换。将计算机生成的虚拟信息正确地对准到真实场景的前提是明确各坐标系之间的转换关系。如图 6-22 所示，增强现实电子地图的显示过程中涉及的坐标系主要有以下五个。

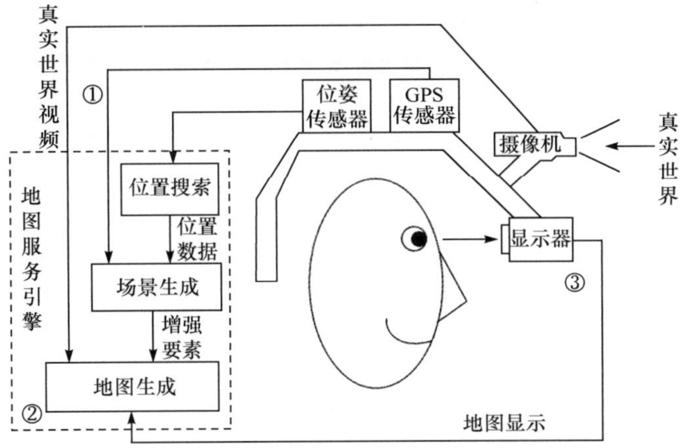

图 6-21　增强现实导航形成过程

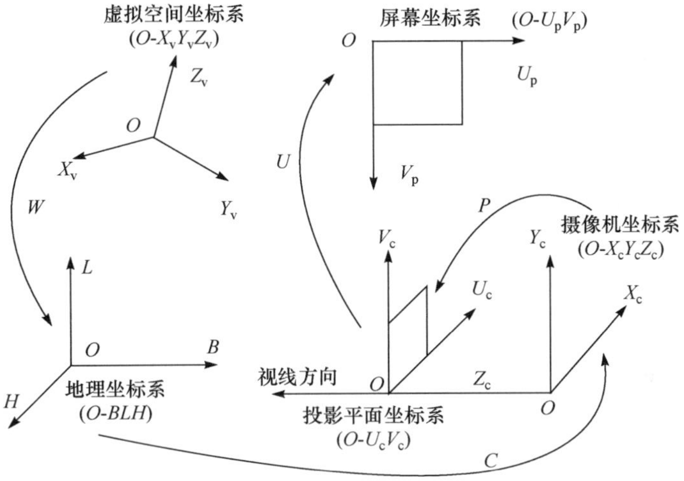

图 6-22　坐标关系

(1) 地理坐标系($O\text{-}BLH$)：地理坐标系是增强现实电子地图的基准坐标系，主要描述地理目标在真实场景中的绝对位置，是其他参考系的基准。地理目标和摄像机等相关物体的位姿，都是在地理坐标系中。在实际应用中，地理坐标系直接获取的参数是被定位标签的水平横向距离、水平纵向距离和检测高度(B, L, H)。

(2) 摄像机坐标系($O\text{-}X_cY_cZ_c$)：也称为观察者坐标系，以摄像机中心为参考原点，以视线方向为坐标轴，从用户的角度描述地理坐标系内的对象相对于摄像机的位姿，以简化目标信息在摄像机投影平面上的成像过程。

(3) 投影平面坐标系($O\text{-}U_cV_c$)：以投影平面中心为原点建立的二维坐标系，用于定义物体在成像面上的所有点。成像平面可通过指定成像面与视点之间的距离定义。

(4) 屏幕坐标系($O\text{-}U_pV_p$)：以屏幕左上角为原点建立的坐标系，以像素为单位。最终在用户显示屏幕中呈现的结果就是生成的增强现实电子地图。

(5) 虚拟空间坐标系($O\text{-}X_vY_vZ_v$)：也称为局部坐标系，用于描述虚拟物体的几何特性，在虚拟物体创建时已确定，与地理坐标系无关。虚拟空间坐标系主要用于描述增强要素的关系，是为了建立增强要素在地理坐标系中的位置。

经过上述研究，实现地理坐标系到屏幕坐标系的转换，完成了增强现实电子地图生成中的数学基础。

6.4.2　基于增强现实的出行辅助导航系统

1. 系统架构研究

本节所研究的区域轨道交通出行辅助导航系统，是区域轨道交通智能信息服务系统的一部分，将各种制式轨道交通的室内服务设施、客流流向组织、换乘服务等设施融入三维模型中，为轨道交通出行提供有针对性的、高效的服务。系统主要由感知层、传输层、服务层和应用层组成，如图 6-23 所示。

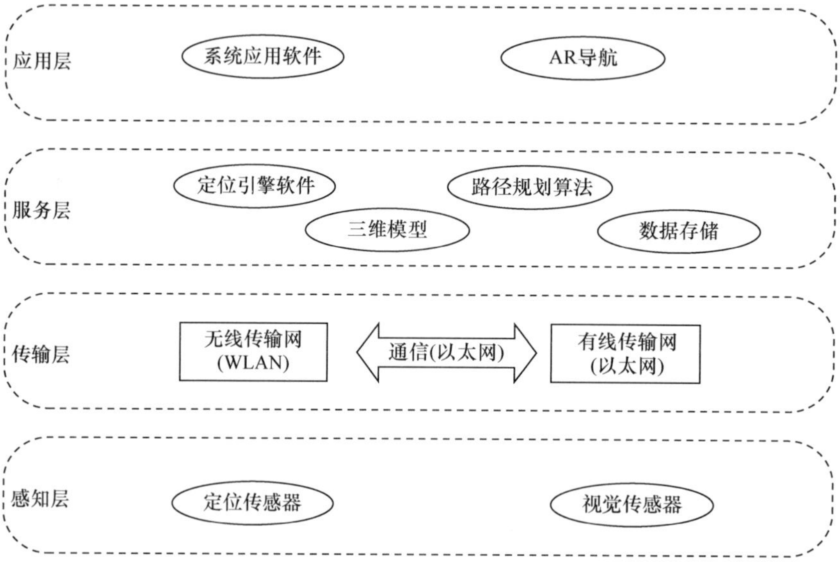

图 6-23　系统架构图

(1) 应用层包括系统应用软件和 AR 导航，主要实现三维模型的展示及其三维定位数据的图形化显示；同时在显示界面上提示相应的报警提示；在手机端部分还将提供 AR 导航。

(2) 服务层由定位引擎软件、三维模型、路径规划算法和数据存储组成，这些软件和算法部署在系统服务层的服务器中。定位引擎软件实现定位数据的解算，得到定位标签的坐标；三维模型便于定位数据在三维空间中进行显示；路径规划算法提供最优的路径指示；数据存储可以保存整个系统产生的所有需要保存的信息。

(3) 传输层分为无线传输网和有线传输网。无线传输网通过 WiFi 信道为定位基站提供数据传输链路，有线传输网通过有线以太网方式为定位基站提供数据传输链路，并且有线传输网为无线传输网提供数据传输链路。

(4) 感知层包括定位基站、通信基站、通信定位基站、定位标签、视频接口和视频传感器(摄像头)。感知层主要用于获取系统所需的基础数据，包括定位数据和现场实时场景信息，为系统的其他层级的进一步运算以及显示提供强有力的支持。

2. 组网方式

针对专用传输网络，本节在综合考虑区域轨道交通出行链中大型车站或综合交通枢纽现场实际情况的基础上拟订了基本的组网方案。在主干网采用光纤的基础上，系统服务器与客户端利用光纤组网，组建以系统服务器为核心、客户端为子节点的星形网络。感知层的定位基站与定位标签使用 UWB 无线通信，定位基站与传输层设备之间通过 WLAN 通信；无线接收点(AP)与交换机通过以太网连接。组网方式如图 6-24 所示。

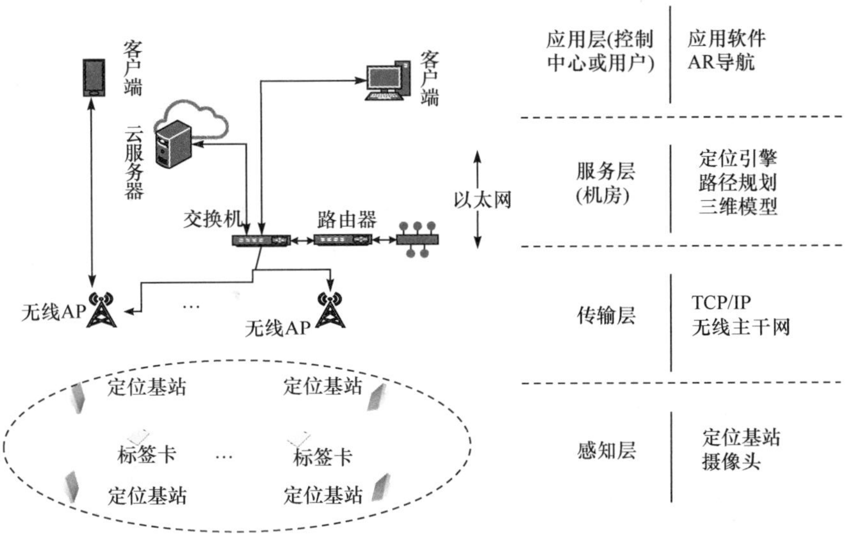

图 6-24 组网方式

3. 系统指标

系统性能是体现一个系统工作能力的一些指标，只有符合一定性能指标的系统才是可以安全有效运行的。下面列出本系统达到的系统性能指标：

(1) 单个场景三维建模最多支持 1×10^7 个顶点；

(2) 系统支持 1000 张标签同时定位；

(3) 系统定位精度可达 50cm；

(4) 系统定位延迟不大于 3s；

(5) 系统定位信息存储时间为 1 个月。

第 7 章　区域轨道交通协同运输与服务系统装备

区域轨道交通协同运输与服务系统，是面向区域轨道交通多种制式构建的复合网络，不仅能提供集协同运输、综合安全保障、智能信息服务于一体的综合应用系统，还能面向运营管理和旅客提供包括中心运行处理和终端访问服务功能。

通过明确系统的定位及定义，同时开展区域轨道交通协同运输与服务核心业务场景梳理，突破当前各种轨道交通在制式和业务上分立研究、独立建设的现状，设计基于一体化平台、融合多种制式和多种业务于一体的区域轨道交通协同运输与服务系统框架[170,171]。针对系统主要功能、数据接口、界面、性能开展设计，对于关键的算法及组件进行细化设计，同时针对系统网络及信息安全提出必要的要求。考虑到系统在一体化及协同方面的要求，以数据为核心开展大数据平台设计。最后分析系统设计对项目考核指标的支撑承载关系，确保依托本总体设计进行的子系统详细设计、研制的系统及装备能够支撑项目关键考核指标的实现。

7.1　系统定义与定位

随着城市群的发展，由地铁、单轨、有轨电车等城市轨道交通，以及市域(郊)铁路、城际铁路、干线铁路等综合构建了区域环境下多种轨道交通制式的复合网络。在该网络中，存在不同速度等级的轨道交通制式，将中心城区、新城/卫星城，以及一般区县连接起来，构建了 1 小时通勤圈、1 小时经济圈、1 小时通达圈，覆盖不同的出行半径，满足不同人群的出行需求，区域多制式复合网络 1 小时交通圈如图 7-1 所示。

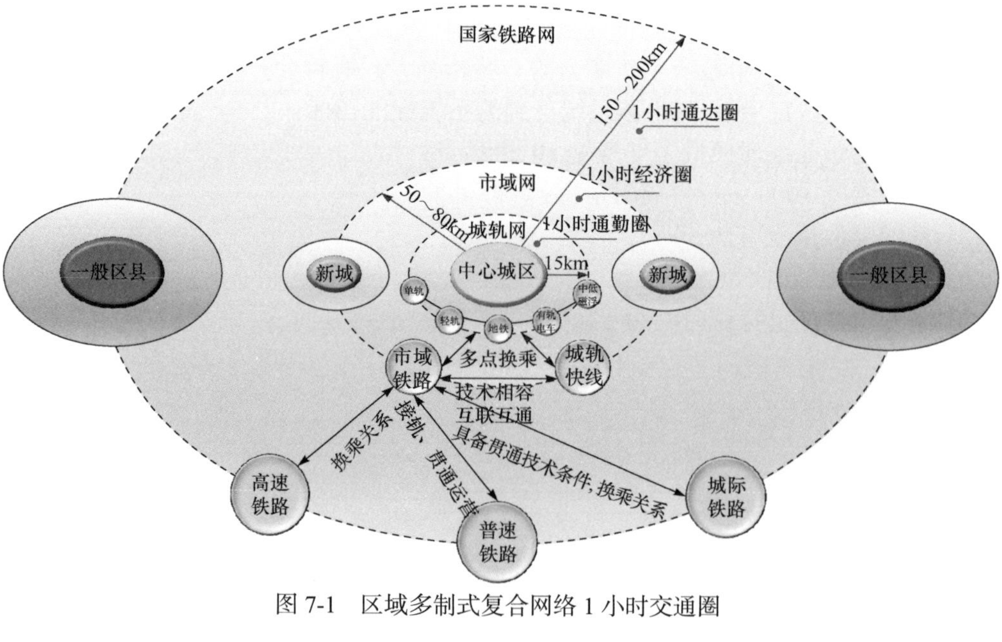

图 7-1　区域多制式复合网络 1 小时交通圈

该区域中，不同的轨道交通制式相对独立，但是在一种轨道交通制式覆盖的边沿，与另一种交通制式通过旅客换乘的方式实现客流衔接，甚至实现跨制式列车贯通运营。不同制式的衔接通常通过枢纽节点实现，部分存在多点衔接。因此，区域轨道交通中必然存在两种及以上制式的耦合关系。这种关系可以是松散的，也可以非常紧密，从内部运营看，就是多种轨道交通的运输组织相互关联；从外部表现看，就是旅客享受多种轨道交通服务。

7.1.1 系统定义

区域轨道交通协同运输与服务系统，英文为 regional cooperative transportation and service system for multi-mode rail transit，缩写为 RCTS。系统面向城市群/都市圈范围干线铁路、城际铁路、市域(郊)铁路与城市轨道交通等多制式轨道交通网络，基于系统论与协同论理念，融合大数据、人工智能等先进信息技术，突破单制式独立运营现状，为区域多制式管理机构与单制式运营企业提供轨道交通协同运输组织调度、全方位综合安全保障与全出行链智能信息服务解决方案，综合保障区域轨道交通运营安全，提升总体效能与服务质量，推动综合立体交通网络快速发展。

区域轨道交通协同运输与服务系统以协同运输为核心，以综合安全保障为支撑，以信息服务为手段，提升区域总体运输效能和运输服务质量。系统集计算机技术、通信技术、物联网技术、大数据技术、管理决策及人工智能技术等于一体，以信息的感知、获取、处理、预警和共享为基础，是面向“城市轨道交通-市域/城际-高速铁路/普速铁路等”多网、“时间-空间-资源-信息”四域、“运输组织-安全保障-智能服务”多功能的复合系统。系统的核心本质是保证 OD 可达，解决手段是运输计划的协同与优化、运输秩序的保持与恢复、旅客信息的发布与诱导深度融合。

7.1.2 系统定位

区域轨道交通协同运输与服务系统定位于城市群、城市范围、主城区、各级中心功能节点、卫星城/区/县之间公共一体化轨道交通，通过实现多种轨道制式的协同运输为旅客提供区域环境下跨制式绿色、经济、高效、安全、便捷的交通，服务于政府、轨道交通企业、旅客及出行相关人员，是层次化、网络化轨道交通体系的大脑和中枢神经，也是城市及城市群规模化发展的融合多种制式的理想公共轨道交通管理系统。

7.1.3 系统目标

区域轨道交通协同运输与服务系统的目标是突破现有单制式独立运营管理体制与先进技术应用局限，形成适用于多制式的协同运输与服务一体化系统及成套装备，实现区域轨道交通“总体运输能力提升，运输服务质量提升”总目标。

系统从运输组织业务出发，重点解决并实现多种轨道交通制式运输计划的协同编制。通过客流、点线网承载能力、协同运输方案编制等理论技术支撑实现区域轨道交通协同运输子系统装备研制，不仅能提高运输能力与旅客需求的匹配度、运输组织的精细化程度和不同制式的衔接顺畅度，也能增强行车计划的鲁棒性。

系统从综合安全保障业务出发，重点解决并实现全局跨制式安全保障水平提高。通过多制式全局 RAMSI 与运能关系、跨制式关键风险识别、预警感知-分析-响应-处置等的理论技术支撑实现区域轨道交通综合安全保障子系统装备研制，提高多制式全局系统安全冗余能力，增强系统容错能力，提高多制式应急响应效率和多制式应急维修效率，增强应急情况下运输组织水平，减少跨制式风险发生概率，控制运输秩序紊乱后时空影响范围，保障运输秩序良好运行和紊乱后的快速恢复。

系统从智能信息服务业务出发，重点解决旅客跨制式全出行链信息获取及服务问题。通过出行前的行程规划、出行中的票务管理及换乘引导、出行后的信息反馈收集等技术支撑实现区域轨道交通智能信息服务子系统装备研制，具备关键信息发布在时间、空间、对象等方面的覆盖度，实现客流与运输组织的匹配，保障旅客高效便捷出行。

系统从运输组织、综合安全保障、智能信息服务业务一体化要求出发，研制基于大数据的一体化平台，提供统一的系统状态管理、通信承载、数据访问接口，以及通用运算及存储等，完成各业务子系统的模块组装，形成一体化的区域轨道交通协同运输与服务系统及成套装备。

7.1.4 类似系统研究情况

区域轨道交通协同运输与服务系统面向区域复合路网，为政府、运营单位、旅客提供多方面、多层次的服务。这种服务透过轨道交通的产品——运输服务予以体现，具体体现在有一套应用系统支撑运输服务的持续、良好地运行。而应用系统则是运用技术手段，通过软硬件的方式将管理要求、服务需求，以及实现或满足这些要求/需要所需要的理论、技术进行体现。

应用系统是理论和技术的具体展现，对理论和技术进行验证，也是管理要求的具体落实。应用系统按照传统 IT 系统的设计方法，构建系统框架，开展功能分配，确定系统界面，进行接口设计，形成安全设计，提出性能要求。

国外针对复杂的轨道交通系统开展了研究，并形成了相应的系统。20 世纪 90 年代欧洲 6 个 UNIFEE 成员耗时数年联合制定了欧洲铁路运输管理系统(the European railway traffic management system，ERTMS)的技术规范，从标准层面规范了欧洲各国铁路控制和指挥系统。ERTMS 由欧洲列车控制系统(ETCS)和铁路专用无线系统(GSM-R)两部分组成，它不仅使欧洲联盟各国铁路系统互相兼容，还带来了互操作性。日本铁道技术研究所(railway technical research institute，RTRI)在 2001 年成立了 Cyber Rail 特别兴趣小组(SIG)来促进 Cyber Rail 系统体系结构的研制和专有技术的开发，解决多种交通服务提供商的协同问题。Cyber Rail 的基本结构既是一个运用 IT 技术的计算机交通空间，也是一个多式联运的自动控制交通系统。

不难发现，虽然 ERTMS 面向欧洲多个国家、地区的多条铁路建立了统一的控制系统和指挥系统，并解决了不同国家不同信号制式互联互通问题，但是都是铁路系统，缺少地铁、有轨电车等其他交通制式；日本 Cyber Rail 主要侧重于信息服务这一业务领域，并未提及运输业务的协同。虽然法国法兰西岛运输联合会和纽约都市圈大都会运输署通过建立协同管理机制，加强行车调度、信息共享、换乘衔接等方面的运营组织效率，使得各运营主体通过良好的分工与协作为旅客提供更加优质的一体化出行服务，但是并未见多制式的协同运输与服务系统。

目前，还没有面向区域多种轨道交通制式协同运输组织、综合安全保障、智能信息服务多种业务的一体化系统。

7.2　业务应用场景分析

区域轨道交通协同运输与服务系统以运输为核心，以综合安全保障为支撑，以信息服务为表现，围绕着旅客需求及协同运输计划，基于系统的状态能力提供运输服务。区域轨道交通协同运输与服务系统应用功能场景总体框架如图 7-2 所示。

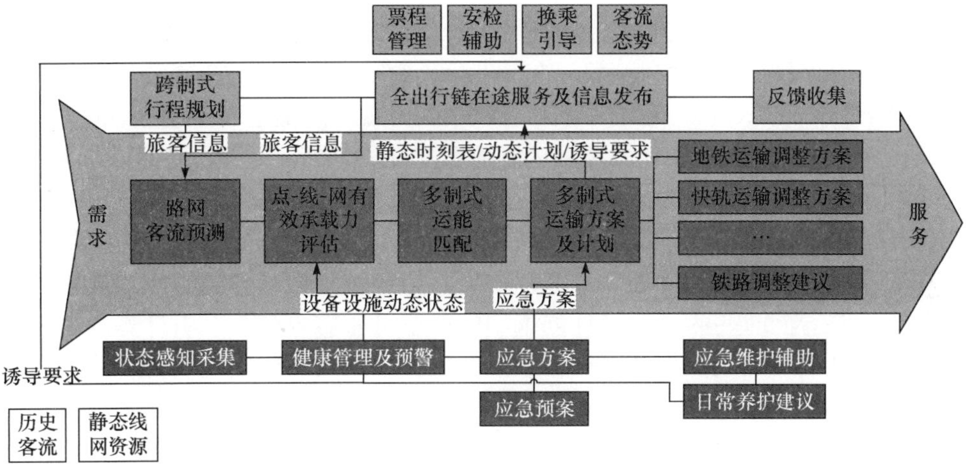

图 7-2　区域轨道交通协同运输与服务系统应用功能场景总体框架

协同运输组织依托历史客流数据，以及通过旅客智能信息服务业务感知的实际客流、基于综合安全保障所要求的客流诱导需求，开展区域多制式复合路网客流态势分析与预测。结合点-线-网的资源情况和状态进行承载能力评估，对多制式运能进行匹配，采用“一张图”编制区域多制式协同的运输方案及计划，并输出给各个制式，形成调整方案或调整建议，最终转化为控制指令，为旅客提供运输服务。

综合安全保障则首先基于历史案例、管理要求和对象特征，构建案例库、明确风险等级、建立失效模型、形成应急预案。同时，对影响区域多制式协同的关键对象如客流、机电设备等进行状态感知采集，进行风险预测与故障预警；结合应急预案形成应急方案，输出给协同运输部分进行运输方案和计划调整，并输出给智能信息服务提出诱导要求，为应急维护提供辅助服务或为日常养护提供建议。

智能信息服务面向旅客全出行链提供信息服务，感知旅客出行需求及客流发展态势，为旅客提供行程规划、票程管理、安检服务、换乘引导等，在旅客全出行链环节提供在途服务及信息发布。旅客出行结束后，收集旅客出行反馈并为后续旅客出行服务积累信息。

7.2.1　协同运输场景

区域轨道环境中包括多种制式的轨道交通，本书充分考虑区域网络和运输资源来构建多制式协同运输场景。为了协同完成运输任务，需要充分考虑客流的需求及特征，根据网络情况及运输资源情况，在有效承载能力范围内指定协同运输计划，通过协同组织执行运输计划，最终为旅客提供高效便捷的出行服务。

协同运输的完成都是基于区域轨道交通网络的，而区域轨道交通网络与单制式的轨道交通不同，它是根据线路、枢纽基础信息构建多制式的复杂网络，分析网络的特征并实现网络中路径的搜索。协同运输的需求是区域内的客流，通过数据预处理及挖掘 AFC、视频监控等获取历史、实时的客流数据，基于处理后的数据对客流时空分布特征和客流灵敏度进行分析，在分析的基础上对数据进行预测并进行客流分配，最终得到多角度、多粒度和多场景的预测客流。

为了保障运输计划的有效性和科学性，需要区域轨道交通的车站、线路、网络提供有效的承载力，以区域网络结构特征和区域运输资源为基础，分析点-线-网的有效承载力，识别网络能力的瓶颈并提出优化建议。在静态分析的基础上，考虑客流时空特征、网络结构特征、区域运输资源、协同运输方案和有效承载力瓶颈优化建议，进行不同方式及枢纽间运能匹配评价，完成枢纽和区域路网运能规划方案及建议、枢纽及路网运能调配方案。

区域轨道交通运输中最为核心的是运输计划的编制与调整，针对客流预测数据，结合网络结构特征和区域运输资源进行多制式运输方案一体化协同编制，包括列车开行方案、列车运行图、车底周转计划、乘务计划等，结合应急需求和事件演化规律，进行协同方案动态调整。同时，为了保证计划编制的科学可靠需要列车牵引计算及仿真结果作为保障。运输计划的完成需要协同运输组织的配合，高效的调度是践行运输计划最为直接的反映，而运输计划也可给出多制式调度实施、联程联运等的实施建议。

区域轨道交通协同运输场景总体描述如图 7-3 所示。

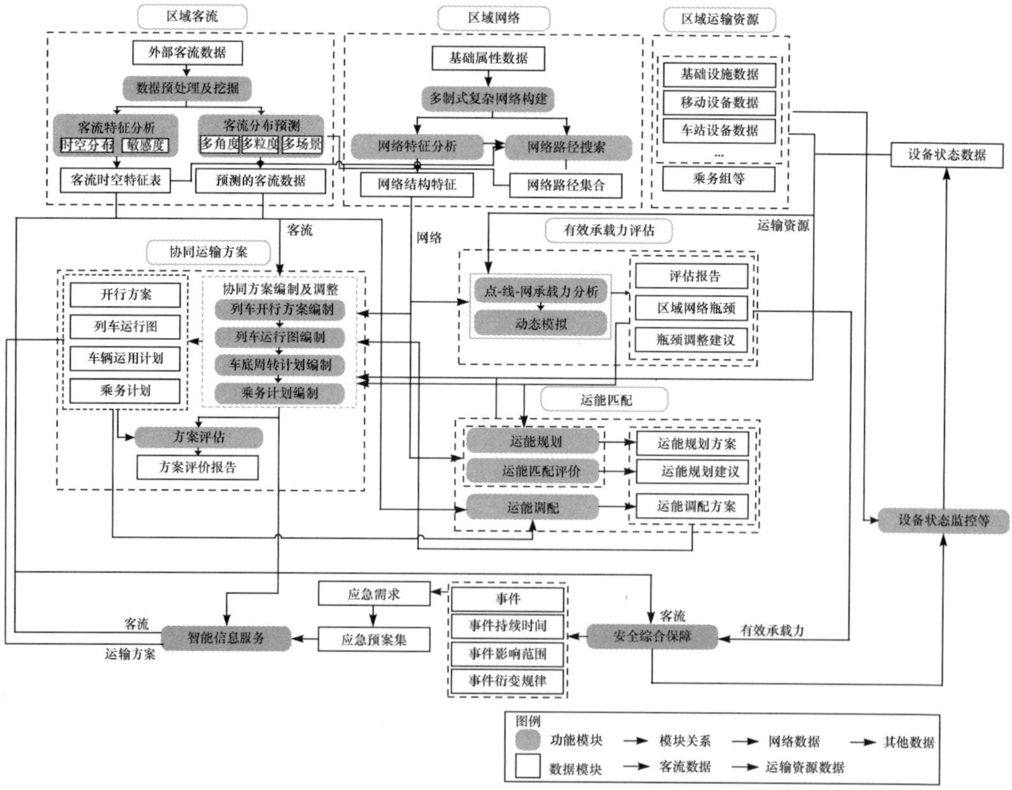

图 7-3　区域轨道交通协同运输场景

7.2.2　综合安全保障场景

轨道交通系统是一个在时间、空间分布很广的开放动态系统，轨道交通旅客运输风险因素错综复杂，涉及面广。轨道交通系统也是一部大联动机，各种行车设备连续运行，百万职工日夜不间断地工作，社会治安环境和气候环境经常变化，影响安全的风险因素比较多，尤其在路网规模不断扩大、高速铁路迅速发展、新技术装备大量投入使用的情况下，安全风险问题更加凸显。结合轨道交通运行特点，借鉴国内外相关研究成果，根据《生产过程危险和有害因素分类与代码》(GB/T 13861—2009)、《企业职工伤亡事故分类》(GB 6441—1986)以及相关文件，与其有关的危险因素可分为以下四类。

(1) 人的因素。在引起事故的诸多因素中，人的因素是关键性因素，轨道交通系统内多个部门的决策者、管理者以及作业人员和参与运输的旅客，他们的个人安全意识、状态和能力都会对轨道交通的安全造成影响。

(2) 设备因素。各种设备既是实现安全保障目标的物质基础，其不安全状态也是引起事故的直接原因之一。

(3) 环境因素。环境可能是影响安全的灾害因素，又可能是应予保护的社会财富。

(4) 管理因素。运行过程中人的行为或者设备的状态发生不安全转变，其根本原因在于管理上的不足。

因此，必须对各类危险因素进行合理的组织管理才能充分发挥各自的效能，最大限度地保障行车安全。根据对区域轨道交通复合网络综合安全保障在时间处置上的不同，从离线和在线两个角度分别分析其应用场景。针对离线场景，主要研究综合安全保障的各种技术、方法、策略，提前建立标准化的安全风险分类、定量化评估规则和案例库、预案、管理制度、手册等；针对在线场景，则重点通过装备和系统，建立对现场风险状态的实时感知和分析，并提供应对措施与应急响应和处置。

安全是指没有受到威胁且没有危险、危害和损失。安全是在人类生产过程中，将系统的运行状态对人类的生命、财产、环境可能产生的损害控制在人类能接受的水平以下的状态。轨道交通运输系统是为大众提供运输服务的生产系统，就是要保证旅客的生命财产不受损伤，保持货物完整无缺地工作。换言之，就是要提前识别风险、降低发生的概率，在风险发生后控制其影响时间和空间。轨道交通系统安全风险管理的核心是：预防为主，关口前移，过程控制，应急处置。

区域轨道交通复合网络综合安全保障不仅要识别与人相关的因素(如客流、轨道交通参与者的行为等)，还要掌握关键设备和设施的特性、状态、环境(如天气、温湿度等)，以及管理方面相关的制度、流程等。研究对象的特征提取技术，建立关键设备识别方法，依托历史数据有效识别风险并建立预案库，结合经验教训优化完善管理制度与流程，是综合安全保障的信息基础。

轨道交通相关的对象并非静止的，在其静态属性的基础上掌握其发展变化趋势，可以提前做好预判和准备，避免危险的蔓延和扩大。探究对象建模方法和故障失效演变机理，构建包含客流、车辆、线路等在内的轨道交通复合安全动态模型，研究人-机-物融合感知和故障预测与健康管理技术，提供发现问题和解决问题的方法，是综合安全保障的执行核心。

图 7-4 是区域轨道交通安全风险识别、分析、处置的过程场景图。

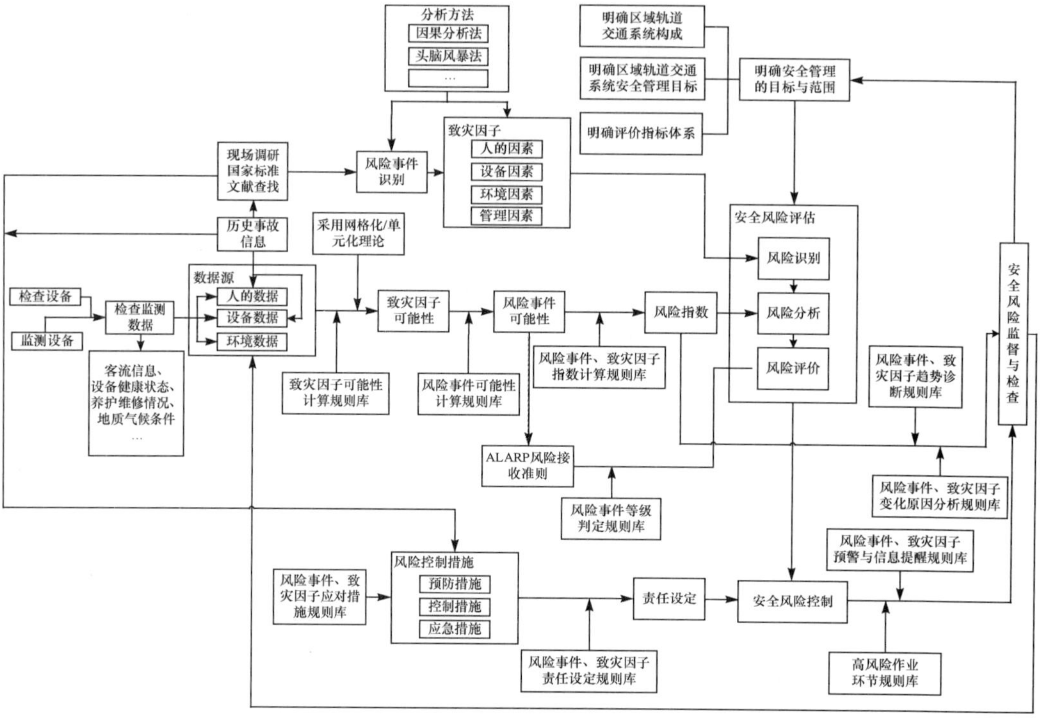

图 7-4　区域轨道交通安全风险识别、分析、处置的过程场景图

首先，明确区域轨道交通安全保障的关键性目标，确定管理的范围、准则与核心问题。然后，进行区域轨道交通安全风险的分析识别，形成标准化的安全风险识别、分析方法，分析研究区域轨道交通风险可能性量化指标及相应动态计算模型、风险等级判定规则等，形成相应的安全风险知识库。最后，通过应用系统的方式在现实世界中感知、获取、分析、预警并响应。

基于对区域轨道交通复合网络运输系统的安全风险相关信息的分析与梳理、安全风险分析与处置关键技术的研究，通过部署应用系统，对安全风险进行感知(awareness)、获取(acquire)、分析(analysis)、预警(alarm)、响应(answer)、维护(action)，实现对实际安全故障的全链条管控。在线安全保障管控模型如图 7-5 所示。

此外，轨道交通的安全风险也存在不同等级，针对不同等级采取适宜的措施可以更高效地处置风险。参照国际标准 IEC 62278—2002 和国家标准《轨道交通 可靠性、可用性、可维修性和安全性规范及示例》(GB/T 21562—2008)关于可能性划分等级的规定，将轨道交通安全等级风险可能性划分为 5 个等级，即Ⅰ(经常)、Ⅱ(可能)、Ⅲ(偶尔)、Ⅳ(很少)和Ⅴ(不可能)，GB/T 21562—2008 关于可能性的划分等级如表 7-1 所示。当可能性处于等级Ⅰ时，风险处于预警危险区；当可能性处于等级Ⅱ时，风险处于预警区；当可能性处于等级Ⅲ时，风险处于预备预警区；当可能性处于等级Ⅳ时，风险处于潜在风险区；当可能性处于等级Ⅴ时，风险处于正常生产区。参照该标准的规定，将可能性从高到低分别用红色、橙色、黄色、蓝色和绿色表示。

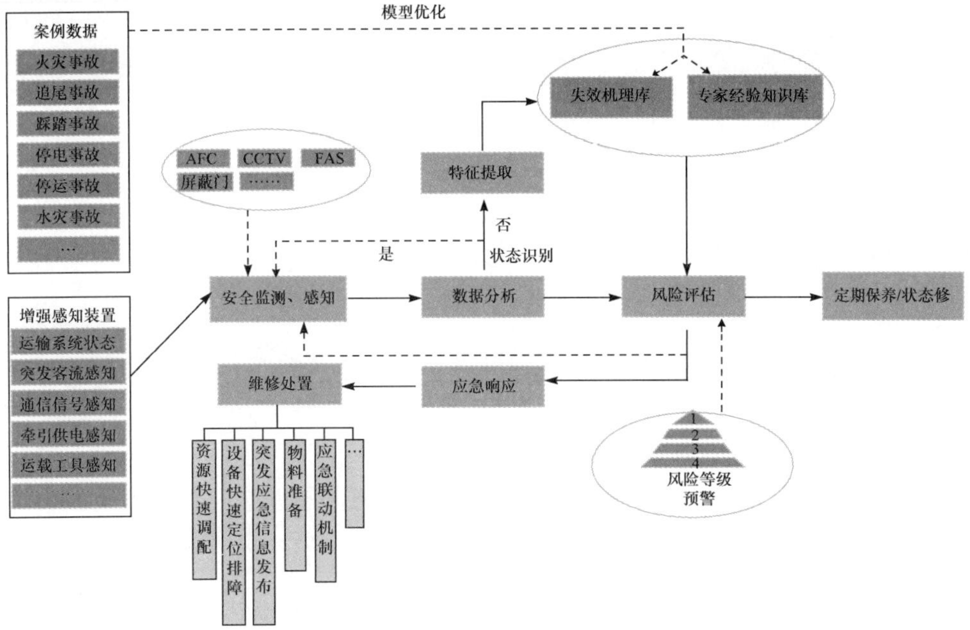

图 7-5　在线安全保障管控模型

表 7-1　GB/T 21562—2008 关于可能性的划分等级

可能性等级	说明	颜色表示	风险区域	风险可能性范围
Ⅰ	经常	红色	预警危险区	$[10^{-1}, 1]$
Ⅱ	可能	橙色	预警区	$[10^{-3}, 10^{-1})$
Ⅲ	偶尔	黄色	预备预警区	$[10^{-4}, 10^{-3})$
Ⅳ	很少	蓝色	潜在风险区	$[10^{-5}, 10^{-4})$
Ⅴ	不可能	绿色	正常生产区	$[0, 10^{-5})$

针对区域轨道交通的综合安全保障的关键对象，特别是复合路网中存在互相影响的对象，通过对象属性建模和失效演化建模，分析对象的特征变化趋势、故障蔓延过程，按照对象分类、事件分级等综合因素建立分层分级的预防措施、重点监测点、应急处置预案。

其中，轨道交通系统中的重要安全模型包括以下几种。

(1) 客流模型。

(2) 车辆模型。

(3) 线路及关键工务设备模型。

(4) 重点车站/枢纽模型。

(5) 关键机电设备模型。

(6) 关键管理流程模型。

根据应急预案处置的事件类型不同，面对存在跨制式影响、蔓延的事件，轨道交通应急预案主要包括以下方面。

(1) 自然灾害类。

(2) 恐怖袭击类。

(3) 火灾事故类。

(4) 治安突发事件。

(5) 客运组织突发事件。

(6) 行车计划调整。

(7) 机电设备故障。

(8) 通信信号设备故障。

(9) 线路及道岔故障。

(10) 供电设备故障。

(11) 车辆故障。

7.2.3 智能信息服务场景

在区域轨道交通中，以旅客视角出发，从出行的时间顺序看，旅客出行的全出行链可划分为出行前、出行中和出行后三个阶段，如图 7-6 所示。各阶段旅客所处的位置、需要获取的信息和服务各不相同。

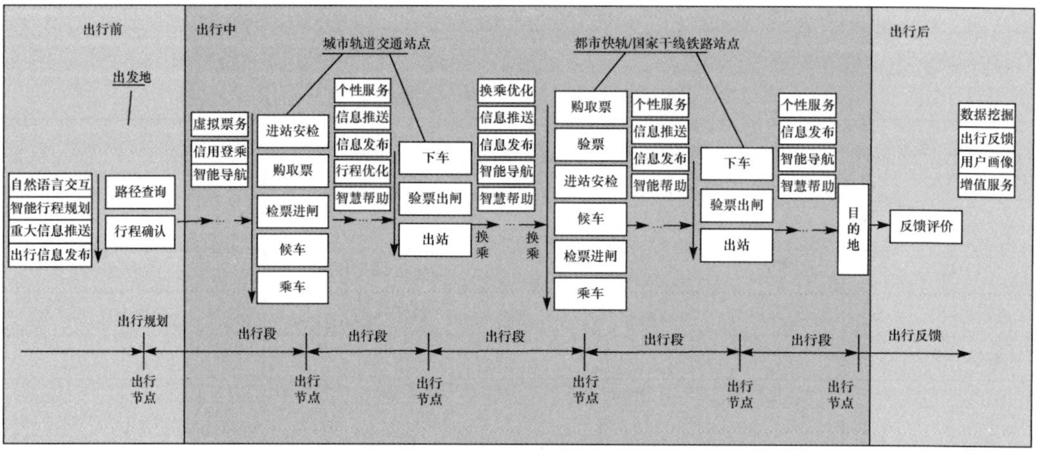

图 7-6　旅客全出行链场景

(1) 出行前为旅客出行的准备阶段，主要为行程规划和决策的过程。旅客通过智能信息服务提供的信息辅助和经验做出出行决策，包括出行方式选择、出发时间确定和出行路径规划等。在此过程中智能信息服务提供相应的智能规划、信息发布和信息推送等服务，涉及的信息包括但不限于：城市轨道交通线网信息；线路接驳、换乘方案；位置、站点信息；行程时间信息；交通运行状态信息；行程费用信息；天气、重大活动信息等。

(2) 出行中为在途阶段，是旅客执行计划和路径的过程。旅客通过智能信息服务提供的信息辅助来判断其出行计划能否顺利执行，以及如何适当调整保证其顺利执行，并根据天气、路况、列车的运行状态等相关的实时信息确定实际出行路径，或根据相关实时信息调整行程或放弃行程。旅客在出行中会经历从目的地出发、辅助交通方式前往轨道交通站点、购票、安检、进站、候车、上车、换乘、下车、出站、换乘辅助交通方式、到达目的地的过程，智能信息服务在每一个环节提供相应的票务、登乘、导航、信息发布和推送、智慧帮助等服务功能，涉及的信息包括但不限于：线路接驳、换乘方案；位置、站点信息；行程时间信息；交通运行状态信息；天气信息等。

(3) 出行后的阶段，主要为旅客对整个出行的感知和反馈，同时是智能信息服务系统的自我学习和完善的阶段。智能信息服务系统收集旅客的行程反馈和评价，通过数据挖掘来确定保持、调整和优化整个行程服务的策略与措施，对旅客出行过程和出行反馈的分析，能够在旅客后续出行中推送符合旅客预期的行程方案，并为旅客提供更多的增值服务。

通过上述场景可以发现，旅客的出行链过程中，主要过程是出行中，包括进站(含进入车站、等候及上车)、多次换乘(含下车-等候-上车)、出站(含下车、离开车站)环节，对于部分站外换乘的跨制式旅行，在换乘环节也存在离开车站和进入车站。全出行链中，客票是一个重要的媒介，并贯穿全过程。此外，还有购票前的信息查询、行程规划，以及出行结束后的信息反馈和评价工作，过程涉及大量的内部、外部信息，旅客接触到多种形式的终端进行信息交互。

7.3　系统架构设计

系统架构设计的重点在于系统的逻辑架构，依托基于大数据的一体化平台，本系统包括主要的三大模块：协同运输、综合安全保障、智能信息服务。此外，本系统还需要综合感知增强、出行信息服务平台等辅助模块的配合。

7.3.1　系统分层架构

应用系统依托大数据中心和一体化平台，整合协同运输、综合安全保障、智能信息服务三大业务，提供集中化的信息加工处理和服务，形成区域轨道交通协同运输与服务中心。结合物联网的感知、网络、平台、应用四个层次，在现场部署增强感知终端，获取客流、关键设备状态等信息，并通过网络传递到大数据中心，由系统应用中心综合各种资源进行加工处理后，形成运输组织安排、综合安全保障指令、旅客智能信息服务等，再通过网络提供给现场终端、用户侧终端或者相关业务系统使用或执行。系统分层架构图如图 7-7 所示。

复合交通网络协同调度指挥及综合安全保障中心(简称中心)为应用系统的核心，它一方面搜集由综合感知增强模块提供的状态及事件感知信息；另一方面搜集由出行信息服务平台提供的旅客出行需求及相关信息，并对信息进行加工处理，继而为出行信息服务平台提供旅客综合服务信息，出行信息服务平台公布的信息与旅客智能终端交互，为旅客出行提供更加便捷的服务信息。

中心的实现与列车调度紧密相关。中心生成的运输计划的实施需多制式轨道交通的运输与服务中心共同完成，包括干线铁路、城际铁路、市域(郊)铁路及城市轨道交通。中心为各制式运输与服务中心提供决策信息、指令信息等，实现多制式轨道交通调度指挥的协同联动，同时各运输与服务中心为中心提供监控信息、请求信息和执行反馈。各运输与服务中心对现场设备进行资源调度并提供指令信息，同时现场设备将现场信息和执行反馈传输给运输与服务中心。

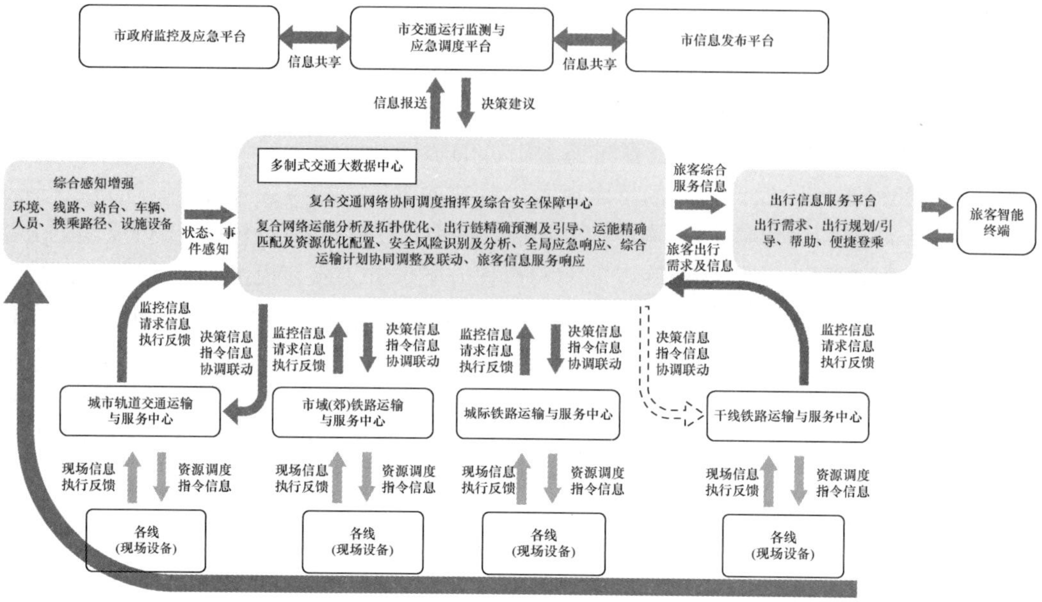

图 7-7　系统分层架构图

此外，中心与市交通运行监测与应急调度平台紧密相关，中心为市交通运行监测与应急调度平台报送运输执行信息，市交通运行监测与应急调度平台为中心提供运输决策建议。

7.3.2　一体化系统

区域轨道交通协同运输与服务系统是一个面向区域轨道交通(图 7-8)，依托包含大数

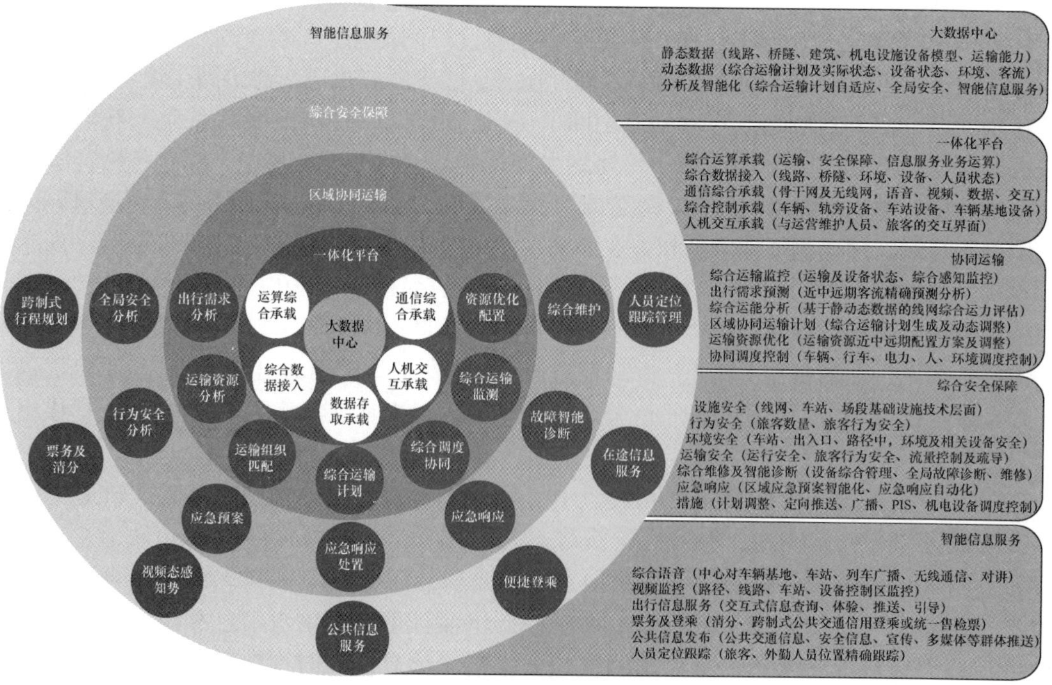

图 7-8　一体化系统示意图

据中心的一体化平台，由区域协同运输、综合安全保障和智能信息服务等子系统构成的一体化系统。区域协同运输与服务一体化系统将各业务功能模块按照数据、深度运算、实时运算、通信、输入输出、驱动、外部通信接口、控制、视频等技术类别进行分解，将各业务功能按技术类别分解，再按技术类别整合部署到一体化系统平台中，实现运算、通信、存储资源共享、数据综合、统一界面、业务一体的目标。

7.4　系统功能设计

系统功能设计主要包括系统总体功能设计以及系统核心组成部分设计。系统总体功能设计明确了区域轨道交通协同运输与服务的功能范围及核心功能。系统核心组成部分设计主要围绕区域协同运输、综合安全保障、智能信息服务三大核心业务展开。

7.4.1　系统总体功能设计

复合网络协同运输及综合服务系统依托一体化平台，包括区域协同运输、综合安全保障和智能信息服务三大核心业务，如图 7-9 所示。一体化平台基于大数据中心，需具备运算综合承载、综合数据接入、通信综合承载、数据存取承载、人机交互承载等功能。区域协同运输的主要功能包括出行需求分析、运输资源分析、运输组织匹配、综合运输计划、综合调度协同、综合运输监测和资源优化配置等。综合安全保障则具备全局安全分析、行为安全分析、应急预案、应急处置方案、应急响应、故障智能诊断和综合维护等功能。智能信息服务主要提供行程规划、票务及清分、视频态势感知、公共信息服务、便捷登乘、在途信息服务和人员定位跟踪等功能。

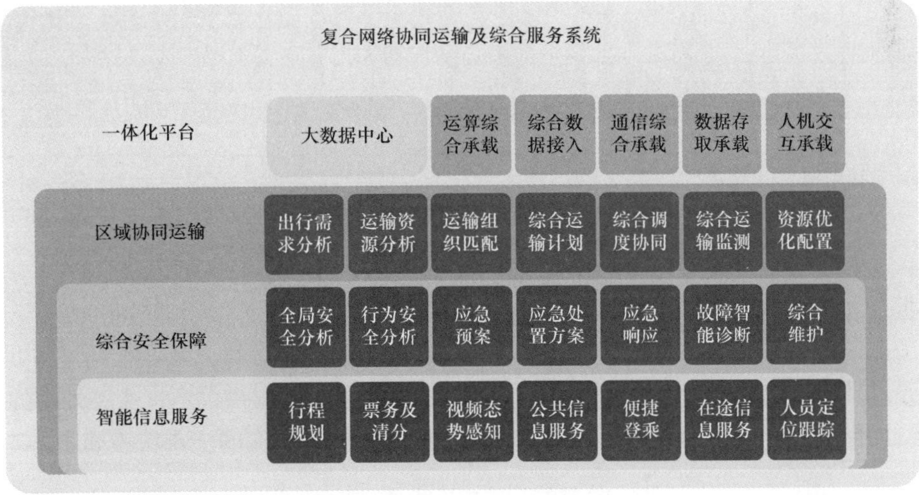

图 7-9　系统总体功能示意图

7.4.2　区域协同运输功能设计

协同运输涉及的核心功能主要有出行需求分析功能、运输资源分析功能、运输组织匹配功能和综合运输计划编制与调整功能。出行需求分析功能是针对多制式区域轨道交通复杂路网特点，建立基于出行链和大数据的区域轨道交通客流预测方法。运输资源分析功能是从网络特征、客流特征、服务水平、运营安全等方面入手，研究区域轨道交通有效承载力影响机理，构建面向旅客与运营部门等多主体的、服务水平与运营效益等多尺度的、点线网一体化的区域轨道交通有效承载能力评估体系。运输组织匹配功能是从多制式区域轨道交通运能匹配及路网总体运输能力最大化目标出发，研究区域轨道交通不同方式及枢纽间运能匹配机理和运能匹配度评价方法，形成保障旅客畅通出行的基于时空一体化的区域轨道交通运能匹配协调技术。综合运输计划编制与调整功能是以区域轨道交通高效、快捷及无缝换乘为出发点，以运输方案编制这一区域轨道交通运输的核心关键为突破口，构建多制式区域轨道交通运输方案编制协同优化理论与技术。

此外，为了更好地实现核心功能，还需要综合调度协同、综合运输监测、资源优化配置等辅助功能配合。综合调度协同分别从综合运营作业调度和综合人员调度两个方面实现其功能，综合运输监测功能主要用于监测客流的状态、运输计划及执行情况，资源优化配置功能则是通过动态调整运输资源，实现运输资源的优化配置(图 7-10)。

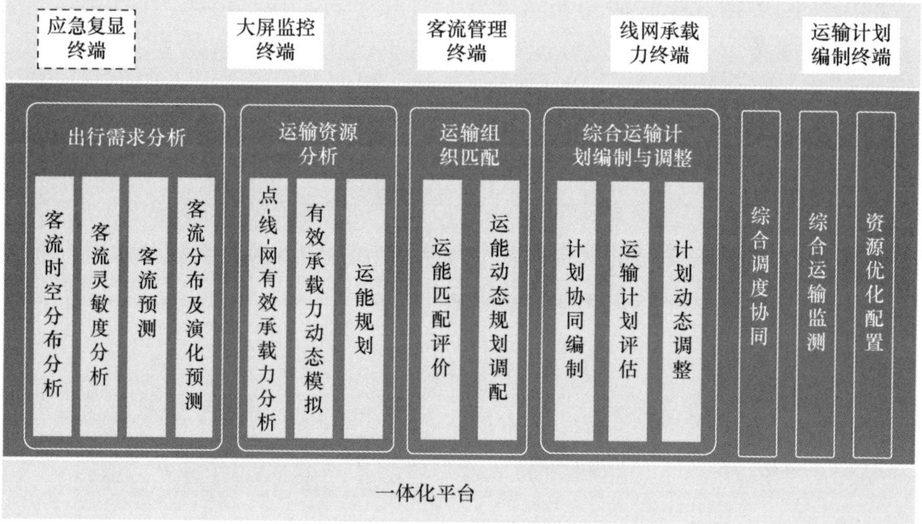

图 7-10　协同运输主要功能

协同运输子系统包括中心功能和终端功能两大部分，中心通过接口采集线路、客流等基础数据，实现客流预测、点-线-网有效承载力评估、运能匹配与动态规划，以及多制式计划协同编制、调整等功能。为了更好地实现协同运输功能高效运行，服务器为其提供硬件保障；业务人员通过终端进行业务操作处理，同时针对应急管理提供仅不带业务处理的应急复显终端。协同运输系统面向不同用户提供不同功能，不同客户端的主要功能如表 7-2 所示。

表 7-2　协同运输主要终端的主要功能

终端	主要功能
客流管理终端	实时客流监测、指标分析
线网承载力终端	展示点-线-网构成关系、各自承载力及衔接关系，以及能力匹配情况和状态预警

续表

终端	主要功能
运输计划编制终端	运行图、车底、乘务等一体化编制
大屏监控终端	实时监控、应急指挥

从最大限度节省旅客跨方式旅行时间的目标出发，进一步深入研究区域轨道交通联程联运、枢纽换乘、运力调配等协同运输组织理论，研制开发集需求预测、承载力评估、运能匹配、运输方案精细化编制、运输组织决策于一体的区域轨道交通协同运输子系统，完成测试验证。协同运输的主要功能及描述如表7-3所示。

表7-3　协同运输的主要功能及描述

功能点		功能描述	输入	输出
出行需求分析功能	客流时空分布分析	针对旅客出行链数据，分析出行链时空分布特征	预处理后的客流及出行链数据	出行链时间特征和空间特征
	客流灵敏度分析	提取敏感性因素，分析相关敏感性因素对客流的影响程度	票价、票制、人口规模等相关敏感性因素	敏感性因素对客流的影响程度
	客流预测	基于客流分析结果和客票相关数据，对相关数据进行预测	客流分析结果，客票数据、AFC数据等多源异构数据	预测客流数据
	客流分布及演化预测	依托多制式复杂网络进行客流分配并预测网络中的客流分布及演化规律	预测客流数据、复杂网络路径集合	不同粒度网络客流分布结果
运输资源分析功能	车站与枢纽有效承载力分析	提取车站与枢纽有效承载力影响因素，计算并分析车站与枢纽有效承载力，评估问题与瓶颈，并提出相关建议	区域运输资源、客流特征	车站及枢纽有效承载力分析结果、问题及建议
	线路有效承载力分析	分析线路有效承载力影响因素，计算并分析线路有效承载力，评估问题与瓶颈，并提出相关建议	区域运输资源	线路有效承载力分析结果、问题及建议
	区域有效承载力分析	基于区域轨道交通网络模型，计算并分析区域轨道交通线网有效承载力，评估问题与瓶颈，并提出相关建议	区域运输资源、多制式复杂网络结构特征、客流特征	区域轨道交通线网有效承载力分析结果、问题及建议
	有效承载力动态模拟	评估路网有效承载力的瓶颈并给出调整建议，动态模拟路网有效承载力的变化趋势及优化建议	区域运输资源、多制式复杂网络结构特征	路网固定瓶颈，路网动态瓶颈，瓶颈调整建议，路网有效承载力动态分析结果、变化趋势及优化建议
	运能规划：枢纽、区域	结合客流信息、路网结构特征、有效承载力分析和区域运输资源，完成枢纽和区域运能规划	客流信息、路网结构特征、有效承载力分析结果及建议、区域运输资源	枢纽、区域运能规划方案
运输组织匹配	系统与需求运能匹配评价	考虑区域轨道交通有效承载力，分析运输系统承载力与客运需求匹配度	客流信息、区域有效承载力分析结果及建议	区域路网运能规划建议

续表

功能点			功能描述	输入	输出
运输组织匹配		枢纽运能匹配评价	考虑枢纽内设施设备承载力、客流信息和运输方案，分析枢纽内各设施设备与枢纽运能匹配程度	区域运输资源、客流信息、枢纽有效承载力分析结果及建议	可通过三维模型展示枢纽内各设施设备的运能匹配情况
		供需匹配评价	考虑区域路网有效承载力、客流信息和运输方案，分析路网运输能力供给与客运需求匹配程度	客流信息、区域有效承载力分析结果及建议	供需总量、结构匹配度评价结果
		枢纽运能调配	基于枢纽运能匹配评价结果编制枢纽运能调配方案	枢纽运能匹配评价结果	枢纽运能调配方案
		路网运能调配	基于供需匹配评价结果编制路网运能调配方案	供需匹配评价结果	路网运能调配方案
综合运输计划编制与调整	运输计划编制	开行方案编制	基于客流预测数据和网络运输资源制订列车开行方案	预测客流数据、网络结构特征、区域运输资源	列车开行方案
		运行图编制	基于列车开行方案，结合各运行主体需求，编制运行图	列车开行方案、牵引计算结果、区域运输资源	列车运行图
		车底周转计划编制	结合列车运行图，编制车底周转计划	列车运行图、区域运输资源	车底周转计划
		乘务计划编制	基于列车运行图，编制乘务计划	列车运行图、车底周转计划、区域运输资源	乘务计划
		运输计划评估	结合仿真结果和运营数据对编制的协同运输方案进行评估	编制的方案、运营数据	方案评价报告
	运输计划调整	开行方案调整	结合应急需求和事件信息，调整列车开行方案	应急需求、事件信息、调整前开行方案	调整后的开行方案
		运行图调整	结合计划运行图信息、调整后的开行方案、应急需求和事件信息等调整运行图	应急需求、事件信息、调整后的开行方案、调整前运行图	调整后的运行图
		车底周转计划调整	结合调整前车底周转计划、调整后的运行图、应急需求和事件信息等调整车底周转计划	应急需求、事件信息、调整后的运行图、调整前车底周转计划	调整后的周转计划
		乘务计划调整	结合调整前乘务计划、调整后的运行图信息、车底周转计划、应急需求和事件信息等调整乘务计划	应急需求、事件信息、调整后的运行图、调整后的车底周转计划、调整前乘务计划	调整后的乘务计划
综合调度协同		综合运营作业调度	依照综合运输计划，调度各制式、各专业调度人员开展运营作业，包括行车调度、供电调度、环境调度、维护调度、旅客调度	编制的方案，运营数据，供电、环境、维护状态数据	调度指令，决策信息
		综合人员调度	依照综合运输计划，调度各制式、各专业的外勤人员、旅服人员、司机、维修人员开展相关作业	编制的方案，运营数据，人员情况数据	调度指令，决策信息
综合运输监测		运行图监测	综合监测各制式运行图完成情况	列车运行图	实际运行图，列车位置及状态
资源优化配置			调整运输资源配置和运用；根据运用统计结果，生成资源优化配置方案	运输资源动态数据	资源配置方案

7.4.3 综合安全保障功能设计

综合安全保障子系统通过感知终端获取复合运输系统运行状态，包括系统中人员、设备设施及关键衔接部位的状态，依托系统故障失效模型分析判断，进行全局安全分析、预防性日常维保或者应急响应处置。

(1) 安全关键信息采集感知及传输：采用基于人-机-物融合系统的感知技术和物联网技术，针对区域轨道交通中关键设备设施、环境、客流等安全相关信息进行采集感知和传输，主要依赖于传感器布局、网络构建、能耗优化、数据预处理及带宽优化等关键技术。

(2) 安全监测数据融合及处理：依据干线铁路、城际铁路、市域(郊)铁路、城市轨道交通等不同制式轨道交通系统以及运输、运维、信息、客流等不同子系统来源的感知信息，采用信息融合理论与技术对以上这些数据进行预处理、融合、挖掘、特征提取，为区域轨道交通复合网络风险的动态识别与评估提供信息来源和依据。

(3) 故障智能诊断及维护：采用复杂系统故障诊断方法、智能维护决策方法研究关键设备设施的故障诊断及智能维护，为研究建立以应急处置和风险防控为核心的在线安全保障机制提供决策依据。

(4) 应急处理机制：基于区域轨道交通复合网络风险的动态识别与评估以及关键环节故障诊断及智能维护决策的信息输出，采用基于状态修的智能维护技术、基于协同优化的应急处置技术等，实现以状态修和运维优化为核心的区域轨道交通风险防控机制和以应急联动为核心的区域轨道交通应急处置机制。

(5) 综合维护：基于静态监测数据、综合结构化动态监测数据、安全分析结果等，根据运输需要及各专业设备损耗规律，有计划、按周期地对设备进行更新和修理，以恢复设备的结构强度，全面改善设备状态，保持设备质量均衡[172]。

综合安全保障子系统基于一体化平台，构建包括中心服务-应用终端的层级，具体如图 7-11 所示。

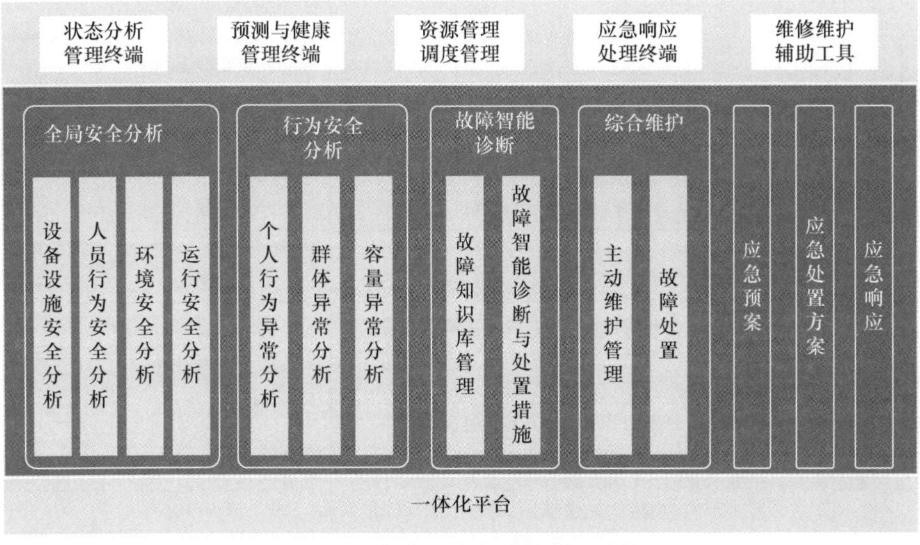

图 7-11　综合安全保障的主要功能

综合安全保障子系统面向不同用户提供不同功能，不同客户端的主要功能如表 7-4 所示。

表 7-4 综合安全保障主要终端的主要功能

终端	主要功能
状态分析管理终端	设备状态的分析、统计与展示
预测与健康管理终端	进行设施设备的故障预测与健康管理
资源管理调度管理	对维保资源等进行调度
应急响应处理终端	进行应急响应处理和应急指挥
维修维护辅助工具	辅助综合维护处理

综合安全保障子系统包括全局安全分析、行为安全分析、应急预案、应急处置方案、应急响应、故障智能诊断和综合维护 7 个功能模块。具体功能描述与划分如表 7-5 所示。

表 7-5 综合安全保障的主要功能及描述

功能点		功能描述	输入	输出
全局安全分析	设备设施安全分析	区域轨道交通复合系统中关键节点、路径或跨制式衔接部位，包括线网内机电系统设备的运行安全	静态监测数据、综合结构化动态监测数据	设备设施安全分析结果
	人员行为安全分析	包括旅客和外勤人员的公共行为与个体行为	视频监控数据、静态监测数据、综合结构化动态监测数据、个体行为异常分析结果	个体行为安全分析结果
	环境安全分析	包括跨制式交通系统内车站、车辆的温度、湿度、照明、火灾、水灾等	视频监控数据、静态监测数据、综合结构化动态监测数据	环境安全分析结果
	运行安全分析	包括列车运行安全	视频监控数据、静态监测数据、综合结构化动态监测数据	运行安全分析结果
行为安全分析	个人行为异常分析	基于视频分析结果，分析复合网络中的人员行为异常，为全局安全分析组件提供风险指征	视频监控数据、基础静态数据	个体行为异常分析结果
	群体异常分析	基于视频分析结果，分析复合网络中的群体异常，为全局安全分析组件提供风险指征	视频监控数据、基础静态数据	群体异常安全分析结果
	容量异常分析	基于视频分析结果，分析复合网络中的容量异常，为全局安全分析组件提供风险指征	视频监控数据、基础静态数据	网络容量异常分析结果
应急预案		制订、调整和管理应急预案，根据统计分析结果，自动提出不符合要求的应急预案条款，交人工修订	区域轨道交通复合系统应急处置机制	应急预案
应急处置方案		制订、调整和管理应急方案，遇突发事件，自动决策采用应急预案，待人工确认，通过调整综合运输计划和采取全专业综合调度、自动控制、综合维护、旅客服务等措施，迅速恢复正常运营	区域轨道交通复合系统应急协调与调整机制、应急预案	应急处置方案

续表

功能点		功能描述	输入	输出
应急响应		根据应急处置方案，启动应急资源(通信资源、人力资源、应急物资等)，实现高效应急处置	区域轨道交通复合系统应急资源、责任划分机制、应急处置方案	应急响应措施
故障智能诊断	故障知识库管理	编制、优化调整、管理诊断分析区域轨道交通复合系统故障知识库	复杂系统故障诊断方法、专家知识、历史故障数据	故障知识库
	故障智能诊断与处置措施	根据综合监测动态数据，在线分析区域轨道交通复合系统中关键节点、路径或跨制式衔接部位的故障或预测状态，输出处理措施	综合结构化动态数据、资源部署静态数据、故障知识库	故障状态、处置措施
综合维护	主动维护管理	管理区域轨道交通复合系统关键节点、路径或跨制式衔接部位等的设备履历和维护计划，与综合运输计划协调，完成设备主动维护	设备履历、维护计划、综合运输计划	主动维护策略
	故障处置	根据故障诊断结果，与综合运输计划协调，并按计划实现维护调度，以及故障迅速恢复或预故障按计划排除	故障状态、处置措施、综合运输计划	故障处置方案

7.4.4　智能信息服务功能设计

智能信息服务子系统以旅客出行链为主线，采用深度学习技术、大数据融合和挖掘技术，将旅客出行需求同轨道交通有效衔接，构建一站式出行智能信息服务。通过增强现实的智能行程规划、出行引导、“互联网+”信息交互与定向推送，实现信息精准性、即时性和服务途径多元化。该系统主要包括公共信息服务、票务及清分服务、在途信息服务、跨制式行程规划、视频态势感知、便捷登程、人员定位跟踪管理等功能，如图 7-12 所示。

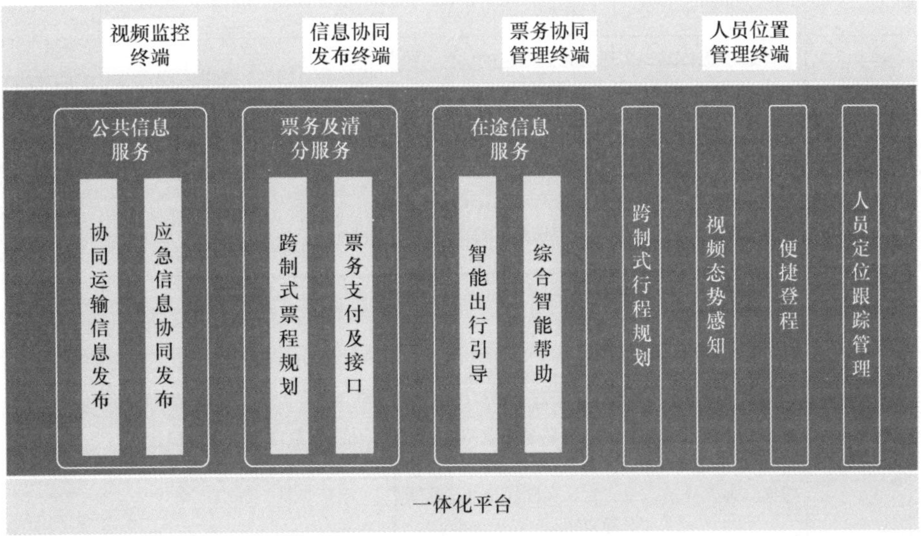

图 7-12　智能信息服务的主要功能

智能信息服务子系统包括中心功能和终端功能两大部分，中心主要完成旅客信息服务各业务协同管理，终端主要面向公众和工作人员提供相应信息服务。智能信息服务主要终端的主要功能如表 7-6 所示。

表 7-6　智能信息服务主要终端的主要功能

终端	主要功能
视频监控终端	实时视频监测、态势感知
信息协同发布终端	进行面向公众的协同运输信息发布和应急信息协同发布
票务协同管理终端	同第三方票务接口管理及相关服务
人员位置管理终端	旅客位置监测及管理

智能信息服务系统面向运营工作人员和出行旅客提供相应的功能，其主要功能及描述如表 7-7 所示。

表 7-7　智能信息服务系统的主要功能及描述

功能点		功能描述	输入	输出
跨制式行程规划		针对旅客出行的不同需求，为旅客提供合理的、可操作的出行方案；并能基于旅客位置、交通网络客流信息等，智能调整行程方案	基础静态数据、旅客位置、OD 需求、综合运输计划、出行约束条件	旅客行程规划
票务及清分服务	跨制式票程规划	针对旅客出行需求，形成旅客行程和票程规划，通过跨制式票程规划，支撑海量用户并发查询的应用需求	基础静态数据、综合运输计划、外部客票数据、出行需求	票程规划结果
	票务支付及接口	支持旅客在同一系统中完成所需的多制式交通工具票务的购买； 支持便捷支付，以及基于信用登乘的第三方票务支付业务交易接口和相应流程规范	确认的行程规划、外部客票数据、旅行者身份	购票交易
视频态势感知		支持通过态势感知实现对人流数量的估计、统计以及自动报警	基础静态数据、视频人流信息	态势感知信息
公共信息服务	协同运输信息发布	支持跨制式列车车次、客流分布、旅行时间、接驳等公共信息服务	综合运输计划、客流信息、信息屏部署静态数据	公共信息发布、视频、广播
	应急信息协同发布	提供应急情况下多制式协同信息机制或方案	综合运输计划、客流分布信息、信息屏部署静态数据	应急信息协同发布方案
便捷登程		支持正常方式登乘及“信用登乘”(如人脸识别、虹膜等生物识别方式)	外部客票数据、旅行者身份	检票确认
在途信息服务	智能出行引导	通过立体路线图及图文引导信息，使用手持终端对旅客实时引导； 将图形化的指引信息与室内场景合成渲染，给予旅客更加直观的精确导航； 根据旅客换乘点信息，为旅客推送个性化换乘引导方案	基础静态数据、综合运输计划、旅客位置、OD 需求	引导方案

续表

功能点		功能描述	输入	输出
在途信息服务	综合智能帮助	支持基于自然语言交互的智能化用户服务，通过手机或服务终端实现交互式帮助，包括设施使用帮助、多制式运输信息查询功能、紧急求助快速响应等帮助服务	旅客帮助需求	旅客帮助响应
人员定位跟踪管理		提供人员出行位置信息管理和室内定位管理功能	旅客信息、认证信息、人员定位	认证确认信息、位置确认信息

7.4.5　一体化平台功能设计

一体化平台基于大数据中心，需具备运算综合承载、综合数据接入、数据存取承载、人机交互承载、通信综合承载等功能。一体化平台的主要功能及描述如表 7-8 所示。

表 7-8　一体化平台的主要功能及描述

功能点		功能描述
运算综合承载	基础组件运算	为业务组件提供包括数据操作、通用运算、冗余控制、组件调度、资源管理、信息安全、系统状态管理、时钟同步等通用运算功能
	核心业务组件运算	承载包括运输、综合安全保障、旅客信息服务等组件的运算
综合数据接入		基于系统内通用数据接口协议实现与综合接口单元/服务器通信，采集各制式、各系统数据，发送对外命令、语言、控制命令等
数据存取承载		面向多种轨道交通制式，存取线路、环境、人员、设施设备等数据
人机交互承载		计划、调度、旅客服务、应急响应、编辑、统计分析等操作界面综合服务
通信综合承载		系统内各组件间数据通信；业务组件与操作终端通信；业务组件与外部系统通信

一体化平台环境定义如下。

(1) 一套软件：该软件专用于轨道交通领域，它对商业操作系统来说是应用软件，但对具体应用业务来说，是轨道交通领域的系统软件，由不同模块组成，可以运行在商业服务器、地面安全平台、车载安全平台等硬件上。

(2) 一套基础数据结构：包括点、线基本数据结构，以及以此构建的进路、道岔、信号机、应答器、轨道电路、计轴、站台门、路口信号机等轨道交通领域特有的基础数据结构和对象结构定义。

(3) 一套基础算法：基础算法，如线路结构的搜索、插入、删除等，以及线路属性数据的遍历、计算等。

(4) 一套专用算法：包括热备逻辑、进路搜索、联锁检查、包络计算等轨道交通特有的计算方法。

(5) 一套通信机制：一体化平台采用轨道电路信号的传输思想，采用不断周期发送数据的机制进行通信，平台内所有“功能模块”都采用该通信机制进行数据交互；该机制能简化系统设计，缺点是数据量大，但可满足轨道交通的安全要求。

(6) 一套系统分层结构：一体化平台把轨道交通系统分为虚拟运算和采集控制两部分；其中，虚拟运算属于纯软件部分，通过组态组件化，在运算介质中运行；采集控制部分被平台与虚拟运算分离，通过它们之间的虚拟模型接口组件连接。虚拟运算划分为人机显示、逻辑核心运算、输入输出三个组成部分。

(7) 一套安全机制：采用系统级同步时钟用于安全运算保证，利用专用“安全取”机制或平台完成安全运算。

(8) 一套数据配置环境：利用基础数据，完成工程上的数据配置和测试验证。

(9) 一套自动测试环境：支持系统纯软件仿真测试、半实物仿真测试、工程化实物测试。

(10) 一套具体采集与控制硬件：既可以使用既有现场执行硬件，也可以提出未来现场使用的通用化硬件设计准则。

(11) 一套组态化系统设计环境：业务设计人员基于该环境，通过组态化方法可快速完成新系统的构建，并支持虚拟仿真、半实物仿真验证和展示。

(12) 一套工程化支撑环境：为工程各阶段输出技术资料、工作指导、管理工作成果、分析，并输出改进建议。

(13) 一套产品化支撑环境：为产品集成各阶段提供操作环境，实现采购管理、生产管理、物资管理等。

一体化平台是各业务模块协同运行的基础，要重点考虑其对业务运行的支撑作用，一般按照如下原则进行设计。

(1) 完整生命周期构建：包括交付应用系统、数据集成验证环境、功能及性能测试验证环境、产品化支撑环境、工程化支撑环境。

(2) 平台分层设计：分为运算及通信平台层、业务层、物理硬件层。

(3) 业务分层设计：分为基础数据结构层、数据基础运算及属性逻辑处理层、对象属性组合逻辑处理层、组合功能层、业务流层。本层组件调用本层和上层组件，且组件间数据接口标准化。

(4) 功能组态化设计：业务层的高层组件应具备良好的通用性，采用通用组件+适配零件的封装方式，保证组态化设计能力。另外，通过组态配置和组件调用流配置方式，实现支持组件组态化集成和调度的设计能力。

(5) 数字化设计：平台层对业务层的支撑组件、基础数据结构层组件、数据基础运算及属性逻辑处理层组件与业务充分解耦，实现纯数学运算和逻辑运算，用原理、公式对业务进行深度抽象。

(6) 业务模块通信解耦设计：业务层不再考虑通信问题，只关注数据的输入输出和组件调用，简化业务复杂度。

(7) 接口标准化设计：业务层与平台层的数据交换采用标准化函数调用，避免通信协议。物理层各智能设备间的通信采用标准通信协议，避免重复开发。

(8) 通用化组件设计：对不同制式交通系统的核心算法、逻辑、功能的共性进行充分提取，保证系统具备良好的多业务可扩展能力。

(9) 一体化设计：通过功能整合，实现一个系统 = 一个平台 + 紧密耦合的业务组件 + 与业务组件充分解耦的物理设备，提高系统的整体时间相关性能。

一体化平台设计说明如下。

(1) 虚实解耦：通过组态化平台将系统分成虚拟运算部分和采集控制部分，通过数据资源池和虚拟设备将逻辑运算和硬件充分解耦。

(2) 多硬件一体化：一体化软件平台可运行在多个设备/服务器上，需要根据性能、计算量、热备要求等进行选择。

(3) 组件监控：一体化软件平台运行在安全平台/通用服务器的操作系统基础软件之上，当一体化平台软件发生错误或故障时，可以由平台/操作系统的资源监控组件进行隔离、杀死、重启。

(4) 跨硬件数据通信：运行在多台服务器、安全平台上的一体化软件之间由数据同步组件互相交换信息，从而构成一个有机整体，即物理上是分离的，但逻辑上是一体的。因此，一体化平台软件之间的热备结构各自清晰，同时需要对相同的数据池之间进行同步，这是一体化平台自身完成的功能。

(5) 同步：每个一体化平台上的同步时钟功能模块都从系统实时钟获得时间信息，并通过同步协议实现各物理设备间的时间同步。

(6) 冗余：运行在不同服务器/安全平台上的一体化软件不分主备，多个相同组件输出的数据由控制设备采用先到先用原则使用数据。

(7) 安全判决：有安全性要求的业务组件应运行不少于 2 个实例，一体化平台软件通过安全设备或安全平台决策选取其中的运行结果，并把运行结果发给其他安全功能模块/安全设备，由安全设备负责对多份数据进行安全判决，实现安全输出。多个安全物理设备通信接口同时发送多份安全数据，由一体化平台软件收取数据且存入相应的“数据池”，并由一体化平台软件同步所有数据池，每份数据均通过配置与业务组件捆绑。

(8) 人机交互：人机交互也是运行在一体化软件平台的一个功能模块。显示的进程也可以有一份或多份，这由具体应用决定，并由显示服务作为与虚拟运算的物理隔离。

7.4.6　系统功能分层设计

经典的“三层体系结构”是在用户终端和数据之间增加应用服务层(也称中间层)，负责业务逻辑的实现。将应用逻辑单独进行处理，从而使得用户界面与应用逻辑位于不同的平台上，并且两者之间的通信协议由系统自行定义。

在有一定复杂度的应用程序中，服务层非常有必要创建；而与之相反的就是，在一些业务逻辑简单的系统中，服务层可能仅仅充当分发功能，没有多余的工作需要组织，这时服务层就显得多余；而且，在同一系统内，服务层就没有太多必要，除非是跨系统的服务调用。

通过这样的结构设计，应用逻辑被所有用户共享。当数据库或者应用服务层的业务逻辑改变时，客户端并不需要改变，反之亦然，大大提高了系统模块的复用性、缩短了开发周期、降低了维护费用。本系统是一个复杂系统，跨多个管控主体、涉及多种业务协同，因此需要设置服务层。

进一步将应用服务层中的共性服务如通信承载、时钟同步等统筹纳入一体化平台，以服务的形式提供给各模块，提高接口的一致性、处理的高效性；将数据的存取、转换、分发等纳入数据层，提升数据处理效率和跨业务信息共享的程度；同时，将业务处理逻辑剥离纳入应用层，将系统所需要的网络归入网络层，共同形成系统的多层结构。系统分层逻辑架构如图 7-13 所示。

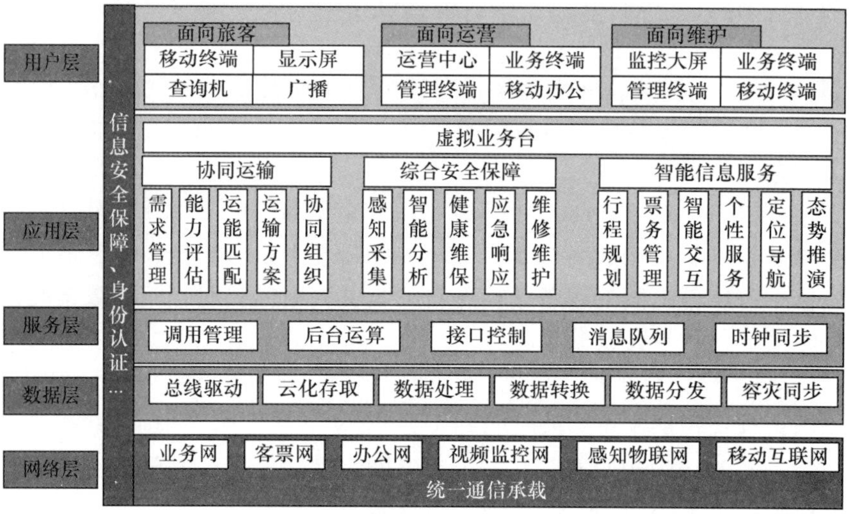

图 7-13　系统分层逻辑架构图

针对应用服务对象、场地的不同，可以采用 B/S 模式和 C/S 模式。考虑到业务服务的移动性与易访问性，推荐采用 B/S 模式，减少服务对客户端的依赖；对于需要大量本地运算或者需要复杂显示或控制的服务，优先采用 C/S 模式，提升客服端的处理能力和表现能力。

7.5　数据接口设计

区域轨道交通协同运输与服务系统是一个与外部多种系统产生连接，获取既有系统的数据，结合自身增强感知的数据，由系统内各个业务模块进行加工运算，形成独有的数据，不但对系统内各模块公开共享，还按照协同机制向系统外其他系统提供协同数据，实现区域多制式协同。

7.5.1　内部数据接口

区域轨道交通协同运输与服务系统涉及区域内多种轨道交通制式在协同运输、综合安全保障、智能信息服务三大主要业务方面的应用，各业务模块根据各自业务的不同需要、不同数据，同时存在业务间以及跨制式间的信息交换。

各业务产生的且与其他业务密切相关的数据如图 7-14 所示。

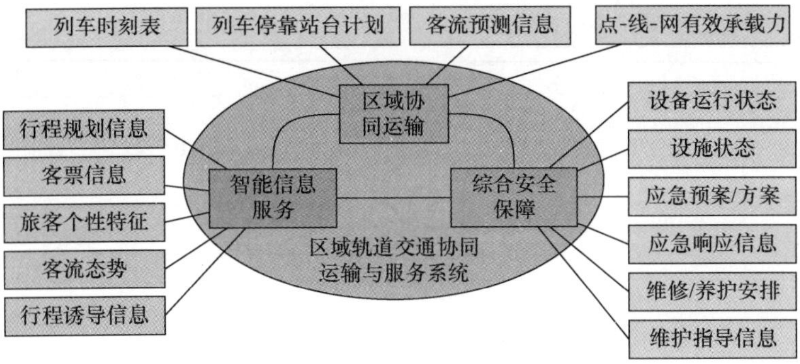

图 7-14　系统各模块主要业务数据

系统核心信息包括列车时刻/调度计划、旅客及客票信息、设备设施状态信息。

协同运输业务获取客流态势、线路及设备设施等资源配置和状态、天气及环境信息等，根据旅客出行需求、资源能力以及经验、管理要求等形成协同运输方案和计划；根据应急方案要求，结合自身资源和能力进行列车运行图的调整，并更新输出调度计划。智能信息服务业务按照列车时刻表为旅客提供行程规划，根据设备设施状态、列车运行调整情况为旅客提供行程诱导服务。综合安全保障业务根据历史数据和管理要求等，形成全局失效模型、风险库、应急预案等[173]，针对感知到的客流状态、关键对象异常数据，结合列车运行计划，形成应急方案并提供给协同运输业务进行调整。

协同运输业务的主要数据及描述如表 7-9 所示。

表 7-9　协同运输业务的主要数据及描述

数据类别	描述	来源
客流数据	客流类型及特征，基于时空分布的客流数据，包括中长期客流、短期客流、实时客流等	AFC、视频态势分析、手机信令数据、WiFi 接入数据等
客票数据	票制票价，带有行程关联的多制式客票信息	客票系统，以及用户通过行程规划并购买的客票信息
设备设施数据	关键线路、车站及枢纽信息，关键设备、设施信息	静态保存数据，动态状态由相关系统更新
运输计划	列车时刻表、列车路径等	由系统产生并更新，提供给其他子系统
应急预案	应急方案、应急计划	静态的应急方案采用文件方式，动态计划由综合安全保障子系统形成应急方案后由系统综合形成应急计划
天气数据	基于时空的气象预报	通过与气象台接口或者通过互联网采集
环境数据	人口规模及分布、沿线购物/餐饮/娱乐等	静态保存信息，引入商家进行发布和更新

综合安全保障业务的主要数据及描述如表 7-10 所示。

表 7-10　综合安全保障业务的主要数据及描述

数据类别	描述	来源
客流数据	通过车站 AFC 一段时间内的进出站客流量实时监测车站人流变化，站内客流超过一定预警值后启动相应应急方案，避免出现人员大量积聚情况	AFC、手机信令数据、WiFi 接入数据等
视频监视数据	不同地点的视频监视，用于安全行为分析、视频态势分析	视频监视系统
FAS/BAS 数据	从 FAS 及 BAS 系统获取火灾险情、照明、通风、给排水、电梯等相应数据，为应急预案的制订提供输入	FAS、BAS
线路设施状态	线路、桥隧、边坡等状态	综合监控系统
机电系统状态	工务、机务、电务、牵引/供电，以及照明、电梯等	综合监控系统
天气数据	基于时空的气象预报，对可能带来突发客流、设备设施损毁等提前预警	通过与气象台接口或者通过互联网采集
环境数据	如重大社会活动、外部交通系统变化	互联网社交媒体/新闻渠道、其他交通系统接口

智能信息服务业务的主要数据及描述如表 7-11 所示。

表 7-11　智能信息服务业务的主要数据及描述

数据类别	描述	来源
客流数据	通过车站 AFC 一段时间内的进出站客流量实时监测车站人流变化，站内客流超过一定预警值后启动相应应急方案，避免出现人员大量积聚情况	AFC、手机信令数据、WiFi 接入数据等
视频监视数据	不同地点的视频监视，用于安全行为分析、视频态势分析	视频监视系统
运输计划	从协同运输系统获取各制式轨道交通的时刻表、停站信息； 从公交、出租、共享单车等市政交通系统中获取车辆位置、运营状态等信息	协同运输子系统；市政交通系统；第三方运营企业
客票信息	从客票系统获取席位信息，从检票设备获取旅客检票状态，从客票清分系统获取结算信息	客票系统
地理信息	从第三方系统或者自行建立轨道交通周边交通、旅游、商业等信息	第三方系统
天气数据	基于时空的气象预报，对可能带来突发客流、设备设施损毁等提前预警	通过与气象台接口或者通过互联网采集
环境数据	如重大社会活动、外部交通系统变化	互联网社交媒体/新闻渠道、其他交通系统接口

7.5.2　对外采集接口

区域轨道交通协同运输与服务系统存在与既有轨道交通系统的衔接，同时与区域内相关市政交通衔接，采集与本系统运行密切相关的运行信息，共同服务于区域交通。对于既有系统采集不足的，可增加感知采集点进行增强感知。此外，系统还与气象台及社会机构建立信息沟通获取渠道，掌握外部环境等信息。系统对外主要采集接口如图 7-15 所示。

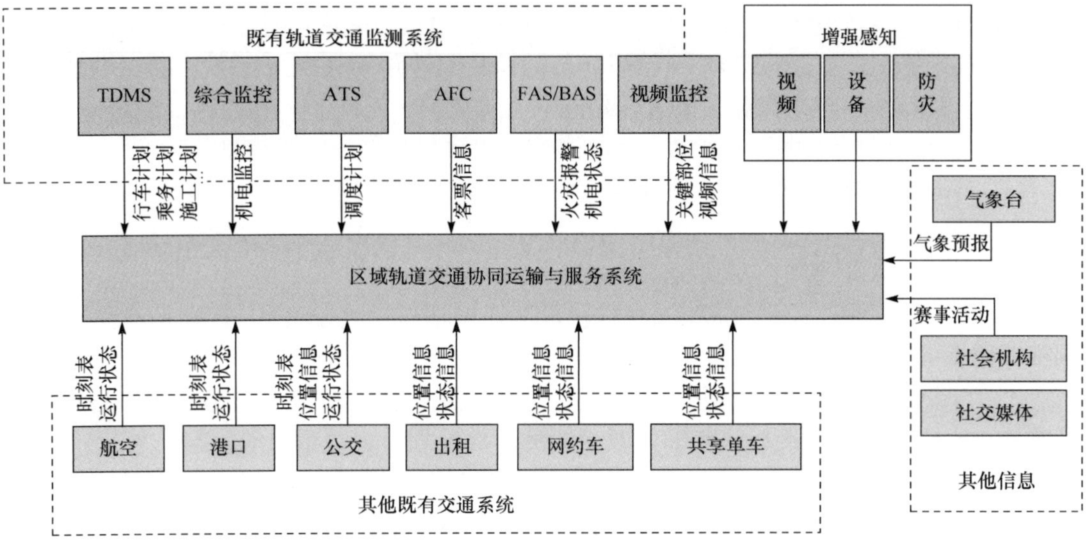

图 7-15　系统与其他系统的接口关系

进一步，针对各种不同制式(包括客专/普速/城际、城市轨道交通、市域快轨、公交多制式)的数据接口分析，区域轨道交通协同运输与服务接口的数据涵盖视频监控、机电系统设备、环境、基础数据、PIS 系统、广播、 AFC、交通票务清分系统、全局运营人员、各线各专业调度人员、外勤工作人员、旅客多专业数据，如图 7-16 所示。

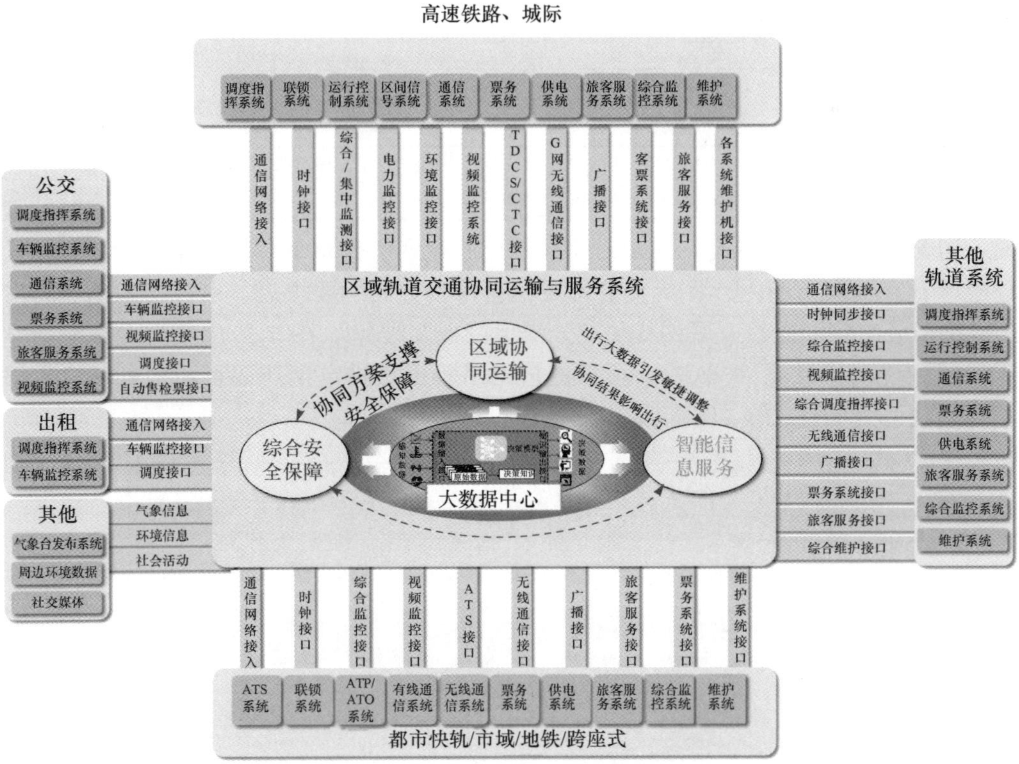

图 7-16　系统与其他系统的接口数据

具体地，区域轨道交通协同运输系统与各系统通过接口采集信息，主要包括以下方面。

(1) 与国铁集团铁路局 TDCS 接口。与国铁集团铁路局 TDCS 系统连接，获取车次计划(含节车计划)、与车次相关的客流信息。

(2) 与大铁路局监测系统接口。获取国铁集团铁路局综合监测信息。

(3) 与地铁 COCC 接口。获取地铁运行图信息、列车运行状态、调度计划等信息。

(4) 与地铁 FAS/BAS 接口。获取地铁机电系统运行状态、火灾报警信息等。

(5) 与地铁 AFC 接口。获取客流信息。

(6) 与车站视频监控系统接口。获取轨道交通车站视频监控信息，特别是站台、通道、闸机等位置的视频监控信息。

(7) 与市政交通接口。包括公交接口、出租车接口、网约车接口、共享单车接口，以及航空、水运、海运等接口，获取市政交通的车次计划、客流信息等。

与上述市政交通接口，通常有三种形式：直接与相关系统数据连接、通过第三方系统数据转接、通过公共信息发布平台捕获分析，如表 7-12 所示。

表 7-12　与市政交通接口的说明

方式	具体连接方式	优点	缺点
直接连接	与对应系统明确接口协议并建立连接，采用访问数据库、主动查询或被动接收等方式获取数据，推荐采用以太网接口	数据稳定准确、结构清晰、实时性好	可能干扰生产系统，实际接口实施工作受管理等制约较大
数据转接	由第三方系统获取后转发，具体接口类似直接连接	安全性较好	实时性偏低、信息范围有一定约束
捕获分析	通过互联网等采集对应系统发布的信息并进行规约处理	对生产系统无影响，实施难度小	信息的范围及实时性较差

优先推荐采用直接连接方式，以确保数据的实时性、规范性。受管理等实际因素限制时，可选择其他替代方式。例如，成都市交通发展研究院掌握有出租车信息，相关信息已经保存在其服务器内，在落实管理或信息保密方面的要求后，可以考虑由其转发获取。成都市公交集团通过互联网提供“公交出行查询服务”(图 7-17)，可以获取到指定线路上车辆的位置信息(相对车站)，可以通过网络爬虫工具定期获取页面信息并对数据进行格式转化，为跨制式换乘衔接提供信息指导。

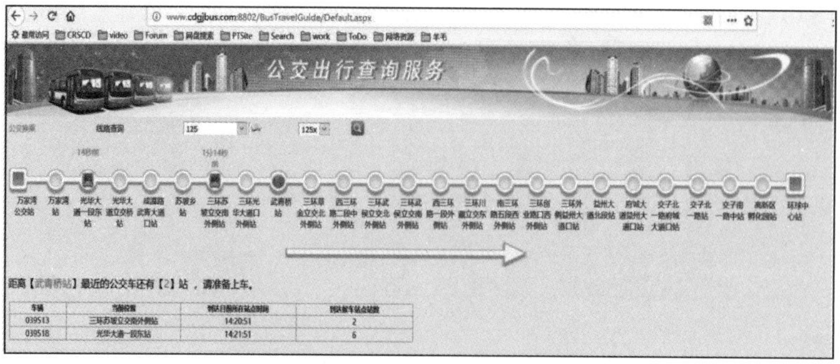

图 7-17　公交出行查询服务界面

根据各区域的不同，具体接口的范围和内容有所不同，在详细示范方案中应予以明确。

(8) 与气象台接口。与当地气象部门接口，通过专线接口或加密互联网端口方式获取气象预报，特别是关键部位、线路的重大气象预报。对于部分不具备直接接口的，可以通过抓取分析公共平台上的气象信息如中国气象局或地方气象局的网页，进行分析转换。

(9) 与社会机构/社交平台接口。通过专线接口或加密互联网端口的方式，获取特定社会机构的重大活动信息，掌握突发客流情况，提前做好应急准备。考虑到实际中社会机构众多且不一定具备信息发布系统，但多数都有官方发布渠道。因此，建立本区域内重点关注社会机构如体育场馆、演艺场所的主办方列表并对其官方微博、微信公众号、票务网站等进行重点监视，收集分析社交媒体信息；对主要门户平台、新闻页面、微博、微信公众号等进行信息广泛收集并快速过滤。

7.5.3　对外输出接口

区域轨道交通协同运输与服务系统与既有系统协同，向外部既有轨道交通运输组织系统输出跨方式协同运输计划建议，在应急情况下提供协同决策建议；向外部既有轨道交通运维系统输出维修维护要求或建议，由各方式、各工种的运维系统按照协同机制或流程进行处置；此外，不仅向既有轨道交通旅客服务系统输出旅客服务信息，还向公共交通系统输出本系统客流状态及趋势、协同建议等。

7.6　界 面 设 计

7.6.1　主要界面设计要求

区域轨道交通协同运输与服务系统的用户群体，包括政府管理人员、运营人员/维护人员、旅客，故应采用以用户为中心的界面设计，设计时应遵循以下原则。

1) 界面简洁

界面简洁，色彩一般不超过三种，减少不必要的点缀，避免对用户视线的干扰，利于用户直观操作。

2) 便于交互

根据应用场景不同，用户使用 PC、触摸屏/手机等方式访问系统。除非后台运行或针对专业人士，界面应采用图形化交互方式，用户接触软件后对界面上对应的功能一目了然，不需要培训就可以方便使用本应用系统。

对于 PC 系统，设计上采用菜单模式，便于鼠标操作，提供快捷键访问。

对于触摸屏/手机系统，设计上采用图标或色块方式，便于触摸点击。操作层级一般控制在 3 级以内，每个页面在相对固定的位置设置返回按键。

对于维修或需要填报数据的界面，提供页面内帮助。

3) 利于操作

每个界面的主要操作一般为一个，让次要操作在次要位置，提供自然而然的下一步操作，确保操作的平顺性。操作上利于用户掌控一切，界面上合理布局，如两次点击操作的移动幅度不宜过大，提高操作的舒适性。

4) 强烈的视觉层次

画面中，视觉元素的外观不应该一样，除非功能相近。如果是功能相同或者相近的元素，其外观应该是类似的。通过设置强烈的视觉层次，能够使画面有清晰的浏览次序，避免让使用者不知道哪里才是需要注意的重点。

7.6.2　界面信息显示要求

在界面设计中应保持界面的一致性。一致性既包括使用标准的控件，也指使用相同的信息表现方法，如在字体、标签风格、颜色、术语、显示错误信息等方面确保一致。

界面文字为不加粗、黑色、灰底或透明、无边框，字体采用宋体五号(10)。

界面按钮的 Tab 顺序首先聚焦在该界面最常用的按钮上，后续 Tab 的顺序不能杂乱无章，通常按照先从上至下再从左至右。单屏中首先应输入的和重要信息的控件在 Tab 顺序中应当靠前，位置也应放在窗口较醒目位置。

文字对齐方面，一般文字、单个数字、日期等采用左对齐；后续有文本的标签文字等采用右对齐。

分辨率可以根据用户终端的分辨率进行自动适应满屏显示，并重点针对 1024×768、1366×768、1920×1080 等常见分辨率进行优化。

用户操作的快捷键与操作系统或其他应用软件的定义尽可能保持一致，本系统内的快捷键在配置项上必须保持一致，如 Ctrl+F 为查找、Ctrl+C 为复制等。

7.6.3　PC 端界面设计

对于 PC 上的操作，存在 B/S 和 C/S 两种主要模式，需要细化考虑。

1. 对于 B/S 模式

提供列表式或者选项卡式的导航设计，使用户能聚焦内容，获得舒适的阅读体验，如图 7-18 所示。

图 7-18　导航设计界面

设计合适的表单可加强信息展示或同用户的交互。表单的表头以不同的颜色标识，每列文字不要贴边，隐藏多余的列，过长的文字用省略号代替并提供鼠标滑动时显示。采用合适的对齐方式如图 7-19 所示。

图 7-19　表单对齐方式

对于 Web 页面操作，重要信息或者操作提供弹窗提示，遇到错误或者信息遗漏时，宜给予用户明确提示且保留信息，避免用户重新输入，如图 7-20 所示。

2. 对于 C/S 模式

采用窗口模式设计，提供操作菜单，但不应嵌套过深的多级菜单，一般菜单层级不宜超过三层。常规操作可以通过鼠标单击或者快捷键操作。

核心信息展示或者关键操作的界面应提供登录界面。

C/S 模式也可参考 B/S 模式风格设计。

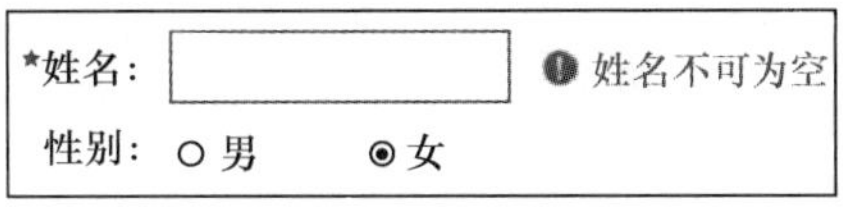

图 7-20　Web 操作页面

7.6.4　移动端界面设计

考虑到当前移动终端的多样性，界面设计时结合用户对象在界面分辨率、操作风格等方面进行适配，操作宜通过单击处理，尽量减少文本输入。对于专业用户，由于设备的相对固定，界面分辨率可以固化；对于普通用户，由于手机等移动终端的多样性，应按照倍图方式进行设计并对当前主流终端进行适配。

(1) 一倍图：320×480。

(2) 二倍图：640×960、640×1136、750×1334。

(3) 三倍图：1080×1920、124×2208。

对于主要的对象尺寸高度像素建议如下。

(1) 状态栏：40px；状态栏字体：24px。

(2) 导航栏：88px；导航栏字体：34px，中等，可以大于 34px，但不能小于 34px。

(3) 导航栏中搜索框：56～60px。

(4) 主菜单栏：98px，菜单栏图标下使用字体为 20～24px，常规。

(5) 按钮最小为 44px(手指可触控的最小区域)，通栏按钮至少为 60px。

(6) 文本框大小为 80～88px。

(7) 弹框遮罩：深色遮罩为 20%～40%透明度，浅色遮罩为 40%～60%透明度。

(8) 文本框之间的间距使用 8 的倍数，如 8px、40px 等。

目前移动端也采用 HTML5 页面，部分界面设计可以参考 B/S 模式。

7.6.5 感知端界面设计

感知端宜采用无交互操作界面设计，但要预留配置管理接口。配置接口优先采用蓝牙、WiFi 等无线通信方式，或者采用串口。配置管理工具界面推荐采用移动终端界面设计风格。

7.7 性能要求

7.7.1 系统总体性能要求

(1) 稳定性。稳定性是指系统上线运营后，能够持续稳定、完备地发挥其目标功效，因此要保障系统的稳定性应满足以下要求：系统应紧密结合用户需求，保证系统的性能满足业务功能要求；系统能够满足不同环境、不同用户群的需求；系统需采用成熟的技术和框架，使用成熟的数据处理模型和算法以保证系统的稳定性；系统在发生故障时能够自我调优和恢复，并定期备份。

(2) 响应时间。响应时间是指从客户端发起一个请求开始，到客户端接收到从服务器端返回的响应结束，这个过程所耗费的时间。针对不同网络，用户的响应时间估算如下：系统登陆页面的响应时间为 1～3s；系统访问数据量较少的页面应控制在 2～4s；数据分析、大量数据查询等操作响应时间可以适当延迟，但需保证平均响应时间为 10s。

7.7.2 协同运输业务处理性能

(1) 支持总体规模不小于 2000 万的客流预测，短时客流预测最小粒度不低于 15min。

(2) 运输计划动态调整时间不高于 5min，单旅客行程规划的时间不高于 2s。

(3) 支持多源交通数据融合分析与展示，具备不少于四种轨道交通制式、不小于 1000km 复合路网分析能力。

(4) 支持多制式轨道交通系统建模与数字化管理，分别从路网构建、计划编制、客流车流生成等多角度建模并能进行数字化管理。

(5) 支持多制式轨道交通分布式并行仿真计算，实现网络、枢纽等不同层面的并行仿真。

7.7.3 综合安全保障业务处理性能

(1) 支持总体规模百万级的轨道交通资源信息台账数据的管理和维护。

(2) 综合分析和故障诊断误判率：≤5%技术能力。

(3) 综合分析和故障诊断漏判率：≤2%技术能力。

7.7.4 智能信息服务业务处理性能

(1) 并发用户数。并发用户数是指 Web 服务器在一段时间内为处理浏览器请求而建立的 HTTP 连接数或生成的处理线程数，当所有在线用户发送 HTTP 请求的思考时间为 0 时，Web 服务器的并发用户数等于在线用户数。本系统可支持的最大并发用户数为 80。

(2) 吞吐量。吞吐量是指单位时间内处理的客户端请求数量。通常情况下，吞吐量用请求数/s 或者页面数/s 来衡量。从业务角度看，吞吐量也可以用访问人数/天或者页面访问量/天来衡量。要求智能信息服务业务每分钟能处理 100 个查询，移动用户初期容量需大于百万用户。

(3) 单旅客行程规划：时间小于 2s，制式大于三种。

7.7.5　大数据服务平台性能

大数据服务平台性能如下：

(1) 具备提供标准虚机不少于 500 个，结构化数据存储能力不少于 50TB，可承载非结构化数据不少于 1PB，大数据计算存储容量能力不少于 1PB，支撑至少 30 个应用；

(2) 支持对 PB 级以上大数据环境下的结构化与非结构化数据的检索；

(3) 实现大数据流计算实时处理，每分钟计算处理数据数量≥10 万项；

(4) 在大规模用户上线使用时，不降低已有用户体验；

(5) 在发生故障情况下要保持数据完整且不影响数据存取的正常服务；

(6) 在分布式计算节点发生故障情况下要保持计算结果的正确性且不影响数据分析计算的正常服务和流转；

(7) 在分布式消息队列节点发生故障情况下要保证消息不丢失且不影响消息正常提交和消费。

7.8　关键算法分析及组件设计

7.8.1　客流预测模型设计

区域轨道交通网络客流预测主要包括 5 个环节，首先对获取的 AFC 数据、视频监测数据等进行处理及预测，基于 EMD 对数据进行平稳性处理，利用神经网络方法对进、出站数据进行预测。基于多制式区域轨道交通的拓扑结构与网络时刻表，构建基于时刻表的时空拓展网络，在此基础上，基于旅客出行链刻画网络中弧段的费用，利用 K 最短路径搜索算法等完成区域轨道交通网络有效路径的搜索。

以预测得到的进、出站客流数据、网络结构和有效路径集进行网络客流分配，基于改进的 Logit 模型，考虑弧段容量，将客流量根据路径集分配到路网中，分配后的结果即网络客流预测结果。网络客流预测结果反映的是不同粒度、不同角度下，客流在区域轨道交通网络中的时空分布。根据实际需求进一步统计分析，可得到在特定场景下客流在特殊节点、特殊环节的客流量，如客运量、列车满载率、高峰最大断面客流量等相关指标。

客流预测模型设计图如图 7-21 所示。

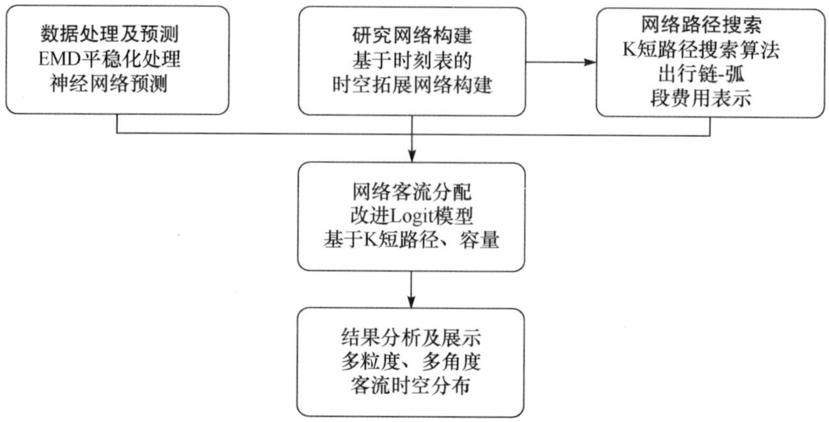

图 7-21　客流预测模型设计图

7.8.2　全局安全风险分析方法

区域轨道交通全局安全风险管理过程如图 7-22 所示，由全局安全风险识别、全局安全风险分析、全局安全风险评价、全局安全风险应对等过程组成。

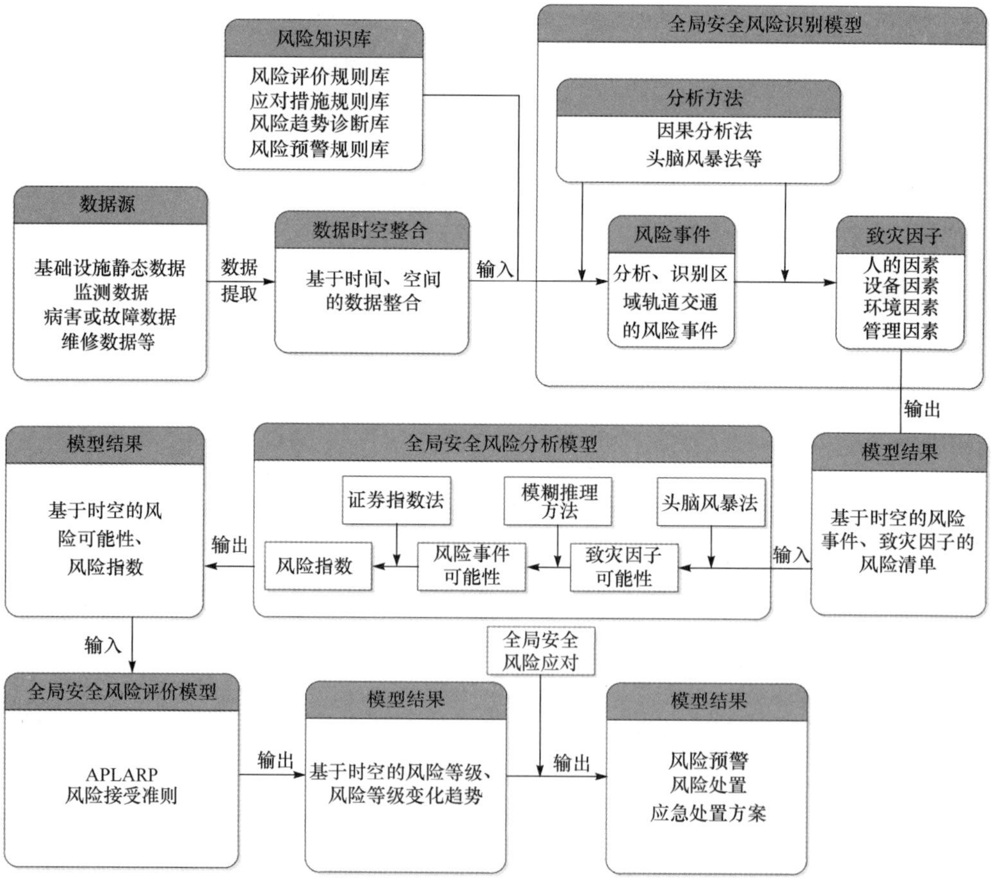

图 7-22　区域轨道交通全局安全风险管理流程图

(1) 全局安全风险识别主要是指在风险事件发生之前，感知各种风险事件，分析风险事件潜在的原因，找到致灾因子，并识别哪些致灾因子起主要作用，建立相应的风险清单。设备风险识别的目的是确定可能影响全局安全目标得以实现的各种风险事件、致灾因子。在大多数情况下，风险并不是显而易见的，而是常常带有隐蔽性，要想对风险进行控制，首先必须识别出风险。如果在识别过程中，没有识别出关键风险，那就相当于埋下了一个隐患，这将对安全管理产生很大的负面影响，一旦风险发生，后果不堪设想。全局安全风险识别模型利用基础设施静态数据、监测数据、维修数据等，采用因果分析法、头脑风暴法等对风险进行识别，得出风险清单。

(2) 全局安全风险分析是在全局安全风险识别的基础上，运用既有信息对风险源、风险致灾因子的性质进行详细分析，确定发生风险的可能性及其后果，估计风险保证达到以最小成本获得最大安全保障的过程。风险分析的目的是通过全局安全风险分析过程建立、加深对全局安全风险的理解，认识和理解全局安全风险的各种特性，如风险后果的严重程度、发生的可能性，为全局安全风险评价、决策是否有必要进行风险应对、选择最恰当的风险应对战略和方法提供输入。全局安全风险分析模型利用风险清单、基础设施静态数据、监测数据、病害或故障数据、维修数据等相关的时空数据，对识别出的风险事件、致灾因子可能性进行定量分析，得出风险事件发生的可能性大小以及风险指数的大小，为风险合理应对、风险预警提供数据支持。

(3) 全局安全风险评价是在风险识别和风险分析的基础上，将风险的大小与可接受的安全水平进行比较，决定是否采取应对措施，以及采取何种程度的应对措施。全局安全风险评价在识别全局风险和合理地做出风险决策之间起着重要的桥梁作用。全局安全风险评价可以得出分析结果，将该结果与风险可容许程度划分区域相比较，确定全局安全风险评价结果，为风险应对和监控提供依据与管理策略。然而，是否应对风险以及如何应对风险主要取决于承担风险的成本与收益、实施应对措施的成本与收益。全局安全风险评价模型利用全局安全风险可能性等相关时空数据，采用 APLARP 风险接受准则，得出风险等级，为风险合理应对、风险预警提供数据支持。

(4) 全局安全风险应对主要是指风险发生时所采取的预订措施和方法。风险应对措施决策应从风险监测、再评价和执行决策三个方面入手，提出各种相应的对策。全局安全风险应对应根据风险控制目标，制定安全风险预警、风险应对、风险处置的基本策略，以降低风险事故发生的概率和事故造成的严重后果[174]。

7.8.3　协同运输计划编制模块设计

区域轨道交通运输计划一体化编制需要客流分析预测结果、点-线-网有效承载力和设施设备状态为数据支撑。运输计划主要分为网络化列车开行方案编制、网络化列车时刻表编制、车底周转计划及乘务计划编制，模块设计如图 7-23 所示。

(1) 网络化列车开行方案编制首先研究多制式复合网络的运输模式，实现直达与中转模式的有效结合；然后，在此基础上确定开行方案编制原则，分别明确客流、车站、列车的优先级；制订考虑出行时间、换乘次数、出行费用等多目标的开行方案模型，可基于备选集或建立整数规划模型，根据模型设计相应算法求解；最后，将得到网络化列车开行方案，包括列车运行路径、列车服务频率、列车停站方案等。

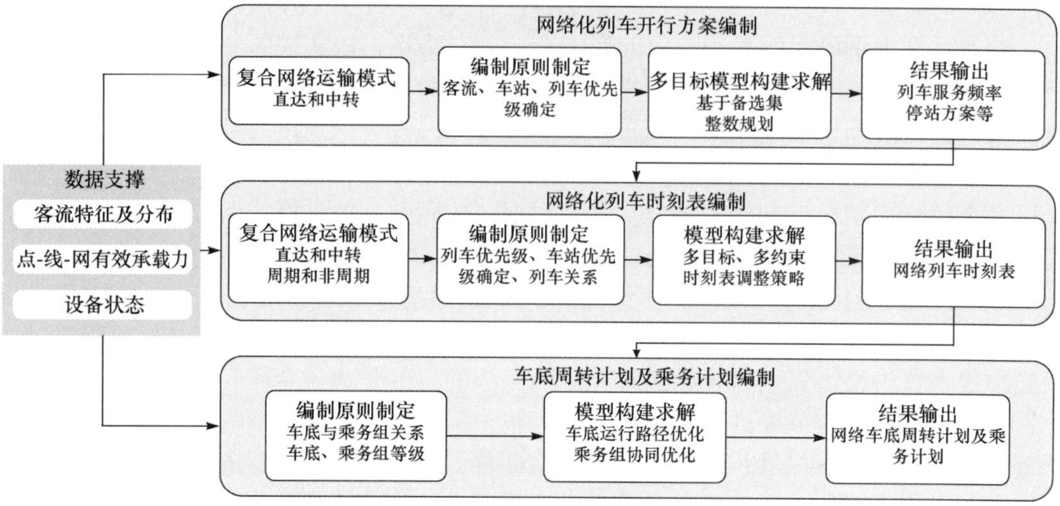

图 7-23　协同运输计划编制模块设计图

(2) 网络化列车时刻表编制在开行方案编制的基础上，确定复合网络运输模式在时刻表的体现，时刻表编制明确直达客流和中转客流的用时，复合网络时刻表需注重周期与非周期模式的结合，确定编制原则，包括列车优先级、车站优先级、列车关系；基于多目标、多约束构建模型，执行时刻表调整策略，并设计相应算法，最终输出网络化列车时刻表。

(3) 车底周转计划及乘务计划编制需要全面考虑区域轨道交通网络范围内车辆和乘务的情况，明确车底与乘务组的对应关系，根据时刻表优化车底的运行路径，对多制式运输涉及的乘务计划协同优化，最终输出得到网络的车底周转计划与乘务计划。

7.8.4　系统健康状态评定方法

区域轨道交通关键设施设备的健康状态综合评定基本过程按照六个主要步骤进行，具体流程如图 7-24 所示。

步骤 1　明确综合评价目标，准确感知关键对象健康状态，有效判断存在安全隐患的对象，为维修计划的优化编制奠定基础。

步骤 2　确定被评价的关键对象。

步骤 3　建立对象健康状态评定指标体系，状态评定指标(即状态度量)不仅能描述对象运行状态，同样指导着生产部门维修决策的目标与方向，分别从使用性能指标、结构完整性(适用性)指标、安全性指标和外观指标等方面，构建对象状态评定指标体系。

步骤 4　构建对象健康状态综合评定模型，利用健康指数综合评定对象健康状态，首先对多状态评定指标降维，用于降低对象(或部件)状态评定指标数据的相关性；对样本的健康状态进行聚类分析，确定健康指数对应的健康特征；基于样本的历史状态评定指标数据进行分类学习，得到健康指数的关联规则；基于关联规则，利用当前状态评定指标数据，判定对象所属健康特征。

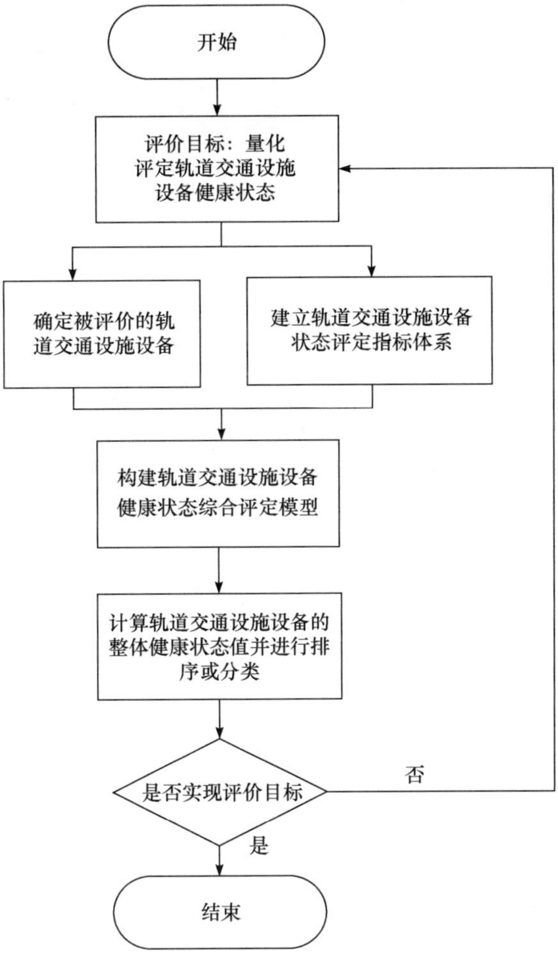

图 7-24　健康状态综合评定流程图

步骤 5　计算对象的整体健康状态值并进行排序或分类。

步骤 6　根据对象的整体健康状态评定结果，判断是否实现评价目标。如果是，则结束，否则，跳转到步骤 1。

7.8.5　对象状态预测方法

基于分类学习算法，结合区域轨道交通设备状态劣化异质性、记忆性等特点，此处的状态变化趋势预测是指预测区域轨道交通设备在下一个检查周期结束时的状态(即经历一个检查周期间隔时的状态)。设备状态预测流程如图 7-25 所示。

(1) 学习阶段：依据轨道交通设备的历史状态数据，构建轨道交通设备训练样本集合，将样本集合输入分类算法，产生相应的分类学习模型。

(2) 分类阶段：对于一个待分类的样本(即轨道网格(或部件)的前 n 次历史状态数据)，将它输入分类学习模型，计算出其相应的类标值，即得到预测的下一次检查时的状态等级。

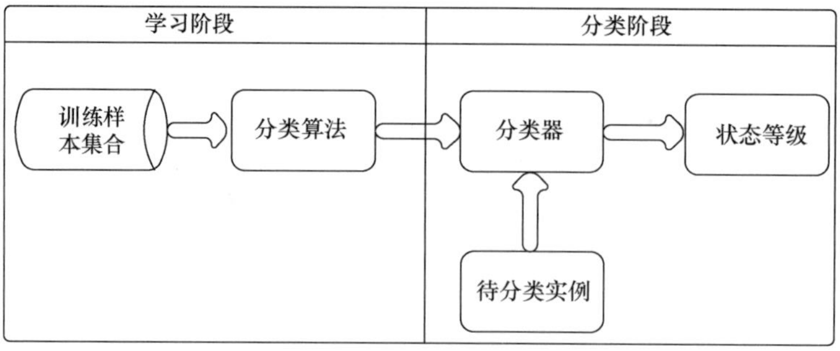

图 7-25　设备状态预测流程图

采用“新陈代谢”机制更新状态数据，及时补充和利用新的信息，同时每预测一个检查周期，状态数据进行一次修正，对历史状态与未来状态间的关联规则进行一次修正，不断改进状态预测结果。“新陈代谢”过程的示意图如图 7-26 所示。随着时间推移，每过一个检查周期 T，便增加一个检查数据，同时去掉一个最老的检查数据，始终保持利用前 n 次检查的历史状态数据，预测下一次检查时的状态，如需预测第 $t+k$ 次检查时的状态，则需利用第 $t+k-n+1, t+k-n+2, \cdots, t+k-1$ 次的历史检查状态数据。

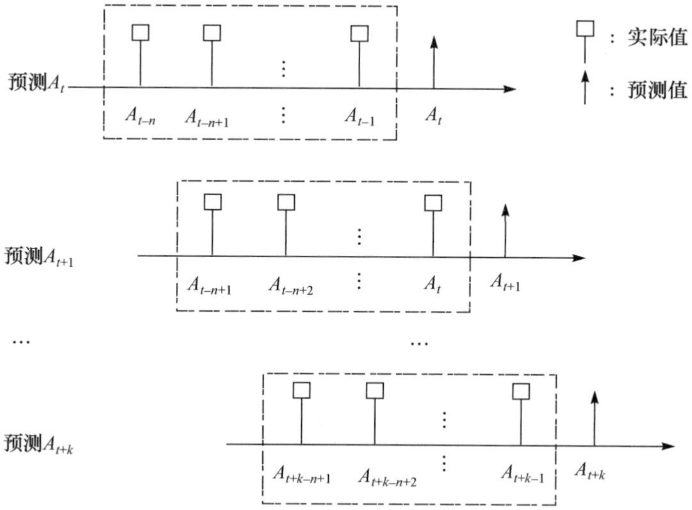

图 7-26　状态数据“新陈代谢”过程的示意图

7.8.6　跨制式行程规划模块设计

跨制式行程规划模块设计(图 7-27)主要包括四个重要环节，分别是旅客出行需求获取、出行路径集生成、出行路径推荐和实时路径调整。

通过旅客移动终端或智能信息服务终端，获取利用区域轨道交通路网出行的旅客出行 OD 信息。系统基于区域轨道交通复合运输网络，考虑区域轨道交通复合网络以及跨制式协同运输服务现状，基于旅客出行时空分布预测模型和运输系统区间及车站服务能力，考虑不同旅客出行需求，以总旅行时间、列车时刻表、换乘及接驳接续时间、总出行成本、进出站便捷度、换乘便捷度和舒适性等重要影响因素为指标，生成旅客出行路径集。

系统充分考虑旅客个性化及多样化的出行需求，综合考虑旅客出行集特征，基于旅客出行习惯综合考虑备选出行路径特征，为旅客推荐符合其出行特征的出行路径，以供旅客选择，同时通过个性化的出行信息发布方式，适当诱导乘客出行路径选择，避免部分区段或区间过于拥挤的情况，提高出行舒适性。

旅客在出行前或出行过程中，区域轨道交通运营状态可能因一些事件而影响旅客的出行选择，如旅客需临时调整出行时间、复合网络实时客流分布状态、线路突发运营事故、天气变化等，系统能够实时预测区域轨道交通路网运输服务变化情况，实时评估出行路径集，修正重要选择指标，并定向推送给旅客。

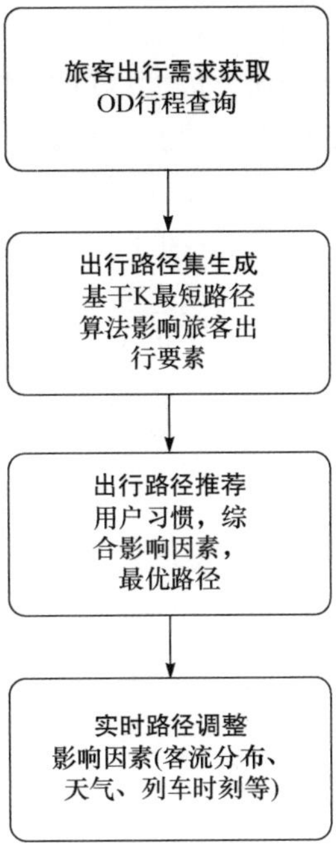

图 7-27　跨制式行程规划模块设计

7.8.7　计算机网络设计

根据业务等级不同，构建或者利用既有的不同网络。为提高网络复用能力，对于新建网络，系统利用统一通信承载，采用逻辑隔离的方式提供不同等级的服务；特殊业务采用物理隔离方式，如表 7-13 所示。

表 7-13　不同网络用途及要求

网络名称	用途	要求
业务网	为运输、安全保障等生产业务提供服务	涉及轨道交通运营，安全要求高
感知物联网	通过物联网感知各终端设备、客流及外部环境	涉及运营数据，一般不对外
客票网	客票数据网络，连接 AFC 闸机、售票/检票终端	安全要求高
办公网	为运营人员提供日常办公网络	日常办公，安全要求中等
视频监控网	对车上、车站、线路及现场进行视频监控	数据流量大，安全要求中等
移动互联网	为旅客提供信息服务	对公众服务

(1) 业务网。协同运输一般纳入生产业务网络，各业务终端均纳入业务网。对于提供给高层管理人员的终端，可以进行必要的防护和转换后，提供远程接入并限制只读。

(2) 感知物联网。信息采集汇总提供给综合安全保障系统进行分析预警，相关应急运输方案提供给协同运输系统。日常检维修及应急抢救业务也属于业务管理，同时为运维人员提供基于无线网络的移动信息服务终端，方便维修技术指导。

(3) 客票网。它相对独立，连接售检票终端。通过接口转换和安全防护后，向互联网提供服务；与票务清算系统连接。

(4) 办公网。面向运营、维护人员提供管理办公服务，包括流程审批、资料检索等。

(5) 视频监控网。考虑到视频流量大，一般单独设立或者与办公网络共用。

(6) 移动互联网。为旅客提供移动互联网接入服务，该网络与其他系统连接时必须通过安全防护设备和安全防护策略。

针对业务网，通常采用自行构建方式；而办公网、视频监控网、移动互联网等安全层级要求较低的，则可以借助社会资源已经建立的网络形成。

区域轨道交通协同运输与服务系统覆盖中心和现场，各车站、各线路通过宽带综合传输网络实现多业务不同服务等级接入中心。各业务点通过局域网接入车站后与中心连接。沿线各感知点通过物联网接入汇总后，由车站或者集中汇聚点汇聚到中心。系统网络结构如图 7-28 所示。

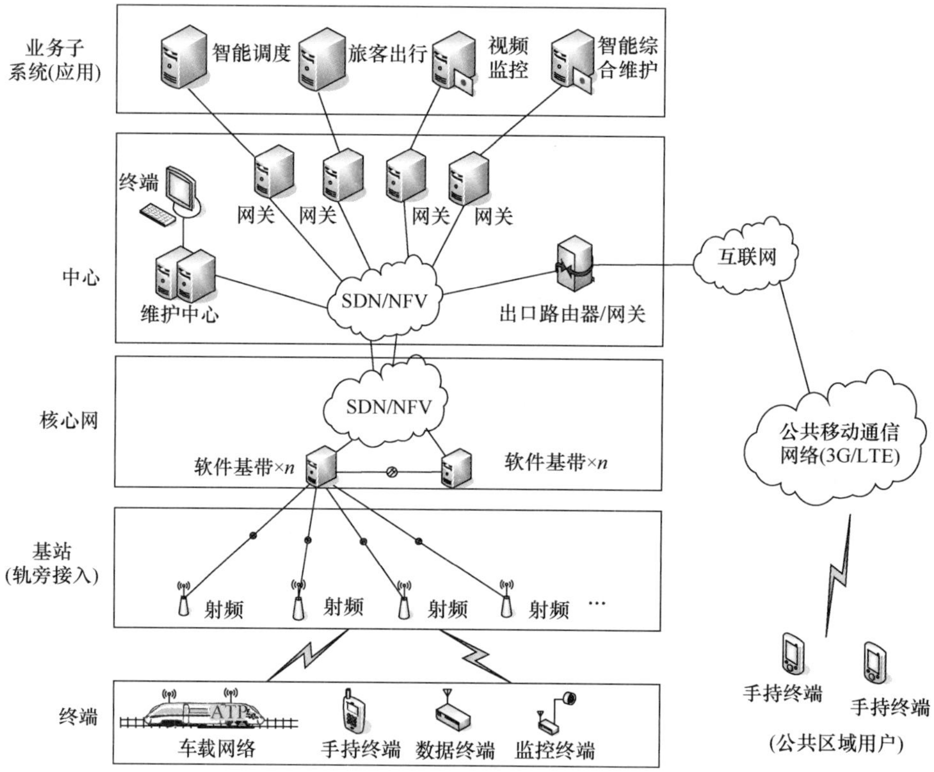

图 7-28　系统网络结构

宽带综合传输网络可实现大容量传输、高可靠信息传输。基于 SDN(软件化网络)/NFV(网络功能虚拟化)构建新型传输网络架构，实现控制/处理分离、软硬分离、网元虚拟化、网络可编程等特性，将各独立网络在逻辑上统一在一起，实现整体的管理和调度。

专网 LTE/WLAN 和公网 LTE 通道融合，采用多通道 LTE 数据汇聚、业务软交换、业务数据逻辑独立和 QoS 等技术，配合车载及地面通信终端设备，实现宽带综合传输。

此外，结合“先进轨道交通”重点专项“基于空天车地信息协同的轨道交通运营与安全综合保障技术”项目构建的“空-临-天-地”网络，也可以将轨道交通运载工具如列车上的感知信息传递到中心。

7.8.8　系统信息安全性设计

区域轨道交通协同运输与服务系统面向多类用户，既包括政府管理部门，也涉及企业运营维护人员，还涵盖旅客。因此，需要进行必要的信息安全防护。

协同运输业务、综合安全保障业务侧重于企业生产，通常采用与公众网物理隔离的方式。考虑到智能信息服务业务面向公众，需要连接互联网，而该业务又需要获取企业生产信息。因此，生产业务的网络可以通过逻辑隔离的方式与智能信息服务业务隔离，加强接口或边界的防护；对重点数据或操作采用只读或者单向的方式进行保护；对关键数据或核心信息在存储、传输等环节进行必要的加密处理；对用户的操作进行身份认证，核心用户或关键操作通过双因子认证方式；对系统或用户操作进行日志记录并提供必要的信息安全审计。

第 8 章　区域轨道交通仿真测试验证平台

区域轨道交通仿真测试验证平台主要为区域轨道交通协同运输与服务关键应用技术及系统装备提供虚拟化测试验证环境，从而为关键应用技术及系统装备的效果评估及动态优化提供支撑。本章提出区域轨道交通仿真测试验证平台设计方案，明确仿真测试验证平台总体结构、主要功能及交互验证接口等内容。

8.1　仿真系统综述

8.1.1　仿真系统简介

区域轨道交通协同运输仿真系统，主要面向高速铁路、城际铁路、市域快轨(市域(郊)铁路/都市快轨)、城市轨道交通等各种轨道交通制式，并设计与相关公共交通的衔接，仿真系统路网规模十分庞大。

同时，仿真系统以成渝地区多制式复合轨道交通网络为基础，构建包含客流、列车、设施设备等仿真环境，融合协同运输组织、综合安全保障、智能信息服务等业务，使得构建的仿真系统建模对象多，演化机理复杂，业务功能庞大。

总体来说，由于多制式轨道交通路网规模庞大，仿真底层环境对象精细，逻辑复杂，业务功能复杂，所以构建的区域轨道交通协同运输仿真系统为一个复杂大系统。

8.1.2　仿真系统需求分析

1. 运输与客流运行演化仿真需求

1) 运输网络运行仿真需求

(1) 需求 1：运输网络搭建。系统能够根据交通路网拓扑结构和列车时刻表信息搭建一个时空可拓展网络，网络中包含节点和弧段的关键属性信息，并需描述网络中节点间、弧段间、节点和弧段间的关系。

(2) 需求 2：列车网络运行仿真。系统可根据列车时刻表中的到发信息和列车运行路径在网络中运行，其中列车运行路径需基于需求 1 中搭建的运输网络拓扑进行规划。

(3) 需求 3：列车区间追踪运行仿真。系统可实现列车在线网运行过程中的列车区间追踪运行仿真，依据不同闭塞制式行车的需求，控制过程满足信号控制原则，并符合列车真实动力学要求。

(4) 需求 4：网络客流宏观态势仿真。系统基于运输网络拓扑和运输网络中的列车流，根据实时客流量变化，预测当前和未来一段时间内客流在网络中的分布状态。

(5) 需求 5：网络旅客微观出行链仿真。系统可基于运输网络拓扑和出行信息实时感知旅客在出行过程中的位置及相应出行行为，描述运输网络、列车时刻表、设施设备情况和外部影响因素等信息对旅客出行各环节的影响。

(6) 需求 6：灵活可配置的仿真对象规模和空间范围。系统可支持不同制式线路上列车和客流行为仿真，能够便于根据实际的仿真需求，在实际的区域轨道交通系统中选择需要的线路、列车、客流等数据构建仿真环境，进行灵活化的仿真场景配置。

2) 关键枢纽运行仿真需求

(1) 需求 1：枢纽环境搭建。系统可根据枢纽内部网络拓扑和设施设备布局搭建枢纽环境，并描述枢纽环境与客流、设施设备的关系，建立枢纽内部同整体运输网络逻辑关系。

(2) 需求 2：枢纽列车进出站作业仿真。系统可基于枢纽网络拓扑结构和实际列车进出站控制原理，实现枢纽内列车按照列车时刻表和进路控制方法完成进出站作业。

(3) 需求 3：枢纽内客流仿真。系统可根据枢纽网络结构和旅客在枢纽内出行各环节(包括进站、出站、安检、检票、乘降、等待、走行等)，生成枢纽内客流流线，并基于客流流线，实现枢纽内客流动态仿真评估。

(4) 需求 4：枢纽旅客微观出行链仿真。系统可根据旅客出行信息、枢纽环境、诱导信息等，描述旅客在枢纽内部出行过程中各环节的出行行为，并描述旅客出行行为同枢纽内设施设备情况、列车时刻表、列车流情况的对应关系。

(5) 需求 5：灵活可配置的仿真对象。系统可支持不同制式枢纽内列车乘降及客流演化行为仿真，能够便于根据实际的仿真需求进行灵活化的仿真场景配置。

2. 设施设备状态演化仿真需求

1) 轨道交通关键设备状态演化仿真需求

(1) 需求 1：轨道交通关键设备构建。系统可将对区域轨道交通运营有重要影响的设备进行建模，并描述关键设备种类、空间位置、几何形状及设备间的关系。

(2) 需求 2：轨道交通关键设备的自然环境构建。系统可对区域轨道交通关键设备的自然环境进行建模，描述关键设备所在位置的地质条件、气象条件、自然灾害等外部自然环境信息。

(3) 需求 3：关键工务设备、机电设备、机车车辆状态仿真。系统可基于轨道交通网络结构、客流信息、车流信息、设备特性、监测及维修数据等信息，建立工务、机电、机车车辆关键设备状态变化预测模型、寿命评估模型和风险预测模型，实现关键设备状态演化仿真。

2) 轨道交通关键设备功能行为仿真需求

需求：关键工务设备、机电设备、机车车辆功能行为仿真。系统可基于工务、机电、机车车辆关键设备特性，描述关键设备正常系统功能和故障模式，对各关键设备故障原因、造成的影响及后果进行仿真。

3. 决策方案实现控制需求

决策方案包括的需求主要有线路及设施设备控制需求、列车运行时刻控制需求、列车路径控制需求、客流规模及路径控制需求、车站(枢纽)流线控制需求、微观出行链控制需求、与真实系统一致性需求。

系统能够根据协同运输、安全保障和信息服务业务决策结果，生成仿真环境中相应需求的变化命令，控制其在仿真环境中按照决策结果进行调整。

1) 线路及设施设备控制需求

系统能够根据协同运输、安全保障和信息服务业务决策结果，生成仿真环境中线路及设施设备状态变化命令，控制线路及设施设备状态按照决策结果进行调整。

2) 列车运行时刻控制需求

系统能够根据协同运输、安全保障和信息服务业务决策结果，生成仿真环境中列车运行图状态变化命令，控制仿真环境中列车流按照决策结果进行调整。

3) 列车路径控制需求

系统能够根据协同运输、安全保障和信息服务业务决策结果，生成仿真环境中列车运行路径控制变化指令，控制列车在仿真环境中的走行路径按照决策结果进行调整。

4) 客流规模及路径控制需求

系统能够根据协同运输、安全保障和信息服务业务决策结果，生成仿真环境中宏观客流及路径控制变化指令，控制宏观客流及路径在仿真环境中按照决策结果进行调整。

5) 车站(枢纽)流线控制需求

系统能够根据协同运输、安全保障和信息服务业务决策结果，生成仿真环境中车站(枢纽)流线控制变化指令，控制车站(枢纽)流线在仿真环境中按照决策结果进行调整。

6) 微观出行链控制需求

系统能够根据协同运输、安全保障和信息服务业务决策结果，生成仿真环境中旅客微观出行链控制变化指令，控制旅客微观出行链在仿真环境中能够按照决策结果进行调整。

7) 与真实系统一致性需求

在真实的运输环境中，协同运输、安全保障及信息服务等方面的业务决策方案需要通过专门的调度接口进行实现，因此系统的决策方案实现与控制解决方案需要考虑与现实系统的兼容性。

4. 综合数据采集与监测需求

1) 列车运行时刻监测需求

系统能够实时采集仿真系统中各制式列车在区域轨道交通路网中的运行状态，包括到发时刻、位置信息等。

2) 设施设备状态监测需求

系统能够监测仿真环境中关键设施设备的运行状态。

3) 乘客出行链监测需求

系统能够实时监测旅客出行链各个环节及在各个出行环节中对应的旅客行为。

4) 车站(枢纽)客流监测需求

系统能够监测车站(枢纽)中客流情况，包括客流流线状态和旅客在车站(枢纽)各出行环节中的行为变化。

5) 与真实系统一致性需求

在真实的运输环境中，对列车运行状况、客流等数据的采集存在既有的数据采集流程和方法，仿真系统中针对仿真系统的综合数据采集与监测过程，只有与真实系统保持一致，才能反映真实的数据采集模式及其效率。

5. 三维展示需求

1) 轨道交通网络宏观三维展示需求

系统能够展示轨道交通复合网络三维场景，体现网络拓扑结构，描述列车、客流、线网及设施设备等构成的动态运输系统。

2) 列车运行过程三维展示需求

系统能够展示列车运行的三维过程，包括列车按照动力学模型行车，以及列车发车、加减速、惰行、巡航及到站停车等。

3) 车站(枢纽)内部客流/旅客行为三维展示需求

系统能够展示旅客在枢纽内出行各环节(包括进站、出站、安检、检票、乘降、等待、走行等)的三维过程。

4) 设施设备状态及行为三维展示需求

系统能够三维展示关键设备运行状态及关键状态变化对仿真系统的影响。

6. 系统关键技术指标统计与评价需求

1) 系统关键技术指标的分解需求

系统能够在仿真系统中对项目关键技术指标的含义、计算方式以及相关参数进行定义和分解。项目关键技术指标包括区域路网总体运输能力、旅客跨方式旅行时间、区域轨道交通正点率、应急响应与运维效率、因技术原因导致的运营安全事故率、区域轨道交通系统可用性、即时信息服务的旅程覆盖率以及信息服务智能终端覆盖率。

2) 指标相关数据汇集需求

系统能够在对项目关键技术指标进行分解的基础上，明确关键技术指标计算所需要的观测参数，通过对仿真系统中所模拟的区域轨道交通系统进行数据采集与监测，汇集项目关键技术指标计算评估所需要的参数观测数据。

3) 指标的统计计算需求

系统能够根据所汇集的关键技术指标的相关参数观测数据，在一定统计周期内，自动进行项目关键技术指标的统计计算。

4) 指标达成状态的评估分析需求

系统具备支撑项目关键技术指标测试验证场景的输入和运行功能，能够便于在项目关键技术方案实施前后对项目关键技术指标进行统计和计算，通过计算指标的优化水平，并与期望的优化水平进行对比，输出指标达成状态的分析评估结果。

7. 仿真系统测试对象需求说明

仿真系统的测试对象包括区域轨道交通协同运输、安全保障与信息服务三方面的关键技术和系统装备。为了保证仿真系统能够完成项目技术方案和技术指标的测试验证功能，需要对仿真系统三方面的测试对象需求进行说明。

8. 协同运输决策需求

1) 区域轨道交通出行需求预测

(1) 需求 1：系统能够基于实际调查数据、客票数据、手机信令数据、AFC 刷卡数据等信息实现客流数据多源感知。

(2) 需求 2：系统能够基于旅客出行链利用大数据分析技术，分析旅客出发到达的时间分布规律，并分析与用地特征对应的出行链空间特征，最终完成区域轨道交通客流时空分布分析。

(3) 需求 3：系统能够定性、定量、多角度地分析客流灵敏度。在考虑城市人口规模及沿线就业规模分布的基础上，分析轨道交通票价、票制、衔接、计划编制和公交等相关敏感因素对客流的影响程度。

(4) 需求 4：系统能够基于客流相关数据，考虑天气等影响因素，实现区域轨道交通点-线-网等多角度、时-日-周-月等多粒度和跨制式换乘等多场景的客流预测。

(5) 需求 5：系统能够基于轨道交通运输拓扑网络、客流预测信息等，完成区域轨道交通复杂网络客流分配、分析评估及再配流功能。

2) 区域轨道交通系统有效承载力评估

(1) 需求 1：系统能够基于运输网络特征、客流特征、运输服务水平等因素考虑各运输方式之间的衔接、客流分配以及运输设备的能力等计算车站及枢纽的有效承载力。

(2) 需求 2：系统能够基于运输网络特征、客流特征、运输服务水平等因素，根据区域轨道交通线路承载力的影响因素，从宏观、微观两种角度进行线网匹配关系并进行量化，分析线路的有效承载力。

(3) 需求 3：系统能够基于运输网络特征、客流特征、运输服务水平等因素，从区域宏观角度，利用图论相关理论，考虑线路间相互关系以及换乘车站、枢纽的能力共同制约，分析区域轨道交通有效承载力。

(4) 需求 4：系统能够以“点-线-面”有效承载力计算为基础，根据路网结构、客流特征、设施设备等多方面的变化趋势，动态模拟出车站、线路、路网的有效承载力变化，并分析评估。

3) 区域轨道交通系统动态客流分配与运能匹配需求

(1) 需求 1：系统能够根据枢纽设施设备特性、客流需求等信息，确定不同时段枢纽内设施设备的分布状态以及车站内的人员配属等，完成枢纽内运能规划。

(2) 需求 2：系统能够根据客流需求、网络结构和区域运输资源，确定区域内固定设备的数量、位置与移动设备的供给方式等，完成区域运能规划。

(3) 需求 3：结合枢纽内各制式之间或同一制式间不同线路特定的流线组织方案，分析枢纽内各设施设备及枢纽与运输需求的匹配程度。

(4) 需求 4：根据区域轨道交通路网中各线路、各区段、各枢纽在各方向上的承载能力与客流预测系统所分析的客流在复杂网络中的分配与客流特征数据，分析区域范围内各线路、各区段、各枢纽的承载力与客运需求的匹配程度，评估区域路网需求运能匹配度评价。

(5) 需求 5：基于枢纽运能匹配评价结果，优化枢纽内的客流流线，编制枢纽运能调配方案，确定需要增加或删除设备的种类与数量。

(6) 需求 6：基于区域路网运能匹配评价结果，编制路网运能调配方案，以确定不同特性客流的列车数量、在多层路网内各制式列车交路方式、每列车的路径选择、各线路上的列车开行方案等。

4) 区域轨道交通系统精细化运输方案协同编制

(1) 需求 1：系统能够进行多制式轨道交通运输计划协同编制。协同编制城市轨道交通、市域轨道交通以及铁路的列车开行方案、运行图，产生区域多制式轨道交通列车开行方案、区域轨道交通网络运行图、换乘枢纽站衔接方案、网络首末班车衔接方案。

(2) 需求 2：系统能够实现区域轨道交通运输计划精细化编制。基于客流数据、有效承载力评估、运能匹配结果，各运营主体具备独立编制相应轨道交通制式的列车开行方案、运行图、机车周转图、车底周转计划、车站计划、作业计划、列车乘务计划，同时可实现列车牵引计算及运行仿真。

9. 安全保障决策需求

1) 区域轨道交通 RAMSI 状态评估

(1) 需求 1：系统能够对监测到的多源异构数据进行预处理，剔除无效数据。

(2) 需求 2：系统能够对预处理数据进行清洗，分析数据特征并进行数据融合，完成数据特征提取。

(3) 需求 3：系统能够基于处理完毕的数据，构建相关评价指标，分析评估关键设备 RAMSI 状态。

(4) 需求 4：系统能够基于关键设备 RAMSI 评估状态和相关评价指标体系，分析轨道交通全局 RAMSI 状态。

2) 区域轨道交通 RAMSI 增强

(1) 需求 1：系统能够基于预处理数据和相关数据特征，对区域轨道交通关键设备进行故障智能诊断，并分析故障原因。

(2) 需求 2：系统能够对检测到的区域轨道交通关键设备故障，调用相关维修资源，进行及时应急处置。

3) 区域轨道交通在线安全保障

(1) 需求 1：系统能够基于监测数据与轨道交通关键设备 RAMSI 状态评估结果，对轨道交通关键设备 RAMSI 状态进行预测，为状态维修处置提供支持。

(2) 需求 2：系统能够基于轨道交通关键设备 RAMSI 状态预测结果，对所需维保资源进行提前采购与配置。

(3) 需求 3：系统能够利用预处理的数据与提取的数据特征，基于关键设备 RAMSI 状态与故障诊断结果，对区域轨道交通关键设备进行状态维修处置。

4) 区域轨道交通综合安全保障

(1) 需求 1：系统可根据区域轨道交通路网结构特征、客流特征，考虑运输资源、设施设备、列车运行计划等情况，制定应急响应策略，并对已发生故障、风险与事故的应急方案进行存储管理。

(2) 需求 2：系统可根据区域轨道交通出现的突发事件，基于应急方案、维保资源与其他协同应急资源，生成区域轨道交通应急响应方案。

10. 智能信息服务需求

1) 区域轨道交通旅客出行规划及诱导需求

(1) 需求 1：系统能够为区域轨道交通旅客在出行前提供规划服务，规划包括合理便捷的路径规划和经济便捷的跨制式票程规划。

(2) 需求 2：系统能够在旅客出行过程中，提供室内三维立体定位服务，并为旅客实时出行提供信息引导及精确导航。

(3) 需求 3：系统能够为旅客提供出行完成后的服务延伸，如服务评价、全出行链上所有交通费用的发票打印等。

2) 区域轨道交通旅客信息服务需求

(1) 需求 1：系统能够为区域轨道交通出行旅客提供出行前信息服务，主要根据旅客的出行需求和个性特征提供出发地和目的地的相关交通、天气等信息。

(2) 需求 2：系统能够为区域轨道交通出行旅客提供在途信息服务，主要根据旅客的出行需求和个性特征提供相应行程、换乘、气象、娱乐等信息，同时提供枢纽内全部环节中旅客所需的出行信息。

(3) 需求 3：系统能够为区域轨道交通出行旅客提供出行后信息服务，主要包括及时为旅客推送返程信息、收集旅客对行程的反馈意见等。

3) 智能信息服务功能仿真实现需求

系统能够将为旅客提供的规划信息、引导信息以及旅服信息作为运输系统运行仿真核心系统的输入，通过仿真分析这些出行信息对旅客决策行为的影响。

8.2 现有相关仿真软件对比

现在主流的铁路行业相关仿真软件包括 AnyLogic、VISSIM、MassMotion 和 RailSys 等，它们凭借各自的优势在市场上拥有一定的影响力。现结合软件功能特点、项目需求特征与团队研究基础，对以上各个软件进行对比分析，以便选择合适的仿真软件平台。

8.2.1 AnyLogic

AnyLogic 软件是一款应用广泛、具有专业虚拟原型环境的，并且用于离散、系统动力学、多智能体和混合系统建模与仿真的工具[175]，能无缝集成和组合不同的仿真建模方法，克服单一建模方法的局限性，从每种方法中获得最大收益，构建高效且可管理的模型[176]。AnyLogic 软件由俄罗斯 XJTechnologies 公司开发，是一款独创的仿真软件，特别适用于大型复杂建筑物内的行人仿真，如医院、机场、地铁站等。AnyLogic 软件以最新的复杂系统设计方法论为基础，是第一个将 UML 语言引入模型仿真领域的工具，不仅是唯一支持混合状态机这种能有效描述离散和连续行为的语言的商业化软件[175]，也是全球唯一可创建真实动态模型的可视化工具。

AnyLogic 软件自有的行人库(pedestrian library)是一个模拟“真实”环境中行人流的高级库[177]。AnyLogic 软件的行人库包括环境(environment)建模和行为(behavior)建模，环境包括墙壁、立柱、扶梯、不同的区域、服务、队列等[177]，用户可以将自己画好的 AutoCAD 图等导入 AnyLogic 中，形成背景底图，然后需要拖入相应的环境模块，并设置合适的属性；行为建模主要用流程图的形式来表示。行人库专注于建模具有集中人流的场所，如地铁站。

传统的离散事件方法无法精确地模拟行人移动，而 AnyLogic 软件的行人库基于“社会力”行人模拟理论，以定量的“力”代表行人个体移动的各种内因，包括提速到预定速度、与其他行人及边界保持距离、吸引效果等，能够在物理层建模行人之间，以及行人与环境(如墙壁、闸机)之间的交互，以可视化行人移动及收集统计数据。行人库以流程图的方式建模，且能够与轨道库(rail library)相配合，用户可以很好地衔接车站中的行人仿真与路网中的列车仿真[178]。此外，可采用人流密度图统计各区域的人群密度，并用不同的颜色表示出高、中、低不同程度的密度，这样就可以直观地发现各服务设施的服务能力是否满足目前的负荷。同样地，可以通过改变参数观察设施是否满足假定的负载，也可以通过加入一些假定的障碍来观察是否会出现问题，即帮助发掘潜在问题，同时可以观察在行人库模型中，行人在空间行走的过程中会对障碍物、其他行人等做出不同反应，也会对服务设施做出反应。

AnyLogic 的轨道库是提供给用户用于模拟列车进出站的，轨道库可创建轨道建筑(如轨道、轨道上的位置)。轨道库也可以创建一个弹性模型，通过收集统计数据，将所建立的模型形象、直观地展现出来，增加模型的可视化。此外，用户可以有效地模拟任何铁路车场操作，同时提供铁路调车场模型和相关的操作，如装卸、搬运，以及列车进出站等，可以生成详细又高效的仿真。同样地，AnyLogic 轨道的建模也包括环境建模和行为建模。

AnyLogic 建模具有以下优点[179]。

(1) 更快速地创建可视化的、灵活的、可扩展的、可复用的活动对象，这些活动对象可以是标准对象或自定义对象，也可以是 Java 对象。

(2) 通过使用多重建模方法，能够更精确地建模和捕捉更多的事件，并针对所面临的特定问题进行联合和调整。

(3) 在建模环境中可以直接使用一组优秀的分析和优化工具。

(4) 轻松有效地将 AnyLogic 开放式体系结构模型与办公或企业软件，包括电子表格、数据库 ERP 和 CRM 系统等集成起来，或将模型直接嵌入实时运行环境中。

(5) 当现实世界的系统发生变化时，通过对模型进行有效的维护，可延长模型的寿命周期。

8.2.2 VISSIM

VISSIM 是由德国 PTV 公司开发的城市道路微观交通流仿真系统，主要用于城市道路交通的仿真与评价。VISSIM 的系统核心仿真模型——车辆跟驰模型采用德国卡尔斯鲁厄理工学院 Wiedemann 教授的“心理-物理学跟驰模型”。该模型建立在驾驶员反应行为基础之上，心理-物理学跟驰模型认为驾驶员在不同的交通环境中有不同的跟车特性。模型视驾驶员-车辆单元(driver-vehicle-units)为一个统一体，它通过在交通网络上移动驾驶员-车辆单元来仿真交通流，车辆以由用户定义或从 VISSIM 软件输入的数据而确定的方式移动。简言之，VISSIM 软件所使用的“心理-物理学跟驰模型”的基本观点是：一辆较快行驶的车辆在接近一辆较慢行驶的车辆时，驾驶员将减速至个人的心理阈值，由于他不能精确确定前面车辆的速度，其速度将减至低于前面车辆的速度，当减至另一个心理阈值时，他将又慢慢地加速。其模拟结果就是车辆加、减速反复迭代的过程[180]。

VISSIM 软件是一种微观的、基于时间间隔和驾驶行为的仿真建模工具，主要用于城市交通和公共交通运行的交通建模，可应用在交通系统的各个部分，包括公路系统(如普通公路、高速公路、各类交叉口等)、城市道路系统(如普通城市道路、快速路、各类交叉口等)、各类区域路网系统(如轨道交通网络系统、公交网络系统等)等[180]。它可以分析各种交通条件(如车道设置、交通构成、交通信号、公交站点等)下，城市交通和公共交通的运行状况，是评价交通工程设计和城市规划方案的有效工具。

VISSIM 软件在 Wiedemann 的车辆跟驰模型与车辆换道模型的基础上实现了对行人的仿真，可以近似模拟行人经过设施时的走行过程。因此，该软件适用于换乘站内客流仿真研究。行人运动模型与车辆运动模型的不同之处在于参数的设置。

VISSIM 行人仿真主要建立在社会力模型(social force model)之上，社会力模型是目前最被认可的行人动力学模型之一[181]。社会力模型的核心思想是：行人的运动受到来自环境及自身的目的性的影响，将这些影响用类似于力学的公式表达出来即形成社会力模型。社会力的概念并不是指物理上实际存在的力，而是以一种虚拟的方式代表行人的社会心理以及行人之间、行人和环境之间的相互作用[182]。行人总是希望以一定的期望速度朝期望的方向运动，因此行人在行走过程中都会期望能在较短的时间内调整他当前的实际速度到期望速度。行人与墙壁、其他行人的相互作用包括排斥和摩擦，距离越近，它们之间的相互作用力就越大。德国 PTV 公司通过大量视频行人轨迹跟踪分析，来收集行人流在不同状况下的速度、密度分布规律，从而校正参数。

VISSIM 仿真软件内部由交通仿真器和信号状态产生器两部分组成，它们之间通过接口交换检测器数据和信号状态信息。VISSIM 软件既可以在线生成可视化的交通运行状况，也可以离线输出各种统计数据，如行程时间、排队长度等[183]。

VISSIM 软件可提供三维呈现能力，支持将其他对象导入。系统建立了跟驰模型，提供宏观仿真运行；同时，支持枢纽内十万级规模客流微观模拟。本书作者项目团队利用 VISSIM 软件开展了一些有轨电车、枢纽节点方面的仿真建模工作。

8.2.3 MassMotion

MassMotion 软件是新一代高级行人模拟和人群分析软件，由世界知名工程咨询公司 Oasys 开发，主要用于对复杂环境中成千上万的人群进行模拟仿真分析[184]。MassMotion 软件是一个对象自主化系统，主要用于预测人们与周围建筑环境的交互情况[184]。它是一款非常强大的设计和交流工具，应用范围非常广泛，包含规划、建筑学和工程等应用。该软件所有计算都是基于连续的三维模型空间实现的，并且支持建筑信息模型(building information modeling, BIM)集成，支持在导入的 CAD 图形上创建模型或者在软件里直接建模，提供了模块化建模功能，也可直接提供多种实体，如楼梯、电梯、地板、行走路径、斜坡、出入口、服务台等[184]；用户可以从外部其他三维软件中导入几何模型。此外，软件支持大空间(航站楼、体育场馆、购物中心等)的运作分析-服务、排队、检票、安检等。其具体应用领域与功能包括以下几个方面。

(1) 铁路和站台规划：数量庞大的高密度人群和基于时刻表的行为活动，模拟包括交叉路口在内的人群分流[185]。

(2) 机场航站楼设计和规划：包括行人在人行道行走、检票、安检、分流和去往登机口等一系列活动。行人的活动可以和飞机起飞时间和转机日程相关联，从而深入探索在机场运作过程中可能发生的事件及应对方案[185]。

(3) 火灾和疏散规划：验证在不同类型、多层的建筑物中，发生火灾时的疏散方案。MassMotion 软件的测量功能可以对大面积的市区进行完整仿真[185]。

(4) 区域仿真：测量功能可以对大面积的市区进行完整仿真[185]。

(5) 分析：仿真完成之后，可以分析人们从一个地方到另一个地方所花费的时间，分析出门、楼梯和电梯等行人流动速率等[185]。

MassMotion 软件可以提供给设计师、运营人员和企业更加清晰的信息，其中包括建筑对象内出现的人员拥挤现象、各种人员通行设备使用的模式和行人空间安全。软件强大的预测能力可以通过最低的成本和最少的损失在建筑与交通设计的早期阶段做出明智的决策。随着设计的进程和问题的不断出现，MassMotion 软件可用于测试不同的场景和方案，进一步对项目方案进行优化[185]，能够生成用于演示或宣传的 3D 视频和图片，提供了强大的统计分析和离散事件仿真功能，如密度分析、行人关注点分析、行走空间分析、线状图、柱状图、包含行人的各种不同属性的 Excel 表格等。

8.2.4　RailSys

RailSys 软件是由德国汉诺威大学(University of Hannover)和德国铁路管理咨询公司(RMCon)共同研发的基于路网的铁路运输微观模拟仿真系统。作为一款铁路基础设施及时刻表仿真、优化和管理软件，该系统适用于各种规模铁路网络的分析、设计和优化等[186]，能够微观模拟至单个列车对某一股道的占用情况，可用于路网能力分析、新型信号安全技术研究和列车运行图的评价等[186]。它可以真实地呈现铁路路网全系统运行情况，对分析变化的运输需求、对现有铁路运输系统的影响、基础设施的改扩建、信号系统的安全及可用性评价、列车时刻表的制定和优化等起到重要的辅助决策作用。

RailSys 软件可用来完成网络运行图及路网施工计划管理的单用户/多用户解决方案平台，该平台由路网基础设施管理、运行图编制及管理施工计划管理、运行仿真、分析及评价等构成[186]。

基础设施管理器可以精确编辑和管理所有的路网基础设施的信息。这些数据可以先以草图的方式输入系统中，各种便捷的管理功能允许用户很方便地在此基础上进行各类修改。在此过程中，路网的规模只受到当前计算机硬件的限制。路网的修改将被实时记录下来，运行图以及仿真模块将据此对相关数据进行同步。

利用运行图管理器可以编制及管理各种模式的运行图。在运行图编制时，可以在整个路网图中以人工交互的方式选定当前运行线的路径。一旦运行线被创建，RailSys 软件可以依次自动计算每一条运行线的运行时间、各闭塞分区占用时间及与其他列车的冲突[186]。

当施工计划完成后，运行图管理器将精确计算并定位由此产生的冲突。用户可以据此人工调整当前运行图包括调整运行路径以避免冲突。调整完成后，有关时间损失以及路径变化等信息将以表格或图形化方式显示出来，供用户参考。

仿真管理可实现以下功能。

(1) 同步仿真处理功能。系统可计算路网中所有列车的实时位置，其优点在于所有的列车都可像实际运行时一样实时与信号系统进行交互，更加符合实际情况；同时系统还考虑列车之间的相互影响。

(2) 集成路网级运行仿真功能。新创建的无冲突的运行图可利用该功能检验各项运行是否正常，同时系统可针对不同的列车分组设定不同类别、地点及时间的延误参数，据此随机产生各类延误用于运行仿真。

(3) 集成路网仿真统计功能。无论是单次还是多次仿真后，每一条股道的占用情况都会被统计，并以表格或图形的方式显示出来，以用于确定当前的能力瓶颈以及运用较少的基础设施。

RailSys 软件可以利用真实的个性化延误特性，仿真多日内列车运行情况；评估管理器则支持对这些仿真结果的评估。大量的统计结果为延误率、正点率以及路网、线路或车站范围内的列车接续情况等运营质量指标的评估提供了可靠的数据[186]。

仿真过程中，所有列车的所有到发及通过时间都被记录下来用于评估分析。评估分析器提供多角度分析及显示功能，还可针对不同的选项突出显示运行图的制约因素，包括股道及线路占用统计分析、仿真结果统计、车辆使用计划评估及路网结构分析等。

8.2.5 仿真软件比选分析结论

现有的不同仿真建模工具/引擎各具特点、各有侧重。其中，AnyLogic 软件具有开放性强、可拓展性好的特征，不仅能够无缝集成和组合不同的仿真建模方法，还能克服单一建模方法的局限性，但是在三维建模方面工作量较大[187]；VISSIM 是一种专业的交通运输仿真软件，具备相对成熟的运输仿真工具箱且三维建模速度快，主要用于路面交通(主要指道路)的微观仿真研究[180]；MassMotion 是针对行人模拟和人群的分析软件，对客流在公共场所的流动进行动态模拟，用于预测人与周围建筑环境的交互情况；RailSys 软件在列车信号控制和运行仿真方面具有优势，最擅长处理的是对铁路既有线或新建线路、车站及网络的比较评估，以及对列车运行计划的编制、验证及评价等，主要针对列车间以及信号等设施的相互影响[186]。

AnyLogic 软件的建模语言独有的灵活性，使得用户能够捕捉地铁交通网络不同层次的复杂性和异质性；图形化接口、工具和库对象使得用户可以快速建模不同的部分，如车站和乘客。支持面向对象模型设计规范为地铁交通网络这样的大规模模型提供了模块化、层次化和渐进式的架构[187]。地铁交通网络中路网的构建和列车的控制可以采用离散事件建模方法。在离散事件仿真中，系统的运行由依时间顺序的事件序列代表，每个事件发生在一个时刻，并表明系统中状态的改变。在地铁仿真中，典型的事件有乘客到达车站、列车打开车门等。

综上所述，本书选用 AnyLogic 仿真软件进行仿真平台搭建，利用其良好的开放性，可实现运输组织与客流和设施设备状态演化仿真模型的构建，并在此基础上对协同运输组织、综合安全保障及智能信息服务策略的设施效果进行仿真分析。

8.3　仿真系统功能设计

仿真系统主要由三部分组成：运输系统运行仿真、设施设备演化仿真和区域轨道交通协同运输与服务系统仿真/接入，其中运输系统运行仿真、设施设备演化仿真分别为针对运输网络和基础设施网络的仿真核心功能，区域轨道交通协同运输与服务系统仿真/接入为针对区域轨道交通网络的业务决策模块，是仿真系统的测试对象。

8.3.1　运输系统运行仿真

运输系统运行仿真主要包括由车站、线路组成的网络以及具有重要衔接功能的枢纽两个层面，每个层面的研究对象又可分为列车流和客流。下面分别从网络和枢纽层面对运输系统的运行仿真功能进行说明。

1. 运输网络运行仿真

1) 运输网络环境搭建

运输网络环境搭建功能可根据交通线网拓扑结构和列车时刻表信息实现符合研究需求的时空拓展网络搭建。网络包含节点和弧段的主要属性信息，同时可清晰表示运输网络中节点间、弧段间，以及节点和弧段间的关系。

2) 运输网络列车流仿真

(1) 功能 1：列车网络运行仿真。列车网络运行仿真可实现网络中所有列车严格按照列车时刻表中的到发信息和列车运行路径在网络中运行。列车运行的仿真需要列车时刻表信息和列车运行路径，列车运行路径需要以运输网络环境搭建的运输网络为基础。

(2) 功能 2：列车区间追踪运行仿真。列车区间追踪运行仿真是以列车运行控制技术为核心实现列车在区间安全、高效运行。该功能可仿真不同闭塞制式下的列车追踪运行并得到最小追踪列车间隔时间。

3) 运输网络客流仿真

(1) 功能 1：网络客流宏观态势仿真。该功能以实时客流量为输入，实现实时客流与运输网络、车流的时空匹配，预测当前和未来一段时间内客流在网络中的分布状态。该功能的实现以运输网络环境搭建和运输网络列车流仿真为基础。

(2) 功能 2：网络旅客微观出行链仿真。根据旅客的出行属性、运输网络特征以及外界信息，通过仿真获取旅客在网络中完整的出行过程。出行过程包括完整的出行信息以及每个出行环节和运输网络、车流的对应关系，可根据仿真结果进行出行链评估。

列车与客流运输模块的功能结构图如图 8-1 所示。

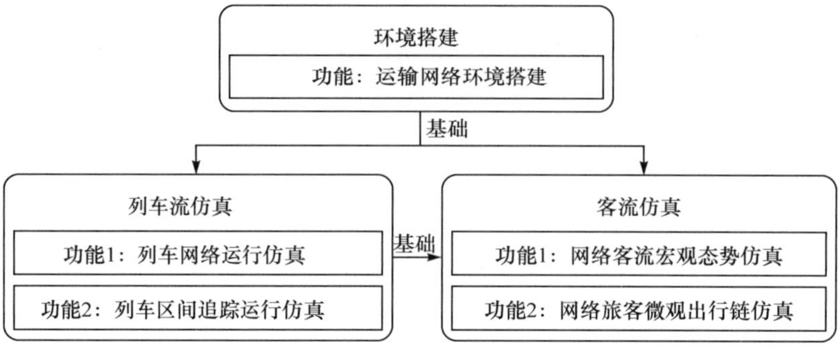

图 8-1　列车与客流运输模块的功能结构图

2. 关键枢纽运行仿真

1) 枢纽环境搭建

枢纽网络搭建功能根据枢纽拓扑网络图和枢纽内主要设施设备布局实现枢纽网络搭建，搭建的枢纽网络需反映枢纽内部设施设备相对关系、主要功能间逻辑关系以及枢纽内部与整体网络的逻辑关系。

2) 枢纽列车流仿真

列车进出站作业仿真需实现枢纽内列车严格按照列车进出站时刻信息和接发车进路计划完成在枢纽的进出站作业。该功能需以列车时刻表和接发车作业计划为基础，列车在车站的运行需实现接发车进路计划和枢纽中车场的拓扑结构的匹配。

3) 枢纽客流仿真

(1) 功能 1：枢纽内流线仿真。根据枢纽网络结构和旅客在枢纽内主要的出行环节(包括进站、出站、安检、检票、乘降、等待、走行等)，设计枢纽内主要的客流流线。该功能可实现客流流线与构建的枢纽网络的匹配，以及根据实际客流需求实现客流在枢纽内的动态仿真评估。

(2) 功能 2：枢纽旅客微观出行链仿真。根据旅客的出行属性、枢纽特征以及引导信息，获取旅客在枢纽中完整的出行过程并进行评估，出行过程包括完整的出行信息以及每个出行环节和枢纽内设施设备、车流的对应关系。

关键枢纽运行仿真的主要功能关系图如图 8-2 所示。

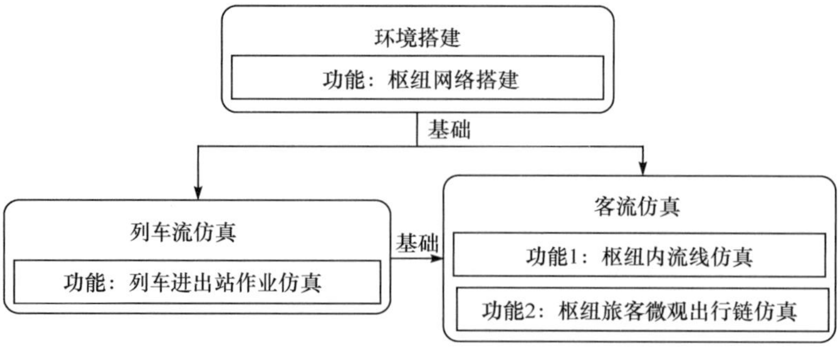

图 8-2　关键枢纽运行仿真的主要功能关系图

8.3.2 设施设备演化仿真

轨道交通设施设备演化仿真分为关键设备状态演化仿真与关键设备功能行为仿真。基于搭建的轨道交通关键设备及自然环境，分别从工务设备、机电设备与机车车辆三方面进行仿真。

1. 轨道交通关键设备状态演化仿真

1) 轨道交通关键设备环境搭建

(1) 功能 1：轨道交通关键设备构建。针对对于区域轨道交通的运营安全、服务质量、成本等具有重要影响的关键设备进行建模，并对关键设备的设备名称、设备类型、空间位置、几何形状、设备间的空间关系等属性信息进行描述。

(2) 功能 2：轨道交通关键设备的自然环境构建。根据轨道交通关键设备所处位置的地质条件、气象气候条件、自然灾害地段等外部环境信息，对影响区域轨道交通关键设备状态变化的自然环境进行建模。

2) 轨道交通关键设备状态演化仿真

(1) 功能 1：轨道交通关键工务设备状态仿真。根据轨道交通关键工务设备的基本属性信息、自然环境影响、列车流信息、客流数据、检查监测数据与维修数据，构建工务设备状态预测模型、工务设备寿命评估模型、工务安全风险预测模型等，实现轨道交通关键工务设备状态演化仿真。

(2) 功能 2：轨道交通关键机电设备状态仿真。根据轨道交通关键机电设备的基本属性信息、自然环境影响、列车流信息、客流数据、检查监测数据与维修数据，构建机电设备状态预测模型、机电设备寿命评估模型、机电设备安全风险预测模型等，实现轨道交通关键工务设备状态演化仿真。

(3) 功能 3：轨道交通机车车辆状态仿真。根据轨道交通机车车辆设备的基本属性信息、自然环境影响、列车流信息、客流数据、检查监测数据与维修数据，构建机车车辆设备状态预测模型、机车车辆设备寿命评估模型、机车车辆安全风险预测模型等，实现轨道交通机车车辆状态演化仿真。

关键设备状态演化仿真的主要功能关系图如图 8-3 所示。

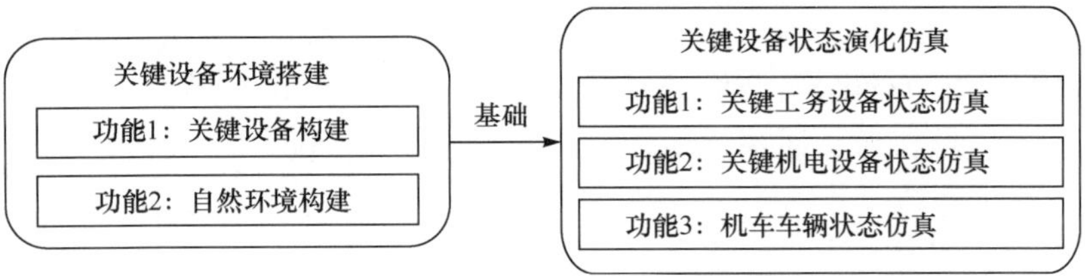

图 8-3　关键设备状态演化仿真的主要功能关系图

2. 轨道交通关键设备功能行为仿真

(1) 功能 1：轨道交通关键工务设备功能行为仿真。基于构建的轨道交通关键设备，对关键工务设备的正常系统功能、故障模式进行描述，并对故障原因、造成的影响及后果进行仿真。

(2) 功能 2：轨道交通关键机电设备功能行为仿真。基于构建的轨道交通关键设备，对关键机电设备的正常系统功能、故障模式进行描述，并对故障原因、造成的影响及后果进行仿真。

(3) 功能 3：轨道交通机车车辆功能行为仿真。基于构建的轨道交通关键设备，对机车车辆的正常系统功能、故障模式进行描述，并对故障原因、造成的影响及后果进行仿真。

8.3.3 区域轨道交通协同运输与服务系统仿真/接入

区域轨道交通协同运输与服务系统仿真/接入主要将协同运输决策、在线安全保障决策和智能信息服务三部分业务模块纳入仿真系统中，作为仿真系统的测试对象，支撑仿真系统对项目技术方案和技术指标进行测试验证。

1. 协同运输决策功能设计

1) 功能 1：区域轨道交通出行需求预测

区域轨道交通出行需求预测的功能需要数据预处理、客流时空分布分析、客流灵敏度分析、数据预测和客流分配五个子功能共同实现。

(1) 数据预处理：将获取的原始数据进行预处理，生成进入区域中各个节点的客流量。

(2) 客流时空分布分析：根据出行链数据，分析旅客在区域网络时空分布的特征。

(3) 客流灵敏度分析：提取敏感性因素，分析敏感性因素对客流出行的影响。

(4) 数据预测：根据客流特征、灵敏度特性，预测处理后的相关数据。

(5) 客流分配：将预测的客流分配到研究的区域网络上，并对分配结果进行评价。

2) 功能 2：区域轨道交通系统有效承载力评估

区域轨道交通系统有效承载力评估功能主要包含车站与枢纽有效承载力分析、线路有效承载力分析、区域有效承载力分析和有效承载力动态模拟四个子功能。

(1) 车站与枢纽有效承载力分析：提取车站与枢纽有效承载力影响因素，计算车站与枢纽有效承载力。

(2) 线路有效承载力分析：提取线路有效承载力影响因素，计算线路有效承载力。

(3) 区域有效承载力分析：计算并分析区域轨道交通线网有效承载力。

(4) 有效承载力动态模拟：动态模拟路网有效承载力变化趋势。

3) 功能 3：区域轨道交通系统动态客流分配与运能匹配

区域轨道交通系统动态客流分配与运能匹配的功能包括枢纽和网络两个对象，主要功能有运能规划、需求运能匹配评价、运能调配等。

(1) 枢纽运能规划：根据客流需求、枢纽结构等信息，完成枢纽内运能规划。

(2) 网络运能规划：根据客流需求、网络结构和区域运输资源，完成区域运能规划。

(3) 枢纽需求运能匹配评价：分析计算枢纽内各设施设备能力与运输需求匹配程度。

(4) 路网需求运能匹配评价：分析计算网络运输能力与运输需求的匹配度。

(5) 枢纽运能调配：根据枢纽运能匹配评价结果编制枢纽运能调配方案。

(6) 路网运能调配：根据供需匹配评价结果编制路网运能调配方案。

4) 功能 4：区域轨道交通系统精细化运输方案协同编制

区域轨道交通系统精细化运输方案协同编制主要包括列车牵引计算、计划编制、计划调整和方案评估四大部分，每部分包含多个子功能。

(1) 列车牵引计算：根据机车车辆试验和实际运用经验所积累的数据以及不同运营列车参数，进行列车牵引计算。

(2) 区域轨道交通系统计划编制功能，主要包含以下四个子功能。

① 开行方案编制：根据客运需求和运输网络结构特征制订列车开行方案。

② 列车运行图(时刻表)编制：根据列车开行方案、运输资源等信息编制运行图。

③ 车底周转计划编制：根据列车运行图、车底配属信息等编制车底周转计划。

④ 乘务计划编制：根据列车运行图、车底周转计划、乘务规则等编制乘务计划。

(3) 区域轨道交通系统计划调整，主要包含以下四个子功能。

① 开行方案调整：根据应急需求、事件信息、基本开行方案，调整列车开行方案。

② 列车运行图调整：根据应急需求、事件信息、基本运行图、调整后的开行方案，调整列车运行图。

③ 车底周转计划调整：根据应急需求、事件信息、基本车底周转计划、调整后的列车运行图，调整车底周转计划。

④ 乘务计划调整：根据应急需求、事件信息、基本乘务计划、调整后的列车运行图、调整后的车底周转计划，调整乘务计划。

(4) 方案评估：结合仿真结果和运营数据对编制的协同运输方案进行评估。

5) 功能 5：协同运输决策功能仿真实现

前四个功能的实现可为仿真核心系统提供仿真输入，功能 1 提供了仿真中最重要的客流输入，功能 2 提供了运输网络的属性，同时与功能 3 共同提供了研究区域网络的有效运输能力。此外，功能 3 可提供枢纽内的流线组织方法，功能 4 则提供了完整的运输方案。将这些信息作为仿真输入可实现运输系统的运行仿真。

协同运输决策功能仿真实现结构如图 8-4 所示。

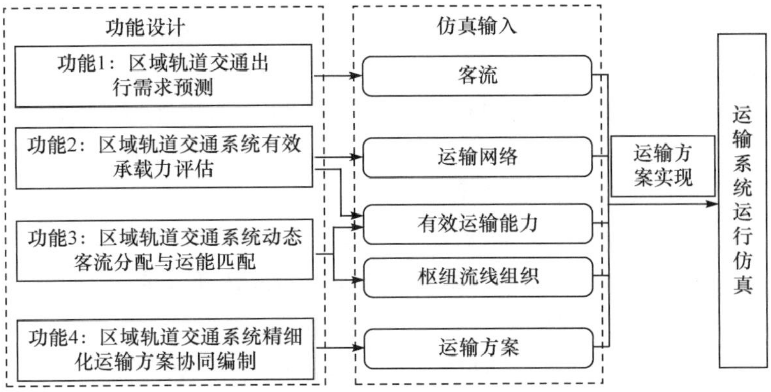

图 8-4　协同运输决策功能仿真实现结构

2. 在线安全保障决策功能设计

1) 功能 1：区域轨道交通 RAMSI 状态评估

区域轨道交通 RAMSI 状态评估的功能需要数据预处理、数据特征提取、轨道交通关键设备 RAMSI 状态评估和轨道交通全局 RAMSI 状态评估四个子功能共同实现。

(1) 数据预处理：将监测到的多源异构原始数据进行预处理，剔除无效数据，降低数据误差，为数据分析、挖掘奠定良好的数据基础。

(2) 数据特征提取：基于预处理的数据，进行数据清洗、数据特征分析与数据融合处理，为状态评估提供数据支持与依据。

(3) 轨道交通关键设备 RAMSI 状态评估：利用分析、处理的多源数据，基于预设的指标体系，对轨道交通关键设备 RAMSI 状态进行评估，为后续基于状态的预防修、故障处置、状态预警等提供支持。

(4) 轨道交通全局 RAMSI 状态评估：利用分析、处理的多源数据与关键设备 RAMSI 状态，基于预设的指标体系，对轨道交通全局 RAMSI 状态进行评估，为后续基于状态的预防修、故障处置、状态预警等提供支持。

2) 功能 2：区域轨道交通 RAMSI 增强

区域轨道交通 RAMSI 增强主要包括关键设备故障智能诊断和关键设备故障修处置两个功能。

(1) 区域轨道交通关键设备故障智能诊断：基于预处理的数据与提取的数据特征，对区域轨道交通关键设备进行故障智能诊断，分析故障原因，为状态修处置提供支持。

(2) 区域轨道交通关键设备故障修处置：对于检测到的区域轨道交通关键设备故障，调用维修资源，进行及时处置。

3) 功能 3：区域轨道交通在线安全保障

区域轨道交通在线安全保障的实现由关键设备 RAMSI 状态预测、维保资源管理与关键设备状态修处置三个子功能支持。

(1) 轨道交通关键设备 RAMSI 状态预测：基于监测数据与轨道交通关键设备 RAMSI 状态评估结果，对轨道交通关键设备 RAMSI 状态进行预测，为状态修处置提供支持。

(2) 区域轨道交通维保资源管理：基于轨道交通关键设备 RAMSI 状态预测结果，对所需维保资源进行提前采购与配置。

(3) 区域轨道交通关键设备状态修处置：利用预处理的数据与提取的数据特征，基于关键设备 RAMSI 状态与故障诊断结果，对区域轨道交通关键设备进行状态修处置。

4) 功能 4：区域轨道交通综合安全保障

区域轨道交通综合安全保障需要应急方案管理和应急响应管理两个子功能共同实现。

(1) 区域轨道交通应急方案管理：根据区域轨道交通特征，制定应急响应策略，并对已发生的故障、风险与事故的应急方案进行存储管理。

(2) 区域轨道交通应急响应管理：根据区域轨道交通出现的突发事件，基于应急方案、维保资源与其他协同应急资源，生成区域轨道交通应急响应方案。

5) 功能 5：在线安全保障决策仿真实现

前四个功能的实现提供了仿真核心系统的仿真输入，功能 1 提供仿真中最重要的 RAMSI 状态输入，功能 2 提供了故障诊断数据与维修数据，功能 3 提供了状态预测结果与维修数据，功能 4 则提供了应急处理方案。将这些信息作为仿真输入可实现设施设备演化仿真。

在线安全保障决策功能仿真实现结构如图 8-5 所示。

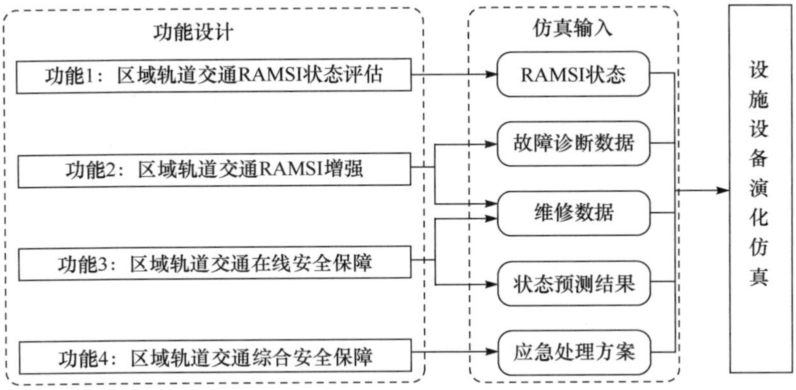

图 8-5　在线安全保障决策功能仿真实现结构

3. 智能信息服务功能设计

1) 功能 1：区域轨道交通系统旅客出行规划及引导

根据旅客的出行过程，区域轨道交通系统旅客出行规划及引导作用有不同体现，将该功能根据出行前、出行中和出行后分为三个子功能。

(1) 区域轨道交通系统旅客出行前规划，主要包括路径规划和票程规划。

① 路径规划：根据旅客的特征及出行需求，为旅客提供合理的、可操作的出行方案。

② 票程规划：根据旅客的特征及出行需求，形成跨制式的票程规划。

(2) 区域轨道交通系统旅客出行中引导。可以实现室内三维立体定位功能，为旅客实时出行提供信息引导及精确导航。

(3) 区域轨道交通系统旅客出行后服务。可以根据旅客需求，支持全出行链上的所有交通费用的发票打印。

2) 功能 2：区域轨道交通系统旅客信息服务

同样地，区域轨道交通系统旅客信息服务功能从出行前、出行中和出行后三个不同角度进行详细说明。

(1) 区域轨道交通系统旅客出行前信息服务。可以根据旅客的出行需求和个性特征提供出发地和目的地的相关交通、天气等信息。

(2) 区域轨道交通系统旅客出行中信息服务。可以根据旅客的出行需求和个性特征提供相应行程、换乘、气象、娱乐等信息，同时提供枢纽内全部环节中旅客所需的出行信息。

(3) 区域轨道交通系统旅客出行后信息服务。能够及时为旅客推送返程信息，收集旅客对行程的反馈意见，具备针对反馈意见的分析、数据挖掘能力。

3) 功能 3：智能信息服务功能仿真实现

智能信息服务功能为旅客提供规划信息、引导信息以及旅服信息，将得到的信息与引导信息作用下的乘客决策行为模型和旅客服务信息作用下的乘客决策行为模型相结合，仿真中需要对引导信息作用下的乘客决策行为和旅客服务信息作用下的乘客决策行为进行仿真，通过仿真分析这些出行信息对旅客决策行为的影响。

协同运输决策功能仿真实现结构如图 8-6 所示。

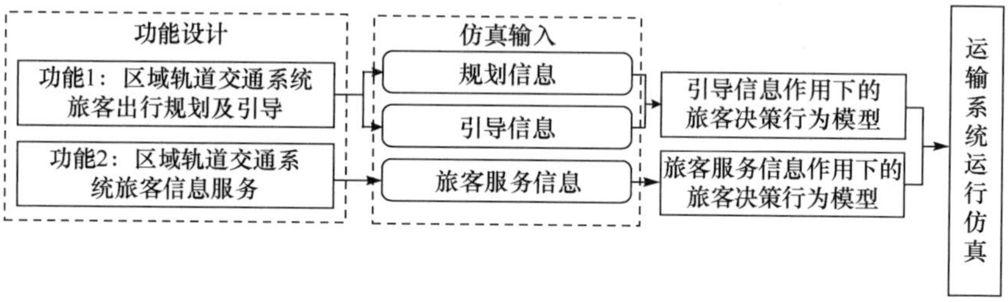

图 8-6　协同运输决策功能仿真实现结构

8.4　仿真系统数据设计

仿真系统的不同功能需要不同的数据作为仿真的数据保障。本节分别从运输系统运行数据、设施设备属性数据以及区域轨道交通协同运输与服务业务数据三方面进行介绍。

8.4.1　运输系统运行数据

运输系统运行仿真为仿真系统的核心功能，其涉及的数据包括车站数据、线路数据、网络拓扑图、运输计划数据、客流数据、客流流线等。下面分别从网络和枢纽层面介绍其主要涉及的数据，具体如表 8-1 所示。

表 8-1　运输系统运行数据明细

对象	编号	数据类别	描述	来源
网络	1	车站数据	车站的属性数据，包括车站等级、所属线路、是否为换乘站等	静态保存数据，动态状态由相关系统更新
	2	线路数据	线路的属性数据，包括线路制式、线路速度、线路长度等	
	3	网络拓扑图	网络的基本结构，包括网络中车站和线路的相对关系	
	4	运输计划数据	主要包括列车运行图、车底周转计划、乘务计划等	由协同运输决策产生并更新
	5	客流数据	实时客流量、客流类型及特征	
枢纽	1	设施设备	枢纽内主要设施设备数量、能力、位置、作用等信息	静态保存数据，动态状态由相关系统更新
	2	枢纽拓扑图	枢纽的基本结构，说明枢纽多个功能区的大小、作用等	

续表

对象	编号	数据类别	描述	来源
枢纽	3	枢纽作业计划	枢纽内的列车进出站作业以及枢纽内客流组织方案	由协同运输决策产生并更新
	4	客流数据	枢纽内通过不同设施设备的客流量	
	5	客流流线	枢纽内客流的主要流线，包括客流流线服务的出行环节、流线时间、流线经过的关键设施设备等	

8.4.2　设施设备属性数据

设施设备演化仿真为仿真系统的核心功能，其涉及的属性数据包括空间位置、几何形状、空间关系、所属管理部门等，具体如表 8-2 所示。

表 8-2　设施设备属性数据明细

数据分类	编号	数据项或数据集	描述	来源
空间位置	1	里程	数据项，标定设备的空间位置	静态保存数据，动态状态由相关系统更新
	2	起点里程	数据项，标定设备的起点空间位置	
	3	终点里程	数据项，标定设备的终点空间位置	
	4	中心里程	数据项，标定设备的中心点空间位置	
	5	经纬度坐标(x, y)	数据项，标定设备的经纬度坐标位置，如站中心经纬度	
	6	三维坐标(x, y, z)	数据项，标定设备的三维精测位置	
几何形状	1	设备几何形状	数据集，标定设备的外形形状，包括长、宽、高(厚)、半径、尺寸、角度、面积、体积等几何参数	静态保存数据，动态状态由相关系统更新
	2	零部件几何尺寸	数据集，标定设备的零部件几何尺寸	
	3	零部件标准图	数据集，零部件标准图	
空间关系	1	线名	数据项，反映设备与线路的空间包含关系	静态保存数据，动态状态由相关系统更新
	2	线编号	数据项，反映设备与线路的空间包含关系	
	3	行别	数据项，反映设备与线路的空间包含关系	
	4	车站或区间	所属车站或区间，反映设备与车站或区间的空间包含关系	
	5	线路设备综合图	数据集，反映设备与其他设备的空间拓扑关系	
	6	设备标准图	数据集，设备标准图	
	7	设备初步设计图	数据集，设备初步设计图	
	8	设备施工图	数据集，设备施工图	
	9	设备变更设计图	数据集，设备变更设计图	

续表

数据分类	编号	数据项或数据集	描述	来源
空间关系	10	设备竣工图	数据集，设备竣工图	静态保存数据，动态状态由相关系统更新
	11	照片	数据集，反映设备及周边环境	
	12	视频	数据集，反映设备及周边环境	
	13	基础地形图	数据集，反映单元网格所处区域地理环境	
	14	地形特征	数据项，分为山区、重丘、微丘和平原，反映单元网格所处区域地理环境	
	15	航测照片	数据集，反映单元网格所处区域地理环境	
	16	卫星遥感影像	数据集，反映单元网格所处区域地理环境	
	17	水文地质图	数据集，反映单元网格所处区域地理环境	
所属管理部门	1	路局	数据集，涉及单位及个人	静态保存数据，动态状态由相关系统更新
	2	段	数据集，涉及单位及个人	
	3	工区	数据集，涉及单位及个人	
基本属性	1	性能规格	数据集，反映设备的设计功能、性能及规格	静态保存数据，动态状态由相关系统更新

8.4.3　区域轨道交通协同运输与服务业务数据

区域轨道交通协同运输与服务业务数据主要包括协同运输决策数据、在线安全保障决策数据和智能信息服务数据等。

协同运输业务主要涉及的数据如表 8-3 所示。

表 8-3　协同运输业务数据明细

编号	数据类别	描述	来源
1	客流数据	各制式轨道交通实时客流量	AFC 等数据接口
2	网络基础数据	车站：等级、作用、位置 线路：长度、速度、所属 枢纽：布局、设施设备等	静态保存数据，动态状态由相关系统更新
3	运输计划	列车时刻表、车底周转计划、乘务计划等	由协同运输系统产生并更新，将提供给其他子系统
4	应急预案	应急方案、应急计划	静态的应急方案采用文件方式，动态计划由综合安全保障子系统形成应急方案后由系统综合形成应急计划
5	天气数据	基于时空的气象预报	通过与气象台接口或者通过互联网采集
6	环境数据	人口规模及分布、沿线购物/餐饮/娱乐等	静态保存信息

在线安全保障业务主要涉及的数据如表 8-4 所示。

表 8-4　在线安全保障业务数据明细

编号	数据类别	描述	来源
1	客流数据	通过车站 AFC 一段时间内的进出站客流量实时监测车站人流变化，站内客流超过一定预警值以后启动相应应急方案，避免出现人员大量积聚情况	AFC、主动红外线对射技术、被动红外 PIR 侦测技术、手机信令数据、WiFi 接入数据、深度学习的视频智能分析技术等
2	列车流数据	列车开行方案、列车运行图、通过总重数据等	轨道交通运营管理系统(行车调度)
3	视频监控数据	不同地点的视频监控，用于安全行为分析	视频监控系统
4	FAS/BAS 数据	从 FAS 及 BAS 系统获取火灾险情、照明、通风、给排水、电梯等相应数据，为应急预案的制订提供输入	FAS、BAS
5	工务设备检查数据	检查计划数据、检查计划兑现、检查原始数据	工务生产管理系统
6	工务设备维修数据	维修计划数据、维修记录数据	工务生产管理系统
7	工务设备状态数据	轨道、路基、桥涵、隧道、道岔等状态	工务生产管理系统
8	机电系统状态数据	机务、电务、牵引供电，以及照明、电梯等	综合监控系统
9	机电系统维修数据	机务、电务、牵引供电，以及照明、电梯等的维修计划数据、维修记录数据	综合监控系统
10	气象及气候数据	基于时空的气象预报，对可能带来突发客流、设备设施损毁等提前预警	通过与气象台接口或者通过互联网采集
11	地质数据	特殊岩土分布数据、特殊地形数据	新建铁路可行性研究报告
12	周边环境数据	如重大社会活动、外部交通系统变化	互联网社交媒体/新闻渠道、其他交通系统接口

智能信息服务业务主要涉及的数据如表 8-5 所示。

表 8-5　智能信息服务业务数据明细

编号	数据类别	描述	来源
1	客流状态	客流在网络(车站、线路、枢纽)的实时分布状态	预测的客流数据及仿真得到的客流分布数据
2	轨道交通运输计划	各制式轨道交通的时刻表信息	协同运输系统
3	出行行程方案	出行路径、出行用时、出行费用等	通过智能信息服务系统获取
4	引导信息	网络：车次信息、换乘信息、票务信息等 枢纽：站内乘车信息、站内位置信息	
5	其他交通信息	公交、出租、共享单车等车辆位置、运营状态等信息	市政交通系统 第三方运营企业
6	客票信息	席位信息、旅客检票状态	客票系统
7	地理信息	轨道交通周边交通、旅游、商业等信息	第三方系统
8	天气数据	基于时空的气象预报	互联网采集
9	环境数据	如重大社会活动、外部交通系统变化	互联网社交媒体/新闻渠道、其他交通系统接口

8.5 仿真系统架构设计

仿真系统的架构设计决定了仿真系统的运行效果和功能发挥，直接影响项目研究过程中技术方案的测试验证与优化工作效率；同时，架构设计方案需有效支撑项目关键技术指标评测，因此在设计过程中需要满足以下几个方面的设计原则，以保证仿真系统的功能能够充分发挥。

(1) 具备简便的模型和场景搭建与编辑工具。在仿真建模过程中，需要对设施设备、列车、线路、车站旅客等多种对象进行仿真建模，仿真系统一方面要满足各种仿真对象的模型构建过程要求，另一方面要能够支撑对模型的不断修改和完善。因此，简便高效的模型和场景搭建与编辑工具，能够让繁重的建模工作事半功倍。

(2) 具备多样化的仿真节奏控制模式。对于不同的仿真需求和仿真场景，仿真的时间粒度可能会存在很大差异。例如，在模拟设施设备状态演化过程时，大部分设施设备的劣化状态需要数天甚至数月才会有明显变化，而列车运行过程中信号系统的风险和故障在数百毫秒或数秒就会出现，客流在一天中的数分钟或数十分钟内就会出现显著差异。因此，系统需要具备多样化的仿真节奏控制模式，才能有效支撑不同的仿真需求和场景。

(3) 具备灵活的仿真参数配置界面。仿真参数描述了仿真对象在不同状态和环境下的功能和行为特征，而仿真系统往往需要对不同环境和状态下的仿真对象行为进行多场景、多角度的模拟，才能保证仿真结果的有效性和代表性。因此，灵活的仿真参数配置界面，不仅能够有效降低仿真过程中参数配置的工作量，还能提高工作效率。

(4) 具备高效的仿真运行速度。在仿真系统模拟时间较长时，仿真试验的时间耗费也很大，因此需要根据仿真场景和需求对仿真的内部算法进行优化，以缩短每次仿真试验所耗费的时间，提高项目技术方案测试的关键是技术指标评估的工作效率。

(5) 具备完善的数据监测功能。在仿真系统中，针对模拟的“区域轨道交通系统”运行状态的监测数据，一方面可用于支撑协同运输、安全保障和信息服务三方面决策系统的方案生成，另一方面可为项目的关键技术指标评估提供坚实的数据基础。因此，针对模拟的“区域轨道交通系统”设计完善的数据监测功能，是实现仿真系统预订功能的关键。

(6) 具备便捷的方案与事件注入接口。在仿真系统运行过程中，协同运输、安全保障和信息服务三方面决策系统会根据模拟的“区域轨道交通系统”运行状态生成相应的决策方案，这些决策方案最终需要落实到仿真系统中，以评估其对列车运行和旅客出行所产生的影响；同时，对于某些突发事件和状况，需要输入仿真系统进行模拟分析，因此仿真系统还需要具备便捷的方案与事件注入接口。

8.5.1 设计思路

为实现“在区域轨道交通‘总体运输能力提升，运输服务质量提升’、引领区域轨道交通未来发展方向，支撑城市群快速建设发展”的总目标，提出理论与技术目标、系统装备目标、示范应用目标，分别按照建立理论体系、室内仿真及测试系统、现场应用示范，共同支撑项目目标的达成和验证。图 8-7 展示了仿真系统的设计思路。

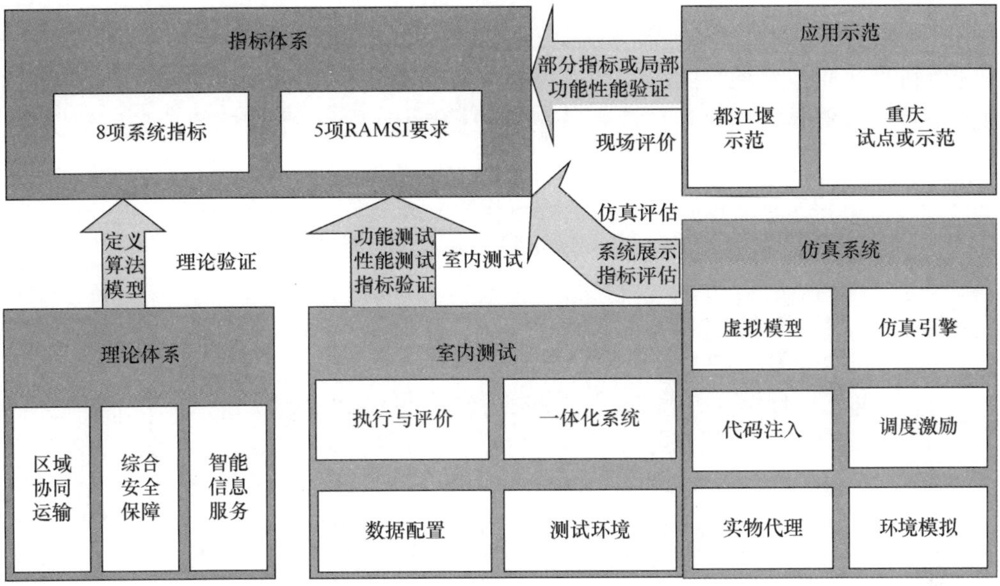

图 8-7　仿真系统的设计思路

其中，仿真系统依托实际数据、理论公式等构建虚拟模型；采用实际系统代码注入方式构建半实物模型；通过实物接口方式构建实物模型。各模型构建于仿真引擎上并能各自相对独立运行。仿真平台通过总线连接、消息机制、激励信号及调度控制，实现多仿真引擎、多模型间的运行衔接匹配。仿真系统所必需的外部数据、故障注入、操作控制及运行展现等，由环境模拟部分提供。系统进一步细化的逻辑结构如图 8-8 所示。

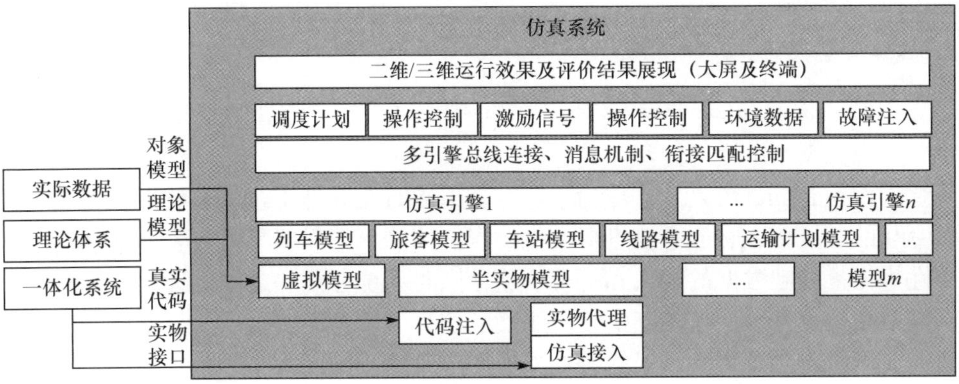

图 8-8　仿真系统的逻辑结构

8.5.2　总体架构设计方案

在仿真系统需求分析、功能与数据设计方案的基础上，根据前面所述的仿真系统设计原则和思路，本节提出区域轨道交通仿真系统的总体架构设计方案；同时，为了更好地实现仿真系统的功能目标，针对总体架构中的关键组成部分，如仿真引擎、仿真内核、数据采集与指标评估功能、协同运输综合决策仿真功能以及三维展示功能进行详细的设计和说明。

1. 总体架构设计

区域轨道交通仿真系统的总体架构设计方案如图 8-9 所示，系统包含仿真引擎、仿真内核、数据采集与监测接口、决策方案实现控制接口、技术指标统计与评价模块、多制式多业务综合数据库、协同运输、安全保障与信息服务决策模块以及三维展示模块。

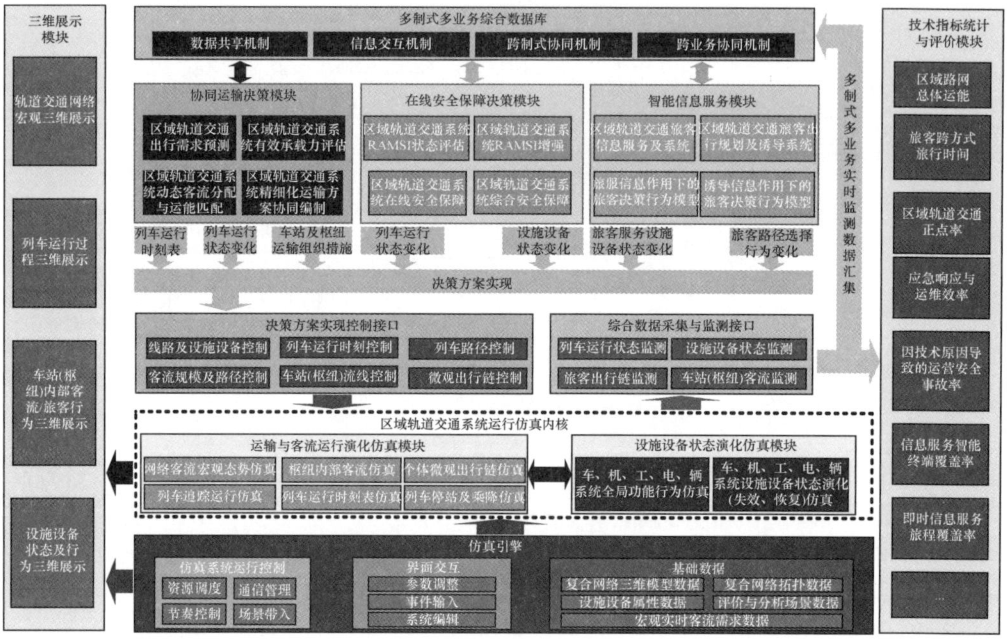

图 8-9　仿真系统的总体架构

2. 仿真引擎设计

仿真系统的构建和运行过程离不开仿真引擎的支撑，仿真引擎是整个仿真系统的基础，主要实现仿真系统运行控制、界面交互以及基础数据输入与管理功能。区域轨道交通仿真系统以 AnyLogic 仿真软件作为平台基础，同时在软件平台的基础上，为实现包含多制式多专业的区域轨道交通系统进行模拟仿真。仿真引擎需要具备复合网络、客流、设施设备属性等大量基础数据的输入和管理功能，同时系统各模块之间的通信管理、资源调度等机制需要在仿真系统运行控制中予以明确。仿真引擎还需要提供友好便捷的交互界面，便于研究人员进行仿真模型编辑修改、参数设定及运行操控，其平台结构如图 8-10 所示。

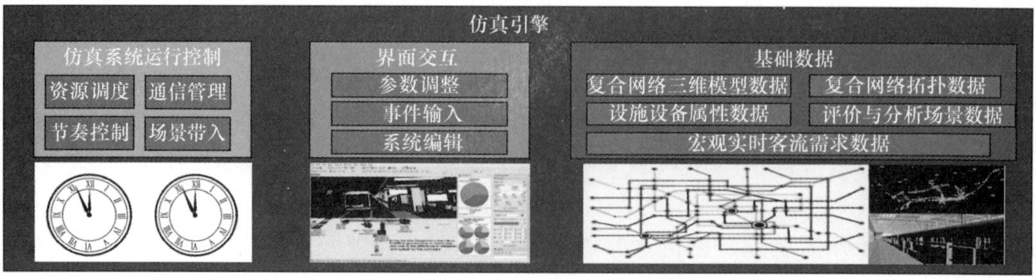

图 8-10　仿真引擎的平台结构

3. 仿真内核设计

区域轨道交通系统运行仿真内核主要是对实际的区域轨道交通系统运行状况的模拟，如列车运行过程、设施设备功能与状态演化、旅客微观出行链、宏观客流态势、车站或枢纽内部客流组织等。系统仿真内核主要包含运输与客流运行演化仿真模块和设施设备状态演化仿真模块两大部分，两部分之间存在频繁的交互作用，在仿真系统运行过程中不断相互影响，以模拟真实的区域轨道交通系统运行过程。其中，设施设备状态与功能的仿真，是运输与客流仿真的基础，它决定了区域轨道交通系统的功能发挥，而运输与客流状态则会反过来影响设施设备的负荷度，从而影响其状态和功能。仿真内核结构如图 8-11 所示。

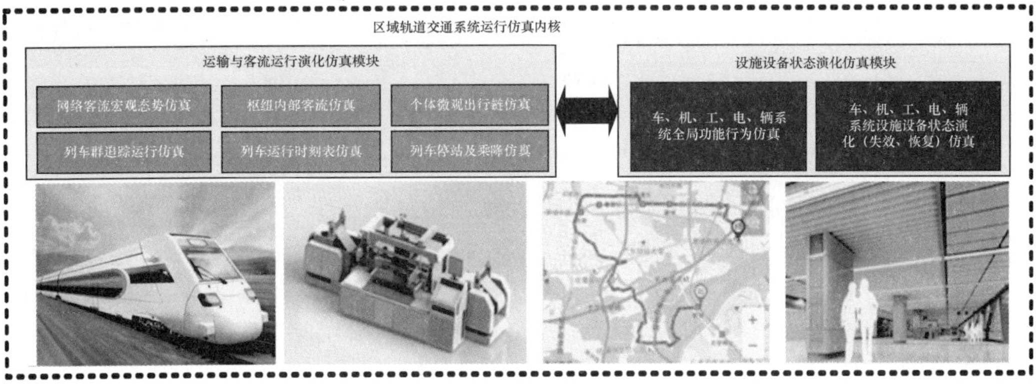

图 8-11　仿真内核结构

4. 数据采集与指标评估功能设计

多制式多业务综合数据库汇聚来自数据采集与监测接口的基础数据，形成综合数据库并明确了多制式之间数据共享、信息交互以及跨制式协同等机制，以支撑协同运输、安全保障与信息服务决策模块进行方案生成。技术指标统计与评价模块根据数据采集与监测接口所提供的仿真内核中模拟的“区域轨道交通系统”运行数据，以及各技术指标定义、内涵及计算公式，对各技术指标进行统计和评价。在仿真过程中，针对仿真内核中模拟的“区域轨道交通系统”运行状态，由综合数据采集与监测接口进行全方位的数据采集，将数据进行汇集之后，一方面支撑技术指标的统计与评价，另一方面传递到多制式多业务综合数据库，支撑协同运输、安全保障与信息服务决策模块进行方案生成，仿真系统中的这一过程称为数据采集与指标评估功能，它构成了仿真系统中“数据采集-数据汇集-指标评估与决策支撑”的“上行回路”。数据采集与指标评估功能实现流程如图 8-12 所示。

5. 协同运输业务综合决策功能设计

决策方案不仅能实现控制接口承接协同运输、安全保障与信息服务决策模块所生成的决策方案，还能模拟方案所产生的作用(如修改时刻表，导致列车运行与客流特征发生变化)，并将这种作用输入仿真内核。

协同运输、安全保障与信息服务三方面的决策模块则根据数据采集与监测接口和多制式多业务综合数据库所提供的基础数据，自动进行决策方案的生成，以保证区域轨道交通系统能够安全高效运行。在仿真系统中，“数据采集-数据汇集-指标评估与决策支撑”

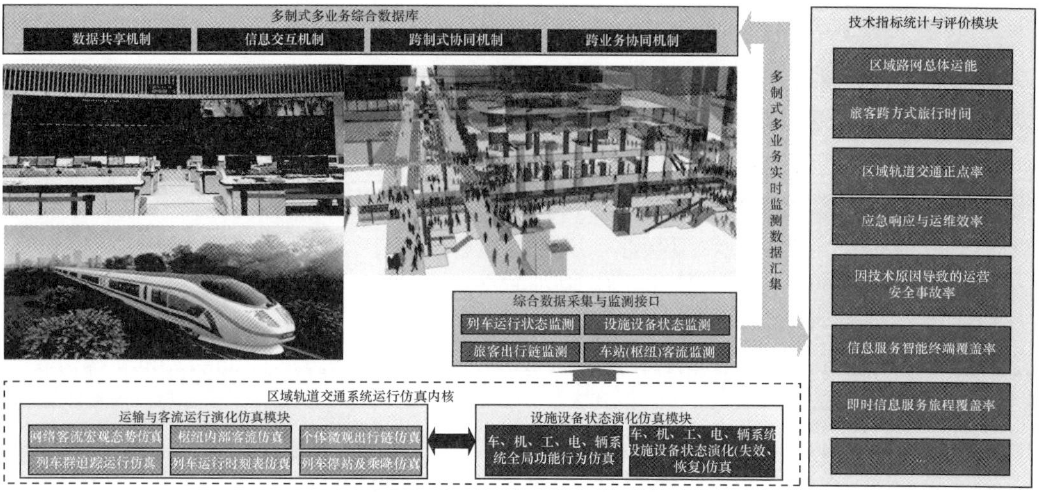

图 8-12　数据采集与指标评估功能实现流程

的“上行回路”完成之后，协同运输、安全保障与信息服务决策模块完成决策方案生成，并通过决策方案实现控制接口，模拟决策方案的实现和执行过程中，对仿真内核所模拟的“区域轨道交通系统”内列车运行、旅客行为、客流态势等产生影响，这种“方案决策-方案实施-系统状态变化”过程则构成仿真系统的“下行回路”。协同运输业务综合决策功能实现流程如图 8-13 所示。

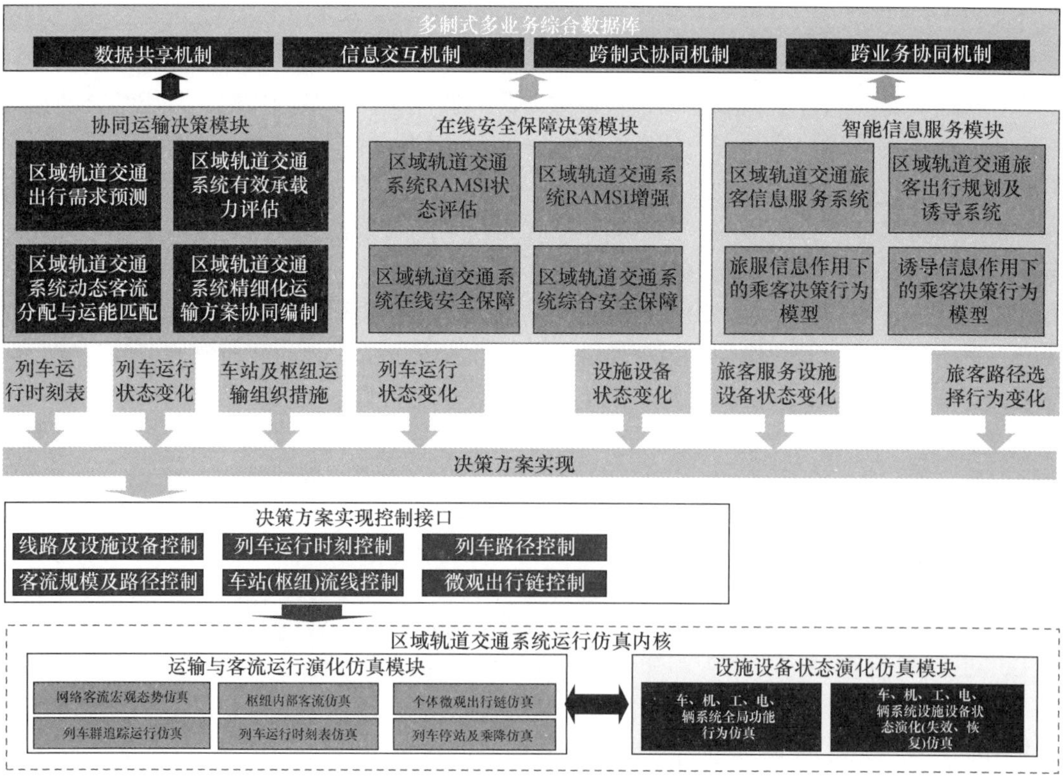

图 8-13　协同运输业务综合决策功能实现流程

6. 三维展示功能设计

三维展示功能则基于仿真引擎中的复合网络、列车、旅客及设施设备的三维模型数据，以区域轨道交通系统运行仿真内核中各仿真对象的实时状态和行为为蓝本，展示整个区域交通系统的运行状态(图 8-14)，具体包括轨道交通网络宏观三维展示、列车运行过程三维展示、车站(枢纽)内部客流/旅客行为三维展示以及设施设备状态及行为三维展示，从而方便研究人员能够直观地对仿真过程进行观察和分析。

图 8-14　三维展示功能设计

8.5.3　接口方案设计

如前面所述，区域轨道交通协同运输与服务仿真系统中，由数据采集、数据汇集、指标评估与决策支撑所构成的“上行回路”和由方案决策、方案实施、系统状态变化所构成的“下行回路”共同形成一个闭环结构。在这一闭环结构中，综合数据采集与监测接口和决策方案实现控制接口则分别是“上行回路”与“下行回路”中的关键环节，因此需要重点设计。

1. 综合数据采集与监测接口

综合数据采集与监测接口直接与区域轨道交通系统仿真内核连接，通过列车运行状态监测、设施设备状态监测、旅客出行链监测、车站(枢纽)客流检测，实现对仿真内核中模拟的“区域轨道交通系统”运行状态的全方位监测和数据采集(图 8-15)。

2. 决策方案实现控制接口

决策方案实现控制接口针对不同的业务决策模块，设计了专门的控制接口(图 8-16)。其中，协同运输决策模块主要生成的是运输组织方案，因此其主要对列车时刻表、列车

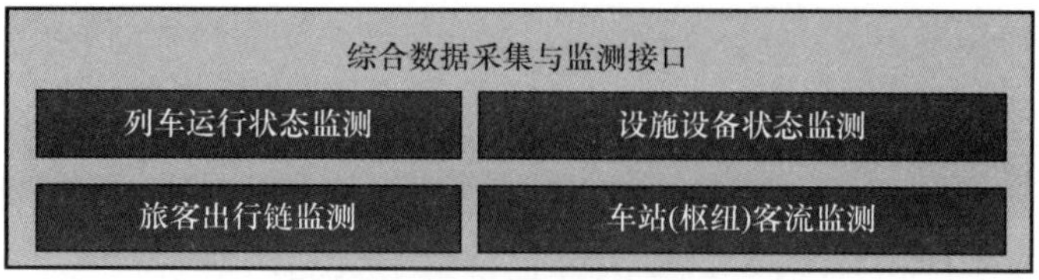

图 8-15　综合数据采集与监测接口

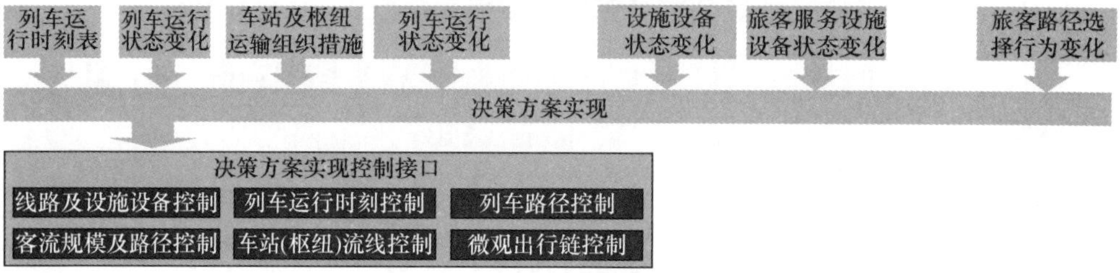

图 8-16　决策方案实现控制接口

运行状态以及车站与枢纽的运输组织措施产生影响；安全保障模块所生成的安全保障方案则导致设施设备状态发生改变(维修完善)；而信息服务决策模块则促使旅客调整其路径选择行为。综上所述，将不同的业务决策模块的决策方案，转变成对仿真内核中列车运行、设施设备状态、客流宏观态势以及旅客的微观出行链发生所用，最终通过综合数据采集与监测接口以及技术指标统计与评价模块，实现对业务决策方案的实施效果监测与评估。

第 9 章　结语及展望

本章针对区域轨道交通跨制式协同机理、信息协同关键技术、资源协同关键技术、决策协同关键技术、服务协同关键技术、系统装备及仿真测试验证平台七个方面的研究内容形成的主要研究成果进行总结，并对区域轨道交通协同运输系统未来的发展趋势提出预测和展望。

9.1　主要研究成果

本书针对区域轨道交通协同运输，研究了多制式协同机理、信息协同关键技术、资源协同关键技术、决策协同关键技术以及服务协同关键技术，设计开发了区域轨道交通协同运输与服务系统装备及仿真测试验证平台[188]，主要研究工作及成果如下。

(1) 深入剖析了多制式轨道交通协同机理，为区域轨道交通协同运输与服务关键应用技术及系统装备研制提供了指导。在分析区域轨道交通协同运输与综合服务方面的不足及其原因的基础上，提出区域轨道交通协同运输与服务的“四个协同原则”与“四个协同等级”，围绕信息协同、资源协同、决策协同和服务协同四个方面研究了区域轨道交通协同运输与服务关键技术，为系统装备研制奠定了技术基础。

(2) 针对区域轨道交通系统多制式、多维度、多种类的数据信息，提出了区域轨道交通信息协同关键技术，解决了跨制式多业务轨道交通信息协同问题。研究制定相应的大数据技术规范和服务体系架构，提出了数据融合和协同查询技术，提高数据耦合度和交叉性，形成了基于物联网的区域轨道交通的安全状态信息采集技术，加强区域轨道交通系统的安全状态数据监测。在系统数据采集、监测和融合处理的基础上，提出了网络客流和安全态势协同预测与推演方法，为系统协同决策提供有力支撑。

(3) 从区域内合理化分工、区域枢纽布局规划、区域应急资源调配方面入手，建立了区域轨道交通资源协同技术，有效提升了系统资源利用水平。研究形成了区域多制式轨道交通线网衔接布局技术、区域多制式轨道交通枢纽协同布局技术及区域轨道交通应急运维资源协同调配技术，有力地促进了区域内各节点轨道交通运输设施的合理布局，有效提升了运输组织和维护保障资源的利用率，促进了区域轨道交通总体运输效能的提升。

(4) 基于不同制式之间的耦合关系，提出了区域轨道交通决策协同技术，解决了跨制式运输组织与运维保障的联动指挥问题，显著提升了区域轨道交通运输效能。综合考虑运行费用、差异性运行时间费用和跨线惩罚费用等因素，构建了区域轨道交通客流路径选择模型、自动决策区域轨道交通路网中各运输通道的运输组织模式，并提出了考虑拥挤度的区域多制式轨道交通开行方案编制技术；根据多制式复合网络运行维护特征，提出了复合网络运营维护模式跨制式协同决策技术，构建了多制式协同应急维修协同决策技术。

(5) 提出了基于决策协同的区域轨道交通一体化出行服务协同技术，为公众提供了一站式、交互式、个性化、智能化的信息服务。通过研究多源感知驱动的用户情景认知和需求发现技术，提出了多情景个性化服务推荐算法以及定向推送技术。通过挖掘区域轨道交通旅客交互服务需求，形成了基于自然语言交互接口的旅客需求理解和关联服务技术。结合室内定位技术，突破了面向旅客的增强现实出行导航技术、面向多制式区域轨道交通的一体化虚拟票务技术，显著提升了居民跨制式出行的便捷度。

(6) 设计了区域轨道交通协同运输与服务系统装备，提出了区域轨道交通仿真测试验证平台方案，有力地支撑了区域轨道交通协同运输的工程化应用。通过明确系统的定位及定义，突破当前各种轨道交通在制式和业务上分立研究、独立建设的现状，设计了基于一体化平台、融合多种制式和多种业务的区域轨道交通协同运输与服务系统装备，提出了区域轨道交通仿真测试验证平台设计方案，明确了仿真测试验证平台总体结构、主要功能及交互验证接口等内容，为区域轨道交通协同运输与服务关键应用技术及系统装备的效果评估及动态优化提供了支撑。

9.2 主要应用场景

本书提出的区域轨道交通协同运输与服务(RCTS)系统，面向城市群/都市圈范围干线铁路、城际铁路、市域(郊)铁路与城市轨道交通等多制式轨道交通网络，旨在打破单制式独立运营的现状，构建面向多制式复合运输网络特性的协同运输、安全保障、信息服务一体化的理论与技术体系，实现运输组织协同化、安全保障综合化以及信息服务智能化，形成多制式协同运营的区域轨道交通发展新格局，提升区域轨道交通的总体效能和运输服务质量，推动综合立体交通网络发展。下面将针对 RCTS 系统的服务对象、功能应用效果、用户收益三方面进行描述。

9.2.1 服务对象

RCTS 系统能满足政府、企业、公众等多种服务对象的个性化需求，并能提供立体多维度的解决方案。

1. 面向区域运输主管机构

1) 规划建设

基于站城一体化理念，优化区域范围多种轨道交通制式运输资源配属，对宏观路网、微观枢纽进行系统优化、平行仿真与指标评估，为建设规划提供辅助决策。

2) 运营协调

通过构建多制式协同大数据中心和协同指挥与应急联动中心，统筹协调区域范围各种交通制式基础元数据、共享大数据，以集中管控、对等协商多种模式形成区域交通运营决策有机整体。

3) 应急组织

构建全局态势图，掌握区域轨道交通关键风险及态势演化趋势；以“数字孪生”建立中心与现场状态实时联动。应对突发公共交通事件进行跨制式高效灵活调度组织，提供远程精准指挥，提升区域安全水平。

2. 面向轨道交通运营单位

1) 协同动态运输组织

覆盖运输需求精准预测、多制式计划自动编制，根据客流需求、衔接线网互操作要求等实时动态智能调整运输方案，充分发掘复合网络运能潜力和运营效率。

2) 全方位综合安全保障

覆盖全局风险识别及预案管理、网络安全状态监测与预警、跨专业应急指挥与跨制式联动响应，实现多制式应急响应处置效率提升，提高多制式网络系统的可用性。

3) 全出行链旅客信息服务

覆盖旅客出行服务智能 APP、虚拟票务管理、站内定位及立体导航服务、个性化信息发布及自然语言交互终端，对旅客出行全过程进行信息覆盖，提升旅客出行的便捷度。

9.2.2 功能应用效果

本书适应国家区域综合交通发展需求，着力区域轨道交通协同发展，以协同运输组织为龙头、以综合安全保障为支撑、以智能信息服务为落脚点，形成的区域轨道交通协同运输与服务一体化系统，能够显著改善跨制式匹配性、提升区域整体运能、缩短应急响应时间、提高信息服务智能化程度等，具体体现在以下方面。

1. 系统总体功能描述

RCTS 系统由协同中心的应用系统和在运营现场部署增强感知终端两大部分组成。

1) 协同中心

基于一体化云平台，实现跨制式数据共享，融合运输、安全与旅客信息服务业务功能；从多制式视角编制协同运输计划并为各制式提供建议方案、提升总体运能；掌握全局实时安全态势，实现跨制式应急响应联动处置。

2) 运营现场

通过部署多制式网络与车站全方位智能感知增强终端，提升全局态势感知与预判能力；在车站设置旅客一体化识别设备，实现非接触、无停滞检票、体温监测与异常行为识别；利用 APP、PIS 屏幕及语音播报等多种服务终端，提供覆盖旅客全出行链的智能信息服务。

2. 系统功能应用效果

1) 多制式协同动态运输组织

(1) 轨道交通线网动态运输。具备线网客流预测、运输计划编制、行车运行调整、运输资源配置等功能，为区域定制化编制轨道交通动态运输解决方案，实现需求导向的协同动态运输。

(2) 轨道交通网络实时客流监测。基于多种制式轨道交通的出行需求数据，通过大数据与人工智能的出行需求实时预测子系统，对区域轨道交通路网运营状况进行监测，主要供相关政府机构、交通运行协调指挥中心对轨道交通路网客流状态监测使用。

(3) 运输计划一体化编制及协同优化。依托列车运行图编图系统对全路网运输计划进行一体化编制，并以无缝换乘为目标进一步协同优化，为区域轨道交通线网实际运营提供基本列车运行图图库，主要供区域轨道交通调度中心对线网运行图编制优化使用。

(4) 列车运行图应急智能联动调整决策。通过“应急场景识别→线网状态预测→运行图调整”的自适应技术，依托运行图调整系统为复杂危机运营场景提供高效的行车调整方案，主要供轨道交通应急指挥中心统一运营协调线网使用，同时可供现场调度员指挥行车使用。

2) 多制式全方位综合安全保障

(1) 全局状态监测与态势推演。基于全方位智能感知终端与接口，通过多制式轨道交通设备、气象和客流的运行状态监测、异常预警与全局态势的可视化展现，实时把握多制式轨道交通系统的演化规律，支持安全风险事件的精准预警与快速定位，有效降低安全事故率。

(2) 应急协同联动指挥。基于精细化的分级应急预案，通过对应急事件蔓延趋势的推演，智能生成应急维保资源的优化调度与客流疏解方案，利用现场事件复现技术与应急中心联动指挥现场救援工作，实现应急响应与处置高效化，快速恢复多制式路网的正常运营。

(3) AI 测温与出行轨迹追溯。利用 AI 测温设备与人脸识别技术，实现不摘口罩地筛选高危(疫区、发热、密切接触)乘客，可分析目标人员的历史出行轨迹及关系图谱，挖掘其接触的人员信息，筛查病例同行人员、潜在发病人员，有效防止疫情扩散。

(4) 站务人员作业智能管控。利用站务管控智能移动终端，提供面向站务人员的智能作业范围布局、定位跟踪、信息展示、音视频沟通及调度指挥，可实现异常情况快速上报、应急事件下的人员调配，辅助迅速控制应急事件的发展。

3) 全出行链智能旅客信息服务

(1) 一站式虚拟票务与信用登乘。具备多制式一站式虚拟购票，能够一次购买多种交通方式车票，一张虚拟票映射多张实体票；基于人工智能的高效率检票与高可靠验票功能，实现视频无停滞快速识别验票，提升客流进出站效率，节约运营企业票务管理成本。

(2) 全出行链旅客信息服务。旅客全出行链信息服务 APP 具备旅客全出行链行程规划、候车、乘车、接驳信息个性化提醒以及天气、饮食、新闻及生活资讯推送等功能，为旅客出行提供全方位信息支撑，优化旅客出行体验。

基于增强现实及定位管理的旅客导航功能，实现了大型车站、复杂枢纽的旅客 AR 导航，支撑旅客乘车引导及应急疏散，同时便于站务人员车站客流进行实时定位和跟踪管理。

(3) 智能服务站内巡检机器人。智能服务站内巡检机器人具备自然语言交互功能，通过语音交互功能为旅客提供智能引导、网上购票、路径查询、列车时刻表查询等服务；

同时，具备基于图像识别的智能巡检功能，为运营企业提供车站拥塞状况实时采集，以及站内火灾、旅客异常行为等安全风险识别服务，便于及早发现隐患，提高运营安全水平。

9.2.3　用户收益

RCTS 系统通过构建不同制式“多网融合”的运输与服务协同联动智慧大脑，满足城市群/都市圈安全、协同、绿色、高效的发展需要，顺应国家建设高效率国家综合立体交通网的发展方向，推进运营成本节约、运输效能提升、区域经济发展。

(1) 支撑综合立体交通网建设：系统突破不同轨道交通方式管理的刚性分割，提高区域多种制式轨道交通运输组织协同程度，使多种制式间运输衔接更紧密，运输能力更匹配，运力资源更优化，在提高多制式轨道交通骨干网络运输效率的同时，提升区域外围组团可达性，支撑加强极与组群和组团之间的联系，助力建设高效率国家综合立体交通网。

(2) 提振区域经济、发挥示范作用：本系统通过提升区域轨道交通协同水平和运输能力，加速区域商贸交流和人员流动，带动区域整体经济水平提升；系统提供更高效的运输组织和更智能的出行服务，为运营企业降本增效提供可能。我国已形成 12 个国家级城市群，正在建设 9 个区域性城市群。普适意义的方案和在成渝地区的工程示范，为其他城市群的区域经济发展带来样板效应，潜在价值不可估量。

(3) 构建绿色交通、形成生态效益：依托实时智能联动的区域轨道交通协同运输与服务系统，将有效提升区域运力资源匹配度，提高区域整体运输能力，缩短旅客跨方式旅行时间和换乘时间，提升公共交通总体运输能力和服务水平，增加公共交通吸引力，从而降低个人交通使用率，缓解城市交通拥堵，直接降低碳排放，符合绿色发展理念，实现经济社会的可持续发展。

综上可知，本系统将引领区域轨道交通技术发展方向，带动产业发展进步，拉动区域经济提升，增强绿色低碳出行并形成生态效益，同时将有效提高运营管理水平、提升安全保障能力和信息服务程度，满足公众安全、便捷、舒适、高效、绿色、经济的出行需求，对先进轨道交通科学研究、技术研发、产业发展等具有十分重要的理论意义和实际应用价值。

9.3　未来展望

区域轨道交通协同运输与服务体系的建立，涉及对既有不同轨道交通制式进行协调统一，才能有效提高区域总体运输能力和服务质量，促进城市群发展；而在既有管理体制下，各制式轨道交通仍采用独立运营管理模式。打破既有各制式轨道交通独立运营现状，需要各有关部门和轨道交通运营管理单位协商，建立区域多制式轨道交通协同管理机制和相关标准。另外，为推进区域轨道交通协同运输与服务系统研发成果的进一步工程化应用，需要在全国范围内积极开展示范工程建设和应用推广，形成示范效应，使区域轨道交通协同一体化运输与服务深入人心。最后，随着人工智能等前沿技术的快速发展，各种新方法日新月异，如何在区域轨道交通协同运输与服务系统中纳入更多的先进技术，进一步提升整个多制式轨道交通网络的运输效能和服务水平，也是未来的一个重要研究方向。

参 考 文 献

[1] 中国共产党中央委员会，国务院. 交通强国建设纲要[EB/OL].http://www.gov.cn/gongbao/content/2019/content_5437132.htm [2020-01-09].

[2] 中国共产党中央委员会，国务院. 国家综合立体交通网规划纲要[EB/OL]. http://www.gov.cn/zhengce/2021-02/24/content_5588654.htm [2021-03-15].

[3] 李登辉，彭其渊，文超. 区域多制式轨道交通复合系统调度指挥模式研究[J]. 铁道运输与经济，2020, 42(11): 97-103.

[4] 中国共产党中央委员会，国务院. 关于建立更加有效的区域协调发展新机制的意见[EB/OL]. http://www.gov.cn/xinwen/2018-11/29/content_5344537.htm [2019-03-04].

[5] 施仲衡. 努力开创都市圈轨道交通协同创新发展新局面[J]. 都市快轨交通, 2021, 34(1): 1-4.

[6] 王明志，王舟帆，刘军. 区域轨道交通一体化协同发展思考[J]. 铁路通信信号工程技术，2018，15(5): 80-84.

[7] 杨嘉，李克平，苗彦英. 莱茵-鲁尔城市群轨道交通体系的启示[C]. 第三届中国 · 同舟交通论坛——公共交通与城市发展学术研讨会, 2007: 104-110.

[8] 颜旭. 区域多制式轨道交通复合系统可用性研究与评价[D]. 成都: 西南交通大学, 2019.

[9] 汤莲花，徐行方. 国外典型都市圈市域铁路发展及启示[J]. 中国铁路, 2018, (9): 107-113.

[10] 中国城市轨道交通协会. 中国城市轨道交通智慧城轨发展纲要[J]. 城市轨道交通, 2020, (4): 8-23.

[11] 朱绪斐. 基于出行链的多制式区域轨道交通旅客出行路径规划方法研究[D]. 成都: 西南交通大学, 2019.

[12] 国家发展改革委. 关于培育发展现代化都市圈的指导意见[EB/OL]. http://www.gov.cn/xinwen/2019-02/21/content_5367465.htm [2019-03-04].

[13] 王昊，吕红霞，赖文静，等. 基于系统有序度的多制式区域轨道交通协同主次研究[J]. 综合运输，2019, 41(12): 67-73.

[14] 罗玥，黄豪，刘澜. 区域轨道交通协同运输组织标准探讨[J]. 铁道运输与经济, 2019, 41(10): 82-87.

[15] 刘岭，张波，韦伟，等. 区域轨道交通的下一站：多制式协同运输与服务[J]. 科技纵览，2020，(1): 68-72.

[16] 国家铁路局. 高速铁路设计规范(TB 10621—2014)[S]. 北京: 中国铁道出版社, 2015.

[17] 国家铁路局. 城际铁路设计规范(TB 10623—2014)[S]. 北京: 中国铁道出版社, 2015.

[18] 中华人民共和国住房和城乡建设部. 地铁设计规范(GB 50157—2013)[S]. 北京: 中国建筑工业出版社, 2014.

[19] 国家铁路局. 市域铁路设计规范(T/CRS C0101—2017)[S]. 北京: 中国铁道出版社, 2017.

[20] 中国城市轨道交通协会. 市域快轨交通技术规范(T/CAMET 01001—2019)[S]. 北京: 中国铁道出版社, 2019.

[21] 吴昊. 基于云技术的智慧快轨信息化总体规划[J]. 铁路通信信号工程技术, 2019, 16(4): 23-30.

[22] 吴艳华，郑金子，李平，等. 铁路大数据标准体系研究[J]. 中国铁路, 2019, (8): 42-49.

[23] 林旺群，高晨旭，陶克，等. 面向特定领域大数据平台架构及标准化研究[J]. 大数据，2017，(4): 46-59.

[24] 王同军. 中国铁路大数据应用顶层设计研究与实践[J]. 中国铁路, 2017, (1): 8-16.

[25] 张洪阳. 全国信标委大数据标准工作组成立[J]. 信息技术与标准化, 2014, (12): 25.

[26] 张群, 吴东亚, 赵菁华. 大数据标准体系[J]. 大数据, 2017, 3(4): 9-19.
[27] 宋明顺, 鲁伟, 郑素丽, 等. 大数据标准化现状与发展思路研究: 产业发展视角[J]. 标准科学, 2017, 5(148): 19-24.
[28] 郑金子, 薛蕊, 吴艳华, 等. 国外铁路大数据研究与应用现状[J]. 中国铁路, 2018, (2): 54-62.
[29] 郎杨琴, 孔丽华. 美国发布 "大数据的研究和发展计划" [J]. 科研信息化技术与应用, 2012, 3(2): 89-93.
[30] 王茜. 英国大数据战略分析[J]. 全球科技经济瞭望, 2013, (8): 24-27.
[31] 海群, 乌日娜. 日本 "i-Japan 战略 2015" 中的电子政务战略[J]. 办公室业务, 2010, (4): 54-56.
[32] 李彬. 大数据背景下日本信息产业发展成效与问题[J]. 东北亚学刊, 2015, (1): 25-32.
[33] 岳雪梅, 高春霞, 张文塔. 中国铁路总公司信息化标准体系建设研究[J]. 中国铁路, 2015, (5): 11-15.
[34] 李平, 裴坤寿. 关于统一铁路信息化标准的研究[J]. 铁道技术监督, 2005, (4): 1-4.
[35] 马小宁, 邹丹, 吴艳华. 铁路主数据管理平台解决方案及应用实践[J]. 中国铁路, 2017, (1): 17-23.
[36] 齐建军. 工业大数据专题组: 提出工业大数据标准体系框架[J]. 信息技术与标准化, 2016, (Z1): 24-25.
[37] 国家市场监督管理总局, 国家标准化管理委员会. 信息技术 大数据 工业应用参考架构(GB/T 38666—2020)[S]. 北京: 中国标准出版社, 2020.
[38] 梁平. 轨道交通自动售票系统离线数据重传机制研究[J]. 中国高新技术企业, 2010, (28): 15-16, 19.
[39] 国家市场监督管理总局, 国家标准化管理委员会. 信息技术 大数据 数据分类指南(GB/T 38667—2020)[S]. 北京: 中国标准出版社, 2020.
[40] 宋宗莹, 刘结平. 基于物联网的区域轨道交通安全状态感知与传输方案研究[J]. 铁路通信信号工程技术, 2019, 16(12): 19-24.
[41] 韩超, 宋苏, 王成红. 基于 ARIMA 模型的短时交通流实时自适应预测[J]. 系统仿真学报, 2004, (7): 168-170.
[42] Guo J, Huang W, Williams B M. Adaptive Kalman filter approach for stochastic short-term traffic flow rate prediction and uncertainty quantification[J]. Transportation Research Part C: Emerging Technologies, 2014, 43: 50-64.
[43] 熊杰, 关伟, 孙宇星. 基于 Kalman 滤波的地铁换乘客流预测[J]. 北京交通大学学报, 2013, (3): 116-120.
[44] Zhao S Z, Ni T H, Wang Y, et al. A new approach to the prediction of passenger flow in a transit system[J]. Computers and Mathematics with Applications, 2011, 61(8): 1968-1974.
[45] 张玉梅, 曲仕茹, 温凯歌. 基于混沌和 RBF 神经网络的短时交通流量预测[J]. 系统工程, 2007, 25(11): 26-30.
[46] 郭敏, 蓝金辉, 肖翔, 等. 基于混沌理论对北京二环路进行短时交通流量预测的研究[J]. 交通运输系统工程与信息, 2010, 10(2): 106-111.
[47] Smith B L, Williams B M, Oswald R K. Comparison of parametric and nonparametric models for traffic flow forecasting[J]. Transportation Research Part C: Emerging Technologies, 2002, 10(4): 303-321.
[48] Clark S. Traffic prediction using multivariate nonparametric regression[J]. Journal of Transportation Engineering, 2003, 129(2): 161-168.
[49] 张琦, 肖文锦, 潘刚. 基于元胞自动机的轨道交通客流拥堵传播研究[J]. 交通运输系统工程与信息, 2017, 17(4): 83-89.
[50] 马云龙, 王坚, 任子晖. 基于微观仿真的快速路短时交通流预测研究[J]. 系统仿真学报, 2009, 21(14): 48-52.
[51] Sun Y, Leng B, Guan W. A novel wavelet-SVM short-time passenger flow prediction in Beijing subway system[J]. Neurocomputing, 2015, 166: 109-121.

[52] Castro-Neto M, Jeong Y S, Jeong M K, et al. AADT prediction using support vector regression with data-dependent parameters[J]. Expert Systems with Applications, 2009, 36(2, Part 2): 2979-2986.

[53] Castro-Neto M, Jeong Y S, Jeong M K, et al. Online-SVR for short-term traffic flow prediction under typical and atypical traffic conditions[J]. Expert Systems with Applications, 2009, 36(3, Part 2): 6164-6173.

[54] Wei Y, Chen M. Forecasting the short-term metro passenger flow with empirical mode decomposition and neural networks[J]. Transportation Research Part C: Emerging Technologies, 2012, 21(1): 148-162.

[55] Tsai T, Lee C, Wei C. Neural network based temporal feature models for short-term railway passenger demand forecasting[J]. Expert Systems with Applications, 2009, 36(2, Part 2): 3728-3736.

[56] Gao J, Leng Z, Yong Q, et al. Short-term traffic flow forecasting model based on wavelet neural network[C]. 第 25 届中国控制与决策会议, 2013: 5081-5084.

[57] 李松，刘力军，翟曼. 改进粒子群算法优化 BP 神经网络的短时交通流预测[J]. 系统工程理论与实践, 2012, 32(9): 2045-2049.

[58] Xiao L M, Zhuang D, Zheng B H, et al. Learning traffic as images: A deep convolutional neural network for large-scale transportation network speed prediction[J]. Sensors, 2017, 17(4): 818.

[59] Zhang J, Zheng Y, Qi D, et al. DNN-based prediction model for spatio-temporal data[J]. Proceedings of the 24th ACM SIGSPATIAL International Conference on Advances in Geographic Information Systems, 2016: 92.

[60] Zhang J, Zheng Y, Qi D. Deep spatio-temporal residual networks for citywide crowd flows prediction[C]. AAAI, 2017: 1655-1661.

[61] Wang X, Xu L, Chen K. Data-driven short-term forecasting for urban road network traffic based on data processing and LSTM-RNN[J]. Arabian Journal for Science & Engineering, 2018, 44(4): 3043-3060.

[62] Cui Z, Ke R, Wang Y. Deep stacked bidirectional and unidirectional LSTM recurrent neural network for network-wide traffic speed prediction[C]. ACM SIGKDD Workshop on Urban Computing, 2016.

[63] Yao H, Wu F, Ke J, et al. Deep multi-view spatial-temporal network for taxi demand prediction[C]. Proceedings of the Thirty-Second AAAI Conference on Artical Intelligence, (AAAI-18), 2018: 2588-2595.

[64] Huang C W, Chiang C T, Li Q. A study of deep learning networks on mobile traffic forecasting[C]. 2017 IEEE 28th Annual International Symposium on Personal, Indoor, and Mobile Radio Communications (PIMRC), 2018.

[65] Yao H, Tang X, Wei H, et al. Modeling spatial-temporal dynamics for traffic prediction[J]. In arXiv Preprint arXiv:1803.01254, 2018.

[66] Lecun Y, Bengio Y, Hinton G. Deep learning[J]. Nature, 2015, 521: 436-444.

[67] Kingma D P, Ba J. Adam: A method for stochastic optimization[C]. International Conference on Learning Representations, 2015.

[68] 黎旭成,彭逸洲,吴宗翔,等. 基于深度时空网络的地铁站点客流短时预测[J]. 交通与运输，2020, 33(z2): 55-61.

[69] 张梦宇. 区域轨道交通全局 RAMS 评估及增强方法研究[D]. 北京：清华大学, 2020.

[70] 张开冉. 城市轨道交通安全[M]. 北京：科学出版社, 2013.

[71] 于福权. 城市轨道交通运营安全与应急处理[M]. 北京：北京理工大学出版社, 2015.

[72] 代宝乾，汪彤，丁辉，等. 地铁运营系统危险有害因素辨识分析[J]. 中国安全科学学报，2005, 15(10): 81-84.

[73] 王志强. 城市轨道交通运营管理[M]. 北京：清华大学出版社, 2019.

[74] 陆莹，李启明，周志鹏. 基于模糊贝叶斯网络的地铁运营安全风险预测[J]. 东南大学学报(自然科学版), 2010, 40(5): 1110-1114.

[75] 秦勇, 王子洋, 郭建媛. 轨道交通突发事件分析与动态应急管理方法[M]. 北京: 科学出版社, 2016.
[76] 李贺. 区域轨道交通互操作性评价及优化方法研究[D]. 青岛: 山东科技大学, 2020.
[77] 谢玮. 城市轨道交通换乘站客流控制方法研究[D]. 北京: 北京交通大学, 2012.
[78] 张素芳. 大型客运站流线优化模型与方法研究[D]. 北京: 北京交通大学, 2010.
[79] 朱涛, 张水平, 郭戎潇, 等. 改进的加权复杂网络节点重要度评估的收缩方法[J]. 系统工程与电子技术, 2009, 31(8): 1902-1905.
[80] Callaway D S, Newman M J, Strogatz S H, et al. Network robustness and fragility: Percolation on random graphs[J]. Physical Review Letters, 2000, 85(25): 5468-5471.
[81] Barthélemy M. Betweenness centrality in large complex networks[J]. European Physical Journal B, 2004, 38(2): 163-168.
[82] Paolo C, Latorab V, Marchiori M, et al. Error and attack tolerance of complex networks[J]. Physica A, 2004, 340(1): 388-394.
[83] Mandel B, Gaudry M, Rothengatter W. A disaggregate box-cox logit mode choice model of intercity passenger travel in Germany and its implications for high-speed rail demand forecasts[J]. The Annals of Regional Science, 1997, 31(2): 99-120.
[84] 吕明. 城市群区域轨道交通线网布局综合规划研究[D]. 成都: 西南交通大学, 2014.
[85] 高英. 多目标优化的若干问题研究[D]. 呼和浩特: 内蒙古大学, 2010.
[86] Scovel C, Hush D, Steinwart I. Approximate duality[J]. Journal of Optimization Theory and Applications, 2007, 135(3): 429-443.
[87] Hurdle V F. Minimum cost locations for parallel public transit lines[J]. Transportation Science, 1973, 7(4): 340-350.
[88] Wirasinghe S C. Nearly optimal parameters for a rail/feeder-bus system on a rectangular grid[J]. Transportation Research Part A: General, 1980, 14(1): 33-40.
[89] Wirasinghe S C, Ghoneim N S. Spacing of bus-stops for many to many travel demand[J]. Transportation Science, 1981, 15(3): 33-40.
[90] Chien S, Schonfeld P. Joint optimization of a rail transit line joint optimization of a rail transit line and its feeder bus system[J]. Journal of Advanced Transportation, 1998, 32(3): 253-284.
[91] Fan W, Mei Y. Joint design of trunk-feeder transit with many-to-many demand[C]. Transportation Research Board 97th Annual Meeting, Washington, 2018.
[92] Byrne B F. Public transportation line positions and headways for minimum user and system cost in a radial case[J]. Transportation Research, 1975, 9(2-3): 97-102.
[93] Vaughan R. Optimum polar networks for an urban bus system with a many-to-many travel demand[J]. Transportation Research Part B: Methodological, 1986, 20(3): 215-224.
[94] Saidi S, Wirasinghe S C, Kattan L. Long-term planning for ring-radial urban rail transit networks[J]. Transportation Research Part B: Methodo logical, 2016, 86: 128-146.
[95] 徐磊. 区域轨道交通应急维修资源配置优化方法研究[D]. 青岛: 山东科技大学, 2020.
[96] 蔡磊. 关于城市轨道交通车辆维修模式的探究和创新[J]. 城市建设理论研究, 2012, 28(3): 95-104.
[97] 周慧娟. 铁路应急管理中预案管理与资源配置优化[D]. 北京: 北京交通大学, 2011.
[98] 张梅. 城市轨道交通应急站的选址应用研究[D]. 天津: 天津大学, 2018.
[99] Moeini M, Jemai Z, Sahin E. Location and relocation problems in the context of the emergence medical service systems: A case study[J]. Central European Journal of Operations Research, 2015, 23(3): 641-658.
[100] 张浩. 高速铁路维修网分析[J]. 铁道勘察, 2009, 8(3): 97-100.
[101] Zhang B, Peng J, Li S G. Covering location problem of emergency service facilities in an uncertain environment[J]. Applied Mathematical Modelling, 2017, 51: 429-447.

[102] Lan Z, Li D W. Research of subway emergency resource allocation strategy based on accident data[C]. Proceedings of the 3rd International Forum on Environment, Materials and Energy (IFEME 2019), 2019.
[103] 钱清泉. 中国城市轨道交通的发展现状及制式选择[M]. 成都: 西南交通大学, 2014.
[104] Tang Z P, Sun J P. Multi objective optimization of railway emergency rescue resource allocation and decision[J]. International Journal of System Assurance Engineering and Management, 2018, 9(3): 696-702.
[105] Hakimi S L. Optimum locations of switching centers and the absolute centers and medians of a graph[J]. Operations Research, 1964, 12(1): 450-459.
[106] 曹琉, 胡锐, 郭兆能, 等. 城市轨道交通应急资源选址和配置方法研究[J]. 交通运输研究, 2016, 2(4): 54-61.
[107] 孙彩红. 基于网络化的地铁应急资源配置优化方法研究[D]. 北京: 北京交通大学, 2010.
[108] Moussa H, Saikat D, Osama O, et al. On the fault detection and diagnosis of railway switch and crossing systems: An overview[J]. Applied Sciences, 2019, 9(23): 37-41.
[109] Lapa C M F, Pereira C M N A, Barros M P. A model for preventive maintenance planning by genetic algorithms based in cost and reliability[J]. Reliability Engineering and System Safety, 2006, 91(2): 233-240.
[110] 格里戈里耶夫, 韩鹏, 李岩, 等. 系统建模与仿真使用 AnyLogic 7[M]. 北京: 清华大学出版社, 2017.
[111] 李春雷, 郑新奇, 董光龙, 等. 基于 AnyLogic 的以 GIS 数据为环境的动态模拟实现方法[C]. 中国自然资源学会 2011 年学术年会, 乌鲁木齐, 2011: 135-139.
[112] Awad M, Ertem M. Stochastic scheduling of workforce-constrained preventive maintenance activities in petroleum plants[C]. Reliability and Maintainability Symposium, IEEE, 2017: 1-5.
[113] Bauer V I, Bazanov A V, Kozin E S, et al. Optimization of technological transport sets using Anylogic simulation environment[J]. Journal of Mechanical Engineering Research & Developments, 2019, 42(2): 41-43.
[114] 谭禹辰. 基于 AnyLogic 的配送中心物流仿真及其优化[D]. 天津: 天津工业大学, 2019.
[115] 李京峰, 项华春, 陈云翔, 等. 基于 Anylogic 的飞机维修保障资源运用过程仿真[J]. 火力与指挥控制, 2019, 44(9): 18-22.
[116] Wang Y, Han B M, Wang J K. A passenger flow routing model for high-speed railway network in different transportation organization modes[J]. Promet-Traffic & Transportation, 2018, 30(6): 671-682.
[117] 王保华, 何世伟, 宋瑞, 等. 路网车流路径选择随机相关机会规划模型及其混合遗传算法[J]. 铁道学报, 2007, (4): 8-13.
[118] 牛建华. 基于网络化运营的城市轨道交通规划思考[J]. 铁路通信信号工程技术, 2019, 16(7): 47-51.
[119] Bos L, Ettema D, Molin E. Modeling effect of travel time uncertainty and traffic information on use of park and ride facilities[J]. Transportation Research Record, 2004, (1898): 37-44.
[120] Pel A J, Bel N H, Pieters M. Including passenger's response to crowding in the Dutch national train passenger assignment model[J]. Transportation Research Part A: General, 2014, 66: 111-126.
[121] 邵敏华, 李田野, 孙立军. 常规公交乘客对车内拥挤感知阻抗调查与建模[J]. 同济大学学报, 2012, 40(7): 1031-1034.
[122] 许奇. 城市轨道交通站台乘客拥挤感知及行为动力学建模[D]. 北京: 北京交通大学, 2014.
[123] 谢小星, 王保坚, 黎新华, 等. 广州地铁 1 号线列车节能运行模式的实测分析[J]. 城市轨道交通研究, 2019, (9): 127-130.
[124] Zhang T, Andrews J, Wang R. Optimal scheduling of track maintenance on a railway network[J]. Quality and Reliability Engineering International, 2013, 29(2): 285-297.

[125] Caetano L F, Teixeira P F. Availability approach to optimizing railway track renewal operations[J]. Journal of Transportation Engineering, 2013, 139(9): 941-948.

[126] Caetano L F, Teixeira P F. Predictive maintenance model for ballast tamping[J]. Journal of Transportation Engineering, 2016, 142(4): 4016006.

[127] Quiroga L M, Schnieder E. A heuristic approach to railway track maintenance scheduling[M]//Ning B, Brebbia C A. Computers in Railways Ⅻ: Computer System Design and Operation in Railways and Other Transit Systems. Southampton: Wit Press, 2010.

[128] 郭然, 韩宝明, 王福田. 整数型铁路线路养护维修计划优化模型[J]. 交通运输系统工程与信息, 2013, (4): 149-156.

[129] 周宇, 许玉德. 基于遗传算法的轨道综合养护计划模型设计[J]. 同济大学学报(自然科学版), 2005, (11): 46-50.

[130] 李海锋, 许玉德. 计算机编制铁路轨道养护维修计划的方法[J]. 同济大学学报(自然科学版), 2004, 32(4): 480-484.

[131] 许玉德, 曾学贵. 建立整数型轨道状态最优综合维修计划模型[J]. 铁道学报, 2003, (6): 85-88.

[132] Madanat S, Ben-Akiva M. Optimal inspection and repair policies for infrastructure facilities[J]. Transportation Science, 1994, 28(1): 55-62.

[133] Mishalani R G, Gong L. Optimal infrastructure condition sampling over space and time for maintenance decision-making under uncertainty[J]. Transportation Research Part B: Methodological, 2009, 43(3): 311-324.

[134] Durango-Cohen P L, Madanat S M. Optimization of inspection and maintenance decisions for infrastructure facilities under performance model uncertainty: A quasi-Bayes approach[J]. Transportation Research Part A: Policy and Practice, 2008, 42(8): 1074-1085.

[135] 刘学文, 田常海, 邹定强. 在役 U75V 和 U71Mn 钢轨伤损及其统计分析方法[J]. 中国铁道科学, 2007, 28(6): 19-24.

[136] Yoshitane T, Kiyoyuki K, Kazuya A, et al. Estimating markovian transition probabilities for bridge deterioration forecasting[J]. Structural Engineering/Earthquake Engineering, 2006, 23(2006): 241-256.

[137] Kobayashi K, Do M, Han D. Estimation of markovian transition probabilities for pavement deterioration forecasting[J]. KSCE Journal of Civil Engineering, 2010, 14(3): 343-351.

[138] 原中华人民共和国铁道部. 钢轨伤损分类(TB/T 1778—2010)[S]. 北京: 中国铁道出版社, 2010.

[139] 原中华人民共和国铁道部. 高速铁路突发事件应急预案(试行)(铁运[2012]33 号)[EB/OL]. http://www. doc88. com/p-7724208527467. html[2020-01-09].

[140] 全永燊, 刘剑锋. 区域轨道交通规划若干问题与思考[J]. 城市交通, 2017, 15(1): 12-19.

[141] 杨安安, 汪波, 陈艳艳, 等. 我国城市轨道交通多模式运营研究[J]. 都市快轨交通, 2017, 30(6): 99-103.

[142] Jie L, Jian P W, Na X, et al. Importance degree research of safety risk management processes of urban rail transit based on text mining method[J]. Information, 2018, 9(2): 26-29.

[143] 李德胜. 接触网维修“天窗”数量减少一半的可行性探讨[J]. 中国铁路, 2005, (4): 54-55.

[144] 易迈群. 维修计划的优化设计[J]. 中南林学院学报, 2003, 23(2): 106-110.

[145] El-Amin I, Duffuaa S, Abbas M. A Tabu search algorithm for maintenance scheduling of generatinunits[J]. Electric Power Systems Research, 2000, 54(2): 91-99.

[146] 涂忆柳. 维修工程管理研究与发展综述[J]. 工业工程与管理, 2004, 4: 7-12.

[147] 邓少强. 浅谈地铁车辆维修体制[J]. 城市轨道交通研究, 2009, 9: 12-13, 27.

[148] 马良民. 基于流程再造的高速铁路基础设施综合维修业务流程设计[J]. 科技进步与对策, 2011, 13: 116-121.

[149] 徐欣怡，徐永能，何舟. 网络化条件下城市轨道交通信号系统应急资源优化配置研究[J]. 微计算机信息, 2018, (12): 65-66.
[150] 卢庆龄. 装甲部队修理管理流程优化研究[J]. 中国物流与采购, 2014, 10: 76-77.
[151] Irawan C A, Ouelhadj D, Jones D, et al. Optimisation of maintenance routing and scheduling for offshore wind farms[J]. European Journal of Operational Research, 2017, 256(1): 76-89.
[152] 余芬. B747 飞机大修作业流程优化研究[J]. 制造业自动化, 2012, 14: 32-35.
[153] 纪云飞. 基于 BPR 理念的舰载机舰面维修流程优化研究[J]. 装备环境工程, 2014, 5: 54-57.
[154] 兰贞. 基于历史事故与多交通方式的城市轨道交通应急资源配置研究[D]. 北京: 北京交通大学, 2019.
[155] 马煜翔. 基于客流预测的区域轨道交通出行规划系统研究[D]. 青岛: 山东科技大学, 2020.
[156] 唐昕炜. 基于时间扩展模型的铁路最优路径算法研究[D]. 北京: 清华大学, 2011.
[157] 秦龙. 基于时间依赖模型的铁路最优路径算法研究[D]. 北京: 清华大学, 2011.
[158] 袁迪. 票程规划系统高性能系统框架研究[D]. 北京: 清华大学, 2012.
[159] 李玲玲. 人脸识别和步态识别技术融合的必要性[J]. 电脑知识与技术, 2018, 14(28): 187-188.
[160] Turing A M . Computing machinery and intelligence[J]. Mind, 1950, 59(236): 433-460.
[161] 张伟男，车万翔. 对话系统评价技术进展及展望[J]. 中国计算机学会通讯, 2017, 13(9): 35-39.
[162] 武威，周明. 聊天机器人的技术及展望[J]. 中国计算机学会通讯, 2017, 13(9): 14-19.
[163] 王小捷. 关于人机对话系统的思考[J]. 中兴通讯技术, 2017, (4): 47-50.
[164] 韩宇. 检索与生成模型相融合的目标导向型对话系统[D]. 哈尔滨: 哈尔滨工业大学, 2019.
[165] 贾熹滨，李让，胡长建. 智能对话系统研究综述[J]. 北京工业大学学报, 2017, 43(9): 1344-1356.
[166] 葛嘉诚. UWB 技术下的室内定位研究[D]. 南京: 南京邮电大学, 2020.
[167] 陈靖辉，崔岩，刘兴林，等. 基于改进 A*算法的移动机器人路径规划方法[J]. 计算机应用研究, 2020, 37(S1): 118-119.
[168] 王殿君. 基于改进 A*算法的室内移动机器人路径规划[J]. 清华大学学报(自然科学版), 2012, 52(8): 1085-1089.
[169] 徐俊波，吕宏武，高子晗. 基于增强现实的智能交互式地图构建方法研究[J]. 自动化应用, 2020, (10): 75-77, 82.
[170] 马申瑞，娄永梅. 地铁线网指挥中心大屏幕及可视化设计与研究[J]. 铁路通信信号工程技术, 2020, 17(6): 83-89.
[171] 徐炜，张宁，王健，等. 城轨线网指挥中心的大数据组织[J]. 铁路通信信号工程技术, 2020, 17(8): 62-72.
[172] 张义鑫，张炳森. 轨道交通线网智能运维系统的设计方案思考[J]. 铁路通信信号工程技术, 2020, 17(10): 58-62.
[173] 张贤淼. 多制式区域轨道交通突发事件协同应急决策方法研究[D]. 成都: 西南交通大学, 2019.
[174] 李擎，刘岭，张晚秋，等. 一种区域轨道交通线网安全水平评价方法及系统[P]: 中国, CN111680940A. 2020-09-18.
[175] Worthsen. AnyLogic 简介[EB/OL]. https: //blog. csdn. net/qq_38880380/article/details/117199214 [2019-5-23].
[176] The AnyLogic Company. 多方法仿真建模[EB/OL]. https://www.anylogic.cn/use-of-simulation/multimethod-modeling/[2019-5-23].
[177] XJ Technologies Company Ltd. Anylogic 行人库教程[EB/OL]. https://wenku.baidu.com/view/4125b286bceb19e8b8f6baf1. html[2019-5-23].
[178] 田郝青，陈翠利. 基于 Anylogic 软件的地铁车站复杂场景行人流仿真实现方法[J]. 甘肃科技,2018, 34(16): 10-12.
[179] 孙娜娜. 北京地铁大客流通行设施处疏散仿真研究[D]. 北京: 北京交通大学,2018.

[180] 张建勋, 韩宝明, 李得伟. VISSIM 在地铁枢纽客流微观仿真中的应用[J]. 计算机仿真, 2007, 24(6): 239-242, 283.
[181] 陈旭. 轨道交通枢纽客流集散仿真建模及应用[D]. 北京: 北京交通大学, 2018.
[182] 姜彦璘. 基于社会力模型的城市轨道交通换乘站客流组织仿真与优化研究——以西安地铁北大街站为例[D]. 西安: 长安大学, 2018.
[183] 陈东芳. 交通仿真软件 Vissim 与 Synchro 在信号交叉口优化中的结合应用[J]. 黑龙江交通科技, 2013，(12): 168-171.
[184] 王月. 轨道交通枢纽客流疏散建模与仿真[D]. 重庆: 重庆交通大学, 2019.
[185] 刘素平,袁佳宇. 城市轨道交通突发事件应急疏散仿真方法[J]. 西部交通科技, 2019, (1): 146-149.
[186] 汤永. 列车运行图的稳定性分析[D]. 北京: 北京交通大学, 2013.
[187] 陈建宇. 基于 Anylogic 的成都北站铁路客流换乘城市轨道交通仿真研究[D]. 成都: 西南交通大学, 2014.
[188] 北京全路通信信号研究设计院集团有限公司. 《区域轨道交通协同运输与服务体系应用研究》重点科研专项顺利通过结题验收[J]. 都市快轨交通, 2020, 33(6): 68.